기독교문서선교회(Christian Literature Center: 약칭 CLC)는 1941년 영국 콜체스터에서 켄 아담스에 의해 시작되었으며 국제 본부는 미국 필라델피아에 있습니다.
국제 CLC는 59개 나라에서 180개의 본부를 두고, 약 650여 명의 선교사들이 이동 도서차량 40대를 이용하여 문서 보급에 힘쓰고 있으며 이메일 주문을 통해 130여 국으로 책을 공급하고 있습니다. 한국 CLC는 청교도적 복음주의 신학과 신앙 서적을 출판하는 문서선교기관으로서, 한 영혼이라도 구원되길 소망하면서 주님이 오시는 그날까지 최선을 다할 것입니다.

추천사

마크 L. 베일리(Mark L. Bailey) 박사
달라스신학교 명예총장

　세대주의에 대한 이 가치 있는 책은, 실력 있는 저자들에 의해 기록되었다. 이 책은 성경에 대한 세대주의적 해석을 이해하고 뒷받침하는 데 중요한 기여를 한다. 여러분은 다음 장에서 세대주의의 주요 교리들에 대한 기본적이고 폭넓은 생각의 통일성과, 몇몇 세부 사항에 대한 다양한 의견을 접하게 될 것이다. 개개인의 견해에 따라서, 그 세부 사항들 중 어떤 것은 더 중요하게 또 어떤 것은 덜 중요하게 여겨지기도 한다. 내가 바라는 것은 이것이 세대주의자들 간의 은혜롭고 유익한 논의들을 이끌어 내며, 다른 이들에게 세대주의에 대해서 더 잘 설명할 수 있게 되는 것이다.

　성경의 연속성과 불연속성은 계속적으로 논의와 논쟁이 되는 주제이다. 달라스신학교(Dallas Theological Seminary)는 역사적으로 세대주의라는 신학적 체계를 지지하는 것으로 알려져 왔다. 달라스신학교의 한 교수로서, 우리는 세대주의가 성경의 통일성과 다양성 모두를 가장 잘 설명한다고 믿는다. 연속성(continuity)은 역사 속에서 하나님의 주된 목적을 관찰함으로써 유지될 수 있는데, 그 목적은 하나님을 대신해서 구속하고 다스릴, 하나님이 세우신 인간 대표자 아래 이 땅에서 하나님의 왕국과 구속의 목적들을 성취하는 것이다. 성경의 불연속성(discontinuity)은 하나님의 점진적인 계시에 기초한다. 그리고 이런 점진적 계시를 통해, 하나님은 각 시대의 사람에게 위임된 각각의 책임을 드러내 오셨다.

　구원은 하나님이 경영하시는 모든 시대에 항상 은혜로 인해 그리고 믿음을 통해 주어지는 반면, 사람들은 하나님의 계시와 그분이 인간을 다루시는 방식에 따라 각 시대에 다른 책임을 부여 받아 왔다. 불연속성은 때때로 세대들이라는 용어와 동일시 여겨져 왔다. 그러나 하나님은 적과 그의 추종자들에 의해서 빼앗긴 왕국을 되찾고 타락한 인간 중 하나님의 은혜에 반응하고 그의 아들을 믿는 자들을 구속하기 위해 일하심에 따라, 계시의 점진성 안에 있는 연속적인 단계들은 하나님의 목적의 그 연속성을 드러낸다.

하나님은 인간 역사에 대한 그의 운영 계획을 변경하시고 드러내시는데, 이 때 세대가 바뀌게 된다. 세대적 변화를 통해서, 하나님과 인간의 관계에 변화가 생긴다. 몇몇 원리는 이전의 통치 방식과 동일하게 유지되는 반면에, 다른 것들은 중지되거나 새롭게 도입된다.

후자의 예로서, 성경 역사의 네 기간 동안 실행되었던 예배의 개념을 들 수 있다. 족장들은 어디서나 언제나 예배를 드릴 수 있었다. 반면에 율법 아래에서는 제사가 중앙 성소에서만 드려져야 했고 레위 제사장들에 의해서만 진행이 되어야 했으며, 하나님이 지정하신 특정한 시간과 방법으로만 집행되었다. 예수님이 수가의 사마리아 여인과 대화하셨을 때에는, 가까운 미래에 예루살렘이 아닌 다른 곳에서도 예배가 드려질 것이라는 변화를 선포하셨다. 그리고 이 땅에서 구원자가 천 년 동안 다스리는 기간에는 예배에 대한 또 다른 세대적인 변화가 있을 것이다. 메시아께서 여호와의 성전을 건축하실 것이고, 그곳에 앉아 그 기간 동안의 예배를 감독하실 것이다(슥 6:12-13).

다양한 기고자가 언급하겠지만, 성경에 대한 세대주의적 해석법은 이 땅에서 이루어지는 하나님의 역사적 사역의 통일성과 다양성을 모두 분석하고 통합하는 하나의 체계이다. 세대주의자들은 본문에 대한 분석과 신학적 통합 모두 유익하다는 것을 인정한다. 또한, 세대주의자들은 아래와 같은 하나님의 자증적(self-authenticating) 목적들의 그 방법과 완성을 인정한다.

(1) 하나님의 영광의 정당성
(2) 은혜에 의한 그리고 믿음을 통한 구속
(3) 거룩한 대표자를 통한 중재
(4) 평화로운 환경의 회복
(5) 영원한 예배에 대한 경험과 표현

이 책을 주의 깊게 읽기 바란다. 과거에 많은 세대주의자가 그들이 주장하지 않은 내용을 빌미로 부당하게 공격을 받았다. 이 책을 통해서, 무엇이 세대주의이고 무엇이 세대주의가 아닌지를 알게 될 것이다. 이 책의 각 저자는 나의 친구이며, 모두 현재 그리고 과거의 내 동료이다. 그들 모두는 믿음에 관한 역사적이고 전통적 교리를 지지한다. 그 중 어느 누구도 회의적이거나 현실 도피적이지 않다.

무엇보다도 그들 각자는 우리의 구원자를 가장 높이며, 오직 하나님만이 주실 수 있는 궁극적인 평화를 고대한다. 하나님이 그의 백성을 영원히 다스리시는 경이로운 결말, 그 궁극적인 완성을 고대한다.

추천사

박 성 진 박사
미드웨스턴침례신학교 아시아부 학장, 구약학 교수

이 책은 세대주의의 본산이라고 할 수 있는 달라스신학교 출신인 10명의 저명한 학자들이 세대주의의 과거와 현재 그리고 미래에 대해 조망한 책이다. 세대주의 사상 내 매우 일부에 국한된 신학을 잘못 해석한 극단적 종말론 때문에 한국에서는 이단으로까지 취급하고 있는 현실이지만 미국의 복음주의권에서 세대주의의 영향은 실로 크다고 할 수 있다.

이 책은 한국어로 소개된 세대주의에 대한 도서 가운데 『점진적 세대주의』란 책과 함께 가장 최신 서적으로 세대주의 전반에 대해 안내해 주고 있다. 평신도를 대상으로 하여 쓴 책이지만 심도 있는 역사적, 해석학적, 조직신학적 관점에서 다양한 논의를 담아내고 있다. 이스라엘과 교회와의 구분, 신, 구약의 연속성과 불연속성, 성경의 통일성과 다양성, 신약의 구약 인용 해석, 세대주의적 해석학과 종말론, 다양한 천년 왕국에 대한 해석학적 논의, 문자주의가 아닌 문자적 해석 방법, 계약신학과의 해석학적 차이 등의 다양한 논의로 그동안 세대주의에 대해 잘못 알고 있었던 오류나 생각을 수정할 수 있는 기회를 제공한다.

예로, 세대주의가 시대마다 구원의 방법이 다르다고 주장한다고 알고 있는 목회자들이 많은데, 세대주의는 구원에 다양한 방법이 있다고 결코 주장하지 않는다. 세대주의자들은 구원이 오직 은혜와 믿음 그리고 예수 안에서만 가능하다고 믿는다. 하나님이 인간을 각 시대에 다른 방식으로 다루신다고 해서, 그 방식과 함께 구원의 방법도 바뀌어야 함을 말하지 않는다는 것이다.

이 책은 세대주의가 맞는가, 틀리는가를 논하는 책이 아니라 하나의 해석학적 렌즈로서 세대주의 신학을 소개하고 있다. 개인적으로 이점이 이 책을 강력하게 추천하고 싶은 이유다. 미국복음주의학회(Evangelical Theological Society)에서는 1986년부터 세대주의 연구 그룹이 생겨서 세대주의와 비세대주의 신학자 간에 꾸준히 대화하고 토론함으로 상호 존중의 분위기 속에 다양성 내의 연합을 도모하고 있다. 우리나라의 신학계도 이런 자유로운 토론의 장이 열렸으면 하는 바람이다.

언약신학자 번 세리단 포이트레스(Vern S. Poythress)는 그의 책 『세대주의자에 대한 이해』(*Understanding Dispensationalists*)에서 다음과 같이 말했다.

> 우리 시대의 많은 세대주의자와 언약신학자가 과거의 편견을 내려놓고 다른 진영이 갖고 있는 생각을 인정한다는 사실이 가장 기쁘다.

이 책의 출간을 두고 내가 하고 싶은 말이다.

추천사

최 정 기 박사
성서침례대학원대학교 역사신학 교수

세대주의 신학은 미국에서 보수 신앙을 대표하는 신학 체계이지만 언약신학이 지배적인 한국 교계에는 잘 알려져 있지 않다. 안타깝게도 시한부 종말론자들이 세대주의에서 강조하는 그리스도의 임박한 재림과 휴거를 믿었기 때문에 경계의 대상이 되어 왔을 것이다. 어떤 사람에게는 세대주의의 문자적 해석과 다소 복잡한 종말 체계가 의심스럽게 보일 수도 있다.

그러나 세대주의는 언약신학과 마찬가지로 성경을 하나님의 권위 있는 말씀으로 존중하며 성경을 통일성 있게 이해하려고 한다. 세대주의는 19세기 초 형제 모임의 지도자 존 넬슨 다비가 개발했으며 D. L. 무디의 부흥과 사경회 운동으로 크게 확산되었고 결정적으로 스코필드 관주 성경이 발행되면서 대중화되었다. 한국의 초기 선교사들이 이 운동의 흐름에서 나온 까닭에 우리나라 초기 신학도 세대주의였다는 사실을 기억해야 한다. 20세기 초 자유주의와 근본주의가 대립해 싸울 때 세대주의는 근본주의를 대표하는 신학이었고 구 프린스턴의 신학자들과 연대하여 자유주의를 배격하는 데 앞장섰다. 지금도 존 맥아더, 찰스 스윈돌, 토니 에반스 같은 유명한 강해 설교자들과 무디, 그레이스, 매스터스, 달라스 같은 복음주의 신학교들이 세대주의를 채택하고 있다. 미국의 침례 교회와 오순절 및 성결 교회에는 세대주의가 널리 퍼져 있다.

세대주의는 교회가 이스라엘을 대체했다는 신학에 맞서 이스라엘의 회복을 정당하게 주장해 왔다(롬 9:6). 또 계시의 점진성을 강조하여 구원의 경륜이 시대별로 어떻게 발전하는지 잘 설명한다. 특히, 성경에서 종종 간과되는 예언과 묵시를 진지하게 다루면서 종말과 관련된 개념들을 빠짐없이 분명하게 다루며 그것들을 일관성 있는 체계로 엮는다.

세대주의가 구원에 여러 방법이 있다고 가르친다거나 언약을 무시한다는 것은 사실이 아니다. 세대주의를 소개하는 책이 한국에 너무 적었는데, 달라스신학교 교수들의 작품이 번역되어 기쁘게 생각한다. 이 책은 세대주의가 고정된 체계가 아니라 여러 단계를 거치며 발전해 왔고 그 안에 다양한 흐름이 있음을 보여 준다. 또 세대주의와 언약신학은 반드시 대립하는 체계가 아니라 서로를 보완해 줄 수 있는 관계에 있음도 알게 해 준다. 아무쪼록 이 책이 세대주의에 대한 편견을 바로잡고 성경을 새롭게 보는 시각을 열어주기를 바란다.

추천사

조앤 안 목사
새창조공동체교회 담임

한국 기독교는 그동안 세대주의를 매우 부정적으로 평가했다. 그 때문에 정작 알아야 할 내용까지도 배울 수가 없다면 그것은 개인과 교회적 손실일 것이다.

이 책은 구속사의 완성을 위한 세대주의 신학자들의 다각적 고민 속에 그 방향성을 제시하고 있으니 고인 웅덩이 물처럼 부패하고 있는 한국 기독교에 새로운 시각을 열어 줄 수 있는 책이 아닐까?

도래하는 새 시대를 향한 새로운 관점으로 진리에 관해서 잠들어 있는 자들의 사고의 영역을 깨우기 위한 도구가 되는 책이라고 말할 수 있겠다.

세대주의와 구속사

Dispensationalism and the History of Redemption: A Developing and Diverse Tradition
Edited by D. Jeffrey Bingham and Glenn R. Kreider
Translated by Chaeui Lim
Revised by Chul-ho Kwak

This book was first published in the United States by Moody Publishers,
820 N. LaSalle Blvd., Chicago, IL 60610 with the title Dispensationalism and the History of Redemption,
copyright © 2015 by D. Jeffrey Bingham & Glenn R. Kreider, general editors.
Translated by permission.
All rights reserved.

Korean Edition Copyright ⓒ 2022 by Christian Literature Center, Seoul, Korea.

세대주의와 구속사

2022년 7월 30일 초판 발행

엮　　음 | D. 제프리 빙햄, 글렌 R. 크라이더
옮　　김 | 임채의
감　　수 | 곽철호

편　　집 | 한명복
디 자 인 | 박성숙, 박성준
펴 낸 곳 | (사)기독교문서선교회
등　　록 | 제16-25호(1980. 1. 18.)
주　　소 | 서울특별시 서초구 방배로 68
전　　화 | 02-586-8761~3(본사) 031-942-8761(영업부)
팩　　스 | 02-523-0131(본사) 031-942-8763(영업부)
이 메 일 | clckor@gmail.com
홈페이지 | www.clcbook.com
송금계좌 | 기업은행 073-000308-04-020 (사)기독교문서선교회
일련번호 | 2022-75

ISBN 978-89-341-2454-2(93230)

이 책의 출판권은 (사)기독교문서선교회가 소유합니다.
신저작권법에 의하여 한국 내에서 보호를 받는 저작물이므로 무단 전재와 무단 복제를 금합니다.

Dispensationalism and the History of Redemption
A Developing and Diverse Tradition

세대주의와 구속사

D. 제프리 빙햄, 글렌 R. 크라이더 엮음

임채의 옮김 | 곽철호 감수

CLC

기고자 명단

D. 제프리 빙햄(D. Jeffrey Bingham)은 사우스웨스턴침례신학교(Southwestern Baptist Theological Seminary)의 역사신학 교수이다. 뉴멕시코주립대학교(New Mexico State University)를 졸업했으며(B.A.), 달라스신학교에서 신학 석사와 신학 박사 학위를 받았다.

크레이그 A. 블레이징(Craig A. Blaising)은 사우스웨스턴침례신학교의 신학 교수이다. 텍사스대학교(University of Texas)를 졸업했고, 달라스신학교에서 신학 석사와 신학 박사 학위를 받았으며, 애버딘대학교(University of Aberdeen)에서 조직신학으로 박사 학위를 받았다.

대럴 L. 박(Darrell L. Bock)은 달라스신학교의 신약학 교수이다. 텍사스대학교를 졸업했고, 달라스신학교에서 석사 학위를 받았으며, 애버딘대학교에서 박사 학위를 받았다.

오스카 A. 캄포스(Oscar A. Campos)는 중앙아메리카신학교(Central American Theological Seminary)의 선교학 교수이다. 중앙아메리카신학교에서 신학 학사와 신학 석사 학위를 받았고, 달라스신학교에서 박사 학위를 받았다.

네이션 D. 홀스틴(Nathan D. Holsteen)은 달라스신학교의 조직신학 교수이다. 루이지에나주립대학교(Louisiana State University)를 졸업했고, 달라스신학교에서 석사 학위를 받았으며, 에버딘대학교에서 박사 학위를 받았다.

글렌 R. 크라이더(Glenn R. Kreider)는 달라스신학교의 조직신학 교수이다. 랜캐스터성경대학(Lancaster Bible College)을 졸업했고, 달라스신학교에서 석사 학위와 박사 학위를 받았다.

유진 H. 메릴(Eugene H. Merrill)은 달라스신학교의 구약학 명예교수이다. 밥존스대학교(Bob Jones University)에서 학사 학위와 석사 학위를 받았고, 뉴욕대학교(New York University)에서 석사 학위를, 콜롬비아대학교(Columbia University)에서 철학 석사 학위를 받았다. 또한, 밥존스대학교에서 구약 해석학으로 박사 학위를, 콜롬비아대학교에서는 고대 중동학으로 박사 학위를 받았다.

T. 모리스 퓨(T. Maurice Pugh)는 텍사스 알링턴에 있는 새생명교회(New Life Fellowship)의 담임목사다. 미시간대학교(University of Michigan)를 졸업했고, 달라스신학교에서 신학 석사 학위와 박사 학위를 받았다.

마이클 J. 스비겔(Michael J. Svigel)은 달라스신학교의 조직신학 교수이다. 케언대학교(Cairn University)를 졸업했고, 달라스신학교에서 신학 석사와 신학 박사 학위를 받았다.

스탠리 D. 투생(Stanley D. Toussaint)은 달라스신학교의 주경신학 명예교수이다. 아우크스부르크대학(Augsburg College)을 졸업했고, 달라스신학교에서 석사와 박사 학위를 받았다.

목차

추천사
마크 L. 베일리(Mark L. Bailey) 박사 | 달라스신학교 명예총장 … 1
박성진 박사 | 미드웨스턴침례신학교 아시아부 학장, 구약학 교수 … 4
최정기 박사 | 성서침례대학원대학교 역사신학 교수 … 6
조앤 안 목사 | 새창조공동체교회 담임 … 8

기고자 명단 … 12

감수자의 글 … 16

편집자 서문 … 18

역자 서문 … 20

제1장 •
세대주의란 무엇인가?(하나의 제안) … 21
글렌 R. 크라이더 | 달라스신학교 조직신학 교수

제2장 •
복음주의와 세대주의 그리고 성경 … 71
D. 제프리 빙햄 | 사우스웨스턴침례신학교 역사신학 교수

제3장 •
일곱 세대로 구분한 세대주의의 역사 … 105
마이클 J. 스비겔 | 달라스신학교 조직신학 교수

Dispensationalism and the History of Redemption
A Developing and Diverse Tradition

제4장 •
세대주의적 해석학 148
네이선 D. 홀스틴 | 달라스신학교 조직신학 교수

제5장 •
역사를 향한 하나님의 계획: 그리스도 이전 177
유진 H. 메릴 | 달라스신학교 구약학 명예교수

제6장 •
역사를 향한 하나님의 계획: 그리스도의 초림 219
대럴 L. 박 | 달라스신학교 신약학 교수

제7장 •
역사를 향한 하나님의 계획: 그리스도의 승천부터 재림까지 244
스탠리 D. 투생 | 달라스신학교 주경신학 명예교수

제8장 •
역사를 향한 하나님의 계획: 완성 283
크레이그 D. 블레이징 | 사우스웨스턴침례신학교 신학 교수

제9장 •
세대주의와 구속사에 대한 견해들 318
T. 모리스 퓨 | 텍사스 새생명교회 담임목사

제10장 •
세대주의와 그 세계적 영향력 365
오스카 A. 캄포스 | 중앙아메리카신학교 선교학 교수

감수자의 글

곽 철 호 박사
성서침례대학원대학교 명예교수

달라스신학대학원의 여러 교수가 기고한 본서 『세대주의와 구속사』가 드디어 출간하게 됨을 기쁘게 생각합니다. 원래 감수자는 작년 초에 본서의 추천사를 의뢰받았었는데, 추천사를 쓰기 위해 원고를 읽다 보니 감수의 필요성을 느껴 적지 않은 시간을 들여 감수를 하게 되었습니다. 그러다 보니 원래의 번역 원고에 일부 수정도 가하게 되었습니다. 생각보다 출간이 지체되었지만 이제 드디어 본서가 세상에 모습을 드러내게 되었습니다.

본서 『세대주의와 구속사』는 세대신학이 그 안에 다양성과 변화의 힘을 품고 있는, 생명력 있고 역동성 있는 신학임을 보여 주고 있습니다. 많은 이가 세대신학이 성경/구속사를 지나치게 나눈다고 생각하는데, 세대신학은 때로 필요한 구별(불연속성)을 하는 것은 맞지만, 동시에 구속의 역사와 하나님의 회복 사역이 통일성(연속성)을 가지고 완성을 향하여 진행된다고 봅니다(『연속성과 불연속성』[2016]이라는 책 참조 요망).

이러저런 면에서 언약신학과의 차이점이 있는 것은 분명하지만, 세대신학이 지나치게 나누는 것만 강조하지는 않습니다. 또 많은 이가 오해하듯, 세대신학은 구원의 방법이 여럿이라고 보지 않습니다. 독자들이 본서를 읽다 보면 기고한 세대신학 학자들이 해석학이나 여러 이슈에서 반드시 일치하지 않음을 알게 될 것입니다. 세대신학은 계속해서 발전해 왔으며 지금도 다채로운 다양성을 내포하고 있습니다.

본서를 읽는 평신도들은 성경 전체를 구속 역사의 관점에서 어떻게 볼 것인가, 또한 동시에 신-구약 사이와 교회-이스라엘 사이에 어떤 구별이 있어야 할 것인가를 좀 더 잘 이해하게 될 것입니다. 목회자들과 신학생들은 세대신학의 발전과 현재의 모습에 대해 좀 더 정확하게 이해하며, 성경 해석에 있어 새로운 통찰력과 도전도 받을 수 있을 것입니다.

과거와 현재의 한국의 이단 그룹들이 세대주의를 표방하는 바람에 세대신학에 대해 왜곡된 선입견을 가지고 있는 사람들이 많은데(참고로, 많은 이단 그룹이 언약신학의 성경 해석 방법을 모방하기도 함), 본서와 『점진적 세대주의』(CLC, 2016) 같은 책을 통해 올바른 교정이 이뤄지길 바랍니다.

감수자가 원하는 바는, 단지 세대신학을 변호하려는 것이 아니라 언약신학과 세대신학의 대화와 토론을 통해 우리 모두의 성경신학과 해석학이 좀 더 성숙해지기를 바라는 것입니다. 왜냐하면, 우리가 이 땅에 거하는 동안에는 우리가 "부분적으로 알"(고전 13:12) 수밖에 없기 때문입니다.

편집자 서문

D. 제프리 빙햄 박사
사우스웨스턴침례신학교 역사신학 교수

글렌 R. 크라이더 박사
달라스신학교 조직신학 교수

　세대주의는 복음주의 내에서도 핵심적이고 오래 지속되어 온 한 진영이다. 세대주의는 다섯 가지의 원리인 성경의 영감과 무오성, 그리스도인의 삶에 있어서의 하나님의 말씀의 권위와 연관성, 구속사의 통일성, 복음과 중생의 필요성 그리고 세계적 선교를 지지한다.
　이것은 전 세계의 교회가 가지고 있는 복음주의 전통이다. 오래 지속되어 온 다른 전통들과 같이, 세대주의는 많은 전투의 상처를 가지고 있다. 세대주의는 자신을 비방하는 사람들로부터 스스로를 지켜 내고 다시 세워야만 했다. 뿐만 아니라 문화적인 영향들이 야기하는 변화들을 직면해야 했으며, 의식적이고 무의식적 발전이라는 고된 과정을 이겨내야 했다.
　세대주의의 가장 열렬한 옹호자들이 소천하는 것을 슬퍼해야만 했고, 성경의 주요 예언들에 대한 대중의 관심도가 하락하는 것 또한, 경험해야 했으며, (어떤 진영에서) 성경 연구에 있어서 정경적 신학적 해석으로부터 계속적으로 멀어지는 움직임은 물론 서사 전체를 하나로 보는 것에 반대하는 움직임도 목격해야 했다.
　그러나 모든 성숙한 전통과 마찬가지로, 세대주의는 자신에게서 유래된 신학적 열매들이 있다는 사실을 기쁘게 생각한다. 왜냐하면, 그 다음 세대들은 그들의 뿌리가 되는 선조들을 항상 깊이 생각하고, 그들의 멘토나 동료들에 대해서 그리고 세대주의자로서 교회에서 사역할 수 있다라는 사실에 대해서 하나님께 항상 감사해 한다.

  이 마음으로 10개의 글이 기고되었다. 그들은 세대주의의 과거와 현재에 초점을 맞춘다. 그리고 이 전통의 미래와, 이것이 복음 사역에 어떤 의미를 갖는지를 설명한다. 그것은 세대주의의 복음주의적인 정체성, 정의, 역사 그리고 해석학이라는 근본적인 요소들과 관련이 있다. 세대주의가 가지고 있는 가장 큰 가치들 중 하나는, 성경에서 점진적으로 드러나는 하늘의 계획을 이해할 수 있도록 돕는다는 것이다.

  마지막으로 이 책은 세대주의를 더 폭넓게 살펴보기 위해, 세대주의와 다른 전통들 그리고 전 세계적인 상황과의 관계성을 다루면서 끝을 맺는다. 저자들은 각 기고문에서 세대주의의 통일성과 다양성을 복음 사역의 관점으로 설명한다. 이 글의 저자들은 우리의 선생님이고, 동료이며, 학생 그리고 친구이다. 우리 사이에도 의견의 차이는 있다. 그러나 우리가 서로 공유하고 있는 내용이 더 중요하다. 세대주의라는 우리가 공유하는 전통이 이 글에서 우리를 하나되게 한다.

  우리는 찰스 C. 라이리(Charles C. Ryrie)에게 감사의 마음으로 이 책을 헌정한다. 지금은 『세대주의』(Dispensationalism)라는 제목으로 다시 출간되었지만, 그의 책 『세대주의의 바른 이해』(Dispensationalism Today [고양: 전도출판사, 2019])는 많은 대화의 그 시작점이 되었다. 또한, 우리는 복음을 향한 열정을 가진 세대주의 신학자 루이스 스페리 췌이퍼(Lewis Sperry Chafer)와 존 F. 월부어드(John F. Walvoord)를 기억하고 존경한다. 뿐만 아니라 우리에게 교육학을 가르쳐주신 하워드 헨드릭스(Howard Hendricks)와 앞으로 다가올 것들을 갈망해야 한다고 가르쳐 주신 드와이트 펜테코스트(Dwight Pentecost)의 서거를 애통해한다.

    주 예수의 은혜가 모든 자들에게 있을지어다 (계 22:21).

    2015년 4월 3일 (루이스 S. 췌이퍼 안수 115주년 기념일)

역자 서문

임 채 의
달라스신학교 재학

    세대주의는 구속사와 관련이 있다. 역사를 통해 일하시는 하나님의 구원 사역을 신학적으로 정립한 것이 세대주의이다. 이것은 하나의 전통으로서 정통 기독교에 분명한 뿌리를 두고 있다. 창세기부터 요한계시록까지 이어지는 성경의 이야기는 새 하늘과 새 땅의 새 창조라는 분명한 목표를 향해 진행되는데, 이런 구속사의 과정을 설명하는 신학적 체계가 세대주의이다.

    세대주의가 맞다 틀리다, 옳다 그르다와 같은 논의 이전에 세대주의가 무엇인지 그리고 세대주의 학자들이 무엇을 이야기하고 싶어하는가를 열린 마음으로 듣고 함께 연구할 필요가 있다.

    원서에 기록되어 있는 내용의 그 의미와 저자의 의도를 보다 정확하게 번역하고 전달하기 위해, 이 책의 저자이자 편집 담당이신 글렌 크라이더(Glenn R. Kreider) 교수님과 메일을 주고 받으면서 내용을 검토하고 저자의 의도를 확인했다. 또한, 달라스신학교의 명예총장이신 마크 L. 베일리(Mark L. Bailey) 교수님과의 회의를 통해, 이 책의 목적과 의미를 더욱 분명히 할 수 있었다.

    번역서의 편집과 출판을 진행해 주신, 기독교문서선교회(CLC) 대표 박영호 목사님께 감사를 드린다. 또한, 원고를 읽고 감수를 진행해 주신 성서침례대학원대학교의 곽철호 교수님께 감사의 말씀을 드린다. 삶에 소망을 주시고 인도해 주시는 하나님께 모든 감사를 드린다.

제1장

세대주의란 무엇인가?
(하나의 제안)

글렌 R. 크라이더
달라스신학교 조직신학 교수

내게는 나의 어린 시절의 교회 생활에 대한 기분 좋고 생생한 기억들이 있다. 시골의 작은 메노나이트(Mennonite)교회에서, 나는 성경의 이야기들을 나의 선생님이 사용하셨던 플란넬 소재로 된 성경 인물 도표를 통해 배웠다. 나 자신이 죄인이고, 예수 그리스도의 대속과 그의 죽음으로부터의 부활을 믿는 믿음을 통해서만 영생의 소망을 얻을 수 있다는 것을 한 아이로서 나는 알아가기 시작했다. 나는 그 메세지를 믿었고, 그리스도만을 신뢰했으며, 나의 영생을 그분과 함께 보내게 될 것을 기대했다.

이 교회에서는 다함께 찬양을 한 이후에, 주일학교가 진행이 되었다. 대부분의 여성분들은 왼쪽에 앉았고, 남성분들은 오른쪽에 앉았으며, 청소년들은 뒤쪽에 앉았다. 나의 어머니와 아버지는 같이 앉으셨는데, 주로 남성분들이 앉는 오른쪽에 앉으셨다. 누나와 여동생들 그리고 나는 부모님과 함께 오른쪽에 앉았다.[1]

---

[1] 예배 시간에 남성과 여성을 구분하는 이런 관습이 바뀌는 과도기적 세대에, 나의 부모님은 신앙생활을 하셨다. 그 당시 교회가 가지고 있던 사회적 관행에 반하기 위해 의도적으로 이렇게 자녀들과 함께 앉은 것은 아니었지만, 그 당시 관습이 가지고 있던 기준으로 보았을 때는 명백한 위반 행위였다.

나중에는 아버지가 앉으시는 오른쪽에서 벗어나, 내 또래들과 함께 뒤편에 앉았는데 이것은 하나의 통과 의례와 같은 것이었다.

이 교회에서의 찬양은 현대적이지 않았고, 감성적인 것을 추구하지도 않았다. 파이프 오르간을 연주하시는 분이 찬양을 인도하셨으며, 회중은 아카펠라 4중주에 맞추어 화음을 넣어 함께 따라 불렀다. 그리고 나서 설교자가 강대상에 서서, 스코필드 주석이 들어 있는 그의 큰 킹제임스 성경을 펼치고는 설교를 시작했다. 그의 설교들은 성경을 강해하는 형식이었고, 삶에 적용할 수 있는 가르침들이었다.

또한, 성경 본문을 읽을 때면 '스코필드가 이야기하기를'이라는 설명을 거의 대부분의 경우에 덧붙였다.

나는 내 인생의 시작점에서부터 세대주의 안에서 훈련을 받았다. '모든 사람이 그리스도인은 아니다'라는 사실을 결국 알게 되었지만, 나는 여전히 모든 그리스도인이 세대주의자라고 생각했다. 초등학교에 재학할 당시에, 내 가족이 정기적으로 참석하던 예언 집회나 남부 찬양 집회에 왜 나의 친구들은 참석하지 않는지 나는 도무지 이해하지 못했다.

어느덧 나는 운전 면허를 취득하고 자동차를 갖게 되었으며, 교회를 다니는 것에 대해서 스스로 결정할 수 있는 있는 나이가 되었다. 그 때에 나는 하나의 독립적인 성경교회(Bible church)를 다니기 시작했다. 이 교회의 목사님은 스코필드 통신 교육 과정에서 훈련을 받으신 분이었다.[2] 그분 또한, 강해 설교를 하셨고, 삶에 적용할 수 있게 가르치셨으며, 어떻게 하면 성경을 세대주의적 관점에서 읽을 수 있는지 강단에서 설명하셨다.

나는 이스라엘과 교회를 분리해서 이해하도록 배웠다. 그래서 교회의 희망은 휴거이고, 대환난은 이 땅에 있을 끔찍한 시간이며, 그 뒤를 천년 왕국이 뒤따를 것이라고 배웠다. 이 천년 왕국 기간 동안, 이스라엘에게 주어진 약속들이 성취될 것이고, 교회는 천국에 있게 될 것이다. 그리고

---

[2] 이 목사님이 공식적으로 받은 신학 교육은 스코필드 과정이 유일했지만, 그럼에도 그는 훌륭한 성경 해석가였다. 다음의 글을 참고하면, 스코필드 교육 과정의 역사를 살펴볼 수 있다. Glenn. R. Goss, "Cyrus Ingerson Scofield and the Scofield Reference Bible, 1843-1921", http://www.ebccnet.com/scofield.php.

나서, 종말이 올 것이다. 이 땅은 불에 타 없어질 것이고, 우리 모두는 예수님과 함께하기 위해 천국으로 이동할 것이다.³

그렇다. 나는 세대주의자이다. 세대주의적 가르침을 믿는 가정에서 태어나, 세대주의적 가르침을 강조하는 교회에서 신앙생활을 하고 양육을 받았다. 또한, 나는 세대주의적 가르침을 지지하는 성경대학을 다녔는데, 그곳에서 그레이스신학교(Grace Theological Seminary)와 달라스신학교의 몇몇 졸업생에 의해 가르침을 받았다. 그뿐만 아니라 나는 달라스신학교에서 신학 석사와 박사 학위를 받았으며, 2001년부터 이 학교의 교수로서 학생들을 가르치고 있다.

나는 지금도 세대주의자이다. 그러나 내가 세대주의자인 것은, 단순히 이 전통의 배경에서 자랐기 때문만은 아니다. 나는 다른 신학적 노선들도 고려해 보았다. 또한, 나는 세대주의의 역사와 해석학에 대해서도 연구해 보았다. 그뿐만 아니라 나는 오랜 기간 동안 학생들이 질문하는 내용들에 대해서 답변해 왔다. 몇몇 문제와 풀리지 않은 논점이 세대주의에 여전히 존재한다는 사실을 나 또한 모르는 바는 아니다. 그러나 성경의 본문이 세대주의를 지지한다고 나는 믿는다.⁴

세대주의는 많은 사람이 공유하는, 잘 알려진 운동이다. 이 운동은 목회자들과 교회, 전단지와 책, 집회와 학회, 라디오와 TV 프로그램 그리고 선교 단체와 범교회 단체를 통해서 복음주의 기독교 문화에 많은 영향을 끼쳐 왔다.

세대주의적 가르침은 매우 널리 알려져 있어서, 많은 사람은, 심지어 그들의 입장이 세대주의적이라는 것을 모른 채, 성경을 세대주의적 방식으로 읽는다. 그들 중 많은 사람에게 있어, 그런 해석 방법은 그들이 알고 있는 모든 것이다.

---

3 물론 이것은 세대주의적 가르침을 요약한 내용은 결코 아니다. 내가 자라나는 시기에 세대주의자로부터 배웠던 내용을 단순히 정리해 본 것이다.
4 이 책의 기고자 그 누구도, 세대주의적 해석만이 옳다라고 주장하지는 않는다. 하지만 기고자들 모두 세대주의가 성경을 읽는 올바른 방법이라고 믿으며, 다른 방법들보다도 세대주의적 해석 방식을 선호한다.

이 장의 목적은 세대주의가 무엇인지를 설명하고 세대주의가 제시하는 성경 해석 방식을 변증하는 것에 있다. 그러나 세대주의는 많은 오해를 받고, 때론 과장되어 왜곡되게 표현되기 때문에, 세대주의에 대한 몇 가지 잘못된 오해들에 대해 먼저 다루도록 하겠다.[5]

1. 세대주의가 아닌 것

세대주의는, 칼빈주의, 루터주의, 알마니안주의 그리고 다른 신학적 전통들이 조직적인 것과 같은, 그런 의미에서의 신학적인 체계가 아니다. 세대주의자들은, 개신교인들과 개혁주의 전통 안에 있는 자들을 포함하는 기독교인들 가운데 존재한다. 세대주의자들은 교회의 역사적인 신앙, 삼위일체, 칼케돈 신경, 인류의 타락, 이신칭의, 죽은 자의 부활, 그리스도의 재림 등을 인정한다. 세대주의자들은 하나님의 신성, 구원, 기독론 혹은 복음에 있어서 결코 다른 견해를 가지고 있지 않다. 오히려, 그들은 복음주의 기독교가 가지고 있는 정통 교리들을 따른다.[6] 세대주의가 가지고 있는 고유한 신념은 기독교의 기본 교리를 결코 흔들지 않는다. 요컨대, 세대주의자들은 정통 기독교를 따른다.

세대주의는 비정통(heterodox) 혹은 이단이 아니다.[7] 그동안 이것에 대한 많은 반론이 제기되었음에도 불구하고, 이런 오해가 여전히 존재한

---

5 Darrell L. Bock, "Current Messianic Activity and OT Davidic Promise: Dispensationalism, Hermeneutics, and NT Fulfillment", *Trinity Journal* 15 (1994): 55. "세대주의는 적어도 40년 동안 조롱의 대상이 되었다"라고 대럴 박은 주장한다.
6 "세대주의는 미국 복음주의 진영에 속하는 전통으로서, 정통 복음주의와 공통된 특징들을 가지고 있다"라고 블레이징과 박은 기록한다. in Craig A. Blaising and Darrell L. Bock, "Dispensationalism, Israel, and the Church", in *Dispensationalism, Israel and the Church*, ed. Craig A. Blaising and Darrell L. Bock (Grand Rapids: Zondervan, 1992), 379. Mark S. Sweetnam, "Defining Dispensationalism: A Cultural Studies Perspective", *Journal of Religious History* 34 (2010): 198. 마크 스윗남(Mark S. Sweetnam)은 '복음주의 교리에 대한 헌신'이 세대주의의 가장 큰 특징들 중 하나라고 명시한다.
7 존 윅 브로만(John Wick Bowman)은 세대주의를 가장 악랄하게 비판했다. "The Bi-

다.[8] 그 어떤 교회 공의회(church council)도 주류 세대주의의 견해를 비난한 적이 없다. 그리고 세대주의는 신앙과 관련된 그 어떤 정통 교리도 부인한 적이 없다.[9]

특별히, 세대주의는 결코 구원에 다양한 방법이 있다고 가르치지 않는다.[10] 하나님이 자신의 창조물, 특별히 인간을 각 시대마다 다른 방식으로 다루시지만, 그렇다고 해서 이것이, 그 다루심이 바뀔 때 구원의 방법도 바뀐다는 것을 의미하는 것은 결코 아니다. 오히려 모든 그리스도인과 마찬가지로, 세대주의자들은 구원이 오직 은혜와 믿음 그리고 그리스도 안에서만 가능하다는 사실을 믿는다.

물론 그렇다고 해서, 그리스도를 통해 구원이 주어진다는것을 모든 시대의 사람이 알고 있었다는 말은 아니다. 그러나 그들이 예수의 이름을 알지 못했다는 사실이 그들의 책임을 면제해 주지 않으며, 혹은 아직 드

---

ble and Modern Religions: II. Dispensationalism", *Interpretation* 10 (1956): 172-173. "세대주의적 가르침은 그것이 얼마나 많은 교리적 사실을 우연히 갖고 있는 것과 관계없이, 잘못된 가르침 투성이다. 세대주의는 교회의 역사적 신앙 고백에 반한다." 또한, 그는 스코필드 주석 성경이 가르치는 세대주의를 '주님을 반대했던 바리새파이자 바울을 로마 제국에 팔아넘긴 가룟 유다 계열'이라고 비판한다.

8   다음의 글을 참조하기 바란다. 찰스 라이리, 『세대주의의 바른 이해』(*Dispensationalism Today*), 129-154. 비록 샘 스톰스(Sam Storms)가 '이단'이라는 용어를 사용하지는 않지만 그는 전천년 세대주의를 '신약성경을 명백하게 부정하는' 견해라고 비난한다. Sam Storms, *Kingdom Come: The Amillennial Alternative* (Ross-Shire, Scotland: Mentor, 2013), 137.

9   R. Todd Mangum, *The Dispensational-Covenantal Rift: The Fissuring of American Evangelical Theology from 1936 to 1944*, Studies in Evangelical History and Thought (Waynesboro, GA: Panternoster, 2007). 루이스 췌이퍼가 이단이라는 주장이 이 글에 담겨 있다.

10 존 거스너(John H. Gerstner)는 세대주의 견해에 대해 다음과 같이 왜곡되게 설명한다. "본서에서 밝히고자 하는 내용은, 세대주의가 하나 이상의 구원 방법을 가르친다는 것이다. 세대주의는 구원의 방법과 관련해 그 어떤 것도 바르게 가르치지 않는다." John H. Gerstner, *Wrongly Dividing the Word of Truth: A Critique of Dispensationalism* (Brentwood, TN: Wolgemuth and Hyatt; 1991), 262. 이런 주장에 대해 세대주의자들이 지속적이며 반복적으로 반박했음에도 비난의 강도는 높아져만 갔다. 또한, 호튼은 세대주의가 "새 언약에서는 은혜로 구원받는 것과 대조적으로 옛 언약의 이스라엘은 행위로 구원받는다"는 견해를 갖고 있다고 잘못 설명한다. 마이클 호튼, 『언약신학』(*Introducing Covenant Theology*), 백금산 역 (서울: 부흥과개혁사, 2009), 181.

러나지 않은 믿음의 내용에 대해 그들에게 책임이 있다는 말도 아니다.[11]

세대주의는 성경의 주제가 초림과 재림에 있어서 그리스도의 위격(정체성, person)과 사역임을 확언한다. 성부께서는 그의 일을 이루시려고 성자를 이 땅에 보내셨고, 성자께서 시작하신 일을 계속해서 이어갈 수 있도록 성령님을 보내셨다. 구속사는 새 창조로 정점에 이를 것이고, 삼위일체 하나님은 그의 백성과 영원히 함께하실 것이다(계 21:1-5).

세대주의는 획일적이지 않고, 오히려 다양성을 가지고 앞으로 발전해 가는 전통이다.[12] 성경의 본문을 해석하는 획일화된 해석법은 단 한 번도 존재한 적이 없다. 세대주의적 성경 연구자들을 특정 짓는 것은, 성경 본문들에 대한 어떤 표준화된 세대주의적 해석 장치가 아니라 어떤 일련의 믿는 바 신념들이다. 블레이징은 세대주의의 다양성 안에 있는 그 통일성을 강조한다.

> 오늘날에는 다양한 형태의 세대주의가 존재한다. 이런 세대주의 전통들 모두는 성경의 권위와 각 세대를 통해 성경을 이해하는 것의 중요성, 계시의 역사에 있어 교회가 갖는 고유성, 성경의 예언과 종말론적인 가르침의 중요성, 천년 왕국 전에 있을 그리스도의 임박한 재림 그리고 민족적인 이스라엘의 미래를 강조한다.[13]

---

[11] 그렇기 때문에, 달라스신학교의 신앙 고백서에는 다음과 같이 기록되어 있다. "말씀이 육신이 되고 십자가에 달리신 하나님의 어린양, 성자 하나님에 대한 의식적 믿음은 그들이 가질 수 없었다고 우리는 믿는다. 왜냐하면, 희생 제사가 그리스도와 그의 사역을 나타낸다는 것을 우리는 알지만, 그들은 미처 알지 못했기 때문이다"(http://www.dts.edu/about/doctrinalstatement/). 하지만 월터 카이저는 세대주의의 이런 가르침이 자칫, 오늘날에는 "단순히 '나는 하나님이 존재한다는 것을 믿어!' 혹은 '나는 유신론자야'라고만 말해도 구원을 받을 수 있다고 말하는 것처럼 보인다"고 주장한다. Walter C. Kaiser Jr., "Is It the Case that Christ Is the Same Object of Faith in the Old Testament? (Genesis 15:1-6)", *Journal of the Evangelical Theological Society* 55/2 (2012): 292. 그러나 이것은 세대주의에 대한 잘못된 이해이다.

[12] Sweetnam, "Defining Dispensationalism", 193. "세대주의는 획일화된 신앙 체계와 매우 거리가 멀다"라고 스윗남은 주장한다. Darrell L. Bock, "Current Messianic Activity and OT Davidic Promise", 55. "다른 사람들이 비판하는 것과 다르게, 세대주의는 획일화된 적이 단 한번도 없다"라고 대럴 박은 명시한다.

[13] Craig A. Blaising, "Contemporary Dispensationalism", *Southwestern Journal of Theology*

세대주의는 성경에 부여된 어떤 해석학적 접근이 아니다. 오히려, 이것은 성경 자체에 기초한 성경 읽기 방식이다. 물론 모든 그리스도인이 이 방법으로 성경을 읽지는 않는다. 그러나 그들 모두는 각자의 사전 지식과 해석학적 렌즈를 통해 성경을 읽고 해석한다.[14] 그래서 세대주의는 하나의 해석학적 렌즈이다.

세대주의는 반전통주의가 아니며, 분파주의 혹은 파벌주의도 아니다. 세대주의가 "사이비 종교 집단이나 종파가 아닌 이유는, 세대주의의 기본적인 개념들이 대형 교단들의 경계를 가로지르고 있기 때문이다. 그리고 세대주의는 기독교의 기본적인 요소들을 모두 인정하기 때문에, 결코 새로운 현대 종교가 아니다."[15]

비록 초기 세대주의자들이 제도적인 교회를 부정적으로 바라본 것은 사실이지만, 세대주의는 교단과 교회 전통을 결코 거절하지 않는다.[16] 세대주의자들은 기독교 안의 다양한 교단에 현재 소속되어 있고, 초교파와 범교회 기관들에 또한, 소속되어 있다.

세대주의는 독단적이지 않다. 적어도 미국의 다른 복음주의 전통들과 비교해 보았을 때 결코 적대적이지 않다.[17] 교회는 그리스도의 몸이고,

---

36 (Spring 1994): 13.

[14] Harold W. Stone and James O. Duke, *How to Think Theologically* (Minneapolis: Fortress, 1996), 46. "성경 본문이 스스로 어떤 의미를 전달하는 것은 아니기 때문에, 모든 성경 읽기에는 누군가의 해석이 그 안에 들어간다"라고 스톤과 듀크는 이야기한다. 또한, Grant R. Osborne, *The Hermeneutical Spiral* (Downers Grove, IL: InterVarsity Press, 1991), 6을 참고하라.

[15] Dale S. DeWitt, *Dispensational Theology in America* (Grand Rapids: Grace Bible College, 2002), 2.

[16] Charles C. Ryrie, "Update on Dispensationalism", in Issues in Dispensationalism, ed. Wesley R. Willis and John R. Master (Chicago: Moody, 1994), 17. "기존의 교회는 폐허가 되어 있고 배교로 가득하다"라고 라이리는 다비의 견해를 요약한다. 다비와 세대주의에 관련해서 다음의 글을 살펴보기 바란다. Larry V. Crutchfield, *The Origins of Dispensationalism: The Darby Factor* (Lanham, MD: University Press of America, 1992). 또한, Mark Sweetnam and Crawford Gribben, "J. N. Darby and the Irish Origins of Dispensationalism", *Journal of the Evangelical Theological Society* 52 (2009): 569-577을 참고하라.

[17] Nathan O. Hatch, *The Democratization of American Christianity* (New Haven, CT: Yale Uni- versity Press, 1989). Stephen J. Nichols, *Jesus Made in America: A Cultural History*

세계 복음화는 우리 공동의 책임이며, 영적 은사는 인간의 몸에 대한 비유로 묘사되어 있다는 사실을 세대주의는 인정한다(고전 12장). 그뿐만 아니라 성화 혹은 신앙의 성장이 교회 안에서 이루어진다고 고백한다. 이스라엘과 교회에 대한 중요한 구분은, 둘 다 구별된 집합체(공동체)라는 사실에 뿌리를 두고 있다.

이스라엘은 단순히 하나님과 친밀한 개개인들의 모임이 아니다. 이스라엘은 한 국가로서 가족, 부족, 종족, 마을 그리고 공동체로 구성되어 있다. 이와 마찬가지로, 교회는 많은 지체로 구성되어 있는 하나의 몸이다. 세대주의는 이스라엘과 교회를 분리해 이해한다. 그러나 그렇다고 해서 오직 그리스도 안에서, 오직 믿음 안에서 그리고 오직 은혜 안에서 구원받은 하나님의 사람들이 하나의 공동체라는 사실을 부인하는 것은 결코 아니다.[18]

세대주의는 결코 종말론적 입장만을 강조하지 않는다. 대부분의 세대주의자들은 교회의 환난 전 휴거를 믿는다. 이 휴거 때에 그리스도께서 이 땅에 오실 것이고, 그리스도 안에서 죽은 자들은 다시 살아날 것이며, 살아 있는 자들은 들림을 받아 영광을 얻을 것이다(참조. 살전 4-5장). 그리스도께서 예루살렘에 있는 보좌로부터 이 땅을 천 년 동안 다스리기 위해서 다시 오실 것인데, 이 재림의 사건이 있기 7년 전에 휴거가 있다. 세대주의는 전천년주의적 종말론에 뿌리를 두고 있다.

그러나 모든 전천년주의자가 세대주의적이지는 않기 때문에, 세대주의와 전천년주의를 동일시하는 것은 정확한 이해가 아니다. 더욱이, 세대주의는 종말론 이외에도 훨씬 더 많은 것을 내포한다.[19]

---

from the Puritans to "The Passion of the Christ" (Downers Grove, IL: InterVarsity, 2008)을 참고할 것.

18 초기 세대주의들은 교회와 이스라엘 그리고 하늘 백성과 땅의 백성을 때론 지나치게 구분 지었다. "천상적 목적과 지상적 목적 사이를 칼로 자르듯 구분 짓는 어떤 유의 명백한 이분법도 사실상 존재하지 않는다"라고 찰스 라이리는 언급한다. 찰스 라이리, 『세대주의의 바른 이해』(*Dispensationalism Today*), 171.

19 Craig A. Blaising, "Premillennialism", in *Three Views on the Millennium and Beyond*, ed. Darrell L. Bock (Grand Rapids: Zondervan, 1999), 155-227. 그리고 Blaising, "A Case for the Pretribulation Rapture", in *Three Views on the Rapture*, ed. Alan Hultberg, 2nd

세대주의는 하나님의 구속사적 목적과 하나님이 영광의 찬송이 되시는 목적을 서로 충돌하게 하지 않는다.[20] 오히려, "인간의 존재 목적은 하나님을 찬양하고 그분을 영원히 누리는 것"이라고 고백하는 웨스트민스터 소요리 문답에 세대주의자들은 동의한다.[21] 더욱이, 세대주의자들은 성경의 이야기를 구원의 이야기로 이해한다. 창조부터 타락 그리고 타락한 세상의 모든 죄를 제거하시고 새창조하시는 하나님의 구속사역까지, 성경은 창조자이자 구원자이신 분에 대한 이야기이다. 그리고 그의 구속 사역은 그의 영광이 된다.

세대주의는 학문적인 전통이 아니다. 물론 교육 기관에서 그리스도를 섬기는 세대주의자들은 과거에도 있었고, 현재에도 있다.[22] 그러나 세대주의는 대중적인 운동에 가깝다. 세대주의자들은 일반적으로 교회나 학교, 선교 단체, 텔레비전, 라디오 그리고 다른 실질적인 사역 현장에 있다.[23]

또한, 세대주의가 반드시 비관적인 역사 철학을 갖고 있는 것은 아니다. 몇몇 세대주의자는 각각의 세대가 시험을 내포하고 있는데, 그 시험

---

    ed. (Grand Rapids: Zondervan, 2010), 25–73.
[20] 찰스 라이리, 『세대주의의 바른 이해』(*Dispensationalism Today*), 51-53. 언약신학은 '인간 중심적' 구원론을 갖고 있는 반면, 세대주의는 하나님의 영광에 참여하는 목적을 추구한다고 라이리는 주장한다. 그렇기 때문에, 본문에 기록되어 있는 세대주의에 대한 평가는 부정확하고 잘못되었다. 다음을 참고할 것. 존 S. 파인버그, 『연속성과 불연속성』(*Continuity and Discontinuity*), 곽철호 외 6인 역 (이천: 성서침례대학원대학교출판부, 2020), 119-122.
    John S. Feinberg, "Systems of Discontinuity", in *Continuity and Discontinuity: Perspectives on the Relationship between the Old and New Testaments* (Westchester, IL: Crossway, 1988), 84-85을 참고할 것.
[21] "Westminster Shorter Catechism", http://www.reformed.org/documents/WSC.html.
[22] Sweetnam, "Defining Dispensationalism," 192. "세대주의는 현존해 온 대부분의 시간 동안, 학문적인 감지밖에 있었다. 세대주의가 역사적으로 그리고 사회적으로 기독교 문화에 미친 영향은 지대하지만, 이것에 대한 평가나 연구는 아직 충분히 진행되지 않았다."
[23] John D. Hannah, *An Uncommon Union: Dallas Theological Seminary and American Evangelicalism* (Grand Rapids: Zondervan, 2009), 292-293. 존 해나는 달라스신학교와 성경 학회 운동의 관계에 대해 설명한다. 그가 달라스신학교와 관련해 이야기하는 대부분의 내용은 세대주의와 관련이 있다. Glenn R. Kreider, "Dispensationalism", in *The Routledge Encyclopedia of Protestantism*, 4 vols., ed. Hans Hillerbrand (New York: Routledge, 2004), 2:599-600을 또한 참조할 것.

은 인간의 실패로 끝난다고 강조한다. 예를 들어서, 스코필드는 이렇게 기록한다.

> 각 세대는 곧 인간에 대한 새로운 시험이라고 이야기할 수 있는데, 그 세대들은 인간의 완전한 실패를 의미하는 심판으로 마무리된다.[24]

그러나 찰스 라이리는 모든 세대가 실패로 끝나는 것은 아니라고 지적한다. 사실 라이리에 따르면, "시험, 실패, 심판의 존재는 세대적인 세계 통치의 필수불가결한 요소가 아니다."[25]

하지만 어쩌면 더 중요한 것은, 라이리는 하나님의 구속 사역에 대한 세대주의의 관점은 '낙관적'이라고 주장한 것에 있다.

그는 이렇게 이야기한다.

> (왜냐하면) 세대적인 형태는 반복적인 순환식 그림이 아닌 위로 올라가는 나선형 그림을 형성한다.[26]

그는 심지어 세대주의의 낙관론과 역사에 대한 다른 관점들이 가지고 있는 비관론을 대조시킨다. 그는 또한, 이렇게 말한다.

> 만일 '순환적인' 개입이 없다고 한다면 역사의 과정은 늘 하향적이고 전적으로 비관적일 것이다.[27]

---

24 C. I. Scofield, *Rightly Dividing the Word of Truth* (Findlay, OH: Fundamental Truth, 1947), 13.
25 찰스 라이리, 『세대주의의 바른 이해』(*Dispensationalism Today*), 43.
26 위의 책, 46. "세대주의만이 낙관적 역사 철학을 바르게 제시한다"라는 라이리의 주장은 과장된 것이 분명하다.
27 위의 책, 47. 라이리는 노먼 크라우스(C. Norman Kraus)의 주장에 대응하고 있다. C. Norman Kraus, *Dispensationalism in America: Its Rise and Development* (Richmond, VA: John Knox Press, 1958), 126. "역사의 발전과 관련해 세대주의자가 내놓은 최종적 답변은, 그들이 발전의 가능성을 분명히 배제하고 있음을 보인다. 잘못된 낙관주의와 진화론적 발전에 대한 대응책으로서, 세대주의는 이교도적인 모습을 보이는데 이것

요약하면, 역사에 대한 세대주의의 견해는 낙관적이다. 인간의 역사는 발전하는 형태를 띠는데, 이것은 진화론적인 개념에서의 발전이 아닌, 하나님의 은혜가 역사에 걸쳐 점진적으로 밝혀지고 경험되는 것에서 비롯된다.[28]

세대주의는 성경적인 신학이다. 세대주의는 성경의 가르침에 뿌리를 두고 있으며, 성경이 가르치는 대로 성경을 읽는 방식이라고 세대주의는 주장한다. 그러므로 이 장에서는 세대주의가 제시하는 성경 읽기 방식에 대해 살펴볼 것이다. 하지만 그 전에, 세대주의가 무엇인지를 먼저 정의할 것이다.

2. 세대주의란 무엇인가?

언약신학자 마이클 스콧 호튼(Michael S. Horton)은 다음과 같이 주장한다.

> 언약은 성경적인 신앙과 실천을 결합시키는 구조, 버팀목과 기둥이다. … 성경의 구조는 단순히 언약 개념이 아니라 하나님이 우리 역사 속에서 우리를 언약적으로 다루시는 것이 구체적으로 있다는 것이다. 이것이 성경의 놀라운 다양성 속에서 통일성을 인식할 수 있도록 문맥을 제공해 준다.[29]

은 결과적으로 역사의 발전 가능성을 부정하고 불가피한 역사의 무용론을 주장하게 되었다."

[28] Paul David Nevin, "Some Major Problems in Dispensational Interpretation", PhD dissertation, Dallas Theological Seminary, 1965, 196. "만일 세대주의가 적절한 역사 철학을 가지고 있다면, 이것은 통일성이나 다양성뿐만 아니라 점진성과 관련이 있다. 하나님은 역사를 향한 목표를 갖고 계실 뿐 아니라 그가 이것을 직접 이루어 가신다." 그리고 나서, 저자는 각 세대가 어떻게 역사적 점진성을 나타내는지를 다섯 가지 방법으로 입증한다(197-204).

[29] 마이클 호튼, 『언약신학』(*Introducing Covenant Theology*), 백금산 역 (서울: 부흥과개혁사, 2009), 22. 또한, "언약은 개혁신학의 틀"이라고 그는 설명한다. 마이클 호튼, 『언약신학』, 22.

세대주의자들은 언약신학자들 그리고 다른 모든 그리스도인과 동일한 성경을 읽는다. 세대주의자들은 하나님이 그의 백성과 언약들을 세우시고, 이 언약들에 대해서 하나님이 신실하시다는 사실을 믿는다. 그러나 세대주의자들은 언약주의자들과는 다르게, 언약이 성경의 이야기의 뼈대라고 생각하지 않는다. 그렇다고 세대주의자들이 성경에 등장하는 언약들의 중요성을 부인하는 것은 아니다. 그러나 다른 요소들과 비교했을 때, 언약은 부수적인 요소라고 믿는다.

성경은 하나님이 모든 것의 주권적 창조주이심을 나타낸다. 그는 이 세상이 존재할 수 있게 하셨을 뿐만 아니라 세상을 지탱하고 돌보신다. 또한, 그는 그가 창조한 세상에 깊이 관여하신다. 모든 좋은 이야기와 같이, 성경의 이야기는 시간이 지나면서 더 선명하게 드러난다. 성경은 타락(창 3장)부터 새 하늘과 새 땅(계 21-22장)까지 이어지는 하나님의 구원의 역사에 대해서 이야기한다. 하나님은 그의 창조물 특별히 그의 형상대로 지음받은 인간과 소통하시는데, 하나님과 그의 피조물의 관계는 각 시대에 다르게 조정되었다. 하나님은 변하지 않으시지만, 피조물에 대한 그의 계획은 시간이 흐르면서 점진적으로 펼쳐진다.

세대주의는 성경적인 단어와 성경적인 개념에 기초를 두고 있다. '세대'라는 단어는 헬라어로 '오이코노미아'(*oikonomia*)인데, 이것은 때때로 '경영' 혹은 '관리'로 번역된다. 하지만 이름 그 자체보다 중요한 것은, 실제 성경의 이야기가 시대들과 기간들로 구분된다는 사실이다.

1) 세대주의에 대한 정의

오늘날에는 간단히 『세대주의』(*Dispensationalism*)라고 불리는, 찰스 라이리의 고전 『세대주의의 바른 이해』(*Dispensationalism Today*)에서, 그는 '세대'를 하나님의 목적의 성취 과정에 있어서, 한 구분 가능한 경영 방식/경륜(economy)으로 정의한다.[30] 그는 이후에 다음과 같이 요약한다.

---

30   1965년에 처음 출판된 이 책은, 50년이 지난 지금까지도 인쇄되어 사람들에 의해 읽

세대주의는 세상을 하나님에 의해 운영되는 하나의 집으로 간주한다. 이 집(세상)에서 하나님은 그 자신의 뜻을 따라서, 시간의 과정 안에서 여러 단계의 계시를 통해서 일을 시행 혹은 관리하고 계신다. 이 여러 단계는 그분의 전체 목적의 성취 과정 안에서 구분 가능하게 다른 경영 방식(경륜)들로 구별되는데, 이 경영 방식들이 바로 세대이다. 하나님의 다양한 경륜들을 이해하는 것이 그런 다양한 경륜 안에 있는 그분의 계시를 올바로 해석하는데 필수적으로 요구되는 것이다.[31]

그렇기 때문에, 세대는 단순히 하나의 기간 혹은 시대를 가리키는 개념이 아니다. 이것은 하나님이 그의 구원 계획을 각 시대 혹은 기간마다 다르게 운영하시는 것을 의미한다. 그리고 이런 운영 방식의 변화는 역사의 과정을 통해 발생하게 된다. 하나님은 하나의 경륜 혹은 운영 방식이 종결된 이후에, 또 다른 운영 방식을 도입하신다. 그리고 하나의 세대와 그 다음에 이어지는 세대 사이에는 연속성이 존재한다.

여기서의 연속성에 해당되는 것은 하나님은 한 분이시고, 그가 하나의 통일된 구속 계획을 가지고 계신다는 사실이다. 그러나 세대들 간의 불연속성 또한, 존재한다. 각 세대마다 구속 계획을 운영하시는 하나님의 방법에 차이가 있다는 것이 여기서의 불연속성에 해당된다. 이런 변화들이 때론 격변하는 형태를 보이기도 하지만, 다른 때에는 점진적인 형태를 띠기도 한다. 그러나 분명한 것은 하나의 세대에서 다음 세대로 이동할 때, 제도적이고 행정적인 변화들이 발생한다라는 사실이다.

세대주의는 하나의 해석학적 특징을 가지고 있다. 이것은 성경의 이야기를 해석하는 데에 있어서, 하나님의 통일된 구속의 역사가 점진적으로 밝혀진다는 해석학적 접근이다. 하나님의 계획에 연속성이 있다는 사실

혀지고 있다. 이 책은 1995년에 '세대주의'라는 이름으로 제목이 바뀌었으며, 2007년에는 개정판이 출간되었다. 세대에 대한 찰스 라이리의 정의는 다음의 글에 기록되어 있다. 찰스 라이리, 『세대주의의 바른 이해』(*Dispensationalism Today*), 31-32.

31 찰스 라이리, 『세대주의의 바른 이해』(*Dispensationalism Today*), 32-33. 서문에서 프랭크 게벨라인(Frank E. Gaebelein)은 세대주의를 '성경 해석 체계'라고 정의한다(p. 5).

을 세대주의자들은 인정하지만, 하나님이 그의 피조물에 대한 경영 방식에 있어서 구별 가능한 기간들을 성경이 드러낸다고 그들은 믿는다.

그러나 각 세대 간에 불연속성이 존재한다고 해서, 각 세대마다 구원의 방법이 다르다고 이야기하는 것이 결코 아니다. 왜냐하면, 구원은 언제나 은혜와 구원 그리고 그리스도와 그의 사역에 기초하기 때문이다. 각 기간은 시험을 포함하고 있는데, 각 세대는 인간의 실패로 끝난다고 몇몇 세대주의자는 강조한다.

또한, 몇몇 세대주의자는 일곱 세대로 구분하는 반면에, 다른 이들은 그것보다 적은 세 가지 세대로 구분한다. 그뿐만 아니라 성경이 하나의 통합된 하나님의 백성을 가르침과 동시에, 이스라엘과 교회를 분명하게 구분해서 가르친다고 세대주의자들은 믿는다. 세대주의 신학의 관점에서 볼 때, 현재 세대에서 믿음 안에 있는 이스라엘 사람들은 비록 메시아를 믿는 믿음을 통해 교회의 한 부분이 되지만, 민족으로서의 이스라엘이 미래에 영원한 축복을 받을 것이라는 소망은 여전히 유효하다.[32]

'세대주의'라는 명칭은 신약성경이 헬라어 단어인 '오이코노미아' (*oikonomia*)를 사용하는 것에 뿌리를 두고 있다. 우리는 이제 이 용어가 어떻게 사용되는지에 대해 살펴 볼 것이다. 그리고, 성경을 개관할 텐데, 이것은 하나님의 구속사가 전개되는 이야기 안에서 각각의 세대를 보여줄 것이다.

2) 누가복음 16장에 나타난 세대주의

누가복음 16장에서, 예수님은 한 부자와 그 부자의 집을 경영하는 한 종에 대한 비유를 이야기하신다. 그 부자는 자신의 재산을 그 종이 잘못 사용했다고 의심한다. 그래서 그 부자는 그 종을 불러 자초지종을 듣고

---

[32] 이 문단은 기존에 있던 나의 글을 개작한 것이다. Glenn R. Kreider, "Dispensationalism", in *Encyclopedia of the Bible and Its Reception*, ed. Hans-Josef Klauck et al. (Berlin: De Gruyter, 2012), 6:923-924.

자 한다. 그러나 그 불의한 종은 그 순간에도 자신의 교활함을 보인다. 그는 그 주인의 채무자들을 불러 모아서, 그들 각자가 빚진 돈의 액수를 줄여 준다.

그 주인은 더 이상 자신의 재산을 이 부정직한 종이 관리하지 못하게 한다. 그 부정직한 관리인의 자리는 다른 새로운 관리인이 맡는데, 이것은 곧 새로운 관리 체계가 도입되는 것을 의미한다. 새로운 관리인이 임명되는 것은, 그에 상응하여 경영 방식에도 변화가 있음을 의미한다.

예수님은 이 비유에 대해 다음과 같이 설명하신다.

> 내가 너희에게 말하노니 불의의 재물로 친구를 사귀라 그리하면 그 재물이 없어질 때 그들이 너희를 영주할 처소로 영접하리라(눅 16:9).

이런 설명에서, 예수님은 이 세상에서의 삶으로부터 영원한 곳으로 이동하는 하나의 세대적 변화를 암시하신다.

이 부자는 그의 재산을 관리할 한 사람을 고용했다. 그렇다고 해서 그 재산이 그 관리자의 소유는 아니다. 그 재산은 그 부자의 소유이다. 관리자는 경영에 대한 책임이 있다. 이 경우, 그 관리자는 그의 일에 대해서 불성실하고 부도덕했다. 그랬기 때문에, 그는 그의 직위에서 해고되었다. 그의 경영은 끝이 났으며, 다른 관리자와 다른 경영 방식으로 교체되었다.

이 우화는 그 당시의 문화에 뿌리를 두고 있다. 그러나 이것은 다양한 문화적 맥락에서 고려될 수 있다. 부유한 사람들은 종종 다른 사람을 고용해서 자신의 재산을 관리하도록 맡긴다. 그 경영자들은 독자적으로 일하지 않고, 그들의 고용주를 위해 일한다. 그들에게는 부유한 사람들의 재산을 관리해야 할 책임이 있다.

세대주의는 이 세상을 하나의 거룩한 가정으로 본다. 하나님이 이 가정의 주인이시고, 인간은 하나님의 소유를 관리하는 존재라고 믿는다. 많은 땅을 가진 한 소유자가 자신의 재산을 돌볼 관리자를 고용하는 것과 마찬가지로, 하나님은 인간에게 자신의 창조물을 돌보도록 위임하셨다. 우리가 가지고 있는 모든 것은 하나님으로부터 왔다. 우리 모두는 하나님이 창조하신 것의 관리자이다. 우리의 '재산'은 우리의 소유가 아니다. 우리는 단지 관리자일 뿐이다. 이것은 창조 명령이 분명하게 가르치고 있다.

> 하나님이 이르시되 우리의 형상을 따라 우리의 모양대로 우리가 사람을 만들고 그들로 바다의 물고기와 하늘의 새와 가축과 온 땅과 땅에 기는 모든 것을 다스리게 하자 하시고 하나님이 자기 형상 곧 하나님의 형상대로 사람을 창조하시되 남자와 여자를 창조하시고 하나님이 그들에게 복을 주시며 하나님이 그들에게 이르시되 생육하고 번성하여 땅에 충만하라, 땅을 정복하라, 바다의 물고기와 하늘의 새와 땅에 움직이는 모든 생물을 다스리라 하시니라 (창 1:26-28).

그리스도인들은 하나님의 창조물을 다스리도록 지음을 받았다. 그렇기 때문에, 하나님의 소유를 관리해야 하는 책임이 그들에게 있다. 그리고 예수님이 누가복음 16장에서 가르치신 바와 같이, 모든 그리스도인은 "영원한 본향"(눅 16:10)이라는 종말론적 희망을 고대한다.

3) 바울의 서신서에 나타난 세대주의: 에베소서 3장

누가복음 16장에서 '세대'라는 용어는 가정의 경영을 가리키는 목적으로 사용된다. 에베소서에서 사도 바울은 오이코노미아 혹은 '세대'[33]라는 용어를 보다 넓은 신학적 목적으로 사용한다. 그는 구속사의 시대들을 묘사하기 위해 이 용어를 사용한다.

에베소서 3장에서 바울은 이방인들을 대상으로 한 그의 사역을 소개하는데, 하나님의 은혜를 관리하는 의무가 자신에게 있음을 상기시킨다(엡 3:2). 이방인들을 대상으로 복음을 관리하는 일(엡 3:7)이 바울에게 주어졌다.

---

[33] 오이코노미아는 '관리', '경영' 그리고 '행정'으로도 번역 가능하다.

> 모든 성도 중에 지극히 작은 나에게 이 은혜를 주신 것은 측량할 수 없는 그리스도의 풍성함을 이방인에게 전하게 하시고(엡 3:8).

이 은혜의 세대는 "영원부터 만물을 창조하신 하나님 속에"(엡 3:9) 감추어져 있었다. 모든 것을 창조하신 하나님에 의해서 감추어져 있었다. 하지만 이제는 드러났다.

> 이는 이제 교회로 말미암아 하늘에 있는 통치자들과 권세들에게 하나님의 각종 지혜를 알게 하심이니(엡 3:10).

이 복음의 세대는 하나님의 영원한 구속 계획과 결코 분리되어 있지 않다. 오히려, 이것은 "곧 영원부터 우리 주 그리스도 예수 안에서 예정하신 뜻대로 하신 것이라 우리가 그 안에서 그를 믿음으로 말미암아 담대함과 확신을 가지고 하나님께 나아감을 얻는다"(엡 3:11-12).

바울에게 하나의 세대가 주어졌는데, 이 새로운 세대는 바로 복음이다. 이 복음의 세대는 예수님이 유대인과 이방인을 한 새 사람으로 만드셨다는 그 기쁜 소식을 가리킨다. 그런데 이렇게 새로운 세대가 주어졌다는 것은, 그 이전에는 다른 형태의 세대가 존재했다는 것을 암시한다.[34] 이 세대가 그리스도의 사역으로 성취되었다는 것은, 곧 그리스도의 초림 이전에는 이와 같은 형태가 존재하지 않았음을 의미한다. 더욱이, '새 것'이라는 표현 자체는 과거에 '옛 것'이 있었음을 암시한다.

이 세대적 변화는 에베소서 2장에서 그리스도의 성육신과 삶, 죽음 그리고 부활로 설명된다. 이 본문에서 바울은 이스라엘과 이방인의 차이를 이렇게 설명한다.

---

[34] 복음은 아브라함에게 미리 알려졌다(갈 3:8). 하지만 이것은 그리스도의 사역을 통해 성취되었다(엡 2:11-22).

> 그러므로 생각하라 너희는 그 때 육체로는 이방인이요 손으로 육체를 행한 할례를
> 받은 무리라 칭하는 자들에게서 할례를 받지 않은 무리라 칭함을 받는 자들이라 그
> 때는 너희가 그리스도 밖에 있었고 이스라엘 나라 밖의 사람이라 약속의 언약들에
> 대해는 외인이요 세상에서 소망이 없고 하나님도 없는 자이더니(엡 2:11-12).

소망 없고 하나님 없는 상태라고 여기서 표현한다고 해서, 이스라엘에게 약속된 언약적인 축복들을 이방인들이 경험할 수 없었다는 의미는 아니다. 실제로 많은 이방인이 이스라엘 민족의 일부가 되면서, 하나님의 축복을 받았다.

그리스도께서 이 땅에 오신 이후에는, 유대인과 이방인들 모두에게 변화가 생겼다. 바울은 이렇게 이야기한다.

> 이제는 전에 멀리 있던 너희가 그리스도 예수 안에서 그리스도의 피로 가까워졌느니
> 라 그는 우리의 화평이신지라 둘로 하나를 만드사 원수 된 것 곧 중간에 막힌 담을
> 자기 육체로 허시고 법조문으로 된 계명의 율법을 폐하셨으니(엡 2:13-15a).

이 성육신, 특별히 십자가 위에서 대속하신 그리스도의 사역을 통해서, 예수께서는 유대인과 이방인 사이에 있던 적대와 반대를 그가 짊어지셨고 자신의 몸을 통해 그 둘을 화평하게 하셨다.

> 이는 이 둘로 자기 안에서 한 새 사람을 지어 화평하게 하시고 또 십자가로 이 둘
> 을 한 몸으로 하나님과 화목하게 하려 하심이라 원수 된 것을 십자가로 소멸하시
> 고 또 오셔서 먼 데 있는 너희에게 평안을 전하시고 가까운 데 있는 자들에게 평
> 안을 전하셨으니 이는 그로 말미암아 우리 둘이 한 성령 안에서 아버지께 나아감
> 을 얻게 하려 하심이라(엡 2:15b-18).

두 민족적 집단을 한 새 사람으로 만들었다. 은혜와 믿음을 통해 하나님과 연합되고, 지체와 서로 연합된 자들이 바로 하나님의 백성이다. 이스라엘은 은혜와 믿음을 통해 하나님의 백성이 되었다. 여호와께서 이스

라엘 민족과 맺은 언약을 통해, 이방 민족은 은혜로 인해 그리고 이 하나님을 향한 믿음 안에서 하나님께 다가갈 수 있었다.

모세의 율법은 하나님께 드리는 그들의 예배와 그분과의 관계를 규정했다. 그리고 이제 그리스도 예수 안에서는, 하나님은 유대인과 이방인으로 구성된 한 새 사람을 만드셨다. 유대인과 이방인이 한 백성이 된 것이다. 할례가 더 이상 이방인들에게 요구되지 않고, 그들은 더 이상 이스라엘의 한 부분으로 종속될 필요가 없다.

오히려 이제는, 민족적인 유대인과 민족적인 이방인이 예수라는 새로운 이스라엘 안에서 하나가 되었다. 할례가 더 이상 그들을 구분짓지 않는다. 그리스도 안에서 그들은 하나님과 화평하며, 다른 지체와도 평화롭게 지낸다.

> 그러므로 이제부터 너희는 외인도 아니요 나그네도 아니요 오직 성도들과 동일한 하나님의 권속이라 너희는 사도들과 선지자들의 터 위에 세우심을 입은 자라 그리스도 예수께서 친히 모퉁잇돌이 되셨느니라 그의 안에서 건물마다 서로 연결하여 주 안에서 성전이 되어 가고 너희도 성령 안에서 하나님이 거하실 처소가 되기 위하여 그리스도 예수 안에서 함께 지어져 가느니라 (엡 2:19-22).

과거에는 이스라엘이라는 한 민족만이 하나님의 백성으로 여겨졌다면, 그리스도께서 이 땅에 오심으로 이제는 모든 민족과 방언 그리고 열방이 하나님의 백성이 되었다. 희생 제사, 절기, 할례, 음식법 그리고 안식일과 관련된 규정들은 더 이상 하나님의 백성을 구분 짓는 기준이 되지 못한다. 또한, 이 방법들은 그들과 하나님의 관계를 더 이상 중재하지 못한다. 그뿐만 아니라 모세의 율법은 더 이상 사람들의 의식법을 규정짓지 않는다. 그리스도를 통해서 이제는 새로운 시대가 도래했다. 하지만 분명한 것은, 어느 세대에나 은혜로 인해 그리고 믿음을 통해서만 하나님의 백성이 된다.

4) 갈라디아서 3-4장에 나타난 세대주의

바울은 갈라디아서에서도 이 세대적인 변화를 설명한다. 하나님이 아브라함에게 하신 약속을, 바울은 갈라디아에 있는 그리스도인들에게 다시 한번 설명한다.

> 이 약속들은 아브라함과 그 자손에게 말씀하신 것인데 여럿을 가리켜 그 자손들이라 하지 아니하시고 오직 한 사람을 가리켜 네 자손이라 하셨으니 곧 그리스도라 (갈 3:16).

아브라함에게 하신 하나님의 약속은 이스라엘에 대한 것이 아니라 그리스도에 대한 것이다. 이스라엘이 존재하기 오래전에 심지어는 야곱이 태어나기도 전에 하나님은 아브라함의 씨를 통해 모든 민족을 축복하시겠다고 약속하셨다.

> 또 하나님이 이방을 믿음으로 말미암아 의로 정하실 것을 성경이 미리 알고 먼저 아브라함에게 복음을 전하되 모든 이방인이 너로 말미암아 복을 받으리라 하였느니라 (갈 3:8).

하나님의 계획은 모든 민족에게 복을 주는 것이다. 이 계획은 그리스도의 부활이라는 복음으로 절정에 이른다. 과거의 세대에서는, 모든 민족에게 복을 주기 원하시는 하나님의 계획이 이스라엘을 통해 이루어졌다. 그러나 새로운 세대에서는 아브라함의 자손이신 그리스도를 통해서만 그리고 그리스도 안에서만 축복이 주어진다.

> 누구든지 그리스도와 합하기 위하여 세례를 받은 자는 그리스도로 옷 입었느니라 너희는 유대인이나 헬라인이나 종이나 자유인이나 남자나 여자나 다 그리스도 예수 안에서 하나이니라 너희가 그리스도의 것이면 곧 아브라함의 자손이요 약속대로 유업을 이을 자니라 (갈 3:27-29).

유대인과 이방인, 종과 자유인 그리고 남성과 여성이 가지고 있는 다름을 바울이 부정하는 것이 결코 아니다. 만약 누군가가 이 둘 사이의 차이 혹은 다름을 부정한다면, 그것은 어리석은 것이다. 비록 이런 차이 혹은 다름이 존재하지만, 이것들이 그리스도 안에서는 더 이상 문제가 되지 않는다.

그리스도께서 이 땅에 오시기 바로 전까지만 해도 문제가 되었던 것이, 이제는 더 이상 문제시되지 않는다. 그리스도 안에서 그리고 이 새로운 세대에는, 유대인과 이방인, 종과 자유인 그리고 남성과 여성 모두 동등한 하나님의 백성이다.

그리고 나서, 바울은 율법의 세대를 "그 아버지가 정한 때까지 후견인과 청지기(오이코노무스) 아래에 있는"(갈 4:2) 미성년자에 비유한다. 이 아이가 바로 유업을 이을 자이고, 상속자이며, '모든 것의 주인'(갈 4:1) 이시다. 그러나 아버지가 그에게 경영권을 줄 때까지, 그는 그의 유산에 대한 접근 권한이 없다.

> 우리도 어렸을 때 이 세상의 초등학문 아래에 있어서 종 노릇 하였더니 때가 차매 하나님이 그 아들을 보내사 여자에게서 나게 하시고 율법 아래에 나게 하신 것은 율법 아래에 있는 자들을 속량하시고 우리로 아들의 명분을 얻게 하려 하심이라(갈 4:3-5).

바울은 세대적인 변화를 묘사한다. 과거에는 율법에 의해 운영되었다면, 이제는 그리스도의 복음에 의해서 운영된다. 또한, 초점을 이스라엘에서 모든 민족으로, 옛 것에서 새 것으로 이동시킨다. 그러나 구원의 방법은 변하지 않는다. 구원은 항상 오직 은혜에 의해서 그리고 오직 그리스도에 대한 믿음을 통해서 이루어진다.

하나님이 아브라함에게 하신 약속 또한, 변하지 않는다. 이 약속은 모든 민족에 대한 축복을 포함한다. 두 세대 모두 복음에 뿌리를 두고 있는데, 이 복음은 모든 사람이 아브라함을 통해 복을 받을 것이라는 약속을 가리킨다.

하나님의 경영 방식은 변하고, 새로운 세대의 것이 과거 세대의 것보다 더 나은 것은 사실이지만, 하나님이 그의 백성에게 은혜를 베푸신다는 사실은 변하지 않는다. 그리스도의 부활 이후에 사는 것이 그의 초림 이전에 사는 것보다 낫고, 그의 죄사함의 대속 이후가 동물의 대속보다 나으며, 그의 제사장직 아래에 있는 것이 아론의 제사장직 아래에 있는 것보다 낫다. 그리스도를 통해 새로운 시대가 시작되었고, 더 나은 시대가 도래했다. 왜냐하면, 그리스도께서는 모세, 천사들 그리고 선지자들보다 더 뛰어나시기 때문이다.

5) 에베소서 1장에 나타난 세대주의

각 세대를 이전의 세대보다 더 나은 것으로 보는 이 구원 궤도는, 바울이 '세대'를 언급한 다른 본문에서도 보여진다. 하나님이 "하늘에 있는 것이나 땅에 있는 것이 다 그리스도 안에서 통일"(엡 1:10)되게 하실 것을 바울은 고대한다. 하늘과 땅에 있는 모든 것이 구원을 받을 것이고, 모든 피조물이 구원을 얻을 것이며, 죄와 죄의 모든 효력이 사라질 것이다. 그리고 그리스도께서 마침내 머리가 되실 것이다. 미래에 있을 이 세대에, 예수께서 그의 제자들에게 가르치신 기도가 이루어질 것이다.

> 나라가 임하시오며 뜻이 하늘에서 이루어진 것과 같이 땅에서도 이루어지이다 (마 6:10).

오직 영원한 상태 안에서, 하나님의 모든 대적이 패배할 것이며, 하늘과 땅에 있는 모든 것이 그리스도 안에서 통일될 것이다.

3. 결론

세대주의는 성경을 보는 하나의 관점이라고 정의될 수 있다. 세대주의적 관점에 따르면, 하나님은 피조물을 위한 당신의 계획을, 구분 가능한 기간들에 따라 다르게 운영하신다고 성경이 가르친다. 그리스도의 이 땅에 오심은, 인간이 하나님과 소통할 수 있는 새로운 길을 열었다. 복음을 통해 새로운 세대가 시작되었다는 것은, 그 이전에는 또 다른 세대가 있었음을 암시한다(엡 2-3장; 갈 3-4장).

또한, 바울은 구속 사역이 완성되는 그 완료 시점을 고대한다. 그러므로 이것은 역사를 세 가지 세대로 구분하는 성경적인 근거가 된다.

찰스 라이리는 다음과 같이 말한다.

> 성경이 세대라는 단어를 세대주의자가 사용하는 똑같은 방법으로 사용한다는데 대해 의문의 여지가 없다.[35]

달라스신학교의 교리 선언문은 세 가지 세대를 이렇게 정의한다.

> 우리는 인류의 역사를 관통하는 각각의 관리 책임이 성경에 기록되어 있다고 믿는다. 모세의 율법 세대, 현재의 은혜 세대 그리고 미래의 천년 왕국 세대라는 이 세 가지 세대가 바로 성경이 밝히 드러내는 주제이다. 각각의 세대는 서로 구분되어서, 혼합되거나 혼동되지 않는다. 왜냐하면, 그 세대들은 연대기 순서로 진행되기 때문이다.[36]

이 세 가지 세대에 대한 성격적인 근거들이 있다. 그렇다고 해서 다른 세대들은 성경에서 가르쳐지지 않는다는 말은 아니다. 단지, 성경이 에

---

[35] 찰스 라이리, 『세대주의의 바른 이해』(*Dispensationalism Today*), 29. "성경은 적어도 두 경우에 세대주의자가 사용하는 동일한 방법으로 그 단어(세대)를 사용하고 있다" 라고 라이리는 다음 문단에서 다시 언급한다(라이리, 『세대주의의 바른 이해』, 29).

[36] http://www.dts.edu/about/doctrinalstatement/.

베소서와 갈라디아서에서 이 세 가지 세대를 묘사하기 위해 '세대'라는 말을 쓴다는 것을 강조했을 뿐이다.

그러나 세대주의를 정의하는 것은 구별 가능한 세대의 수가 아니다.[37] 왜냐하면, 대부분의 세대주의자는 역사를 세 가지 세대 이상으로 구분하기 때문이다. 지금부터는, 역사를 일곱 세대로 구분하는 세대주의적 입장을 설명해 보겠다.

4. 성서신학에서의 세대주의

세대주의적 해석학은 많은 그리스도인에게 설득력 있다고 인정을 받는다. 그들은 성경을 읽으면서, 하나님과 그의 백성 그리고 그의 창조물과의 관계가 시간이 지남에 따라 변화하는 것을 관찰하게 된다.[38] 사실, 많은 그리스도인이 세대주의적 시각으로 성경을 읽는 방법을 알게 모르게 수용해 왔다.[39]

스탠리 D. 투생(Stanley D. Toussaint)은 세대주의를 이렇게 설명한다.

---

37   다음의 표를 참고할 것. Ryrie, *Dispensationalism*, 81과 크레이그 블레이징 그리고 대럴 박, 『점진적 세대주의』(*Progressive Dispensationalism*), 곽철호 역 (서울: CLC, 2016), 166-167.

38   Lewis Sperry Chafer, "Dispensationalism", *Bibliotheca Sacra* 93 (Oct–Dec 1936): 391. "동물을 제물로 받치는 희생 제사를 드리지 않고 그리스도의 피를 의지하는 모든 사람은 세대주의자라고 할 수 있고, 한 주의 일곱째 날이 아닌 첫째 날을 지키는 모든 사람 또한, 세대주의자라고 할 수 있다"라고 말한 루이스 스페리 췌이퍼의 주장은 과장된 표현임이 분명하다. 하지만 그의 기본적인 논점은 결코 틀리지 않았다. 어떤 특정한 기간 동안, 하나님은 희생 제사와 안식일을 지킬 것을 요구하셨는데, 그는 이제 더 이상 이것을 요구하지 않으신다.

39   Craig A. Blaising, "Dispensationalism: The Search for Definition", in *Dispensationalism, Israel and the Church*, ed. Craig A. Blaising and Darrell L. Bock (Grand Rapids: Zondervan, 1992), 15. "세대주의와 관련된 많은 사상과 견해는 주류 복음주의의 핵심이 되었다"라고 블레이징은 언급한다.

성경은 하나님의 계획을 점진적으로 드러내는데, 세대주의는 역사 안에서 일하시는 하나님의 다양한 경영 방식을 인정한다.[40]

신약성경 특별히 갈라디아서와 에베소서에서 사용되는 용어 '오이코노미아'에 세대주의가 기초를 두고 있다는 사실을 앞부분에서 확인할 수 있었다. 또한, 하나님이 그의 창조물을 다스리시는 그 방법이 바뀌는데, 이 변화를 관찰함으로써 세대주의를 변증할 수 있다. 이런 변화는 성경의 창조, 타락 그리고 구원의 이야기에서 보여진다.

로이 알드리치(Roy Aldrich)는 이렇게 이야기한다.

세대주의 신학은 세대라는 용어가 갖는 그 의미나, 신약성경에서 이 용어가 어떻게 사용되었는지에만 전적으로 의지하지 않는다. 설령 이 단어가 성경에 직접 등장하지 않았다고 해도, 세대주의라는 개념을 설명하기 위한 다른 용어가 채택되었을 것이다. 적절한 신학적 용어가, 성경에 항상 직접 언급되는 것은 아니다.[41]

1) 창조: 동산이라는 집

성경은 하늘과 땅을 창조하는 이야기로 시작된다. 영원하신 하나님이 땅을 창조하기로 결정하시는데, 땅을 창조하는 그 이유는 하나님만 아신다. 그가 땅과 바다를 나누셨고, 그 땅 위에 식물들이 자라게 하셨으며, 생물체를 만드셔서 땅과 바다 그리고 하늘을 가득 채우게 하셨다. 하나님은 모든 것의 근원이시다.

---

40 Stanley D. Toussaint, "A Biblical Defense of Dispensationalism", in *Walvoord: A Tribute*, ed. Donald K. Campbell (Chicago: Moody, 1982), 109.
41 Roy L. Aldrich, "A New Look at Dispensationalism", *Bibliotheca Sacra* 120 (1964): 42.

하나님이 남자와 여자를 그의 형상대로 창조하셨고, 땅에 살면서 피조물과 그 땅을 돌보아야 하는 책임을 그들에게 주셨다(창 1:26-28). 그들의 책임은 온 세상에 하나님을 나타내고, 그를 드러내는 것이다. 그들은 보이지 않으시는 하나님의 대변자이다. 하나님은 그 땅을 스스로 운영할 수 있으시고, 수십 억 명의 인간이 하는 것보다 더 효율적이고 더 효과적이게 다스릴 수 있으시다.

그럼에도 하나님은 그의 소유를 돌보고 보살피는 일을 인간에게 맡기신다. 그런데 인간 그 누구도 혼자서 이 일을 해낼 수 없기 때문에, 그들은 "생육하고 번성하여 땅에 충만하라"라는 명령을 받았다(창 1:26). 여호와 하나님이 그들을 에덴동산에 두셨고, 동산 각종 나무의 열매는 임의로 먹되, 선악을 알게 하는 나무의 열매는 먹지 말라고 하셨다(창 2:17).

그리고 하나님이 지으신 세상을 돌보고 보살피는 임무가 그들에게 주어졌다. 온 세상을 위한 하나님의 계획은 그들을 통해 이루어질 것이다.

2) 타락: 동산에서 쫓겨나다

불행하게도, 이 창조 이야기는 급격한 변화를 맞는다. 하나님을 대적하는 뱀이 동산 안으로 들어오게 된다. 그 뱀은 선악을 알게 하는 나무의 열매를 먹으라고 아담과 하와를 유혹한다. 하나님의 말씀은 분명하고 정확했다.

> 선악을 알게 하는 나무의 열매는 먹지 말라 네가 먹는 날에는 반드시 죽으리라 하시니라(창 2:17).

그러나 그 뱀은 이렇게 이야기한다.

> 뱀이 여자에게 이르되 너희가 결코 죽지 아니하리라 너희가 그것을 먹는 날에는 너희 눈이 밝아져 하나님과 같이 되어 선악을 알 줄 하나님이 아심이니라(창 3:4-5).

선악 나무 열매를 먹으면 죽는다고 하나님은 아담과 하와에게 경고하시지만, 반대로 그 뱀은 지식과 생명을 약속한다. 결과적으로 두 사람은 뱀의 이야기를 듣고 그 열매를 먹는다. 그리고 그 결과로서 두려움과 부끄러움, 죄의식 그리고 궁극적으로는 죽음을 경험한다.

그 반역 사건 이후에, 하나님이 그들을 찾아오신다(창 3:8). 하나님이 그들을 위해 만드신 그 세상을 배경으로, 그들과 만남을 가지신다. 그들이 하나님으로부터 숨을 때, 하나님은 그들을 찾아내시고 그들로 하여금 그들의 반역을 직면하게 하신다. 그리고 나서 하나님은 그들에게 심판을 선고하시며, 그들을 동산에서 쫓아내신다.

또한, 돌아오는 길을 막아, 그들이 다시는 이곳으로 돌아오지 못하도록 하신다. 땅은 그들의 죄 때문에 저주를 받고, 그들의 벌거벗음을 가리기 위해 한 동물이 죽게 된다(창 3:21). 남자와 여자가 하나님에 대항하여 반역을 일으켰기 때문에, 그들은 흙으로 돌아갈 것이다. 왜냐하면, 그들은 흙으로 만들어졌기 때문이다. 그들은 평생토록 수고한 뒤에, 흙으로 돌아갈 것이다(창 3:19).

하지만 이것이 이야기의 끝은 아니다. 비록 그 남자와 여자가 동산에서 쫓겨나 하나님으로부터 멀어졌지만, 그들은 여전히 땅에 거주한다.[42] 인간이 여전히 살아 생존한다는 사실은, 하나님의 계획이 종료되지 않았다는 것을 보여 준다. 오히려, 하나님은 이제 타락 이전과는 다르게 그의 계획을 운영하신다. 그는 반역한 피조물을 결코 파괴하지 않으시고, 그들을 다른 것으로 대체하지도 않으신다. 그뿐만 아니라 땅에 충만하고 땅을 다스리는 그들의 책임을 변경하지 않으신다. 그 대신에, 그들이 가지고 있던 임무의 그 맥락이 바뀐다. 죄와 죄의 영향으로 얼룩진 이 세상을 돌보고 보살피는 책임이 그들에게 있다. 그들은 그 책임을 다할 것이고, 그 이후에 생을 마감할 것이다.

창세기의 저자는 창세기 3장에서 나타나는 이 변화를 묘사할 때, '세대'라는 용어를 직접 사용하지는 않는다. 그러나 하나님의 계획을 운영하는

---

[42] 아담은 930세까지 살게 된다(창 5:5).

그 방식이 바뀌는 것은 분명하다. 인간의 반역은 거룩한 심판을 초래하고, 창조주와 피조물 간의 관계에 있어서 그에 상응하는 변화를 가져온다. 그들은 더 이상 생명과 평화의 동산에 살지 않는다. 그들은 그 동산에서 쫓겨나, 평생토록 수고해야 하는 땅에 산다. 결과적으로 그들의 죽음으로 이것은 끝을 맺는데, 이 죽음은 곧 모든 생명체의 죽음이다.

3) 홍수 이후: 민족들의 탄생

피조물을 위한 하나님의 계획은, 전 세계적 홍수를 통해, 그 운영 방식에 있어서 또 다른 변화를 맞는다. 하나님은 "땅 위에 사람 지으셨음을 한탄하사, 마음에 근심"(창 6:6)하셨다. 왜냐하면, 포악함이 땅에 가득했기 때문이다(창 6:11, 13). 그 결과, 모든 살아 있는 생물과 땅을 파괴하겠다고 하나님이 약속하신다(창 6:13, 17). 그러나 노아와 그의 가족 그리고 노아가 방주 안으로 데리고 갈 동물들은 죽지 않을 것이라고 선언하신다(창 6:19-20).[43] 또한, 방주 안의 모든 거주자를 위해 음식을 저장해 둘 것을, 하나님이 명령하신다(창 6:21).

창세기 3장에 기록된 것과 같이, 인간이 땅을 관리하는 그들의 임무에 실패하자, 땅 위에 거주하는 모든 살아 있는 생물은 파멸을 맞는다. 땅의 운명은 그 땅을 관리하는 인간의 그 행위와 깊이 관련이 있다. 이 관리인들은 결과적으로 그들의 관리 업무를 성공적으로 마무리 하지 못했고, 땅을 축복이 아닌 포악함으로 가득 채웠다(창 1:26-28).

---

43 "내가 홍수를 땅에 일으켜 무릇 생명의 기운이 있는 모든 육체를 천하에서 멸절하리니 땅에 있는 것들이 다 죽으리라"(창 6:17). 이것은 무언가를 강조하는 표현임이 분명하다. 왜냐하면, 땅이 실제로는 파괴되지 않았기 때문이다. 홍수가 진정되었을 때, 방주는 땅에 정박했고 노아와 그의 가족들은 방주에서 나와 땅에 정착했다. 베드로전서 3장을 보면 베드로는 물로 인한 심판인 홍수와 불의 심판인 여호와의 날을 비교해서 설명한다. Gale Z. Heide, "What Is New about the New Heaven and the New Earth? A Theology of Creation from Revelation 21 and 2 Peter 3", *Journal of the Evangelical Theological Society* 40 (1997): 3-56 참고.

그 결과로서 그들은 심판 받고, 땅은 저주를 받는다. 노아와 그의 가족은 생육하고 번성하여 다시금 땅에 충만하기 위해 방주에서 나오는데, 이것과 함께 새로운 세대가 시작된다.

하나님의 은혜로, 노아와 그의 가족 그리고 땅에 사는 모든 생명체가 각기 그 종류대로 보존될 수 있었다. 하나님은 혹독한 심판 한가운데에서도 생명을 보존하시며, 그의 창조물을 계속해서 돌보고 보살피신다. 이 땅을 향한 하나님의 계획은 결코 변하지 않는다. 그 계획을 집행하는 그 형태만 바뀔 뿐이다.

노아와 그의 가족은 새로운 세대를 연다. 족장 노아는 자신을 심판으로부터 구해 주신 하나님께 제단을 쌓고, 제사를 드린다.[44] 그리고 그 이후에 노아와 그의 가족은 다음과 같은 하나님의 말씀을 듣게 된다. 이것은 창세기 1장의 내용과 유사하다는 것을 발견하게 된다.

> 하나님이 노아와 그 아들들에게 복을 주시며 그들에게 이르시되 생육하고 번성하여 땅에 충만하라 땅의 모든 짐승과 공중의 모든 새와 땅에 기는 모든 것과 바다의 모든 물고기가 너희를 두려워하며 너희를 무서워하리니 이것들은 너희의 손에 붙였음이니라 모든 산 동물은 너희의 먹을 것이 될지라 채소 같이 내가 이것을 다 너희에게 주노라(창 9:1-3).

그리고 나서, 하나님은 다음과 같이 말씀하신다.

> 너희는 생육하고 번성하며 땅에 가득하여 그 중에서 번성하라(창 9:7).

하나님은 태초의 인간에게 복을 주시며, 생육하고 번성할 것을 명령하셨다. 또한, 땅 위에 있는 것과 하늘에 있는 것 그리고 바다에 있는 모든

---

[44] 모든 정결한 짐승을 일곱씩 방주로 데려오라는 명령을 하나님이 노아에게 하신 이유들 중 하나는(창 7:2-3), 이런 동물들로 희생 제사를 드리기 위함이었다. 하나님은 노아가 홍수 이후에 식량과 희생 제물로서 이런 동물들이 필요할 것을 아시고 제공하셨다.

생명체를 다스리는 책임이 그들에게 주어진다(창 1:28). "온 지면의 씨 맺는 모든 채소와 씨 가진 열매 맺는 모든 나무"(창 1:29)가 그들의 먹거리였으며, 그들은 동물도 먹을 수 있도록 허락되었다(창 1:30).

그러나 이제는 상황이 바뀌었다. 하나님이 만드신 세상을 다스려야 하는 책임이 인간에게 있는 것은 여전히 유효하지만, 차이점이라 하면 이제는 동물들이 인간을 두려워한다. 동물이 인간을 두려워하는 이유는 간단하다. 동물이 두려워할 만한 그 무언가가 있기 때문이다.

홍수 이전에는, 인간과 동물이 식물만을 먹었다. 그러나 홍수 이후에는, 인간과 동물이 살아 있는 생물을 먹기 시작한다. 이 식생활의 변화는, 하나님이 그의 창조 계획을 운영하시는 그 방식이 바뀌었다는 것을 보여 준다. 하나님의 형상이 이 운영 계획을 집행하는 통로라는 사실은 세대가 바뀌어도 변하지 않는다. 그러나 운영 방식에는 분명한 변화가 있다. 식생활의 변화와 수명의 단축은 운영 방식에 변화가 있다는 증거가 된다(창 6:3).

창세기의 저자가 운영 방식의 변화를 강조하지는 않는다. 홍수가 가져온 심판과 혹독한 파괴가 있을 수밖에 없었던 그 이유를 설명하는 것에는 많은 분량을 할애하는 반면에, 이 변화에 대해서는 주의를 덜 기울이는 것이 사실이다. 그러나 홍수를 기점으로 새 날이 밝아 오는 것은 분명하다. 홍수가 모든 생명을 앗아가는 것은 아닐 뿐더러, 땅을 파괴하지도 않고, 하나님의 계획을 결코 종결시키지 않는다. 그러나 하나님이 그의 땅을 운영하시는 그 방법이, 이 사건을 통해 급격하게 바뀐 것은 사실이다.

4) 아브라함을 부르심: 모든 민족의 축복

많은 세대주의자는 하나님이 아브라함을 부르신 사건을, 또 다른 행정적 변화로 본다. 노아의 자손들은 시날 평지에 정착하는데(창 11:1-2), 그들은 그곳에서 크게 번성한 것으로 보인다. 그러나 아직 땅에 충만하고, 땅을 다스릴 만큼 번성한 것은 아니었다. 대신에 그들은 바벨탑을 건설할 계획을 세우는데, 이것은 그들의 "이름을 내고 온 지면에 흩어짐을 면하기"(창 11:4) 위함이었다.

하나님은 그들의 언어를 혼잡하게 하여, 그들을 온 지면에 흩으신다(창 11:9). 그 결과, 다양한 인종이 존재하게 된다(창 10장).

인간의 실패는 또 다시 심판으로 이어진다. 바벨탑 사건에서 보여지는 인간의 반역은 죽음으로 이어지는 것이 합당하나, 하나님은 반역자들을 멸절하지 않으신다. 대신에, 하나님은 인간의 언어를 혼잡하게 하신다.

하나님은 심판 속에서도 은혜를 주시며, 구원을 베푸신다. 언어가 다양해지면서 자연스럽게 문화도 다양해지는데, 이것은 결과적으로 인간 상호 간의 의사소통을 어렵게 만들었다. 하지만 이 심판을 통해, 하나님은 다문화주의라는 선물을 인간에게 주신다(참조. 계 7:9).

하나님이 갈대아 우르에서 아브라함을 택하시고(창 11:31), 그에게 복을 주기로 약속하시며, 그를 통해 땅 위의 모든 민족이 복을 받을 것이라고 약속하시는데, 이것은 하나님의 경영 방식에 있어서 중요한 하나의 변화이다(창 12:1-3). 축복을 주기 원하시는 하나님의 그 계획은 여러 사람이나 여러 가문을 통해서가 아닌, 아브라함이라는 한 사람과 그의 자손들을 통해서 실행될 것이다. 모든 생명에게 복을 주는 것이, 처음부터 하나님의 계획이었다. 그는 창조 다섯째 날에 모든 생명체에게 복을 주셨고(창 1:22) 그리고 나서, 여섯째 날에 인간을 창조하셨다(창 1:22).

모든 민족에게 복을 주기 원하시는 하나님의 계획은, 이제 아브라함이라는 한 사람과 그의 자손들을 통해 이루어질 것이다. 아브람에게 주신 이 약속이 바로 복음이라고 바울은 이야기한다(갈 3:8).

5) 출애굽기: 율법을 주심

아브라함의 세대에서 모세의 율법의 세대로 이동하는데, 이 변화는 타락 혹은 홍수와 비교하면 덜 극적이다. 이 전환은 하나님의 백성에 대한 심판이나 혹은 그들의 실패에 기초하지 않는다.[45] 오히려, 심판은 출애

---

45 이것과 관련해, 라이리는 다음과 같이 설명한다. "시험, 실패, 심판의 존재는 세대적인 세계 통치의 필수불가결한 요소가 아니다." 찰스 라이리, 『세대주의의 바른 이해』, 43.

굽 사건을 통해 이집트인들에게 내려진다.

하나님이 그의 백성을 구원하시고, 그들이 고국으로 돌아갈 것이라고 아브라함과 이삭 그리고 야곱에게 약속하시며, 모세의 지도 아래 시내산에서 율법을 주시는 장면은 하나님의 심판보다는 그의 신실하심을 보여 준다. 여호와께서 이렇게 선포하신다.

> 그들은 내가 그들의 하나님 여호와로서 그 중에 거하려고 그들을 애굽 땅에서 인도하여 낸 줄을 알리라 나는 그들의 하나님 여호와니라 (출 29:46).

이 세대에서는, 모세의 율법이 곧 하나님의 백성이 지켜야 할 헌법이 된다. 이 세대적인 변화를 설명할 수 있는 수많은 예가 있는데,[46] 그 중에 하나가 안식일에 나무하는 자의 이야기이다(민 15:32). 몇몇 증인이 그를 모세에게 데리고 온다. 그리고 모세는 이것에 대해서 하나님께 묻는다. 그런데 그 대답은 분명했다.

> 여호와께서 모세에게 이르시되 그 사람을 반드시 죽일지니 온 회중이 진영 밖에서 돌로 그를 칠지니라 (민 15:35).

이것은 안식일에 일을 한 것에 대한 처벌이다(출 31:14-16; 35:1-2). 율법이 주어지기 전에는, 안식일에 일하는 것이 허용되었다. 그러나 이제는 안식일에 일하는 것이 법을 위반하는 행위가 되었고, 심지어 이것은 사형으로 이어진다.[47]

운영 방식이 바뀌었다는 것을 보여 주는 또 다른 예는, 모세의 율법이 명시하는 식생활과 관련된 규정들이다. 물론 그 이전에도 식생활과 관련

---

[46] 앞서 설명한 바와 같이, 바울은 이 특정한 기간을 가리키는 데 있어 '세대'라는 용어를 사용한다.

[47] 율법은 안식일을 어기는 것을 사형(출 21:12-15), 유괴(출 21:16), 부모를 저주하는 것(출 21:17), 주술(출 22:18), 간음(레 20:10), 근친 상간(레 18:22) 그리고 신성 모독(레 24:14-16)과 같은 범주 안에 넣었다. 이 중에서 오직 살인(창 9:5-6)만이 율법이 주어지기 이전에도 분명하게 금지되었다.

된 규정들은 존재했다. 아담에게 주어진 명령은 분명하다.

> 여호와 하나님이 그 사람에게 명하여 이르시되 동산 각종 나무의 열매는 네가 임의로 먹되 선악을 알게 하는 나무의 열매는 먹지 말라 네가 먹는 날에는 반드시 죽으리라 하시니라 (창 2:16-17).

그러므로 선악을 알게 하는 나무의 열매를 먹는 것은 가장 중대한 범죄였다. 그 외의 다른 모든 식물은 먹을 수 있었다. 그러나 고기를 먹는 것은 금지되었다 (창 1:29-30).

타락 이후에도 식생활 규정은 그대로 유지된다. 다만 타락 이후에는, "땅이 네게 가시덤불과 엉겅퀴를 낼 것이라 네가 먹을 것은 밭의 채소인즉 네가 흙으로 돌아갈 때까지 얼굴에 땀을 흘려야 먹을 것을 먹으리니 네가 그것에서 취함을 입었음이라 너는 흙이니 흙으로 돌아"가게 된다 (창 3:18-19)이다. 식료품 규정에도 변동은 없다. 그러나 에덴동산에 있는 나무들, 특별히 생명 나무에는 접근할 수 없다 (창 3:22-23). 평생토록 수고해야만 그 소산을 먹을 수 있다는 사실이, 타락 이후에 발생한 변화들 중 하나이다.

홍수 이후에는, 식생활 규정에 변화가 생긴다.

> 모든 산 동물은 너희의 먹을 것이 될지라 채소 같이 내가 이것을 다 너희에게 주노라 그러나 고기를 그 생명 되는 피째 먹지 말 것이라 (창 9:3-4).

이제는 풀과 채소뿐만 아니라 고기도 먹을 수 있도록 인간에게 허락된다. 그러나 피를 먹는 것은 금한다.

모세의 율법으로 넘어와서는, 식생활 규정이 훨씬 더 확대된다 (레 11장; 민 14장). 살아 있는 생물은 크게 두가지 분류로 나뉜다.

> 이는 짐승과 새와 물에서 움직이는 모든 생물과 땅에 기는 모든 길짐승에 대한 규례니 부정하고 정한 것과 먹을 생물과 먹지 못할 생물을 분별한 것이니라 (레 11:46-47).

간단히 말해서 시내산에서 율법이 주어지기 전에는, 고대 이스라엘 공동체의 그 누구라도 맛있는 토끼 스티파도(역자 주. 그리스식 소고기 스튜)를 즐길 수 있었다. 그러나 율법이 주어지고 나서는, 같은 음식임에도 불구하고 그것을 먹는 것이 금지되었고 부정하다고 여겨졌다.

> 이런 것은 너희를 부정하게 하나니 누구든지 이것들의 주검을 만지면 저녁까지 부정할 것이며 그 주검을 옮기는 모든 자는 그 옷을 빨지니 저녁까지 부정하리라 (레 11:24-25).

식생활 규정과 관련된 이 변화는, 하나님이 그의 계획을 실행하시는 데에 있어서 행정상의 전환이 있음을 보여 준다. 이것은 많은 변화 중 하나에 불과하다. 모세의 율법은 몇 가지 요구 사항을 추가한다. 장소 건설, 예배에 사용되는 물품 제작, 절기와 축제, 제사와 제물, 운영을 위한 법과 법례 그리고 합법적이고 공정한 요구 사항들이 그것에 해당된다.

6) 성령 하나님: 모든 민족을 향한 축복

모든 그리스도인은 옛 언약으로부터 새 언약으로의 전환을 인정한다. 예수님이 이 땅에 오시는 사건은 구약의 예언을 성취하는데, 이것은 새로운 시대의 시작을 알린다. 예수님은 흠이 없는 인생을 사셨고, 죄인들을 대신하여 죽으셨으며, 영원한 생명이라는 소망을 주시기 위해 부활하셨다. 그의 초림은, 아버지가 계신 곳으로 그가 승천하시면서 막을 내린다. 그리고 나서, 제자들에게 약속된 성령이(요 13-17장), 오순절에 마가의 다락방에서 그들 위에 부어진다(행 2장).

그리스도 안에서 유대인과 이방인은 한 새 사람, 곧 그리스도의 몸으로서 연합되었다(엡 2장). 구원은 그리스도를 신뢰하는 자에게 은혜와 믿음을 통해 주어진다. 그리고 그 믿음의 결과로서, 그들은 성령의 은사를 받는다(엡 1장). 예수를 믿는 자는 그 안에 성령이 거하시며, 세례를 받음으로 그리스도의 몸이 된다(고전 12:13). 위에서 언급된 바와 같이, 에베소서 3장에서 바울은 이것을 "하나님의 그 은혜의 경륜"이라고 부른다(엡 3:2).

모세의 율법 세대로부터 새 언약의 시대로 전환되면서, 안식일 규정과 식생활 규정은 다시 변경된다. 믿음의 사람들은 더 이상 안식일 규정이나, 엄격한 식생활 규정을 지키도록 요구되지 않는다. 이 규정을 어긴다고 해서 누군가가 사형에 처해지거나, 파문되는 일은 더 이상 없다. 오히려, 바울은 그리스도의 대속을 근거해서 그리스도인들에게 이렇게 가르친다.

> 이 사람에게는 사망으로부터 이르는 냄새요 저 사람에게는 생명으로부터 이르는 냄새라 누가 이 일을 감당하리요 우리는 수많은 사람들처럼 하나님의 말씀을 혼잡하게 하지 아니하고 곧 순전함으로 하나님께 받은 것 같이 하나님 앞에서와 그리스도 안에서 말하노라(고후 2:16-17).[48]

모세의 율법이 제시하는 안식일 규정과 식생활 규정은 더 이상 효력이 없다. 예수께서 이것을 그의 제자들에게 설명하실 때, 이 부분을 분명히 하신다.

> 예수께서 이르시되 너희도 이렇게 깨달음이 없느냐 무엇이든지 밖에서 들어가는 것이 능히 사람을 더럽게 하지 못함을 알지 못하느냐, 이는 마음으로 들어가지 아니하고 배로 들어가 뒤로 나감이라 이러므로 모든 음식물을 깨끗하다 하시니라(막 7:18-19a).

---

48 Norman Geisler, "Colossians", *The Bible Knowledge Commentary: New Testament*, ed. John F. Walvoord and Roy B. Zuck (Wheaton: Victor Books, 1983): 678. 안식일에 대한 규정들은 더 이상 효력이 없다고 노만 가이슬러는 주장한다.

마가는 이렇게 설명한다.

> 이러므로 모든 음식물을 깨끗하다 하시니라(막 7:19b).

오순절 날 이후에 베드로는 환상을 보는데, 하늘에서 큰 보자기가 내려오고 그 안에 각종 정결한 짐승과 부정한 짐승이 있었다(행 10:8-16). 이 환상을 통해, 식생활 규정이 바뀌었음을 베드로는 다시 한번 알게 된다. 하늘로부터 음성이 들리는데, 이 음성은 베드로에게 부정한 짐승을 먹으라고 지시한다. 그 음성은 베드로에게 세 번이나 명령하지만, 베드로는 세 번 다 거절한다. 부정한 짐승을 먹으라는 그 명령은, 이제 꾸짖음으로 바뀐다.

> 또 두번째 소리가 있으되 하나님이 깨끗하게 하신 것을 네가 속되다 하지 말라 하더라(행 10:15).

베드로가 고넬료의 집에 이르러서, 그가 그 환상으로부터 배운 것을 그들에게 설명한다.

> 하나님이 내게 지시하사 아무도 속되다 하거나 깨끗하지 않다 하지 말라 하시기로(행 10:28).

비록 이 환상이 음식법을 폐지하는 것에 기초를 두고 있지만, 그것은 그 이상의 의미를 갖는다. 다시 말해서, 음식법의 폐지가 곧 이방인을 보는 관점의 변화와 관련이 있다는 사실을 이제 베드로는 명확하게 이해한다. 그리스도의 구속 사역을 근거해서, 베드로는 이방인을 더 이상 부정하다고 여기지 않는다.

그러나 다른 사도들은, 이 변화를 받아들일 준비가 아직 되지 않았다. 그들의 반응을 보면 이 사실을 분명하게 알 수 있다. 그들은 베드로를 예루살렘으로 불러 들여서, 이 상황에 대해서 설명할 것을 그에게 요청한다. 베드로가 왜 이방인의 집에 가서 그들과 함께 먹었는지를 그에게 묻는다(행 11:2-3).[49] 성령이 이방인들에게 임하셨다는 이야기를 들었을 때, 그들은 "잠잠하여 하나님께 영광을 돌려 이르되 그러면 하나님이 이방인에게도 생명 얻는 기회를 주셨도다 하니라"(행 11:18).

모든 민족으로 제자 삼으라는 지상 대명령(마 28:19)을, 이 예수의 추종자들이 아직 이해하지 못한 듯하다. 그리고 땅 끝까지 증인이 되리라는 약속(행 1:8)도, 그들이 정확하게는 이해하지 못한 것으로 보인다.

하나님의 구속 사역이 운영되는 그 방식에 변화가 있는데, 베드로는 다른 제자들에게 이 사실을 알리고자 한다. 이것을 설명하기 위해, 베드로는 자신이 여러 차례 본 환상에 대해 이야기한다. 부정한 짐승을 먹으라는 명령이 하늘에서 반복적으로 들려왔고, 결과적으로 그가 왜 이방인의 집을 방문해야 했는지를 설명하기 위해 그는 예루살렘으로 향한다. 하나님이 이제는 교회를 통해 그리고 내주하시는 성령님을 통해 모든 민족을 축복하신다.

이것은 대체신학(replacement theology)이 가르치는 내용과 다르다. 이스라엘을 교회로 대체했기 때문에, 하나님이 아브라함과 이삭 그리고 야곱에게 하신 약속들이 지켜지지 않을 것이라고 대체신학은 가르친다.[50] 그러나 세대주의는 민족적인 이스라엘을 위한 하나님의 계획이 미래에 반드시 성취될 것이라고 믿는다(롬 11:1).[51] 이스라엘을 향한 하나님의 계획은 예수님을 통해 온전히 성취될 것이다. 은혜와 믿음을 통해 그리스도와 연합된 이스라엘에게, 이 계획은 이루어질 것이다.

---

49 그들의 이런 반응은 놀랍게도, 예수님이 사마리아 여인과 대화를 나누실 때 그들이 했던 반응과 유사하다(요 4:27).

50 이스라엘의 미래에 대한 개혁주의의 견해와 '대체신학'과 관련해 알아보기 위해서는, Michael J. Vlach, *Has the Church Replaced Israel?* (Nashville: B&H, 2010)를 참고하기 바란다. Brian Warner, "Replacement Theology", http://replacementtheology.org.을 참조하는 것도 도움이 될 수 있다.

51 J. Lanier Burns, "The Future of Ethnic Israel in Romans 11", in *Dispensationalism, Israel and the Church*, ed. Craig A. Blaising and Darrell L. Bock (Grand Rapids: Zondervan, 1992), 188-229를 참고할 것.

7) 새 하늘과 새 땅: 구원의 완성

천년 왕국부터 영원까지 이어지는 그 최종적인 세대는, 그리스도의 재림과 함께 시작된다(계 19장). 이 사건은 하나의 큰 축제를 포함한다.

> 우리가 즐거워하고 크게 기뻐하며 그에게 영광을 돌리세 어린양의 혼인 기약이 이르렀고 그의 아내가 자신을 준비하였으므로 … 어린양의 혼인 잔치에 청함을 받은 자들은 복이 있도다 하고 또 내게 말하되 이것은 하나님의 참되신 말씀이라 하기로(계 19:7, 9).[52]

히브리서의 저자는 다음과 같이 예언한다.

> 그런즉 안식할 때가 하나님의 백성에게 남아 있도다 이미 그의 안식에 들어간 자는 하나님이 자기의 일을 쉬심과 같이 그도 자기의 일을 쉬느니라 그러므로 우리가 저 안식에 들어가기를 힘쓸지니 이는 누구든지 저 순종하지 아니하는 본에 빠지지 않게 하려 함이라(히 4:9-11).

그리스도를 통해 안식일이 성취되고, 모든 것이 완성된다. 그리스도께서는 안식일의 주인이시고, 그리스도 안에 있는 자에게 쉼을 주신다(참고. 마 11:28-30).[53] 예수께서 이 땅에 오시기 전에 살았던, 그 이전 세대에 믿음으로 살았던 자들이다.

> 다 믿음으로 말미암아 증거를 받았으나 약속된 것을 받지 못하였으니 이는 하나님이 우리를 위하여 더 좋은 것을 예비하셨은즉 우리가 아니면 그들로 온전함을 이루지 못하게 하려 하심이라(히 11:39-40).

---

52 이 잔치에 어떤 음식이 준비될지는 모르지만, 어쩌면 토끼 스티파도가 메뉴에 포함될 수 있지 않을까 싶다.
53 Ray C. Stedman, "Jesus Is Our Sabbath Rest", http://www.ldolphin.org/sabbathrest.html.

그러므로 우리는 "흔들리지 않는 나라"(히 12:28), "영구한 도성" (히 13:14)을 받게 되는 그 날을, 구름과 같이 둘러싼 허다한 증인들 (히 12:1)과 함께 고대한다. 우리의 희망이자 모든 구원받은 자의 소망은 "시온 산과 살아 계신 하나님의 도성인 하늘의 예루살렘과 천만 천사와 하늘에 기록된 장자들의 모임과 교회와 만민의 심판자이신 하나님과 및 온전하게 된 의인의 영들과 새 언약의 중보자이신 예수와 및 아벨의 피 보다 더 나은 것을 말하는 뿌린 피"(히 12:22-24)이다.

종말에 이 약속이 성취될 것을 요한은 보았다.

> 또 내가 새 하늘과 새 땅을 보니 처음 땅이 없어졌고 바다도 다시 있지 않더라 또 내가 보매 거룩한 성 새 예루살렘이 하나님께로부터 하늘에서 내려오니 그 준비한 것이 신부가 남편을 위하여 단장한 것 같더라 내가 들으니 보좌에서 큰 음성이 나서 이르되 보라 하나님의 장막이 사람들과 함께 있으매 하나님이 그들과 함께 계시리니 그들은 하나님의 백성이 되고 하나님은 친히 그들과 함께 계셔서 모든 눈물을 그 눈에서 닦아 주시니 다시는 사망이 없고 애통하는 것이나 곡하는 것이나 아픈 것이 다시 있지 아니하리니 처음 것들이 다 지나갔음이러라 보좌에 앉으신 이가 이르시되 보라 내가 만물을 새롭게 하노라 하시고 또 이르시되 이 말은 신실하고 참되니 기록하라 하시고 또 내게 말씀하시되 이루었도다 나는 알파요 오메가요 처음과 마지막이라 내가 생명수 샘물을 목마른 자에게 값없이 주리니 이기는 자는 이것들을 상속으로 받으리라 나는 그의 하나님이 되고 그는 내 아들이 되리라(계 21:1-7).

그러므로 에스겔 선지자의 예언은 이 땅에 반드시 이루어질 것이다. 이것은 영원한 언약에 대한 약속이다.

> 내가 그들과 화평의 언약을 세워서 영원한 언약이 되게 하고 또 그들을 견고하고 번성하게 하며 내 성소를 그 가운데에 세워서 영원히 이르게 하리니 내 처소가 그들 가운데에 있을 것이며 나는 그들의 하나님이 되고 그들은 내 백성이 되리라 내

성소가 영원토록 그들 가운데에 있으리니 내가 이스라엘을 거룩하게 하는 여호와인 줄을 열국이 알리라 하셨다 하라(겔 37:26-28).

8) 그의 피조물을 향한 하나님의 계획

성경의 이야기 그 시작점에서부터, 하나님은 그의 피조물을 위한 당신의 계획을 실행해 오고 계신다. 그가 하늘과 땅을 창조하셨고, 자신을 이 땅에 나타내기 위해 그의 형상을 창조하셨다. 하나님을 대항하여 일으킨 인간의 반역에, 그는 결코 놀라거나 당황하지 않으셨다. 왜냐하면, 하나님은 그의 구원 계획을 인간의 타락 이전에 이미 세워 놓으셨기 때문이다.

그의 계획은 시간과 공간 안에서 이루어진다. 이것은 점진적으로 드러나고, 점진적으로 성취된다. 서로 구별 가능한 각 기간마다, 하나님은 그의 계획을 다르게 운영하신다. 각 세대는 그 이전 세대보다 더 나은 형태이고, 이렇게 발전되는 각 세대는 새 하늘과 새 땅이라는 새 창조로 정점에 이른다. 또한, 하나님은 이 새로운 땅을 그의 영원한 처소로 삼으신다. 모든 시대의 구원받은 자들은, 그와 함께 영생을 누릴 것이다. 이것보다 더 나은 것은 없다.

5. 세대주의 안에 있는 신학적 이견

찰스 라이리는 1965년에 세대주의자들에 대해 다음과 같이 설명한다.

> 그들은 보수주의자로서, 성경의 문자적이고 축자적인 영감성, 그리스도의 동정녀 출생과 신성, 대속적인 속죄, 은혜에 의해 믿음으로 말미암는 영원한 구원, 경건한 삶과 성령의 사역의 중요성, 그리스도의 강림에 대한 미래의 소망 등의 교리들에 대한 완전한 충성을 다짐한다.[54]

---

[54] 찰스 라이리, 『세대주의의 바른 이해』(Dispensationalism Today), 278. 그러나 이후

그리고 그는 또 이렇게 이야기한다.

> 비세대주의자들이 인정하든 인정하지 않든지 간에 세대주의자들은 구원 계획의 통일성과, 모든 시대에 걸쳐 하나님의 구속받은 백성의 통일성, 하나님 나라의 현재적인 측면, 유일한 구원의 기초, 아브라함의 영적 자손 그리고 심지어 은혜 언약의 타당 가능성조차도 믿는다![55]

1992년에, 블레이징과 박은 세대주의를 이와 매우 유사하게 묘사한다.

> 우리는 세대주의를 미국의 복음주의 범주 안에 있는 하나의 전통으로 정의한다. 세대주의는 정통 복음주의와 공통된 특징들을 갖고 있다. 이것은 그리스도인들의 연합과 영성을 위한 신학적 체계로서, 하나의 통일된 교회를 강조해 온 전통이다. 이것은 지역 교회라는 개념과 충돌하지 않는 범주에서, 그리스도의 몸된 하나의 교회를 실제적으로 구현한다. 세대주의 신학은 성경의 권위를 인정하고, 성경의 예언과 종말론이 가지고 있는 신학적인 연관성을 강조해 왔다.
>
> 또한, 세대주의는 미래적 천년주의를 따르는데, 여기서의 미래적 전천년주의란 그리스도의 임박한 재림과 이스라엘을 위한 민족적이고 정치적인 미래를 분명하게 주장하는 견해를 가리킨다. 뿐만 아니라 세대주의는 구약과 신약의 불연속성을 인정하는 정경적 접근으로 특징지워진다.

의 개정판에서는 목록이 수정된다. '미래에 임하실 그리스도에 대한 소망'은 '미래에 있을 그리스도의 재림과 악한 자들에 대한 영원한 심판'으로 대체된다. Charles C. Ryrie, *Dispensationalism*, rev. and exp. ed. (Chicago: Moody, 1995), 212. 이 개정된 목록은 2007년 판에 그대로 유지된다(p. 247).

[55] 찰스 라이리, 『세대주의의 바른 이해』 (*Dispensationalism Today*), 279. "세대주의자들은 구원 계획의 통일성, 모든 시대에 있었던 하나님의 백성의 통일성, 하나님 나라의 현재적 측면, 구원의 유일한 기초 그리고 아브라함의 영적 씨를 믿는다"라고 라이리는 새로운 판에서 기존의 목록을 수정한다. Ryrie, *Dispensationalism* (1995), 212. 이 개정된 목록 또한, 2007년 판에 그대로 유지된다 (p. 247).

즉, 구약에서 신약으로 넘어오면서 분명한 역사적 변화가 있었고, 이 과정에서 하나님이 그의 계획을 운영하시는 목적과 방식에 세대적인 변화가 있었음을 인정한다. 세대적인 변화의 한 요소로서, 세대주의는 현재의 은혜 세대 안에서 교회가 가지고 있는 고유의 특징들을 강조해 왔다.[56]

세대주의라는 신학적 입장은 교단주의에 뿌리를 두지 않는다. 이것은 교단들 밖에서 성장했으며, 어떤 하나의 교단도 아니다. 세대주의는 교단들이 신학적인 푯대를 잃어버렸다는 확신에 뿌리를 두고 있다. 하지만 세대주의자들은 기독교를 이 교단들 안에서 정화하고 부흥시키기를 희망했다.

세대주의자들은 독립 성서 교회들의 성장에 중요한 역할을 했다. 그런 교회를 세우는 과정 속에서, 초점이 기존 교회들과 교단들을 회복시키는 것에서 새롭고 독립적인 교회들을 세우는 것으로 바뀌었다. 그러나 세대주의는 반교단주의가 아니다. 세대주의가 독립적이고 도전적인 정신을 가지고 있는 초교파이지만, 반교단적이지는 않다. 사실, 많은 세대주의자가 현재 주류 교단 교회들과 단체들에서 섬기고 있다.

세대주의는 미국의 복음주의와 마찬가지로, 복음을 중심에 두는 신학적 입장이다. 인간은 타락했으며, "근본적으로 그리고 돌이킬 수 없을 만큼 하늘의 은혜로부터 분리되었다"라고 세대주의자들은 확신한다.[57] 타락한 인간의 상태를 해결할 수 있는 유일한 방법은 복음 안에서 발견된다.

복음이란 온 세상의 죄를 스스로 지고, 죄인들을 대신해 죽으셨으며, 영생의 소망을 주기 위해 죽음에서 부활하신 예수 그리스도를 가리킨다. 그리스도께서는 성부 하나님이 계신 곳으로 올라가셨는데, 성부 하나님은 곧이어 내주하시는 성령 하나님을 우리에게 보내 주셨다. 그리고 그리스

---

56 Craig A. Blaising and Darrell L. Bock, "Dispensationalism, Israel, and the Church: Assessment and Dialogue", in *Dispensationalism, Israel and the Church*, ed. Blaising and Bock, 379.
57 인간의 전적 타락과 관련된 기독교적 교리가 '달라스신학교 교리 선언문'에 명시되어 있다. http://www.dts.edu/about/doctrinalstatement/.

도께서는 그의 구원 사역을 완성하기 위해 결국 이 땅에 다시 오실 것이다.

그리스도께서는 복음을 온 세상에 전하고 그리스도의 제자를 삼는 특권과 책임인 지상 대명령을 교회에게 주셨다. 세대주의는 개인적 혹은 개별적인 형태의 복음 전도와 교회에게 주어진 세계 선교의 사명을 강조한다. 그러므로 세대주의자들이 신앙을 기초로 하는 많은 선교 단체에서 사역하고 있다는 사실은 그다지 놀랍지 않다.[58]

지상 명령을 강조하는 세대주의는 교회와 범교회 단체에 초점을 맞춘다. 제자를 삼는 일은 교회에게 주어졌다. 하지만 제자를 삼는 많은 일이 범교회 단체들에 의해서 실행되고 있다. 이 기관들은 교회와 함께 사역적인 일들을 하기 위해서 그리스도인들에 의해 세워진 사역 단체들이다. 범교회 사역 단체들은 교회를 대체하지 않는다. 오히려, 교회의 오른팔로서 교회와 함께한다.

하지만, 이 둘 사이의 관계가 늘 조화로웠던 것은 아니다. 어떤 때 그리고 특정한 장소에서, 범교회 사역 단체들은 그들이 교회보다 더 중요한 것처럼, 심지어 때로는 그들에게 교회가 필요하지 않은 것처럼 보여지기도 한다.[59] 세대주의의 강한 도전 정신과 실용적인 성향이 이것의 원인이 되어 왔다. 하지만 가장 좋은 시나리오는 교회들과 범교회 기관들이 복음 전도, 훈련, 가르침, 제자도, 선교 그리고 예수의 제자들을 세우는 것에 함께 일하고 성취하는 것이다.[60]

세대주의자들은 전천년주의 종말론을 따른다. 전천년설은 그리스도께서 몸을 입고 이 땅에 다시 오실 것이고(행 1:11), 예루살렘에서부터 이 땅을 천 년 동안 다스리실 것이라는 견해이다(계 19-20장). 이것이 전천

---

[58] 세대주의에 근간을 두고 있는 사역 기관 목록을 보기 원한다면, 다음의 글을 참고할 것. 크레이그 블레이징 그리고 대럴 박, 『점진적 세대주의』(*Progressive Dispensationalism*), 18-24.

[59] B. L. Shelley, "Parachurch Groups (Voluntary Societies)", in *Dictionary of Christianity in America*, ed. Daniel G. Reid, Robert D. Linder, Bruce L. Shelley, and Harry S. Stout (Downers Grove, IL: Inter-Varsity Press, 1990), 863-865 참고할 것.

[60] 선교 단체와 같은 범 교회 기관들은 때때로 교회들이 연합할 수 있도록 돕는다. 각기 다른 교단에 소속되어 있는 교회들이 공통된 사역적 목표를 이루기 위해 함께 참여하는 형태이다.

년설이라고 불리는 이유는, 그리스도의 재림이 천년 왕국 이전에 있기 때문이다. 모든 세대주의자는 전천년설을 지지한다. 그러나 모든 전천년주의자가 세대주의를 지지하는 것은 아니다.[61] 대부분의 세대주의자는 그리스도의 재림 7년 이전에, 그가 구름을 타고 오셔서 믿음 안에서 죽은 자들을 되살리시고, 아직 살아 있는 믿는자들은 영화롭게 하실 것이며, 그들 모두를 그와 함께 천국으로 데려가실 것이라고 믿는다. 이 사건은 교회의 휴거라고 불린다. 그리고 이 휴거가 7년 환난 이전에 일어나기 때문에, 환난 전 휴거라는 신학적 입장으로 불린다. 이 입장은 세대주의적 성경 읽기에만 국한되지 않으며, 이것이 세대주의의 핵심적 관점도 아니다.

6. 풀리지 않은 긴장 상태

세대주의자들이 보편적으로 가지고 있는 견해에 이 장은 초점을 두고 있다. 세대주의를 받아들인 사람들은 어떤 것을 공통적으로 믿고, 어떤 해석학적 접근과 관련이 있으며, 누가 이 견해를 지지하는가에 그 초점이 맞추어져 있다.

오늘날의 세대주의자들을 하나되게 하는 많은 요소가 있지만, 동시에 세대주의자들 간에 서로 의견이 맞지 않는 쟁점들이 있다. 그리고 몇몇 견해는 세대주의자들을 서로 갈라놓기도 한다.[62]

---

61 역사적 전천년주의를 옹호하는 내용을 살펴보기 원한다면, 다음의 글을 참고할 것. *A Case for Historic Premillennialism*, ed. Craig L. Blomberg and Sung Wook Chung (Grand Rapids: Baker, 2009).

62 이견을 보이는 몇몇 영역을 한눈에 살펴보기 원한다면, 다음의 저서를 참고하면 된다. Herbert W. Bateman IV, ed., *Three Central Issues in Contemporary Dispensationalism: A Comparison of Traditional and Progressive Views* (Grand Rapids: Kregel, 1999). "어떤 이들의 주장과는 달리, 세대주의 전통은 획일화되어 있지 않다. 그러나 세대주의자들은 교회의 유일성을 강조하고, 민족적 이스라엘을 위한 미래가 있다는 것을 확신한다"라고 언급하면서 베이트먼은 그의 글을 마무리 한다.

점진적 세대주의라고 묘사되는 최근 동향에 대해서는, 이 장에서 그렇게 많이 다루지 않는다. 여기서는 무엇이 세대주의자들을 나누는가에 초점을 맞추기보다, 무엇이 세대주의자들을 하나되게 하는가에 중점을 두고 있다.

다시 말해서, 모든 세대주의자가 공통적으로 동의하는 그 내용이, 그들 사이에 있는 견해적 차이보다 더 중요하다. 더욱이 세대주의는 지금까지 단 한 번도 획일화된 적이 없기 때문에, 세대주의자들 간의 논쟁은 언제나 있어 왔다.

1) 언약에 대한 이해

세대주의 안에는 서로 다른 의견을 주장하거나, 신학적 다양성을 보이는 쟁점들이 많이 있다. 그 중 하나는 성경에 등장하는 언약들을 어떻게 이해해야 하는가라는 주제이다. 세대주의자들도 아브라함의 언약이 하나님의 구속 계획의 기초라는 사실에는 이견을 보이지 않는다. 몇몇 학자는 창세기 12장에 기록된 내용을 언약으로 보는 반면에, 다른 학자들은 창세기 12장에서 하나님이 하신 약속들이 창세기 15장에 가서야 언약으로 맺어진다고 믿는다.

누군가는 그 약속들이 이스라엘에게만 특정하게 제한되서 적용된다고 믿는 반면에, 다른 이들은 하나님의 약속은 이스라엘과 모든 민족에게 복을 주는 것이라는 사실을 강조한다. 또 다른 이들은, 그 약속들이 아브라함의 자손 예수 그리스도 안에서 성취된다고 힘주어 말한다.

모세의 언약은 새 언약과 어떻게 관련이 되는가?
그 새 언약은 아브라함의 언약을 대체하는 것인가?[63]

---

[63] 이것은 '대체신학'이 아니다. 대체신학이란 하나님의 축복을 받는 것에 있어, 교회가 이스라엘을 대체했다는 주장을 가리킨다. 오히려, 여기서 본문이 제시하는 바는 구약의 언약은 그리스도 안에서 이루어졌고, 이제 이 세대에서는 하나님이 새로운 언약을 통해 이스라엘과 교회를 함께 축복하신다는 관점을 의미한다.

그 옛 언약이 갖는 몇 가지 측면은 오늘날에도 효력을 발휘하는가?
옛 언약의 희생 제사 제도는, 천년 왕국 시대에 예배의 한 방법으로 다시 세워지는가?

세대주의자들은 그들이 새 언약을 이해하는 방식에 대해서 동의하지 않는다. 몇몇 세대주의자는 그 언약이 이스라엘과 유다에게 약속되었기 때문에, 유대인들에게만 성취될 것이라고 주장한다. 다른 학자들에 따르면, 새 언약이 성령 하나님의 오심으로 시작되었기 때문에, 신약성경은 새 언약의 축복을 유대인과 이방인 모두가 함께 받을 것이라고 이해한다. 그러나 동시에 그들도 민족적 이스라엘을 위해 앞으로 있을 하나님의 미래적 계획을 고대한다.

다윗 언약이 다윗의 자손이신 예수 그리스도의 통치 아래 있는 영원한 나라를 약속한다는 사실을 인정한다.

그렇다면 그리스도께서 현재 다스리시는 것은 무엇을 의미하는가?
하늘에서 다스리시는 그의 통치는 그 언약이 이야기하는 약속의 성취인가?
아니면 다윗의 언약이 이야기하는 통치는 미래에 성취되는가?

2) 왕국의 본질

세대주의자들은 그 왕국의 본질을 정의하는 것에 있어서도 이견을 보인다. 그 왕국은 현재 임했는지 아니면 미래에만 있는 것인지, 그것은 땅에 있는 것인지 아니면 하늘에 있는 것인지, 물질적인 것인지 비물질적인 것인지, 아니면 둘 다에 해당되는지와 같은 신학적 견해가 차이가 있다.
많은 세대주의자는 복음서에 기록된 내용을 따라, 왕국이 이스라엘에게 주어졌지만, 이스라엘 백성은 그들의 왕을 거절했기 때문에, 이것이 철회되었고 그 왕국은 미루어졌다고 가르친다. 다른 이들은, 신약성경에 따르면, 예수께서 단순히 왕국을 제시하실 뿐만 아니라 그 왕국을 이 땅

에 가지고 오셨고 그 왕국을 새로운 단계로 이끄셨다고 믿는다.[64]

전 세계적으로 세대주의자들은 하나님의 구속 계획 안에, 민족적 이스라엘을 위한 미래가 있다고 믿는다. 그렇기 때문에 교회와 이스라엘이 반드시 구분되어야 한다고 믿는다. 하지만, 이것이 명확하지 않은 이유는, '이스라엘'이라는 단어가 성경과 신학 그리고 성서 문학에서 다양한 의미로 사용되기 때문이다. 마찬가지로, '교회'라는 단어도 세대주의 안에서 다르게 정의된다.

모든 복음주의에 적용되는 내용이지만, 세대주의자들도 교회의 정의와 임무에 대해서 깊은 주의를 기울여야 할 필요가 있다. 이런 것은 세대주의자들이 교회를 유대인과 이방인 모두의 조합이라고 바르게 정의한 것에서 특별히 보여진다.[65]

세대주의 안에는 영원성에 대한 다양한 견해가 있다. 누군가는 마지막 심판 때에, 이 땅이 멸절되고 사라질 것이라고 믿는다. 이 땅은 새로운 땅으로 대체되는데, 옛 땅과 새 땅 사이에는 본질적 연결점이 없다고 가르친다.[66]

---

64 하나님이 세상을 창조하시고 그것을 다스리기 위한 통로로서 인간을 사용하셨는데, 이것과 하나님의 나라는 밀접한 관계가 있다고 나는 생각한다. 하나님은 항상 왕으로서 다스려 오셨는데, 다양하고 발전적 형태로 지금까지 이것을 이루어 오셨다. 예수님의 성육신을 통해, 하나님이 이 땅에 임하셨다. 그리고 그가 이 땅을 떠나실 때는, 성령님을 보내 주셨다. 왕이 이 땅에 있는 것보다, 보혜사 성령님이 이 땅에 오시는 게 우리에게 더 유익하다고 말씀하셨다. 그 왕은 언젠가 이 땅에 다시 와서, 천년 동안 다스리실 것이다. 하지만 이것이 끝이 아니다. 그 천년 이후에는, 영원한 왕께서 이 땅을 영원히 통치하실 것이다.

65 이것에 대한 예로서, 달라스신학교의 교리 선언문을 들 수 있다. "같은 성령 안에 모든 시대의 모든 신자는 세례를 받고 그리스도의 몸이 되었다고 우리는 믿는다. 유대인이나 이방인에 관계없이, 그들은 하나의 공동체를 함께 이루었다. 평안의 매는 줄로 하나 되게 하시는 성령 하나님에 대한 엄숙한 책임이 있다. 모든 분파적 차이를 뛰어넘어, 서로를 진실되고 열렬히 사랑해야 한다."

66 하늘 백성과 땅의 백성 그리고 그들의 운명에 대해 세대주의가 초창기에 가지고 있던 견해들이 이제는 사라지고 더 이상 세대주의 전통에 남아 있지 않다. 이것과 관련해서 다음의 글을 참고하기 바란다. Stanley D. Toussaint, "Israel and the Church of a Traditional Dispensationalist", in *Three Central Issues*, ed. Bateman IV, 228-30.

다른 이들은 이 세상과 새 창조 사이에 어느 정도의 연결점이 있을 것이라고 믿는다. 그래서 재 창조란 파괴하거나 다시 시작하는 것이 아니라 죄 때문에 부패한 땅이 구원되어서 영원히 지속되는 것을 주장한다. 세대주의는 이스라엘에 대해서는 항상 땅에 강조점을 둔다. 그러나 많은 미국 복음주의는 때때로 천국을 구원받은 자의 최종적인 목표점으로 본다.

3) 해석학적 접근

끝으로, 세대주의는 성경에 대한 해석학적 접근 방식이다. 라이리는 세대주의 해석학을 다음과 같이 묘사한다.

> 일관되게 문자적이고 분명하며 … 역사적이고 문법적 해석법이다.[67]

이것은 그가 강조하는 두 번째 핵심 요소로 그는 이렇게 설명한다.

> 문자적이라는 단어가 '일반적' 혹은 '단조로운'이라는 단어보다 좋지 않을지 모른다. 하지만 어떤 경우에서든 세대주의적 해석이란 비세대주의적 해석이 종종 그러하듯이 영적으로 혹은 상징적으로 풀지 않는 것을 의미한다.[68]

블레이징과 박은 그들의 해석 방식이 "역사적-문법적-문학적-신학적"[69]이라고 설명한다. 그들은 또한, 성경 읽기는 개인적인 일이 아니라고 강조한다.

---

[67] Ryrie, *Dispensationalism* (2007), 47. 이 문장은 1965년 판과 다르지 않다.
[68] 위의 책. 이 문장은 1965년 판과 다르지 않다. 하지만 첫 번째 판에는 없는 내용을 라이리가 추가한다. "분명한 것은, 세대주의자들만 문자적-역사적-문법적 해석법을 사용하는 것은 아니다. 그러나 세대주의자들만이 성경 해석에 있어 이것을 일관성 있게 사용한다."
[69] 크레이그 블레이징 그리고 대럴 박, 『점진적 세대주의』(*Progressive Dispensationalism*), 111.

성경의 역할은, 우리가 성경을 접하고 그것이 우리를 도전하도록 할 때, 날마다 우리를 변화시키는 것이다. 그러나 우리의 대화는 진공 상태에서 일어나는 것도 아니고 우리의 묵상이 사적이어야 하는 것도 아니다. 다른 사람들이 우리와 함께 본문을 읽는다. 비록 우리가 성경이 말하는 바에 관해 다른 사람들과 항상 동의하는 것은 아니지만, 이런 차이점들은 이해에 있어서 우리의 제약들을 반영한다. 어떤 때는 다른 사람들과 하는 우리의 대화는 우리가 미처 보지 못하는 부분들을 보도록 우리를 도와줄 수 있다.[70]

라이리는 '문자적'이라는 단어가 세대주의의 해석법을 설명하는 것에 있어서 최적의 단어가 아닐지도 모른다고 언급한다. 하지만 세대주의자들은 그들의 해석학을 묘사하는 것에 있어서 이 표현을 계속해서 사용한다.

예를 들어서, 엘리엇 존슨(Elliott Johnson)은 이 단어의 사용을 변론하고 이 단어를 이렇게 정의한다.

> 문자적인 해석은 원래의 배경의(역사) 본문의 표현들 안에서(문법) 저자가 전달하고자 하는 의도를 수반한다. 그러므로 문자적이란, 저자가 가지고 있는 테두리와 그의 의사소통 안에서 본문과 함께 작동되는 것을 의미한다.[71]

세대주의의 강점은 이것이 성경을 기초한 신학 체계라는 것이다. 복음주의와 마찬가지로, "공동체로서 우리는 하나님의 말씀인 성경을 중대하게 받아들이는 유산을 받았다."[72] 세대주의는 하나님의 말씀의 권위 아

---

70 위의 책, 109.
71 Elliott E. Johnson, "A Traditional Dispensational Hermeneutic", in *Three Central Issues in Contemporary Dispensationalism*, 65. Robert L. Thomas, "The Hermeneutics of Progressive Dispensationalism", in *Progressive Dispensationalism*, ed. Ron J. Bigalke, Jr. (Lanham, MD: University Press of America, 2005), 2. 존슨 교수는 점진적 세대주의의 해석학을 "문자적 해석으로부터의 해석학적 이탈"이라고 말한다.
72 크레이그 블레이징 그리고 대럴 박, 『점진적 세대주의』(*Progressive Dispensational-*

래 세상에 있는 문제들과 맞서 씨름하는 성경 학자들과 신학자들, 역사학자들과 목사들, 복음주의자들과 선교사들 그리고 기독교 사역자들로 이루어진 하나의 공동체로 발전되어 왔다.

우리 모두가 함께 직면하는 복음의 진짜 적이 있기 때문에, 우리의 목표는 세대주의적 확신을 가지고 마음을 함께하는 그리스도인들과 연합하는 것이다. 또한, 더 큰 차원에서는 정통 기독교 공동체와 연합하여 하나님을 사랑하고 그를 섬기며 다른 이들이 제자로서 그를 따르도록 청하는 것이다. "성경을 배우는 학생들과 성서학자들 중에, 하나님의 말씀을 신중하게 다루고자 노력하고, 성경의 권위 아래에서 연구 결과들을 계속해서 평가하는" 장소가 세대주의이다.[73] 그리고 이런 논의들은, 우리가 함께 성경의 권위를 인정하고 부활하신 구원자에 대한 좋은 소식을 세상에 전함으로 계속된다.

---

ism), 109.

[73] Charles R. Swindoll, "Foreword", in *Three Central Issues in Contemporary Dispensationalism*, 11.

제2장

복음주의와 세대주의 그리고 성경

D. 제프리 빙햄
사우스웨스턴침례신학교 역사신학 교수

성경을 단순히 하나의 고대 문서 혹은 과거의 유물로 읽는다면, 우리는 무언가 매우 중요한 것을 놓치는 것이 된다. 지혜롭게도, 역사적으로 복음주의자들은 성경에 대한 이런 접근을 거절해 왔다.

성경을 비판적으로 보는 시각이 존재하고, 이런 부정적 견해가 계속 지속되었음에도 불구하고, 복음주의자들은 성경이 여전히 현재 우리의 삶에 적용된다고 믿었다. 그들에게 있어서 성경은 살아 있는 하나님의 말씀이다.

누군가는 성경의 몇몇 구절만을 알고 있다. 다른 이들은, 그들이 개인적으로 좋아하는 성경의 이야기나 시편 구절을 기억한다. 또 다른 이들은, 성경을 히브리어나 헬라어로 각 단어를 연구하기도 하며, 성경의 본문을 고대 근동의 문서들과 비교하기도 한다. 누군가는 성경을 그룹으로 함께 공부하기도 하고, 다른 이들은 개인적으로 성경을 묵상하기도 한다.

어떤 이들은 설교 시간에 노트 필기를 하고, 다른 이들은 성경 구절을 반복해서 암기하기도 한다. 누군가는 성경 전체를 관통하는 주제에 대해 자신만의 견해를 가지고 있고, 다른 이들은 자신의 인생의 핵심이 되는 구절을 갖고 있기도 하다.

모든 사람은 성경에서 생명을 찾는다. 죄로부터 구원을 얻기 원하고, 거짓이 아닌 진실을 원한다. 무지와 어리석음에서 벗어나 지혜를 얻기 원하며, 죽음의 공포로부터 평안을 찾기 원한다. 미움에서부터 벗어나

사랑을 추구하고, 슬픔에서 벗어나 기쁨을 찾기 원한다.

또한, 버림받은 상태에서 벗어나 함께할 수 있기를 원한다. 복음주의적 성경 읽기는 눈물과 웃음, 고백과 저주, 감사라는 내용을 그 안에 모두 포함하고 있다.

복음주의적 성경 읽기는 무엇이며, 어떤 요소들이 이것에 영향을 미치는가를 이 장에서 다루려고 한다. 또한, 복음주의적 성경 읽기와 세대주의 간의 연관성에 대해 설명할 것이다.

나의 주장은 단순하다. 영국과 미국에 있는 현대 복음주의자들은 성경을 읽고 연구할 때, 성경을 향한 큰 헌신과 열정을 보인다. 그들은 성경이 권위 있고, 명확하며, 개인의 하나님과의 관계와 매일의 삶에 직접적인 관련성이 있다고 믿는다. 이들의 이런 관점은, 성경을 향한 그들의 헌신과 열정에 기초가 된다. 그러나 그들이 성경의 권위와 명확성 그리고 관련성에 대해서는 모두 동의하나, 실제적으로 본문을 해석하는 것에 있어서는 이견을 보인다.

예를 들어, 몇몇 복음주의자는 성경의 권위와 명확성 그리고 개인적인 삶과의 연관성을 인정함에도 불구하고, 성경 내러티브의 통일성은 인정하지 않는다. 왜냐하면, 그들은 다양한 문화적인 요소에 의해 영향을 받았기 때문이다. 그래서 결과적으로 그들은 성경 각 책이나 장르의 독특성을 인정하면서 성경을 조각조각으로 나누어 읽기를 선호한다. 그에 반해서, 다른 복음주의자들은 성경 읽기에 있어서 성경 신학의 통일성이 갖는 그 중요성을 강조해 왔다. 이들 또한, 성경을 조각조각 나누어 읽는 그 위의 복음주의자들과 마찬가지로 유사한 문화적 환경에 의해 영향을 받았음에도 불구하고 말이다.

세대주의는 다양한 모델 속에서, 통일된 성경적 내러티브에 대한 설명을 제공하는 성경 신학이다. 그렇기 때문에 결과적으로, 세대주의는 통일된 신학의 중요성을 강조하는 후자에 속한다. 그러므로 세대주의는 그 다양한 형태 속에서 복음주의가 갖는 핵심적인 요소를 내포하고 있다.

1. 성경주의와 복음주의의 정체성

1) 성경을 그 중심에 두는 복음주의

복음주의의 영성과 역사 그리고 문화의 중심에 성경이 있다고, 학자들은 이야기한다. 존 C. 라일(John C. Ryle)은 19세기에 이렇게 선포했다.

> 복음주의적인 종교는 성경의 절대적 우위성을 믿음과 삶에 대한 유일한 법, 진리에 대한 유일한 시험 그리고 논쟁에 대한 유일한 판단 기준으로 여긴다.[1]

데이비드 베빙턴(David Bebbington)은 "복음주의적 종교의 4가지 요소"를 언급하는데, 그 중의 세 번째 요소가 바로 "'성경주의'로서 성경을 그 중심에 두는 것"이라고 말한다.[2] 또한, 복음주의는 "성경에 헌신과 열정을 보이는데, 이것은 모든 영적 진리가 성경에서 발견된다는 믿음에 기초한다"라고 그는 이야기한다.[3] 세대를 걸쳐 복음주의자들은 성경이 하나님의 감동으로 기록되었다는 것을 인정해 왔다. 그러나 성경이 하나님의 감동으로 기록되었다는 이 교리도 다양한 방식으로 이해되었다. 그리고 베빙턴에 따르면, 이 내용에 대한 해석학적인 견해 차이는, 결국 복음주의자들의 분열로 이어졌다.

또한, 조지 마스든(George Marsden)은 이렇게 기록한다.

---

[1] J. C. Ryle, "Evangelical Religion", in *Knots Untied, Being Plain Statements on Disputed Points in Religion From the Standpoint of an Evangelical Churchman*, rev. ed. (London: National Protestant Church Union and Charles Murray, 1898), 4.

[2] David Bebbington, *Evangelicalism in Modern Britain: A History from the 1730s to the 1980s* (London/ New York: Routledge, 1989), 2, 12–13.

[3] 위의 책, 12.

복음주의의 핵심적 교리는, 성경의 최종 권위를 인정하는 종교개혁의 교리에 기초하고 있다.[4]

알리스터 맥그래스(Alister McGrath)는 복음주의가 기초를 두고 있는 여섯 가지의 핵심적인 믿음에 대해서 언급한다. 이 여섯 가지 믿음 모두 철저히 성경에 뿌리를 두고 있는데, 그 첫 번째 믿음은 바로 '성경에 절대적인 권위를 두는 것'이다.[5] 그뿐만 아니라 티모시 라슨(Timothy Larsen)은 복음주의를 다섯 가지로 정의하는데, 복음주의자란 "성경이 하나님의 감동으로 기록되었을 뿐 아니라 그의 신앙과 삶에 있어서의 최종적 권위임을 믿고 그녀 혹은 그의 신앙생활에 있어서 성경에 최고의 권위를 두는 자"이다.[6]

복음주의자들은 그들의 신학적 연구, 개인적 성경 읽기와 묵상, 설교, 성경 암송, 성경 번역 그리고 성경 공부에 있어서 성경을 가장 중요한 위치에 둔다.[7] 그들의 이런 태도는 '오직 성경'(*Sola Scriptura*)이라는 종교개혁의 원리와도 일치한다. 그들은 성경을 우리가 신뢰할 수 있는 유일한 하나님의 말씀으로 여기고, 또한 믿는다.[8] 이것은 성경을 비판적으로 보는 현대의 흐름과는 반대되는 것이다.

심지어는 복음주의가 이야기하는 성경주의를 문제 삼는 이들도, 그 전통에서 갖는 성경의 중요성을 설명한다. 크리스천 스미스(Christian Smith)는 성경에 대한 미국 복음주의의 관점은 "왜곡되었고 타당하지 않으며,

---

4   위의 책, 13-14. 그리고 George Marsden, *Understanding Fundamentalism and Evangelicalism* (Grand Rapids: Eerdmans, 1991), 4.
5   Alister McGrath, *Evangelicalism and the Future of Christianity* (Downers Grove, IL: InterVarsity, 1995), 59-64.
6   "Defining and Locating Evangelicalism", in *The Cambridge Companion to Evangelical Theology*, ed. Timothy Larsen and Daniel J. Treier (Cambridge: Cambridge University, 2007), 1.
7   Larsen, "Defining and Locating Evangelicalism", 7-8. 복음주의적 성경 공부 모임에 대한 연구 자료를 살펴보기 위해서는, 다음의 글을 참고하라. James S. Bielo, *Words Upon the Word: An Ethnography of Evangelical Group Bible Study* (New York/ London: New York University, 2009).
8   위의 책, 8.

기독교의 진리와 권위에 대한 더 나은 접근 방식이 있어야 한다"라고 주장한다.[9]

그는 자신의 이론을 소개하면서, 성경에 대한 복음주의적 관점을 분석한다.

> 그러므로, 내가 아래에 묘사하는 그런 종류의 성경주의는 대부분의 미국 복음주의와 조금 더 일반적으로는 보수 개신교의 인식론적 무게 중심을 반영하고 있고, 따라서 이 책에서 제기되는 그런 종류의 질문을 유발한다고 생각한다. 내가 여기서 이야기하는 '성경주의'란 성경의 절대적인 권위와 무오성, 명료성, 자족성, 내부적인 일관성, 자증성 그리고 보편적 적용 가능성을 강조하는 이론을 의미한다.[10]

더 넓은 문화에 있는 자들은 성경에 대한 복음주의의 열정적 충성을 인정한다. 최근에 「뉴스위크」(Newsweek)에 실린 한 기고문에서, 커트 아이헨하르트(Kurt Eichenward)는 그가 주장하는 바 미국 복음주의자들의 '성경에 대한 문맹'을 비판한다.[11]

물론 의심의 여지없이, 어떤 형태로든 성경에 대한 무지함이 미국 복음주의자들 중에 있을 수 있다. 하지만 그가 문제삼는 '성경에 대한 무지'는, 성경 본문들의 기원, 저작권, 전승, 번역, 해석 그리고 사용에 대한, 신뢰성이 떨어지는 슬픈 역사, 성경 본문들의 내적 불일치들, 교리와 신조의 형성에 있어서의 왜곡된 역사 등에 관한 복음주의자들의(그가 믿기에) 순진한 견해에 기초하고 있다.

---

9   Christian Smith, *The Bible Made Impossible: Why Biblicism Is Not a Truly Evangelical Reading of Scripture* (Grand Rapids: Brazos, 2012), ix, 3.
10 위의 책, viii.
11 Kurt Eichenwald, "The Bible: So Misunderstood It's a Sin", *Newsweek*, 23 December 2014, http:// www.newsweek.com/2015/01/02/thats-not-what-bible-says-294018.html.

그러나 실제로는 그의 학문 자체가 부당하고, 무분별하며, 편견에 가득 차 있고, 지극히 선별적이다.[12] 그렇기는 하지만, 결과적으로 복음주의자들이 성경을 얼마나 중요시하는지 미국 사회가 알고 있다는 사실을 그의 글이 반증한다.

2) 인류학적 관점에서의 복음주의적 성경주의

말리(Malley)는 복음주의라는 범주 안에서, 인류학적 관점으로 성경을 연구해 왔다.[13] 실제 성경이 어떻게 보여지는 것과는 관계없이 미국의 복음주의자들은 성경 메시지의 독특성에 관한 믿음과 함께 '성경'의 독특한 양식들(forms)에 대한 믿음을 공유하는데, 이것을 관찰하는 것으로 그의 연구는 시작된다.[14]

더욱이 그들은 이론적으로 그리고 실제적으로 성경에 권위를 부여하는데, 이것은 복음주의를 정의할 수 있는 특징이 된다. 그들은 성경이 하나님의 감동으로 기록되었다는 것을 믿는데, 이런 의미에서 그들은 이론적으로 성경에 권위를 부여한다. 성경이 하나님의 영감으로 기록되었다는 것을 믿는 복음주의자들의 이런 견해는, 그들이 다른 사람들과 구분되는 하나의 척도가 된다. 종교 다원주의가 만연한 현재의 상황에서는 이런 구분은 더더욱 분명해진다.

복음주의자들이 성경에 권위를 부여할 때, 실제로 그들은 본문과 생각 사이의 이행성(transitivity)이라는 관계를 가정한다고 말리는 주장한다. 복음주의자들은 성경 본문에 대한 그들의 해석이, 성경 본문과 동일하다고 여긴다. 다시 말해서, 기록된 것과 읽히는 것 사이에 의미론상의 동등함

---

[12] 예시, Michael Brown's "A Response to Newsweek on the Bible", *Newsweek*, 15 January 2015. 복음주의와 관련된 홈페이지들은 아이헨하르트의 글에 대해 몇몇 답변을 내놓았다.

[13] Brian Malley, *How the Bible Works: An Anthropological Study of Evangelical Biblicism* (Walnut Creek, CA: Altamira, 2004).

[14] 위의 책, 71.

이 존재한다. 이 해석학적 가정은 그들의 성경 읽기를 뒷받침한다.[15] 복음주의 전통은 본문을 해석 활동의 한 대상으로 제시하지만, 해석 활동의 목표는 본문의 의미를 밝히는 것이라기보다는 본문과 신앙 사이의 이행성을 설정하는 것이다. 그 전통은 개별적인 연결점을 밝히기보다 연결되어 있다는 사실을 강조한다.

그러므로 '성경이 무엇을 이야기하는가'에 연관된 대부분의 해설은 실제 석의(성경 원문의 의미 분석)와는 분리되어 행해지곤 한다.[16]

복음주의적인 해석은 반드시 해석적 자유와 무연관성(irrelevance)이라는 두 극단 사이에서 길을 찾아야 한다고 말리는 주장한다.[17] 때로는 그 자유가 해석에 있어서 "개인의 해석학적 상상에 있는 풍성함을 탐구하는 데" 기여했다. 만약에 너무 지나친 해석학적 자유가 있다면, 그 전통은 와해되고 그 전통이 가지고 있는 인식론은 매력을 잃는다. 만약 그 해석이 지나치게 제한적이라면, 그 성경은 우리와는 무관한 역사적 유물로 축소되고 만다.

성경이 단순한 역사적 유물이라면, 복음주의자에게 있어서 이것은 더 이상 살아 있는 하나님의 말씀이 아니게 된다. 그러므로 복음주의라는 전통은 '해석학적 자유와 정확성 모두'를 요구한다. 신학교나 대학교와 같은 복음주의 교육 기관들은 대체로 해석에 대한 엄격한 기준을 가지고 있는 반면에, 일반적으로 교회에서는 이런 기준이 무시된다.

말리는 이런 차이가 "회중의 삶에 대한 성경의 관련성과 학문에서의 해석적 정확성"이라는 두 경계에 대한 이 전통의 실제적인 반응에서 비롯되었다고 본다. 말리는 복음주의가 성경을 대하는 그 방식에 대해서도 연구하는데, 이것에 대한 자신의 분석이 니니안 스마트(Ninian Smart)나 리처드 헥트(Richard Hecht)의 비교학적 분석에서 제시된 더 보편적 개념보다 더 정확한 개념을 제시한다고 믿는다. 스마트와 헥트의 비교 연구는 미리암

---

15 위의 책, 83-84.
16 위의 책, 87.
17 위의 책, 123, 146.

레버링(Miriam Levering)에 의해서 간략하게 요약되었는데,[18] 그녀는 스마트와 헥트의 연구에서 '거룩한 본문'을 정의하는 6가지 척도를 나열한다.[19]

복음주의는 원칙적으로 그리고 실제적 삶에서 성경에 권위를 부여하는데, 이것에 대한 말리의 철저한 분석은 앞으로의 연구를 진척시키는데 도움이 된다. 그는 특정한 인지적 요소들이 미국의 복음주의적 성경주의를 뒷받침한다고 정의하는데, 이것 역시 도움이 된다.[20]

첫째, 그는 그 인식론적 요소를 제시한다. 하나님의 감동으로 기록된 성경이 영적 진리를 제공하고, 하나님을 알 수 있는 방법을 제시한다고 복음주의자들은 믿는다.

둘째, 성경이 실제적 삶에 어떻게 적용되는지 간절히 알기 원하는 인간의 갈망을, 성경주의가 만족시킨다. 성경의 내용을 설명하는 다양한 방법과 묵상을 통한 성경 읽기 그리고 하나님의 속성과 도덕성에 중점을 둔 신앙 전통을 통해, 복음주의는 이 갈망을 충족시킬 수 있는 체계를 제공한다.

셋째, 복음주의적 성경주의는 성경에 등장하는 이야기와 독자가 삶에서 경험하는 내용 사이의 유사성 찾는 것을 허용하고 장려하는데, 이것은 개인의 상황과 필요에 따라 적용된다. 믿음과 고난 혹은 승리와 관련된 연결점을 찾다 보니, 실제적인 문맥과 역사와 관련된 비유사성은 간과된다. 독자는 성경을 읽으면서 그 이야기가 자신의 삶과 어떤 연관성이 있는지를 찾고 고민할 수 있는데, 이것은 성경주의가 가지고 있는 긍정적인 요소들 중 하나이다.

---

18 위의 책, 12-13; *Sacred Texts of the World: a Universal Anthology*, ed. Ninian Smart and Richard Hecht (New York: Crossroad, 1982), xiv-xvi.

19 Miriam Levering, "Rethinking Scripture", in Rethinking Scripture: *Essays from a Comparative Perspective*, ed. M. Levering (Albany: State University of New York, 1989), 8-9. '거룩한 책의 범주'에 들기 위한 두 가지 척도를 레버링이 요약하는데, 첫째로는 그 본문이 하늘로부터 비롯되었다는 혹은 특별히 계시의 산물이라는 믿음이 전제되어야 한다. 둘째로, 그 책의 기원이 어떻든 간에 그것이 성스럽게 여겨지고 대해진다면, 권위 있고 신성한 책으로서 존중받을 수 있다.

20 Malley, *How the Bible Works*, 152-55.

넷째, 이런 성경주의는, 때로 본문 자체를 대치하면서까지, 우리가 성경의 이야기에 느끼는 매력과, 그 본문에서 우리가 발견한 의미를 받아들인다. 이것이 바로 성경 본문에서 실제적인 믿음으로 이어지는 이행성(transitivity)이다. 이것은 성경의 이야기를 삶에 적용하고 싶은 개인의 갈망과 관련이 있다. 이 부분은 앞으로 더 깊게 분석해야 할 가치가 있다.

2. 복음주의가 이야기하는 성경과 삶의 연관성

성경이 실제 삶과 관련이 있다는 사실은, 복음주의적 성경주의에 있어서 가장 중요한 내용이다.

스탠리 그렌츠(Stanley Grenz)는 다음과 같이 설명한다.

> 우리는 성경 본문이 현재를 사는 우리를 위해 기록되었다고 믿는다.[21]

성경을 해석하는 것에 있어서 여전히 심각한 문제들이 있고, 심지어는 성경의 진실성에 대한 많은 의구심이 아직 다 해결되지 않았음에도 불구하고, "복음주의자들은 매일의 삶에 필요한 해답을 성경에서 찾는다."[22]
이와 같이, 성경 읽기는 종종 기도와 같은 매일의 경건 훈련 혹은 하나님께 질문하고 음성을 듣는 묵상의 시간으로 이어진다. 하지만 성경의 연관성에 대한 이런 종류의 믿음은, 복음주의자들이 그들의 기도 처소에서 성경을 어떻게 읽는지에만 국한되는 것은 아니다. 이것은 공적 예배에서 설교자들이 성경의 이야기를 어떻게 설명하고, 청중이 그것을 어떻게 듣는 지와 연결이 된다. 예를 들어, 시카고의 복음주의자들에 대해 연구한 타냐 루흐르만(Tanya Luhrmann)은 다음과 같이 지적한다.

---

21 Stanley Grenz, *Revisioning Evangelical Theology* (Downers Grove, IL: InterVarsity, 1993), 31.
22 위의 책, 32.

성경을 어떻게 하나님과 연결 지어 이해할 수 있는가를 목사는 설교를 통해 회중에게 가르친다. 또한, 설교자는 하나님이 권능의 하나님이자 최고의 친구이심을 회중에게 설명한다. 교회는 하나님의 뜻을 듣고 배울 수 있는 배움의 장소이다.[23]

브라이언 말리(Brian Malley)는 그의 저서 『성경은 어떻게 작용하는가: 복음주의적 성경주의에 대한 인류학적인 연구』(How the Bible Works: An Anthropological Study of Evangelical Biblicaism)에서, 성경의 본문과 독자의 경험 사이에 유사점을 찾는 그 과정을 설명한다. 이것은 말리가 제시하는 세 번째 요소로서 인류학적이고 인식론적 연구와 관련이 있는데, 토드 브렌멘(Todd M. Brenneman)은 이 연구를 더욱 발전시킨다(참고로 말리가 앞서 제시한 두 요소는 다음과 같다).

첫째, 인식론에 기초한 것이며,
둘째, 개인의 삶에 연결점을 찾고자 하는 인간의 욕구이다.

브렌멘의 관심사는 복음주의 감상주의(sentimentality)에 있다. 대중적 복음주의는 매우 감정적이고 지적이지 않다고 그는 주장한다. 복음주의적 성경 읽기는 "독자와 성경의 인물을 동일시"해서, 성경의 이야기를 현대화시킨다고 그는 이야기한다.[24]

성경에 등장하는 인물의 감정과 경험을 독자가 공유하는 대로, 성경의 이야기를 이해하는 것이다. 그렇게 함으로써, 독자는 성경 본문과 공감대를 형성하고 마음에 위로를 받는다.[25] 비록 성경 인물이 겪는 어려움이 실제 독자가 겪는 어려움과 세부적으로는 차이가 있을지라도, 독자는

---

23 T. Luhrmann, *When God Talks Back: Understanding the American Evangelical Relationship with God* (New York: Knopf, 2012), 6.
24 Todd M. Brenneman, *Homespun Gospel: The Triumph of Sentimentality in Contemporary American Evangelicalism* (Oxford: Oxford University, 2013), 44.
25 위의 책, 44.

위로를 받을 수 있다. 성경의 내용은 어떤 특정한 집단만을 위한 것이 아닌, 모두를 위한 것이라는 가장 핵심적 원리가 복음주의적 성경 읽기에서 보여진다.[26]

루흐르만(Luhrmann)은 이 원리를 1960년대에 등장한 예수 운동과 연결지어 언급하는데, 이 관점은 성경이 당시 독자의 시대를 위해서 쓰여진 동시대적 문서였다는 확신을 포함한다.[27] 그녀의 연구에 따르면, 이런 점은 또한, 21세기의 교회들에게도 해당된다. 그녀는 공동 연구원으로서 다음과 같이 기록한다.

> 과거의 본문들이, 우리가 더 이상 이해할 수 없는, 저자의 의도들 뒤에 우리로부터 숨기고 있는 그런 의미는 없다. 혹은 그 과거 본문들이, 우리가 지금 그 안에 살고 있지 않은, 어떤 사회적, 경제적 공동체를 위해 쓰여졌다는 주장도 의미 없는 말이다. 우리는 일요일 아침이나 가정 모임 시간을 통해 사사기와 같이 난해하고 역사적인 내용을 담고 있는 본문들을 읽게 된다. 그러나 우리는 성경이 우리를 위해 기록되었고, 하나님이 우리에게 무엇을 원하시는지를 우리가 이해할 수 있도록 돕는다고 믿는다.[28]

복음주의자들이 가지고 있는 이런 확신은, 성경이 명확한 진리를 담고 있다라는 믿음에 기초하고 있다. 이 믿음은 19세기에 형성되었는데, 현대의 사상과 삶에도 계속해서 영향을 미치고 있다. 성경의 권위를 인정하는 것은, 몇몇 복음주의자에게 있어, 성경이 그 자체로 명료하고 스스로 진리를 드러낸다는 믿음과도 관련이 있다. 『부흥』(The Revival)이라는 제목의 책을 기록한 익명의 저자는 이 사실을 우리에게 다시 한번 강조한다.

---

26   위의 책, 45.
27   Luhrmann, *When God Talks Back*, 23.
28   위의 책, 12.

성경이 진리의 내용을 스스로 해석한다는 사실은, 성경이 하나님의 감동으로 기록되었다는 사실만큼이나 값지고 중요하다. 만약에 하늘로부터의 메시지가 그 자신 외에 또 다른 해석자를 필요로 한다면, 사람들에게 거의 쓸모없을 것이다.[29]

성경의 본문을 대하는 이 저자의 태도는 많은 부분에서 지극히 감정적이다. 그럼에도 성경의 분명하고 동시대적 특성에 대한 확신은, 적어도 부분적으로는 과학적 방법에 대한 인식된 신뢰성과 상식을 기반으로 한 스코틀랜드 사실주의(실체주의)에 대한 개신교적 충성에 기반을 두고 있다. 이것은 이론적이거나 철학적이지 않고, 명백하고 대중적이며 실제적이라고 칭송된다.[30]

"자연과 과학이 동등하게 명료하다"라는 깃발이 이곳에 심겨졌다.[31] 자연의 법칙이 일정하고 변하지 않으며 보편적으로 적용된다고 믿는 것처럼, 성경의 진리 또한, 세월이나 문화에 의해서 결코 변동되지 않는다.

세상에서는 철학적이고 과학적인 것을 명료하다라고 정의한다. 그러나 복음주의가 가르치는 성령론에 따르면, 개인이 거룩을 추구하는 과정에서 하나님을 경험하는데, 이 경험만이 정서적 안정과 진정한 도덕성이라는 마음의 문제들에 해석학을 적용시킬 수 있다.[32] 이 부분에 대해서, 예일대학교 총장인 티모시 드와이트(Timothy Dwight)는 이렇게 설교했다.

---

29 "Unity of Creed: The Union of the Christian Church", *The Revival: An Advocate of Evangelical Truth* 15 (1866): 71-73.
30 참조. Andrew R. Holmes, "The Common Sense Bible: Irish Presbyterians, Samuel Davidson, and Biblical Criticism, c. 1800-65", in *Dissent and the Bible in Britain, c. 1650-1950*, ed. Scott Mandelbrote and Michael Ledger-Lomas (Oxford: Oxford University, 2013), 176-204.
31 George M. Marsden, "Everyone One's Own Interpreter? The Bible Science and Authority in Mid-Nineteenth-Century America", in *The Bible in America*, ed. Nathan O. Hatch and Mark Noll (New York/Oxford: Oxford University, 1982), 80.
32 Marsden, "Everyone One's Own Interpreter?", 84-85을 참고.

성경의 곳곳은 설명과 가르침으로 가득 차 있다. 하지만 또한, 성경은 끊임없이 우리를 설득시키고자 한다. 성경은 철학적인 교리들로 구성된 차가운 모음집이 아니다. 오히려 성경은 실제적 삶과 사실, 인물과 상상력을 불러일으킬 만큼의 인상적인 내용 그리고 우리의 마음을 움직이고 삶에 변화를 일으킬 만한 강력한 힘을 그 안에 담고 있다. 이것들과 함께, 교훈이 곳곳에 배어 있다. 이런 것들 때문에 교훈은 끊임없이 삶으로 체화된다. 인간 마음에 일어나는 감정들 중에 성서에서 다뤄지지 않은 것이 없다.

우리의 희망과 두려움, 사랑과 미움, 슬픔과 기쁨, 갈망과 혐오뿐만 아니라 아름다움, 고귀함 그리고 숭고함을 향한, 도덕적 영광과 위대함을 향한 우리의 감각, 이 모든 것이 양자택일적인 모습으로 그리고 강력하게 적용되었다. 죄로부터 돌아서서 거룩함을 품으며 영원히 살기 위해, 이해력만이 아니라 상상력과 감정을 소유한 존재로서 인간 존재 전체가 각성되고 매혹되며 이끌려지도록 하기 위해서 말이다.[33]

복음주의는 성경이 명료하고, 즉각적이며, 개인의 삶과 밀접하게 관련되어 있다고 확신한다. 성경을 임의로 펼쳐서 하나님의 인도하심을 구하는 것(Sortes Biblicae)은 어쩌면 이것을 가장 잘 보여 준다.[34] 비평가들은 이것이 점을 보는 것과 유사하고 감성적이며, 비이성적이어서 하나님에 대한 바른 인식과 참된 성경 연구에는 맞지 않는다고 지적한다.[35]

그런데도 이것은 초기 기독교와 중세 교회에서 시행되었으며, 1730년부터 1900년 사이에 복음주의 부흥기는 물론 오늘날까지도 이 관행은 여전히 행해지고 있다. 복음주의자들이 성경을 임의로 펼쳐서 하나님의 인도하심을 구하는 방법을 사용하는 것에는 몇 가지 이유가 있다. 그들은

---

[33] "Sermon 136", in Timothy Dwight, *Theology Explained and Defended in A Series of Sermons*, 5 vols. (London: J. Haddon, 1824), 4: 492.

[34] 이것에 관한 설명은 다음의 글에서 확인할 수 있다. Laura Bartlett, "Consulting the Oracle: Sortes Biblicae in Evangelicalism to 1900", *Scottish Bulletin of Evangelical Theology* 29 (2011): 205–218. 이 참고 내용을 제공한 티모시 라슨(Timothy Larsen)에게 감사를 드린다.

[35] Bartlett, "Consulting the Oracle", 216–218.

신학적 질문에 대한 해답을 발견하기 위해서 이 방법을 사용한다.

또한, 복음주의자들은 그들 자신이 구원받았다는 확신을 얻기 위해서도 이 방법을 사용한다. 설교자들은 어떤 성경 본문을 선포해야 하는지 인도함을 받기 위해서 또한, 그렇게 한다. 우울하고 마음에 근심이 많은 신자는 하나님이 주시는 용기와 위로를 얻기 위해 성경을 임의로 펼쳐서 나오는 구절을 확인한다.

또 다른 이들은 꼭 신학적 질문이 아니어도, 어떤 특정한 질문들에 대한 답을 얻기 위해 이것을 행하기도 한다. 끝으로, 인생의 많은 결정의 순간에서 하나님의 인도하심을 받고자 이 방법을 사용한다.[36]

성경 제비뽑기(Sortes Biblicae)의 뿌리는 이 관행에만 국한되지 않는다. 이것은 복음주의가 성경에 대해 가지고 있는 대중적 견해의 많은 부분과 관련이 있다.[37] 이 운동이 가지고 있는 포퓰리즘은, 이 방법으로 누구나 하나님의 음성을 들을 수 있다라는 개념으로 발전되었다. 낭만주의가 가지고 있는 개인주의, 주정주의 그리고 영적인 것에 대한 민감성은, 하나님이 임의로 펼쳐서 나오는 구절을 통해 독자에게 즉각적으로 말씀하신다는 관념으로 이어졌다.

오직 성경에서 답을 찾는다는 원칙(Sola Scriptura) 또한, 결과적으로 이 관행의 대중화를 뒷받침했다. 이것을 바탕으로, 성경에 절대적 권위를 부여하는 것이 믿는자들의 삶과 선택의 모든 영역에 깊이 스며들어 있다.

복음주의자들은 성경이 우리의 삶과 연관되어 있다는 사실을 다양한 형태로 수용한다. 그리고 다양한 요인이 그들의 관행을 설명한다. 이것의 대중화를 설명할 수 있는 다양한 신학적, 문화적 요인이 있다.

그러나 성경이 다른 여느 책과는 분명하게 다르고, 그렇게 읽혀서도 안된다는 믿음이 바로 결정적인 이유가 된다. 몇몇 사람은 이 독실한 믿음을 강도 높게 비판했다. 그러나 시간이 지나면서 오히려 현대의 복음주의자들은 순진하다고 불리는 이 신앙의 형태로 돌아갔다.

---

36 위의 책, 207-211.
37 위의 책; 215-216.

존 넬슨 다비(John Nelson Darby)는 이것을 이렇게 설명한다.

> 가난한 자들이 기본적으로 사상가들보다 더 현실적 사고를 갖고 있다고 나는 생각한다. 가난한 자들은 사물이 갖고 있는 실제적인 특징을 더 잘 이해하고 있다. 존재하기 위해서는 일을 해야 한다는 원리를 그들은 노동과 관련된 그들의 직업을 통해 알게 된다. 하나님이 현재 우리에게 원하시는 것은 노동을 통한 땀 흘림이다. 경험을 통한 배움만이 실재가 된다. 추측이나 망상은 여기에 끼지 못한다. 땀 흘려 일하는 자들은 계시에 관해서는 문외한일지 몰라도, 그들이 하나님으로부터 오는 계시를 원한다는 사실은 분명하다. 그들은 셰익스피어의 작품이 아닌, 하나님의 말씀을 원한다.[38]

3. 복음주의와 성경의 통일된 이야기

다양한 시대에 복음주의자들이 성경에 대한 헌신을 구현한 다양한 대중적 방식들을 지금까지 살펴보았다. 그런데 성경의 권위를 인정하는 복음주의의 전통이 많이 축소되었다고 콜린 한센(Collin Hansen)은 지적한다.

> 매주 교회에 출석하고, 성경에 등장하는 인물의 이름과 지명을 잘 아는 교인들조차도 성경을 하나의 구속사적 관점으로 이해하는 것에는 어려움을 느낀다.[39]

---

38 John Nelson Darby, *Dialogues on the Essays and Reviews by One Who Values Christianity for Its Own Sake, and Believes in It as a Revelation from God*, 2nd rev. ed. (London: W. H. Broom, 1863), 5-6. Dissent and the Bible in Britain, Mandelbrote and Ledger-Lomas, 29를 참고할 것. "청교도인들이 추구했던 성경적 문화와 그들의 가르침은 오늘날 어디에 있는가라는 질문에, 현재 미국에 있는 보수적 복음주의가 이것을 계승했다고 답할 수 있다"라는 논평으로 망델브로와 레저-로마스는 그들의 서문을 마무리 짓는다(35).

39 Collin Hansen, "Why Johnny Can't Read the Bible", *Christianity Today*, May 2010, 38. 비손신학교(Beeson Divinity School)의 초대 학장인 티모시 조지(Timothy George)는

21세기 복음주의자들은 성경을 하나의 통일된 구속사적 이야기 혹은 통일된 기독교 교리로 보지 않고, 부분 부분을 쪼개서 읽고 이해하는 경향이 있다. W. R. 워드(W. R. Ward)가 '초기 복음주의'(1670-1780)라고 칭하는 시대에서 이런 예를 찾아볼 수 있다. 진첸도르프(Zinzendorf)의 신비주의를 다루면서, 워드는 "하나님이 성경에 어떤 신학적 체계를 두지 않으셨기 때문에, 그것을 찾는 것을 다소 편협한 것으로 보는" 통상의 복음주의 입장을 당연시하는 진첸도르프의 태도에 대해 논평한다.[40]

워드는 복음주의의 배경과 응집성을 묘사할 수 있는 6가지 주제를 제시하는데, 이것은 "복음주의 육각형"(Evangelical Hexagon)으로 불린다. 이것을 포함한 더 큰 주제와 밀접하게 연관해 워드는 진첸도르프의 주장을 논의한다.

1) 연결되어 있는 하나의 통일된 서사(메타내러티브)에 대한 반론

다른 학자들과는 다르게, 워드는 성경에 대한 복음주의의 견해를 다루는 주제를 목록에 넣지 않는다. 그러나 "복음주의와 신비주의의 밀접한 연관"과 "반아리스토텔레스주의와 신학적 체계에 대한 적대"라는 두 주제를 다루는 그의 글은, 이런 것들이 성경에 대한 복음주의의 관점에 어떻게 중요한 영향들을 미쳤는지를 설명한다.[41]

신학적 체계에 대한 이런 적대는, 성경 메시지들을 통합하는 것이나 성경을 다른 분야와 통합하는 것에 대한 기피를 포함한다.[42]

복음주의 진영 안에서 성경의 통합적 연결성과 구조를 인정하지 않는 형태는 알마니안주의와 칼빈주의의 논쟁에서도 보여진다.

이와 같은 주제에 대해서 언급한다. "학생들은 성경적 지식을 표면적으로만 이해해서는 안되고, 성경을 하나의 연결된 이야기로 설명할 수 있어야 한다"라고 교육의 방향을 제시한다.

40　W. R. Ward, *Early Evangelicalism: A Global Intellectual History*, 1670–1789 (Cambridge: Cambridge University, 2006), 111.
41　위의 책, 4.
42　위의 책, 156.

찰스 시므온(Charles Simeon)은 다음과 같이 이야기한다.

> 칼빈주의는 하나의 신학적 체계이다. 하나님은 그의 진리를 결코 하나의 신학적 체계로 드러내지 않으신다. 성경은 그런 신학적 체계를 가지고 있지 않다. 우리는 그런 체계를 버리고, 성경에 초점을 맞추어야 한다. 어떤 신학적 체계가 가지고 있는 편견으로 보는 것이 아니라 성경을 있는 그대로 받아들이고 그것에 순종해야 한다. 신학적 체계를 따르는 기독교인이 아니라 성경을 따르는 기독교인이 되기를 바란다.[43]

성경의 구절들을 강제적으로 연결시키거나, 혹은 성경 구절들 사이에 모순이 있을 수 있다고 가정하는 것에 대해 그는 경고한다. 기존의 신학적 체계들에 대한 이런 반대는, 복음주의자들을 신학적 체계나 전통으로부터 멀어지게 한다. 특별히 이것이 신비주의나, 삶의 적용점을 찾고자 하는 갈망과 결합이 되었을 때는 더욱 그렇다.

그뿐만 아니라 이것은 그들로 하여금 구속사 전체에 관한 서사들(narratives)을 제공하는 모델들에 대해 의구심만 가지게 한다. 그들은 신학적 체계라는 지도 없이 "성경 그 자체로 날아가는 것"이 조금 더 편하고 익숙하다. 왜냐하면, 그들은 자신들이 처한 상황에 대한 즉각적 적용점을 찾는 것에 간절하기 때문에, 개인의 경험을 중심으로 기도하듯이 성경을 읽기 때문이다.

구속사와 관련된 신학적 체계나 거대 서사(metanarrative)에는 다양한 형태가 있다. 그러나 그 중에서도 몇몇 형태는 회중으로부터 더 강한 반응을 불러일으킨다. 시므온이 칼빈주의에 보이는 반응을 넘어서, 윌리엄 밀러(William Miller)는 뉴잉글랜드의 칼빈주의를 "만들어진 체계일 뿐이지, 진리가 아니다"라고 평가한다.[44]

---

[43] Charles Simeon, "Notes on Calvinism and Arminianism", in *The Evangelical and Oxford Movements*, ed. Elisabeth Jay (Cambridge: Cambridge University, 1983), 22; 참조. Ward, *Early Evangelicalism*, 188.

[44] Quoted in Joshua V. Himes, *A View of the Prophecies and Prophetic Oracles* (Boston:

그는 전통적 자료는 배제한 상태에서, 성경 그 자체를 있는 그대로 이해하고자 한다. 많은 복음주의자는 성경이 현대 사회에 깊이 연관되어 있다고 확신하는데, 이것은 세대주의적 해석에 대한 지지층이 감소하는 것을 의미한다. 주류 신학계에서 세대주의는, 역사의 세대나 시대들(그중 한 개 이상은 과거에 있음)이 가지고 있는 특징, 혹은 한 세대가 다른 세대로부터 구분되는 차이점에 대한 설명 체계로 알려져 있다.

세대주의의 이런 명성을 고려해 볼 때, 각 세대가 갖는 역사적 간격을 최소화하거나 무시하려는 사람들 사이에서 세대주의의 인기는 수그러들 수도 있을 것이다.[45]

2) 민주주의적 문화 가치와 개인주의의 역할

민주주의적 문화 가치와 개인주의 그리고 대중적인 성경 읽기 방식에는 서로 밀접한 관련이 있다. 그런데 19세기 초부터 미국에서는 이것을 위에 언급한 관행과 구분하는 것이 어렵게 되었다. 미국인들은 해석에 있어서의 권위들과 신학적 체계는 등한시한 반면에, 보편적인 인간과 상식을 중요시하는 사상을 점진적으로 받아들여 왔다.[46]

다원주의 역시 복음주의적 신앙을 약화시키는 데 기여해 왔다.[47] 나중에는 "신조가 아닌 성경을"이라는 슬로건이 등장했는데, 그 결과로 많은 사람이 가르치는 은사가 있는 교사들이나 전통 그리고 성경의 메시지를 통합해 보는 관점으로부터 고립된 상태에서 개인적으로 성경을 연구하기 시작했다. 이런 고립은 종종 제멋대로 하는 해석이나 본문을 근거하

Moses A. Dow, 1841), 9, 11; 참조. Nathan O. Hatch, "Sola Scriptura and Novus Ordo Seclorum", in *The Bible in America*, ed. Nathan O. Hatch and Mark Noll (New York/Oxford: Oxford University, 1982), 75.

45　Luhrmann, *When God Talks Back*, 23.
46　Nathan O. Hatch, "Sola Scriptura and Novus Ordo Seclorum", in *The Bible in America*, 74.
47　참조. Richard Lints, *The Fabric of Theology: A Prolegomenon to Evangelical Theology* (Grand Rapids: Eerdmans, 1993), 91–92.

지 않는 성경 읽기로 이어진다.⁴⁸

성경에 대한 이런 접근 방식은 미국인의 삶에 스며들었다. 미국의 전 (前) 대통령인 그로버 클리블랜드(Grover Cleveland)는 성서의 고등 비평에는 관심이 없는 전통적 사고방식의 장로교인이었는데, 그는 종종 이렇게 이야기했다.

> 성경은 내가 자라면서 듣고 배우던 오랜 책으로서 나에겐 충분히 좋은 책이다. 나는 성경 각 책의 저작권, 기원, 혹은 관주(관련 구절들)에 관한 각주나, 비평이나, 설명을 원하지 않는다. 듣고 이해해야 할 필요성을 느끼지 못한다. 오히려, 이것은 나를 혼란스럽게 할 뿐이다.⁴⁹

3) 소설이 미친 영향

19세기 중반에, 성경이 통일된 신학과 체계를 가지고 있다는 확신을 한 가지 예기치 않은 영향력이 흔들었는데, 그것은 바로 기독교 문학 작품, 특히 소설의 성장이었다. 이것이 미친 영향은 아직도 느껴질 정도다. 복음주의자들은 성경의 통일성을 공식적으로 인정한다. 그러나 소설의 인기 확장은 성경의 통일된 메시지를 지향하는 전통적 해석에 도전을 가했다.⁵⁰

나이트(Knight)와 메이슨(Mason)은 소설을 "해석적 불명료함으로 특징지워지는 본문 형태"라고 부른다.⁵¹ 해석이 명확하지 않다는 특징은, 어떤 점에서 보면 교회의 독단적 교리로부터 자유롭게 스스로 성경에서 적용점

---

48 YMCA의 한 성경 공부 안내서는 그룹으로 진행되는 성경 공부보다, 개인 성경 공부를 더 장려했다. "매일 진행되는 개인적이고 묵상 중심의 성경 공부를 확대하는 것이 좋다. 성경 공부는 내적인 삶에 적용하는 것에 초점을 맞추어 개별적으로 진행할수록 그들의 흥미와, 생생함, 열정 그리고 삶에 있어 더 유익할 것이다." John R. Mott, *The Bible Study Department of the Student Young Men's Christian Association* (New York: The International Committee of Young Men's Christian Associations, 1899), 32.

49 George F. Parker, *Recollections of Grover Cleveland* (New York: The Century Co., 1909), 382.

50 Mark Knight and Emma Mason, *Nineteenth-Century Religion and Literature* (Oxford: Oxford University, 2006), 132–135.

51 위의 책, 134.

을 찾으려는 복음주의의적 욕구와 조화를 이룬다. 그러나 현대의 대중적인 문화의 형태는 상황을 더 어렵게 만들었다. 이것은 "소위 복음의 명확함과, 투명성 그리고 단순성을 따르는 복음주의의 신뢰"를 위협했다.[52]

4) 감상주의와 역사 비평의 영향

신학적 체계와 기독교 교리 그리고 성경의 통일된 이야기로부터 멀어지는 경향을, 다른 관점으로도 이해해 볼 수 있다. 브렌멘(Brenneman)은 이것을 감상주의가 가지고 있는 하나의 기능이라고 분석하는데, 그는 이렇게 기술한다.

> 감상주의적 세계관으로 이것을 보았을 때, 기독교 교리는 경험적이고 감정적인 접근 방식 때문에 희석된다.[53]

그 결과로, 독자는 신학적 체계나 기독교 교리 혹은 성경이 제시하는 일관된 메세지에 더 이상 관심을 갖지 않는다. 대신 릭 워렌(Rick Warren)이 말한 것처럼, 성경을 읽는 목적은 '하나님의 좋은 친구가 되는 것'이다.[54]

한스 빌헬름 프라이(Hans W. Frei)는 18세기와 19세기에 성경 전체의 통일성을 설명하는 거대 서사가 감소했던 이유를 그의 책 『성경 내러티브의 퇴색』(The Eclipse of Biblical Narrative)에서 설명한다. 성경이 실제 있었던 사건들과 진리에 관한 기록이라는 주장에 대한 반론이 있기 전에는, 모두 성경을 하나의 이야기 혹은 역사적 순서대로 기록된 이야기로 여겼고, 하나의 결론에 이르는 이야기 혹은 하나의 책으로 이해했으며, 하나

---

52 위의 책, 135.
53 Brenneman, *Homespun Gospel*, 73.
54 릭 워렌, 『목적이 이끄는 삶』(*The Purpose-Driven Life*), 고성삼 역 (서울: 디모데, 2010), 115.

의 공통된 메세지, 하나의 역사로 인정했다.[55]

그러나 현대에 와서는, 성경의 역사성에 대한 비판 때문에, 성경이 실제 이야기가 아니라는 주장이 제기되었다. 성경의 사건들을 역사 비평적으로 재구성하려는 시도나 성경 신학 운동도, 성경의 통일성을 다시 공고하게 하는 것에 성공하지 못했다.[56]

장-프랑수아 리오타르(Jean-Francois Lyotard)는 포스트모더니즘이 치명적 일격이었다고 이야기한다.

> 극단적으로 이야기하면, 포스트모더니즘은 메타내러티브라는 성경의 통일성에 대한 불신을 야기했다.[57]

그레엄 골즈워디(Graeme Goldsworthy)는 『복음주의의 미래』(*The Futures of Evangelicalism*)라는 이름의 책에 "복음주의와 성서신학"이라는 제목의 글을 작성한다. 복음주의자들이 성경을 읽는 데 있어, 구속사와 관련된 하나의 통일된 해석이 주는 유익에 대해 그는 이렇게 설명한다.

> 지난 30년 동안 신학교와 교회에서 성서신학을 가르치면서, 나는 몇 가지 사실에 대한 확신을 갖게 되었다.
>
> **첫째**, 성경을 사람들에게 가르칠 때는 하나님의 크고 놀라운 계획을 알게 할 절대적인 필요성이 있다.
>
> **둘째**, 모든 시대의 보편적인 그리스도인은 일단 성경의 통일성과 일관성을 맛보고 나면, 성경을 공부하는 것에 더욱 열정적이게 된다.[58]

---

55 Hans W. Frei, *The Eclipse of Biblical Narrative: A Study in Eighteenth and Nineteenth Century Hermeneutics* (New Haven, CT: Yale University, 1974), 1-2.
56 위의 책, 4-8.
57 Jean-François Lyotard, *The Postmodern Condition: A Report on Knowledge*, trans. Geoff Bennington and Brian Massumi (Minneapolis: University of Minnesota, 1984), 24.
58 Graeme Goldsworthy, "Evangelicalism and Biblical Theology", *The Futures of Evangelicalism*, ed. Andrew West, Craig Bartholomew, and Robin Parry (Grand Rapids: Kregel,

5) 성경의 메세지에 대한 개관적 관점으로의 회귀

골즈워디의 경험은, 20세기 초반 복음주의 학자들에게 인기 있던 성경 해석법을 떠올리게 한다. 성서 고등 비평은 성경을 조각조각으로 축소시켰다. 복음주의는 이것에 대한 다차원적인 대응을 펼치는데, 그 중 하나가 성경의 통일성에 대한 강조이다.[59]

제임스 마틴 그레이(James M. Gray)는 이것을 "성경에 대한 통합적인 연구"라고 부른다.[60] 이것은 성경 전체를 그리고 성경의 모든 책을 검토하고, 각각의 책을 서로 연결시키는 연구 방식이다. 그는 성경의 각 부분을 분리시키기보다는, 하나로 아우르고자 했다.

성경을 부분 부분 조각내서 이해하는 방식이나, 성경 전체의 메세지와는 동떨어져서 개별적인 성경 구절들에만 초점을 맞추는 것은 위험하다고 그레이는 지적한다. 성경 공부는 성경의 큰 그림을 먼저 이해하는 것으로 시작하라고 그는 제안한다.

> 성경을 큰 시각으로 볼 수 있는 방법을 사람들에게 알려 주고 나면, 그들은 성경을 자세하게 알고 싶은 마음을 갖게 될 것이다. 그들의 손에 망원경을 먼저 들려준 다음에, 현미경을 건내는 것이 순서적으로 맞다.[61]

성경의 각 책을 앞에서부터 순서대로 읽어야 한다고 그레이는 제창한다. 독자는 성경의 각 책을 앉은 자리에서 한 번에 완독하되, 반복적으로, 독립적으로 그리고 기도하는 마음으로 읽어야 한다.

그레이가 성경을 독자적으로 읽는 방법에 대해서 이야기 하지만, 성경의 구조나 일관성을 배울 수 있는 연구 자료나 성경 신학이 주는 도움을

2004), 125.
59 See Timothy P. Weber, "The Two-Edged Sword: The Fundamentalist Use of the Bible", in *The Bible in America*, 112-13.
60 James M. Gray, *How to Master the English Bible* (Chicago: Winona, 1904), 34.
61 위의 책, 36.

완전히 배제하지는 않는다. 그가 독립적 성경 읽기를 이야기하는 이유는, 독자가 성경 해석을 두고 씨름하는 과정을 통해서, 생각하고 가르치도록 훈련되기 때문이다.

그러나 성경 연구와 관련된 도구들을 잠시 활용하지 않을 뿐이지, 성경 전체를 하나의 관점으로 이해하고 설명할 수 있는 성경 신학을 그레이 또한, 염두에 두고 있다. 여기서 그레이가 이야기하는 개관적 관점은 바로 세대주의이다.

> 먼저는 세대주의적 해석에 입각해 성경 전체를 하나의 큰 그림으로 이해한 다음, 각 장 혹은 주제에 따라 혹은 본인에게 만족스런 방향으로 성경을 연구하면 되겠다. 그러면 자기 자신과 다른 사람들에게 더 큰 유익이 될 것이다. 물론 다른 방식으로 성경을 연구해도 되지만, 세대주의적 방법으로 시작했으면 좋았을 것이라고 나중에 아쉬워하게 될 것이다.[62]

"성경에 대한 세대주의적 가르침"은 성경의 그 계획이라고, 그레이는 그의 저서 『통합적 성경 연구』(Synthetic Bible Studies)에 기록한다. 즉, 그가 "강조하고자 했던 내용"이 바로 세대주의임을 글에 명시한다.[63] 하지만 세대주의적 견해를 성경 읽기에 적용하는 과정 또한, 반드시 성령 하나님의 도우심을 필요로 한다.

복음주의 내의 몇몇 진영에서, 신학적 체계들을 반대하는 움직임이 일어났는데, 이것은 다시 성경의 메세지에 대한 개관적인 견해로 이끌었다. 그러나 이 접근을 지지하는 많은 사람은 이 개관적인 관점들이, 선입견에 기초하거나 철학적인 가설들에 기초하는 것이 아닌, 성경적인 사실이나 근거에 기초해서 형성되어야 한다고 믿었다. 이런 복음주의자들은 베이컨주의로 '아리스토텔레스주의'가 가지고 있는 철학적 구조들을 대

---

62 James M. Gray, *Bible Problems Explained* (Chicago: Moody, 1913), 18-19. 그의 글을 읽는 것은 각기 다른 세대의 특징들을 이해하는 데 도움이 된다(49, 60, 69, 80, 82).
63 James M. Gray, *Synthetic Bible Studies*, rev. ed. (New York: Fleming H. Revell, 1923), 288.

체함으로써 하나의 철학을 다른 것으로 대신했다.[64]

그러나 프랜시스 베이컨(Francis Bacon)의 관점은 객관적이고, 합리적이며, 귀납적일 뿐만 아니라 상식을 기초로 하는 철학이다. 그렇기 때문에, 이것은 전통으로부터 자유롭고, 진리 그 자체에 초점이 맞추어져 있다. 라마(Lamar)는 "교리주의가 과학적인 연구에 아직 행사하던 영향력을 베이컨이 파괴했다"라고 지적한다.[65]

베이컨이 자연 과학 분야에서 실천한 것을, 복음주의자들은 성경에 적용했다. 결과적으로 과학과 성서학 분야 모두에서 확신을 가지고 자료를 모으고 분류할 수 있게 되었다

제임스 샌포드 라마(J. S. Lamar)와 또 다른 학자들은 귀납적 성경 읽기를 통해, 기존의 성경 읽기 방식에 존재하던 잘못된 이론과 미신 그리고 선입견을 제거하기 원했다. 라마는 이렇게 기록한다.

> 귀납적 방식이 가지고 있는 원리를 기초해서 성경을 읽고 가르쳐야 하며, 그렇게 해석되고 전달되는 내용은 과학적인 실험이나 관측으로 검토되어도 오류가 없어야 한다.[66]

이것에 대해서, 아서 태편 피어슨(A. T. Pierson)은 이렇게 설명한다.

> 베이컨주의에 기초하는 성경신학은 먼저 성경의 가르침들을 정리하고 모은다. 그리고 나서, 귀납적 방법을 통해 그 안에서 법칙을 발견해 낸다.[67]

---

64 See on Baconianism and the Bible: Theodore Dwight Bozeman, *Protestants in an Age of Science: The Baconian Ideal and Antebellum American Religious Thought* (Chapel Hill: The University of North Carolina, 1977), 132-159; Marsden, "Everyone One's Own Interpreter?", 81-84.

65 J. S. Lamar, *The Organon Of Scripture or The Inductive Method Of Biblical Interpretation* (Philadelphia: J. B. Lippincott & Co., 1860), 159. 베이컨에 대한 라마의 생각은 174-211을 보라.

66 위의 책, 176.

67 Arthur T. Pierson, *The Coming of the Lord* (New York/Chicago: Fleming H. Revell, 1896), 7; 참조. Matthew Avery Sutton, *American Apocalypse: A History of Modern Evan-*

피어슨의 글을 보면 그가 베이컨주의에 영향을 받았음을 어렵지 않게 발견할 수 있다. 피어슨은 성경의 내용을 정리하고 분류하는 것에 강조점을 둔다. 다만, 그는 베이컨주의 스스로가 가지고 있는 가정이나 선입견 혹은 독단주의에 대해서 언급은 하지 않는다.[68]

복음주의가 베이컨을 언급하는 것은, 복음주의 전통이 현대 문화와 연결되어 있음을 보여 준다. 조각조각 나뉘어 있던 것이, 이제는 각 시대를 하나의 성경적 의도와 목적(독단적 교리가 아닌)으로 이해할 수 있게 되었는데, 이것은 그들이 과거에 다른 차원에서 경멸했던 것과 비슷한 자신들의 철학적 맥락의 결과였다.

그런데도 우리는 세 가지의 중요한 요점을 놓쳐서는 안된다.

(1) 몇몇 복음주의자는 본문의 관련성이나 다른 문화적 영향들을 찾느라 성경에 대해 단편적으로 접근하는 경향이 있다.
(2) 본문의 연관성이나 다른 문화적 요소들에 대한 신념 때문에 또 다른 복음주의자들은 결과적으로 성경을 하나의 통일된 이야기로 보는 고대의 관점으로 회귀한다.
(3) 복음주의자들은 그들이 처한 다양한 주변 환경과 다른 해석학적 접근에 영향을 받았음에도 불구하고, 그들에게 있어서 성경은 그들의 주목을 끄는 권위 있고 명확한 대상이다.

---

gelicalism (Cambridge, MA: Harvard University, 2014), 15-16.

[68] 보즈먼(Bozeman)은 다음과 같이 요약한다. 다음은 '베이컨주의'의 핵심 요소들을 스코틀랜드 학파에서 정리한 내용이다. 첫째, 자연 과학에 대한 강한 열정. 둘째, '감각에 대한 확신'과 현실주의에 기초한 치밀한 경험주의. 셋째, 과학적 방법과 지식의 그 한계를 강조하는데 이것은 특정한 '과학적 사실들'을 과도하게 일반화시키는 오류를 범하지 않기 위함이다. 넷째, '베이컨 경'을 귀납적 과학 연구의 창시자로 추대하고 그의 그의 귀납법'이 뉴턴의 연구 방식과 동등하다고 믿는다"(*Protestants in an Age of Science*, 21).

4. 세대주의와 성경

개신교 안에는 역설적 상황이 존재한다고, 로리 앤 퍼렐(Lori Anne Ferrell)은 지적한다. 종교개혁을 통해 사람들이 성경을 접할 수 있는 기회는 늘어났지만, 여전히 많은 사람이 성경의 내용을 이해하는 것에 어려움을 느낀다.[69]

"성경은 어렵다"라고 그녀는 기록한다. 성경이 충분히 보급되었지만, 근대성은 새로운 방식으로 "성경적 무지"로 이끌었다.[70] 어떤 복음주의자들은 자유롭게 성경을 접할 수 있다는 사실에 들떠서, 성경 읽기에 필요한 지침을 버리고, 마치 광야를 떠돌듯이 단편적이고, 자기중심적이며, 야생적일 뿐만 아니라 망상적이고, 전통에 반대되는 형식으로 성경을 읽는다.

그러나 세대주의는 복음주의적이고 성경적 신학이다. 세대주의는 성경이 우리의 삶과 연관되어 있다고 믿으며, 구속사를 설명하는 통일된 신학 체계를 가지고 있다. 이것은 성경을 읽는 독자들로 하여금, 본문에 대한 안내를 제공한다. 세대주의 안에는 다양한 형태가 있고, 각 형태는 다른 특징과 주안점을 가지고 있음에도 불구하고 말이다.

1) 다비와 두 가지의 강조점

성경은 우리의 삶과 관련되어 있고, 성경이 하나의 통일된 이야기라는 이 두 가지 내용을 세대주의는 강조하는데, 이것은 존 넬슨 다비(John Nelson Darby)에게서 그 뿌리를 찾을 수 있다. 벤자민 윌스 뉴턴(Benjamin W. Newton)은 요한계시록에 대한 주석을 기록했는데, 성경에 드러나는 하나님의 전체 계획을 뉴턴이 충분히 이해하지 못했다고 다비는 주

---

69 Lori Anne Ferrell, *The Bible and the People* (New Haven/London: Yale University, 2008), 156.
70 위의 책, 127-128.

장한다.⁷¹

또한, 모세 스튜어트(Moses Stuart)의 구약성경 연구는 지극히 개인적 교훈에 지나지 않을 뿐만 아니라 성경을 통합적으로 다루지 않는다고 다비는 지적한다.⁷² 성경이 우리의 삶과 어떻게 연관이 있는지를 이해하기 위해서는, 세대주의적 역사를 이해해야 한다고 다비는 이야기한다.

> 성경 전체가 하나님에 의해서 기록되었다는 것을 인정하지 않고서는, 그 어느 누구도 성경을 충분히 이해할 수 없다. 이것이 성경의 가치이다.
> 하나님이 인간의 창조부터 영원까지 전체를 설명하셨다면, 이것이야말로 가장 유익한 지식이지 않은가?⁷³

다비와 윌리엄 켈리(William Kelly)는 많은 글을 기록했는데, 이 기고문을 모아 놓은 모음집의 마무리 글을 프레드릭 조지 패터슨(F. G. Patterson)이 작성한다. 성경의 적절성과 전체론적 성경 해석이 서로 연결되어 있다는 사실을 요약하면서, 그리스도인의 경건한 삶과 세대주의적 이해 또한, 서로 관련이 있음을 패터슨은 언급한다.

> 세대주의적 이해 위에 자신을 세우고, 각 세대를 통해 일하시는 하나님을 알며, 심지어는 각 세대가 어떻게 변질되고 파괴되었는지를 이해하는 것은 개인에게 있어 중요하다. 왜냐하면, 개인은 하나님의 방식에 어떻게 반응해야 하고, 어떻게 하나님의 마음과 뜻에 따라 살아야 하며, 심지어 한 세대가 어떻게 끝

---

71 John Nelson Darby, *Thoughts on the Apocalypse*, 2nd. rev. ed. (London: Houlston and Sons, 1853). 그리고 J. N. Darby, *The Irrationalism of Infidelity*, Being a Reply to "Phases of Faith" [by Francis W. Newman] (London: Groombridge and Sons, 1853), 229. 서로 다른 세대를 바르게 구분했다고 스스로 믿는 뉴턴의 주장을 다비는 반복적으로 지적한다. (J. N. Darby, *An Examination of the Statements Made in the "Thoughts on the Apocalypse" by B.W. Newton and an Enquiry How Far They Accord with Scripture* [London/Plymouth: J. B. Rowe, 1848], 6–31, 78–96, 131–146, 170–188, 239–259).

72 Moses Stuart, *Critical History and Defence of the Old Testament Canon* (New York: Mark H. Newman, 1845).

73 Darby, *The Irrationalism of Infidelity*, 229, n.*.

나게 될지를 이것을 통해 배우게 된다. 분명한 것은, 영적 분별력을 통해 알 수 있는 바, 한 세대에 적용되던 것이, 다른 세대에는 적용되지 않기도 하다.

그리고 한 세대의 시작점에서는 적합했던 것이, 그 증거를 위임받은 사람들의 불성실 때문에 그 세대가 끝나는 시점에는 그 성격이 바뀌기도 한다. 그러나 신적 중심 원리는 '결코' 변하지 않는다. 단지 그릇이 그것을 위임받은 보배를 담을 수 없었다는 것을 증명했을 뿐이다.[74]

하나님이 그의 영광과 능력을 각 세대마다 다르게 보이신다고, 다비는 주장한다. 그렇기 때문에, 신자의 애정과 삶 그리고 책임도 각 시대에 다르다. 이 차이는 성경의 본문이 독자에게 어떻게 적용되는지에 중대한 영향을 미친다.[75] 당연히 이것은 기독교 사역의 원리로 연결된다. 이 원리는 현재의 세대가 가지고 있는 특성의 결과물이다.[76]

2) 스코필드, 췌이퍼, 월부어드 그리고 라이리

사이러스 인거선 스코필드(C. I. Scofield)는 "시대를 구분하면, 성경이 조화를 이룰 것"이라는 아우구스티누스의 말을 인용하면서, 세대와 언약에 대한 그의 해석은 성경의 조화로운 통일성을 따르는 기독교 전통과 맥을 같이한다고 주장한다. 또한, 그는 모두가 사용할 수 있는 성경 읽기 도식을 제공했다.[77]

이전 시대에 있던 학자들이 주장한 것과 마찬가지로, 시대들에 대한 바른 이해는 독자로 하여금 적절한 "윤리 지식"을 인식할 수 있도록 한다

---

[74] "Conclusion", *The Bible Treasury* 5 (1864–65): 157–158.
[75] Darby, *An Examination of the Statements Made in the "Thoughts on the Apocalypse"*, 32.
[76] J. N. Darby, *On Ministry: Its Nature, Source, Power, and Responsibility* (London: D. Walther, 1844), 3.
[77] Sermon 32.10 (Ben. 82.7); PL 38.511: *Distribute tempora, et concordat Scriptum. Scofield Reference Bible*, ed. C. I. Scofield (New York/Oxford: Oxford University, 1909), iii. 참조. "스코필드가 편집한 스코필트 주석 성경은 복음주의자가 성경을 읽는 세대주의적 견본을 제공한다"(Randall Balmer, *Blessed Assurance: A History of Evangelicalism in America* [Boston: Beacon, 1999], 52).

고 스코필드는 설명한다.[78] 그가 편집하는 수고를 기꺼이 한 이유는, 독자들로 하여금 성경을 읽을 때, 각 책의 역사적 사실을 확인하고, 성경의 전체적 방향성 안에서 이해하며, 해석과 관련된 주석을 제공하기 위함이었다.[79]

스코필드가 볼 때, 어떤 신자가 성경을 이해하는 것에 실패하는 주된 이유는 "성경 전체 안에서의 어떤 구절의 의의와 무관하게 어떤 특정한 구절을 이해하려고 하기 때문이다."[80]

성경을 이해하는 것, 그것의 세대적주의적 구조를 인식하는 것 그리고 그 가르침을 매일의 삶에 바르게 적용하는 것이 서로 연결되어 있다고 세대주의는 가르친다. 그리고 이것은 그 전통이 갖는 일반적인 특성이 되었다. 성경이 우리의 삶과 어떤 연관이 있는지에 대한 복음주의의 관심 또한, 이것이 형성했다. 성경은 오래된 유물이나 차가운 책이 결코 아니다. 오히려, 그 안에는 생기와 살아 있는 생명이 있다.

그러나 성경의 본문을 우리의 삶에 어떻게 적용해야 하는지를 알 필요가 있다. 교회와 성도들이 가지고 있는 믿음의 순수성을 사수하기 위해, 2세기의 이레네우스(Irenaeus)와 5세기의 아우구스티누스는 성경의 각 문맥이 가지고 있는 차이를 올바르게 설명함으로 성경의 전반적 조화를 가르쳤다. 그리고 이렇게 가르치는 그 책임을 근대 사회에 와서는 세대주의자들이 짊어졌다. 루이스 스페리 췌이퍼와 존 월부어드는 이것을 아주 분명히 가르치는데, 먼저는 성경 해석에 있어 세대주의가 갖는 그 중요성을 언급한다.

> 성경 연구에 있어, 성경의 계시가 잘 정의된 기간들로 구분된다는 것을 이해하는 것이 중요하다. 각 기간은 분명하게 구분되는데, 이런 구분들과 각 기간을 향한 하나님의 목적을 아는 것은 성경을 바르게 해석하는

---

78 *Scofield Reference Bible*, iii.
79 참조. R. Todd Mangum and Mark S. Sweetnam, *The Scofield Bible: Its History and Impact on the Evangelical Church* (Colorado Springs: Paternoster, 2009), 93–134.
80 *The Scofield Reference Bible*, v.

것에 있어 중요한 요소들 중 하나이다. 매우 중요하다. 이렇게 구분된 기간을 '세대'라고 한다. 그리고 이어지는 시간적 기간들 안에서 구분되는 세대들이 관찰될 수 있다.[81]

또한, 성경을 매일의 삶에 적용하는 데 있어, 세대주의가 중요하다는 사실을 그들은 명시한다.

> 하나님의 자녀는 매일의 삶에서 하나님의 인도하심을 받기 위해 성경의 가르침을 전적으로 의지한다. 각 세대를 운영하는 원리들이 있는데, 그 원리는 각 세대마다 다르고 때로는 서로 모순되는 것처럼 보이기도 한다. 그렇기 때문에, 성경의 어떤 부분이 자신에게 직접 적용되는가를 아는 것이 중요하다. 그리고 이것을 통해 하나님의 뜻을 알고, 그분의 영광을 보게 되는 것이 핵심이다.[82]

찰스 라이리 또한, 이 부분에 동의한다. 구속사의 각 세대가 갖는 특징과 차이를 이해하는 것이, 성경을 바르게 해석하는 기초가 된다. 세대주의야말로 각 세대의 특징과 차이를 바르게 구분하는 관점이라고 라이리는 주장한다. 그는 세대주의라는 해석학적 원리가 바른 신학적 관점이라는 것을 확언한다. 그러면서 이것이 기독교인의 삶에 어떻게 적용될 수 있는지를 이야기한다. 동물을 제물로 드리는 희생 제사와 주일(Lord's Day)에 드리는 예배에 그리스도인이 어떻게 관련되는지를, 세대라는 각 시대의 구분으로 설명할 수 있다.[83]

각 시대를 세대로 구분하고 성경 전체를 하나로 보는 것이, 바른 성경 읽기에 중요하다는 것을 강조했다. 그럼에도 세대주의자들은 자신들을

---

[81] Lewis Sperry Chafer and John F. Walvoord, *Major Bible Themes: 52 Vital Doctrines of the Scriptures Simplified and Explained*, rev. ed. (Grand Rapids: Zondervan, 1974), 126.
[82] 위의 책, 127.
[83] 찰스 라이리,『세대주의의 바른 이해』(*Dispensationalism Today*), 14-16. 라이리는 다음의 글을 인용한다. L. S. Chafer, *Dispensationalism* (Dallas: Dallas Seminary Press, 1936), 9.

하나의 해석학적 가정 혹은 체계에 충실하게 행하는 것으로 보아야 하는지 여전히 주저했다. 예를 들어, 신학적 체계를 강조하는 뉴턴의 주장을 다비는 종종 지적했다. 그리고 다비는 자신의 해석학적 입장이 어떤 하나의 신학적 체계로 불리는 것을 선호하지 않았다.[84] 그는 종종 "시스템"이라는 것을 세속적이고 악한 틀로 여겼다.[85]

라이리는 이스라엘과 교회를 해석학적으로 구분하는데, 그는 자신의 연구 결과가 문자적 해석에서 비롯된 것임을 강조했다. 이것은 귀납적 성경 연구의 결과이지, 어떤 제도나 선입견에서 비롯된 것이 아님을 이야기한 것이다.[86]

3) 성경의 관련성과 세대주의

세대주의 내에서 전천년주의와 예언에 대한 관심이 증가했는데, 이것은 성경이 우리의 삶과 어떤 관련이 있는지를 알기 원하는 보편적인 인간의 욕구와 관련이 있다.[87] 19세기부터 21세기까지 있었던 다양한 역사적 사건은 인간을 고뇌하게 했고, 이것은 성경의 예언을 현재의 사건과 연관시키려는 몇몇 시도로 이어졌다. 성경의 예언들이 현재의 특정한 사건들과 여러 해에 걸쳐 관련지으면서, 모든 계층의 많은 복음주의자가 마지막 때의 징조에 더 관심을 더 갖게 되었고, 종말론적인 기대와 감각을 배양했다. 이런 성경 읽기는 격동의 시대를 이해하고 견딜 수 있는 근거를 제공했을 뿐만 아니라 도덕적인 개혁과 전도의 동기가 되었다. 세대주의자들은 성경이 현재의 사건들과 관련이 있다는 사실을 입증하기 위해, 성경의 통일된 이야기에 비추어 다양하게 시도했다.[88]

---

84 E.g., Darby, *An Examination of the Statements Made in the "Thoughts on the Apocalypse"*, 1, 17, 19, 25, 29, 44-45, 59, 67, 86, 96, 114, 138.
85 예. Darby, *An Examination of the Statements Made in the "Thoughts on the Apocalypse"*, 286-289.
86 Ryrie, *Dispensationalism*, 85.
87 참조. Sutton, *American Apocalypse*, 8-15.
88 이 저자들에 대한 조지 래드(George E. Ladd)의 평에 주목할 필요가 있다. "미국 기

윌리엄 E. 블랙스톤(William E. Blackstone)의 『예수께서 오신다』(*Jesus Is Coming*, 1878), 할 린지(Hal Lindsey)의 『위대한 행성 지구의 종말』(*The Late Great Planet Earth*) 그리고 찰스 다이어(Charles H. Dyer)의 『바벨론의 발흥』 (*The Rise of Babylon*)이라는 제목의 저서들이 그 대표적인 예이다. 시간이 흘러가면서 세대주의는 발전해 갔으며, 세대주의라는 전통이 문화 그리고 시대적 변화와 어떤 연관성을 가지고 있는지 더 자각하게 되었다.[89]

세대주의라는 해석적 범주와, 성경에 대한 정확한 이해 그리고 성경이 그리스도인의 삶에 연관되어 있다는 내용을 중심으로 그들은 연합되었다. 또한, 이것은 세대주의라는 전통의 기본적 원리로 남게 된다. 1993년도에 사용된 표현과 내용은, 그 이전에 있었던 것들과 매우 유사했다(역자 주. 『점진적 세대주의』[서울: CLC, 2016]).

크레이그 앨런 블레이징(Craig A. Blasing)은 다음과 같이 말한다.

> 각 세대를 성경의 언약과 연결지어 이해하는 것이 성경의 신학과 역사를 이해하는 데 있어 중요하다. 성경을 세대적으로 이해한다는 것은 오늘날 인간과 하나님의 관계를 이해함에 있어 특별히 중요하다. 이것은 우리로 하여금 오늘날 하나님이 제정하신 특정한 관계와 하나님이 우리에게 주신 명백한 책임에 초점을 맞추게 한다.[90]

독교 역사에서 보여진 성경 연구에 대한 열망과, 온전한 신앙생활에 대한 갈망, 복음 전도에 대한 열정 그리고 선교에 대한 열의가 무엇에서 비롯된 것인지를 질문해 볼 필요가 있다." *Crucial Questions About the Kingdom of God* (Grand Rapids: Eerdmans, 1952), 49.

89 Craig A. Blaising, "Developing Dispensationalism: Part 1: Doctrinal Development in Orthodoxy", *Bibliotheca Sacra* 145 (1988): 133–40; "Developing Dispensationalism: Part 2: Development of Dispensationalism by Contemporary Dispensationalists", *Bibliotheca Sacra* 145 (1988): 254–80; Craig A. Blaising, "History", in Craig A. Blaising and Darrell L. Bock, *Progressive Dispensationalism* (Grand Rapids: Baker, 1993), 9–56.

90 크레이그 블레이징 그리고 대럴 박, 『점진적 세대주의』(*Progressive Dispensationalism*), 177. "다른 말로 하면, 성경을 세대적으로 해석한다는 것은 특별히 이 세대에 초점을 맞추는 것인데, 즉 교회가 무엇인지, 그리스도인의 삶의 원리는 무엇인지 그리고 그리스도인의 책임의 본질은 무엇인지를 명확히 하는 것이다"라고 블레이징은 결론을 내린다.

그 책임은 정치적 사회적 정의와, 다문화주의에 대한 묵상을 포함한다고 블레이징은 이야기한다. 또한, 예언과 현재의 사건들에 대해 과도한 추측이나 감상주의 혹은 마치 자신이 예언자의 권위가 있는 듯 하는 행동은 피해야 한다는 호소도 포함한다. 그뿐만 아니라 이스라엘을 향한 약속이 미래에 완성될 것을 상기시키는 것 그리고 칼케돈적, 세대주의적, 기독론적 송영(하나님께 돌리는 영광의 찬양)도 그 책임에 포함된다고 블레이징은 말한다.[91]

5. 결론

복음주의의 특징은 성경을 향한 신뢰와 사랑이다. 성경은 복음주의적 독자들의 삶에 깊이 관여된다. 그런데 성경을, 신성한 영감을 받았지만 단절된 이야기들과 원리들의 혼성물로 보는 경향이 이 독자들에게 있다. 때때로 그들은 성경을 어떻게 삶에 적용해야 하는지에만 몰두한 채, 그들이 신뢰하고 사랑하는 그 대상을 조각조각 잘라내기도 한다.

제임스 L. 쿠걸(James L. Kugel)은 고대의 해석가들이 가지고 있던 네 가지 기본 전제들 중 하나가 성경의 '관련성'이라고 설명한다.

> 성경은 독자가 살던 시대를 향한 교훈들을 포함한 책이다.[92]

현대의 해석자들이 새로운 가정들을 제기하기 시작함에 따라 고대의 가정들은 부정되었다고 쿠걸은 연이어 설명한다. 성경 본문이 영원히 유효하다는 주장은, 현대에 들어서 한정적이고 역사적 설정을 근거로 부정

---

91 크레이그 블레이징 그리고 대럴 박, 『점진적 세대주의』(Progressive Dispensationalism), 385-406. 블레이징은 마지막 장에서 교부신학과 성경적 기독론에 대한 자신의 전문성을 드러낸다.
92 제임스 L. 쿠걸, 『구약성경 개론』(How to Read the Bible), 김구원과 강신일 역 (서울: CLC, 2011), 46.

되었다.[93] 본문은 그것이 쓰여진 원래의 상황 속에 있던 어떤 사람들에게만 적용되었다. 이런 분류는 적용 대상을 한정적으로 설정한다. 그러나 이것은 세대주의의 핵심적인 부분을 조명하는 것에 도움을 준다.

쿠걸이 이야기하는 고대의 가정과 현대의 가정이 양극단에 있다면, 세대주의는 그 중간에 위치한다. 세대주의는 그런 본을 역사에 걸쳐 보여 왔고, 모든 시대 모든 사람을 위한 성경의 적절성에 대한 헌신을 형성해 왔다. 그런데도 세대주의는 다양성의 요소들과 역사적 상황에 주의를 기울이면서도, 계시의 역사와 구속 역사의 통일성을 설명한다.

이런 방식으로, 세대주의는 그리스도인들이 성경 본문을 자신을 위해 활용하게 하되 사려 있고 분별력 있게 접근하도록 돕는다. 세대주의는 성경의 통일성을 인정하고, 각 세대의 역사적, 세대적 그리고 경영적 차이를 고려한다. 그래서 이것을 바탕으로 성경의 관련성과 의미 그리고 적용점을 가르침으로써 청중과 독자가 영적으로 세워질 수 있도록 항상 헌신해 왔다. 세대주의는 철저히 복음주의적인 성경 읽기 방식이다. 그래서 그것은 성경이 시대와 상관없이 항상 삶의 현장과 연관되어 있고, 차이점의 요소들도 있지만 하나의 통일된 이야기라고 주장한다. 이것이 세대주의라는 전통을 계속 심사숙고할 가치가 있게 만든다.

---

93 제임스 L. 쿠걸, 『구약성경 개론』, 78.

제3장

일곱 세대로 구분한 세대주의의 역사

마이클 J. 스비겔
달라스신학교 조직신학 교수

밥 딜런(Bob Dylan)의 대표곡이자, 자주 회자되는 <블로잉 인 더 윈드>(*Blowing in the Wind*)라는 노래가 있다. 이 노래가 그랬던 것처럼, 세대주의는 비교적 길지 않은 역사를 가지고 있음에도 불구하고, 이 전통에 대한 수많은 그리고 서로 전혀 다른 평가가 있어 왔다. 어떤 이들은 세대주의가 기존의 기독교 교리로부터 너무 벗어났다고 힘주어 이야기한다.[1] 그러나 다른 이들은, 세대주의가 교리적 이해에 있어 원래의 단순한 설명으로부터 점진적이고 긍정적으로 발전해 왔다고 평가한다.[2]

또 다른 이들은 세대주의가 점차적으로 '성숙한' 전통이 되었다고 말한다. 논란이 많았던 시작으로부터, 미숙하고 어색한 청소년기를 지나, 이제는 인정과 존중을 받는 성인으로 점차적으로 '성숙하게' 되었다는 것이다.[3]

---

[1] 예를 들어, Oswald T. Allis, *Prophecy and the Church* (Philadelphia: Presbyterian and Reformed, 1969); Clarence B. Bass, *Backgrounds to Dispensationalism* (Grand Rapids: Baker, 1978). 이런 비판이 항상 있었던 것은 아니다. 역사적으로 보면 이것은 세대주의에 대한 일종의 관심이기도 했다(예. John Gerstner, *Wrongly Dividing the Word of Truth: A Critique of Dispensationalism* [Brentwood, TN: Wolgemuth and Hyatt, 1991]).

[2] 다음의 글을 참고할 것. Charles C. Ryrie, "Update on Dispensationalism", ed. Wesley R. Willis, John R. Master, and Charles C. Ryrie, *Issues in Dispensationalism* (Chicago: Moody, 1994), 16–20.

[3] 이것은 특별히 '전통적 세대주의'와 '개정 세대주의' 그리고 '점진적 세대주의'로 구분하는 블레이징의 글에서 분명하게 나타난다. 크레이그 블레이징 그리고 대럴 박,

그러나 몇몇 사람은, 세대주의가 원래의 교리적 단순함과 순수함으로부터 궁극적으로 왜곡되고 변질되었다고 주장한다.[4] 또 어떤 이들은 세대주의에서 이야기하는 몇몇 독특한 교리는 역사적 전례를 충분히 가지고 있지 않고, 세대주의를 하나의 신학적 체계로 정의하기에도 선례가 부족하다며 비판한다.[5]

그러나 다른 이들은 보수적인 개신교는 다양성을 가지고 있으며 그 범주 안에 세대주의가 바르게 자리하고 있다고 변론한다. 특별히, 세대주의는 과거의 정통 기독교 교사들이 가르친 내용과 역사적 연속성을 가지고 있다는 사실을 강조한다.[6] 또한, 기독교 교리도 발전된다는 이론은, 새롭게 제기된 세대주의적 견해에 정당성을 부여한다.[7]

세대주의의 기원과 역사를 추적하기 위해서는, 먼저 세대주의가 무엇인지를 정의 내릴 수 있어야 한다. 그래서 '세대주의란 무엇인가'라는 질문을 하게 되는데, 많은 사람이 이것에 답변하기를 어려워한다. 그 이유는 세대주의란 어떤 하나의 '교리'가 아니기 때문이다.[8] 세대주의의 많은 고유한 내용이 조직신학의 대부분 영역에 거의 영향을 주지 않음에

『점진적 세대주의』(*Progressive Dispensationalism*), 33-79.

4 Ryrie, "Update on Dispensationalism", 20-26. 라이리는 '점진적 세대주의'의 발전 과정에 대한 논의를 다음과 같이 진행한다. "오늘날 일어나는 신학적 논쟁은, 본래의 세대주의적 가르침으로부터 분명히 벗어난 것이다."

5 참조. Ben Witherington III, *The Problem with Evangelical Theology: Testing the Exegetical Foundations of Calvinism, Dispensationalism, and Wesleyanism* (Waco, TX: Baylor University Press, 2005), 94-96.

6 Max Wiley, "Historical Antecedents of Dispensationalism" (ThM thesis, Dallas Theological Seminary, 1960); Larry V. Crutchfield, "The Early Church Fathers and the Foundations of Dispensationalism", in *An Introduction to Classical Evangelical Hermeneutics*, ed. Mal Couch (Grand Rapids: Kregel, 2000), 87-94.

7 다음을 참조할 것. Craig A. Blaising, "Developing Dispensationalism, Part 1: Doctrinal Developments in Orthodoxy", *Bibliotheca Sacra* 145 (1988): 133-140.

8 콕스는 세대주의를 "비교적 새롭게 고안된 교리"로 잘못 정의한다. William E. Cox, *An Examination of Dispensationalism* [Phillipsburg, NJ: Presbyterian and Reformed, 1979], viii). 그러나 그는 "세대주의의 가장 중요한 교리들"에 대해서도 언급한다(위의 책, vii).

도 불구하고,[9] 이것은 자주 하나의 신학적 '체계'로 언급되어 왔다.[10] 세대주의는 어떤 특정한 교단이 아니라 초교파적인 운동이다. 교단 소속의 많은 교회와 독립 교회가 세대주의를 지지한다.

그렇다면 우리는 세대주의를 어떻게 정의해야 하는가?

이것의 기원과 역사를 논의하기 위한 목적으로 말이다. 세대주의의 과거와 현재의 다양한 형태를 고려했을 때, 세대주의는 구별되는 성경적 해석들과 가르침을 위한 하나의 안정된 패턴이다.[11] 그러므로 세대주의를 하나의 '전통'으로 정의하는 것이 가장 정확하다. 이 전통은 개신교 내의 다양한 복음주의 교단과 그들의 신앙 고백에 걸쳐서 그 안에 존재한다.[12]

---

9 거스너의 이해는 매우 잘못되었다(Contra Gerstner, Wrongly Dividing the Word of Truth, 18). 세대주의는 삼위일체론, 기독론, 성령론, 성서론, 인간론, 천사론, 죄론, 구원론 그리고 성화에 대한 정통 기독교의 입장에서 결코 이탈해 있지 않다. 그럼에도 어떤 이들은 세대주의의 독특한 견해를 이런 교리적인 요소들로 이해하려고 시도해 왔다. (John F. Walvoord, "The Augustinian-Dispensational Perspective", in *Five Views on Sanctification,* Counterpoints, ed. Stanley N. Gundry [Grand Rapids: Zondervan, 1987], 197-226). 세대주의에 대한 교리적 접근이 교회론과 종말론의 범주 이상으로 독특하고 의미 있게 확장될 수 있는지에 대해서는 입증된 바가 없다.

10 Millard J. Erickson, *A Basic Guide to Eschatology: Making Sense of the Millennium* (Grand Rapids: Baker, 1998), 122.

11 세대주의의 기초적 토대는 다음과 같다. (1) 이스라엘과 교회에 대한 분명한 구분, (2) 과거와 현재 그리고 미래 시대 간의 뚜렷한 불연속성, (3) 구약에서 민족적 이스라엘에게 주어진 약속들이 미래에 이 땅에 성취되는 것, (4) 교회 시대에 들어와서는 모세의 율법이 폐지됨, (5) 교회는 오순절에 시작되었고 휴거를 통해 완료됨. 어떤 이들은 몇몇 중요한 교리가 이 목록에 첨가되어야 하거나 여기서 제외되어야 한다고 주장한다. 참조. 크레이그 블레이징 그리고 대럴 박,『점진적 세대주의』(*Progressive Dispensationalism*), 23-33; 찰스 라이리,『세대주의의 바른 이해』(*Dispensationalism Today*), 48-53. 이런 기초적 토대 위에, 몇몇 고유한 지지대가 세워졌다는 사실 또한 중요하다. 하나님의 나라와 교회 그리고 천년 왕국의 관계성, 교회와 새 언약의 관계성, 그리스도의 현재 중심 지위가 제사장인지 왕인지 아니면 둘 다인지, 산상수훈은 교회에 대한 것인가 아니면 천년 왕국 시대에 대한 것인가 또한 구약의 예언들이 미래에 이루어지는 것을 우리가 어떻게 문자적으로 이해해야 하는지에 대한 논의들이 이것에 해당된다. 이런 논의를 통해, 세대주의자들은 다양한 관심사와 강조점 그리고 안건을 계속적으로 수립하고 허물며 재정립하고 확장하며 발전하는 과정을 통해 '세대주의'의 다양한 형태가 산출되었다. 세대주의 역사는 흔들리지 않은 토대들에 있어서는 통일성과 연속성의 역사이면서 동시에, 적응 가능한 기둥들에 있어서는 다양성과 불연속성 심지어는 내적인 논쟁의 역사이다.

12 세대주의는 다른 정통 개신교 복음주의 전통들과 같은 토대 위에 세워졌다. (참조. 크레이그 블레이징 그리고 대럴 박,『점진적 세대주의』(*Progressive Dispensational-*

1. 세대주의의 역사 안에 있는 일곱 시대

세대주의에 대한 질서있는 연대기적 개관을 위해, 나는 일곱 '시대'로 구성된, 세대주의 역사에 대한 다음과 같은 서사를 제시한다. 그 구분은 다음과 같다.

(1) 시작
(2) 자신의 정체성에 대한 인식
(3) 세대주의 신학을 형성한 지도자들
(4) 장래성 있는 전파
(5) 개념들의 법제화
(6) 은혜로운 배려들
(7) 새로운 천년에 대한 기대[13]

1) 시작(1800-1845)

세대주의는 의도하지 않게 순진하게 시작되었다. 종말에 대한 탐구와 혁신적인 주장 그리고 재발견이 종교개혁 이후 몇 세기 동안 진행되었는

---

ism), 19-20; George M. Marsden, *Understanding Evangelicalism and Fundamentalism* [Grand Rapids: Eerdmans, 1990], 41). 이것을 지지하는 거의 대부분의 사람은 정통 신학을 따라 왔다(여기서 정통 신학이란 니케아-콘스탄티노플 신조와 칼케돈 공의회의 정의에 요약된 그리스도 중심적이고 삼위일체를 믿는 창조-구속사를 의미한다). 세대주의자들은 일반적으로 '오직 성경', '오직 그리스도', '오직 은혜', '오직 믿음' 그리고 '오직 하나님께 영광'이라는 개신교의 다섯 원리를 수용해 왔다. 물론 모든 전천년주의자가 세대주의자인 것은 아니지만, 세대주의자들은 '전천년주의'의 중심에 있어 왔다(참조, Craig L. Blomberg and Sung Wook Chung, eds., *A Case for Historic Premillennialism: An Alternative to "Left Behind" Eschatology* [Grand Rapids: Baker, 2009]).

[13] 나는 이 장의 주제에 따라 세대주의 역사를 일곱 단계로 구분했는데, 이것은 20세기의 세대주의가 성경을 일곱 세대로 구분한 것을 연상시킨다. 그들은 이것을 보통 무죄 시대, 양심 시대, 인간 통치 시대, 약속 시대, 율법 시대, 은혜 시대 그리고 왕국 시대로 구분한다. 용어에 있어, 약간의 차이가 있을 수 있다.

데, 이런 비옥한 토양 위에서 세대주의는 꾸준히 성장한다. 그러다가 그것은 19세기에 이르러 정점에 다다른다. 개념적으로 세대주의의 전신 격이 되는 형태가 이 기간 동안 등장하는데, 이런 가르침과 해석이 19세기에 세대주의로 발전된다.

(1) 배링턴과 와츠부터 챈들러까지

존 슈트 배링턴(John Shute Barrington)은 1725년에 두 권으로 구성된 그의 저서 *Miscellanea Sacra*를 출간하는데, 그 책의 서문에 이렇게 언급한다.

> 예수님 시대 이전에 있던 각 시대에 대해, 뛰어난 누군가가 학문적으로 다루어 준다면 더 이상 바랄 것이 없겠다. … 성경의 각 시대는 다르게 묘사되어 있고 구분되어 있는데, 이것에 대해 명확하게 정의할 수 있다면 성경을 읽고 이해하는 데 많은 도움이 될 것이라고 확신한다. 각 시대는 시간의 순서대로 진행되는데, 이전 시대는 항상 다음 시대를 준비하고 다음 시대는 이전 시대를 여전히 언급한다. 우리는 성경이 이야기하는 진리와 지식을 전체적으로 알기 위해서, 각 시대를 반드시 분명하게 이해해야 한다.[14]

몇 년 후, 배링턴은 한 논문에서 그의 열망을 실현시킨다. 그는 그 논문에서 '세대'를 정의하기를 "하나님이 인간에게 비상하게 자신을 나타내 오신 다양한 방법, 인간이 자신에게 주어진 자연적 능력만으로는 알 수 없는 (그 이상의) 지식을 하나님이 전달해 오신 방법"이라고 한다.[15] 비록 이와 같은 정의가 19세기 그리고 20세기 세대주의 저술가들로부터 적극적 지지를 얻지는 못했지만, 배링턴의 글은 하나님이 구속사의 세대들을 지정하셨다는 18세기의 일반적 주제에 대한 한 변형의 예이다.

---

14 John Shute Barrington, *Miscellanea Sacra*, vol. 1 (London: Chandler, 1725), xxxiii-xxxiv.

15 John Shute Barrington, *An Essay on the Several Dispensations of God to Mankind, in the Order, in Which They Lie in the Bible* (London: Gray, 1728), 1, 2.

찬양 작곡가이자 신학자인 아이작 와츠(Isaac Watts, 1674-1748) 또한, 몇몇 교리와 해석을 제기하는데, 이것이 나중에는 세대주의의 패턴을 구성한다. 와츠를 현대적 개념에서 세대주의자라고 부르는 것은 굉장히 시대착오적인 평가일 수 있다.[16]

그러나 그의 업적은 세대주의의 발전 역사에 여전히 중요하다. 왜냐하면, 그는 세대를 행위 언약과 구속 언약의 역사에서 구분되는 단계들로 정의했기 때문이며,[17] 이 신학적 체계가 갖는 해석학적 가치에 특별한 관심을 두었기 때문이다.[18] 또한, "고대의 것이든 현대의 것이든 인간이 만들어 낸 교리나 체계보다는" 선입견이 배제된 성경 읽기를 통해 자신의 독특한 세대주의적 이해법(scheme)에 도달했다는 그의 주장은 중요하다.[19]

하지만 더 중요한 것은, 와츠가 그의 논문을 끝맺으면서, 그가 연구한 내용을 그와 같은 방법으로 다른 누군가가 발전시켜 주기를 제안했다는

16 다음을 보라. Scott Aniol, "Was Isaac Watts a Proto-Dispensationalist?" (A paper presented to the Southwest region of the Evangelical Theological Society, March 2, 2013, Dallas, Texas); 참조. Charles C. Ryrie, *Dispensationalism*, rev. ed. (Chicago: Moody, 1995), 67, 77. 그러나 (다비 이전에 존재했던 이들 뿐 아니라) 와츠는 고유의 몇몇 교리와 해석 방법을 가지고 있었는데, 이런 것들이 나중에 세대주의라고 불린 패턴을 구성했다는 점은 사실이다.
17 와츠는 세대들을 "하나님이 인류를 다루시는 정해진 법칙으로, 인간이 이 세상에서와 앞으로 다가올 세상에서 합리적이고 책임감 있게 행동하게 하기 위한 규범들"이라고 간략하게 정의했다." Isaac Watts, *Harmony of All the Religions which God Ever Prescribed; Containing a Brief Survey of the Several Public Dispensations of God toward Man, or His Appointment of Different Forms of Religion in Successive Ages*, in *The Works of the Revered and Learned Isaac Watts*, vol. 4 (London: Barfield, 1810; repr., New York: AMS, 1971), 7.
18 와츠에 따르면, "세대들에 대한 이런 연구를 통해, 성경의 많은 부분을 보다 더 잘 이해할 수 있게 된다. 왜냐하면, 구약성경과 신약성경에는 도무지 다른 방법으로는 풀기 어려운 난제들이 있는데, 세대적인 이해는 이런 부분들에 대한 만족스러운 답변들을 제공한다"(Watts, *Harmony of All the Religions*, 40).
19 그는 계속해서 이렇게 이야기한다. "성경을 읽고 연구하는 것에 있어 세대주의적 해석 방법을 사용하기로 정한 이들에게 더더욱 추천한다. 이것은 기독교인의 믿음과 실천에 많은 도움을 줄 것이다. 세대주의적 이해가 진리를 이해하는 것에 있어 도움이 되는지 안 되는지를 확인해 보기 바란다. 이것은 성경을 이해하는 것에 있어 큰 도움이 될 것이고, 성경의 각 부분을 연결해서 일관성 있게 학습하는 데 유익하다"(위의 책).

점이다. 와츠의 제안은 다른 이들로 하여금 그의 세대주의적 이해법을 다양한 방향으로 다시 세우게 했다. 1827년에 한 작가는 와츠가 자신의 세대주의적 이해법 형성의 동기가 되었음을 분명하게 밝힌다.[20]

성공회 사제이자 후천년주의자인 조지 챈들러(George Chandler, 1779-1859)는 1825년도 그의 벰턴 강의에서, 특별히 존 테일러(John Taylor)[21] 그리고 조나단 에드워즈(Johnathan Edwards)[22]의 이전 저작들이 "종종 마치 우연처럼" 자신의 강의 내용과 유사해서 자신이 그들의 저작들을 차용한 것처럼 보이지만, 결코 그렇지 않다고 했다.[23] 이것은 "신적 계시에 대한 이해 도식(scheme)"에 대해 생각하고 쓰곤 했던 18세기와 19세기의 저술가와 사상가들 사이의 폭넓은 경향을 보여주는데, 이런 추구는 궁극적으로 안정적 세대주의의 발전으로 이어졌다. 사실, 챈들러는 더 나은 세대주의적 이해 도식을 위한 이런 추구를 다음과 같은 말로 묘사했다.

> 하늘의 지혜가 품고 있는 그 계획을 오랜 세월에 걸쳐 찾아가는 것은, 인간의 정신이 할 수 있는 가장 고상한 노력 중 하나이다.[24]

---

20 이것은 조지 타운센드(George Townsend)에 대한 익명의 논평이다. The New Testament, *Arranged in Christological and Historical Order; with Copious Notes on the Principal Subjects of Theology*, 2 vols. (London: Rivingtons, 1822). In *The Congregational Magazine* N.S. 10.26 (February 1827): 86.

21 John Taylor, *A Scheme of Scripture-Divinity Formed upon the Plan of the Divine Dispensations; with a Vindication of the Sacred Writings* (London: Waugh and Fenner, 1762). 이것은 그가 워링턴 아카데미(Warrington Academy)에서 가르칠 때 교재로 사용되었다.

22 Jonathan Edwards, *The History of Redemption, Comprising a Summary of the History of the Jews up to the Destruction of Jerusalem* (London: Religious Tract Society, 1836). 이 작품을 존 에드워즈(John Edwards/ 1637-1716)의 *Compleat History or Survey of all the Dispensations and Methods of Religion, from the Beginning of the World to the Consummation of All Things* (London: Brown and Co., 1699)와 혼동해서는 안된다. 라이리는 그가 세대주의를 체계화 했다고 평가한다(Ryrie, *Dispensationalism*, 66).

23 George Chandler, *The Scheme of Divine Revelation Considered*, Bampton Lectures, 1825 (Oxford: Oxford University Press, 1825), xix–xx.

24 위의 책, 2.

(2) 하나님의 구속 계획에 대한 이해법을 찾아서

이런 예를 통해서 알 수 있듯이, 18세기와 19세기 동안, 다양한 관점을 가진 기독교 사상가들은, 마치 성배를 찾아 나서는 탐험가와 같이, 성경적 조직신학을 연구했다. 그들은 하나님의 구속 계획에 대한 포괄적이고, 일관되며, 설득력 있는 해석법을 찾아 나섰다.

이런 분위기를 더욱 강조하기 위해서, 1822년도에 발표된 타운센드(Townsend)의 『연대기적 역사적 순서대로 정리된 신약』(Newtestament, Arranged in Chronological and Historical Order)에 대한 비평을 언급하고자 한다. 그 비평가는 타운센드의 저작을 적극 추천한다. 그러나 성경의 진리를 세대주의적 구조로 설명하기를 시도한 타운센드의 저작은, 그보다 100년 전에 있었던 배링턴의 『하나님의 몇 가지 세대와 관련된 글』(Essay on the Several Dispensations of God)과 유사하다는 것을 지적한다. "배링턴의 저작이 자신의 제안을 따른 하나의 개관 정도에 불과하다"고 그는 주장하면서, "이런 표현을 써도 된다면, 세대주의에 관한 온전한 논문이 아직은 부족하다"고 그 논평가는 몹시 아쉬워한다.[25] "몇몇 시도가 있었지만, 우리가 바라는 만큼 성공하지는 못했다"고 그는 이야기한다.[26]

종말론과 세대주의 그리고 예언에 대한 연구가 19세기, 특별히 영국과 북미에서 활발히 이루어졌는데, 이것을 통해 세대주의적 신학 체계가 발전되었다. 한 때 성공회 신자였고 나중에는 형제회 운동에 열정적으로 참여한 존 넬슨 다비(John Nelson Darby)는 흔히 세대주의의 아버지로 여겨진다.[27]

그러나 다비와 그의 동료들이 궁극적인 세대주의적 이해법을 찾기 위해 성경을 깊게 연구했던 '골드 러시' 분위기를 고려해 볼 때, 다비가 주광맥을 발견했다기보다는 그것을 찾는 탐색을 앞당겼다고 말할 수 있을

---

25 "Review of Townsend", 86.
26 위의 책. 그는 세 가지 시도를 언급한다. (1) Taylor's *Scheme of Scripture Divinity*, (2) Edwards's *History of Redemption*, (3) Watts's *Harmony of All the Religions*.
27 Larry V. Crutchfield, *The Origins of Dispensationalism: The Darby Factor* (Lanham, MD: University Press of America, 1992), preface.

것이다. 다비 스스로 세대주의적 체계는 전례가 없다고 볼 수 있지만, 그 패턴의 개별적 교리나 해석들은 역사적인 전례나 동시대적으로 유사한 예들이 전혀 없다고는 볼 수 없다.

세대주의적 신학 체계가 형성되던 초창기에는, 다비 자신도 스스로 이 론에 대한 전적인 확신을 갖지 못했고, 몇몇 부분에 있어서는 변동의 여지를 남겨 두었다. 예를 들어, 1834년의 한 편지를 보면 휴거라는 주제를 놓고 다비가 고민한 것으로 보인다. 모든 신자가 휴거되는 것인지, 아니면 신실한 자들만 휴거되는 것인지의 질문을 놓고 씨름한 내용이다.

> 누군가는 환난을 겪을 것이다. 그러나 신실한 자는 환난을 피할 것이 분명하다.[28]

실제로 예언과 관련해서 자신의 생각을 정립하는 동안, 그는 매우 열려 있고 관대했던 것으로 보인다.

> 요한계시록을 해석하는 데 있어 오류가 있고, 이것을 완성하기 위해서는 많은 인내가 필요할 것이다. … 나는 내 견해나 다른 사람들의 견해에 대한 집착보다, 혹은 다른 사람들의 견해를 유지하거나 파괴하는 데 집착하기보다, 오히려 사랑에 훨씬 더 집착한다.[29]

그러나 세대주의 신학의 안정된 패턴이 모습을 갖추기 시작함으로써, 다른 이들의 해석이나 교리의 다양성에 대한 관용은 10년 내에 다비의 직접적 영향권 안에서는 사라지게 된 듯하다.[30]

---

28 John Nelson Darby, Letter to Gillette, from Lausanne (1843) in *Letters*, vol. 1, no. 29.
29 John Nelson Darby, Letter to G. V. Wigram, from Lausanne (Feb. 3, 1841), in *Letters*, vol. 1, no. 21.
30 E. Schuyler English, "E. Schuyler English Looks at Dispensationalism", *Christian Life* 17 (September 1956): 24.

2) 자신의 정체성에 대한 인식(1845-1875)

수십 년에 걸친 연구와 가르침 그리고 논의와 논쟁을 통해서, 최초의 세대주의자들은 세대주의의 교리적 그리고 해석학적 양식을 구축해 나갔다.

(1) 다비와 뉴턴

1840년대에 벤자민 윌스 뉴턴(Benjamin Wills Newton, 1807-1899)과 존 넬슨 다비의 사이가 틀어진 것은, 세대주의의 정체성을 확립하는 과정에 있어서 하나의 적절한 표지를 제공한다. 엄밀한 의미에서 뉴턴이 다비의 추종자였다고 말하기는 어렵지만, 그는 많은 부분에서 세대주의적 교리와 해석을 공유한다. 예를 들어, 각 세대가 실패로 끝나고, 심지어는 교회 세대도 결과적으로 쇠락한다고 가르친다.[31]

또한, 뉴턴은 환난 이후에 이스라엘이 다시 세워질 것이고, "장자 교회가 천상 왕국에서 영광의 거처로 부름받을 때, 보존된 이스라엘은 지상 왕국에서 있을 지상 사역에 착수할 것"이라 기대했다.[32]

이런 유사점에도 불구하고, 1830년대 동안 다비와 뉴턴은 종말론과 관련해서 대립적 견해를 보인다. 특별히, 다비에 의해 최근 견고하게 된 환난 전 휴거 이론과 성경 해석에 대한 그 함의에 관련해서 논쟁이 있었다. 즉, 마태복음 24장을 보면 성도들이 환난을 겪을 것이라고 기록되어 있는데, 여기서 성도가 유대인 신자들을 가리키는 것인지 아니면 교회를 가리키는 것인지를 두고 논쟁을 한 것이다.[33]

뉴턴이 『종말론과 관련된 생각들』(*Thoughts on the Apocalypse*, 1846)이라는 저서를 출판한 이후에, 뉴턴과 다비의 대립은 더 두드러진다. 이 책에서

---

31 Benjamin Wills Newton, *Thoughts on the Apocalypse* (London: Hamilton, 1846), 2-6.
32 위의 책, 116.
33 다음을 보라. Jonathan David Burnham, *A Story of Conflict: The Controversial Relationship between Benjamin Wills Newton and John Nelson Darby* (Carlisle, UK: Paternoster, 2004).

뉴턴은 그의 미래적이고, 전천년적주의적이며, 세대주의적 신학을 제시한다. 그러나 그는 환난 전 휴거를 부정했고, 다비의 교리와 해석을 따르지 않았다.

이에 대해 1848년에 다비는 "이 책이 주장하는 전반적인 신학 체계는 불안정하고 가치가 없다"라고 신랄하게 비판했다.[34] 뉴턴이 환난 전 휴거를 부정하는 것은, 다비에게 있어서, 종말론 체계 전체가 틀린 것과 다름 없었다.[35]

다비가 자신의 고유한 해석과 교리들, 심지어 휴거와 환난의 순서 같은 세부적 사항들조차, 세대주의라는 신학적 체계를 정의하는 표지로 삼았음을 알 수 있는 대목이다. 이후에 세대주의로 발전하게 되는 다비의 교리적 양식과 해석은, 대략적으로 1845년부터 1875년 사이에, 더 고정된 형태를 갖추게 된다. 근대 초기에 전천년주의라는 배 속에서 형성되고 있었던 아이가 출생한 것이다.

(2) 다비와 트로터

세대주의 탄생의 현장에 있었던 또 다른 사람은 플리머스 형제회(Plymouth Brethren)의 리더인 윌리엄 트로터(William Trotter, 1818-1865)이다. 그의 글은 미국 세대주의자들의 생각에 직접적 영향을 미쳤다.[36] '시작' 기간에, 트로터는 예언과 관련된 자료들을 폭넓게 읽었다.

그렇기 때문에 그는 자신의 견해에 대한 독창성을 주장하지 않는다. 그러나 트로터는 자신이 제시한 내용 중 몇몇은 다른 책에서 다루어지는 것을 보지 못했다고 말했다. 또한, 그 시대의 보편적 대다수가 그랬던 것처

---

34 John Nelson Darby, *An Examination of the Statements Made in the Thoughts on the Apocalypse by B. W. Newton and an Enquiry How Far They Accord with Scripture* (Plymouth: J. B. Rowe, 1848), 1.
35 위의 책, 2.
36 크라우스(C. Norman Kraus)는 다음과 같이 기록한다. "가장 유명하고 미국에 있는 사역자들에 가장 많이 읽힌 저자들은 어쩌면 윌리엄 트로터와 찰스 헨리 매킨토시(Charles Henry Mackintosh)일 것이다. 그러나 윌리엄 켈리(William Kelly)와 다비의 글들 또한 널리 읽혀졌다"(C. Norman Kraus, *Dispensationalism in America: Its Rise and Development* [Richmond: John Knox, 1958], 48).

럼, 모든 것이 성경의 기준에 의해 평가되어야 한다고 그는 강조했다.[37]

다비와 마찬가지로,[38] 트로터는 "땅이 아니라 하늘"이 교회의 거처가 될 것이라고 가르쳤다.[39] "교회의 형성과 연단이 끝날 때, 교회는 지상에서 옮겨져 하늘로 이동할 것이다. … 교회는 오순절에 성령께서 강림하심으로 시작되었다. … 그리스도 안에 있는 모든 진정한 믿는 자는 교회의 일원이다"라고 트로터는 1853년에 말했다.[40]

그리스도께서 성도들을 위해 오시는 것과, 그 이후에 성도들과 함께 오시는 것 또한, 트로터는 구분한다. 이것은 "그들이 그 이전에 올라가 영광을 입는 것을 암시한다."[41] 교회가 휴거를 통해 하늘로 올라간 다음에, 이스라엘은 회복되고 그리스도의 심판이 환난 기간 동안 부어질 것이다. 이 기간 동안, 많은 유대인과 이방인이 구원을 얻을 것이다.[42]

트로터는 이스라엘과 교회 사이의 예언적 그리고 언약적 구분을 강조하지만, 그럼에도 오직 땅에서의 소명이 있는 성도들만 환난에서 생존할 수 있다고 믿었다. 죽을 몸의 형태로 천년 왕국에 들어가는 유대인과 이방인들은 천년 통치 기간에 땅을 충만하게 하고 이스라엘과 이방 민족들로 구성된 복된 왕국의 구성원들이 될 것이다.[43]

37　William Trotter, *Plain Papers on Prophetic and Other Subjects*, 3rd rev. ed. (London: Theobald, 1854), i.
38　"교회는 땅에 속한 것이 아니다. 이것은 세상이 창조될 때부터 하나님 안에 감추어져 있었다(엡 3장). 선지자들 또한 이것에 대해 언급하지 않았다"라고 다비는 기록한다. (Letter to Major Lancey [May 1, 1848], in *Letters*, vol. 1, no. 66).
39　Trotter, *Plain Papers on Prophetic and Other Subjects*, 7.
40　위의 책, 81-82.
41　위의 책, 15.
42　위의 책, 19.
43　하지만 이것은 세대주의가 '인류학적 이원론'과 '하늘 백성과 땅의 백성의 대결 구도'를 주장한다는 비판으로 이어졌다. 그러나 트로터에게 있어 이런 '이원론'은 언약적이고 선지자적 구분일 뿐이었다. "무엇보다도, 이것은 교회와 이스라엘의 차이를 의미한다. 또 다르게 이야기하면, 이것은 교회와 천년 왕국을 통과하는 모든 이에 대한 구분이다. 교회는 그리스도 안에서 그리고 그리스도와 함께 축복을 받을 것이다. 이스라엘과 천년 왕국의 모든 민족 또한, 그리스도에 의해 그리고 '그리스도의 통치 아래'에서 복을 받을 것이다" (위의 책, 322).

그 시대를 살던 다른 주류 세대주의자들과 마찬가지로, 트로터는 각 세대가 구원론적 연속성을 가지고 있다고 주장했다.⁴⁴ 세대와 관련된 그의 주요 강조점은 하나님과 관계 맺는 방법이나, 인간의 순종에 대한 다른 시험들 혹은 구원과 성화의 다른 방법들에 있지 않았다. 오히려 트로터에게 있어 세대란 각 세대에 '하나님이 땅을 경영하시는' 독특한 방식을 의미했다.⁴⁵

(3) 스위스 목사 구에르와 세대주의의 방법론적인 기초들

일반적으로 세대주의는 다비와 트로터가 중심에 있던 형제회 운동에 국한되었지만, 이 당시의 다른 형제회 집회들을 통해 유럽의 다른 지역으로 확산되기 시작했다. 제네바 형제회 소속 목사인 에밀 구에르(Emile Guers)는 1845년과 1875년 사이에 발생했던 고유한 형태의 세대주의적 정체성의 증거로서 여겨져야 한다. 그의 "방법론과 교리적인 결론들은 존 넬슨 다비의 것과 본질적으로 같았다."⁴⁶

다비와 뉴턴이 서로 대립한 지 얼마 지나지 않은 1856년에, 구에르는 예언에 문자적으로 접근하는 뉴턴의 주장을 따르는데, 이것은 그의 방법론에 중요한 영향을 미친다.⁴⁷ 이것은 세대주의가 잉글랜드와 아일랜드 밖에서 국제적으로 어떤 정체성을 가지고 있었는지 보여 준다. 또한, 본인 자신의 이름과 결부되어 세대주의를 교리화한 형태인 소위 '다비주의'로부터 구에르가 독립적이었음을 나타낸다.

구에르는 아마도 세대주의의 방법론적 기초를 놓은 것으로 가장 잘 알려져 있을 것이다. 이것은 나중에 세대주의 역사의 다양한 줄기에서 강조될 것이다. 1862년도에 발표된 두 편지에서, 구에르는 성경의 예언에

---

44 위의 책, 406.
45 위의 책, 406-408.
46 Michael D. Stallard, *The Early Twentieth-Century Dispensationalism of Arno C. Gaebelein, Studies in American Religion*, vol. 77 (Lewiston, ME: Edwin Mellen, 2002), 247.
47 Émile Guers, *Israel aux Derniers Jours de l'économie actuelle, ou, Essai sur la restauration prochaine de ce peuple, suivi d'un fragment sur le millénarisme* (Genève: Émile Beroud, 1856), 5.

대한 문자적 해석을 변론했다. 그는 이런 문자적 해석이 "다비와 뉴턴 그리고 내가 존재하기 훨씬 이전부터 있었고, 이것은 기독교만큼이나 오래된 것이다"라고 주장했다.[48] 구에르에게 있어서, 이스라엘에 대한 예언이 이루어지는 이 땅에서의 천년 왕국에 대한 세대주의적 교리는 성경의 예언에 대한 문자적 접근의 결과였다.[49]

(4) 거룩함과 교회의 신비한 연합에 대한 독일 목사 브록하우스의 견해

또한, 이 기간 동안, 독일의 형제회 운동은 그들만의 분명한 정체성을 확립했다. 과연 '거룩에 대한 바른 이해는 무엇인가'라는 주제를 놓고 논쟁이 있었고, 결국 칼 브록하우스(Carl Brockhaus, 1822-1899)는 앨버펠트개신교형제연합(Elberfeld Protestant Brethren Association)으로부터 1852년도에 분리되어 나온다.[50] 그 이후 1852년부터 1895년까지 브록하우스는 독일, 네덜란드 그리고 스위스를 여행하는데, 이 과정 중에 그는 다양한 형제회 신자들에게 영향을 미친다.[51] 그러나 이 기간 중 형제회의 신학과 관행이 가지고 있는 독특성은 루터교, 감리교, 침례교 그리고 다른 전통과 날카로운 대조를 보인다.

1875년에 브록하우스는 심지어 가까운 친분 관계를 유지해 오던 존 넬슨 다비와도 자신을 구분 짓는다.[52] 브록하우스와 그의 그룹은 독일 형제회가 죽은 의식에 갇혔다고 거부했는데 그 형제회는 모든 모임에서 주기도를 드렸는데 다양한 형제회로부터 좋은 간증으로 제공받지 못했다고 여겼기 때문이다.[53]

---

48 Émile Guers, *Le littéralisme dans la prophétie: Lettres a M. Le Pasteur F. Bertholet-Bridel* (Genève: Émile Beroud, 1862), 4.
49 위의 책, 15-18.
50 Ernst Eylenstein, "Carl Brockhaus: Ein Beitrag zur Geschichte der Entstehung des Darbyismus in Deutschland", *Zeitschrift für Kirchengeschichte* 46.9 (1927): 280-83; Rolf-Edgar Gerlach, *Carl Brockhaus—Ein Leben für Gott und die Brüder* (Wuppertal: R. Brockhaus, 1994), 69-74.
51 Eylenstein, "Carl Brockhaus", 283-288.
52 위의 책, 293-295.
53 위의 책, 290.

다비는 교회가 그리스도의 몸으로서 신비한 연합을 이루어야 한다고 강조했고, 지역 교회들이나 교단들, 특별히 '세상적'이거나 '연약한' 교회들과 완전히 구별되어야 한다고 주장했다. 그리고 브록하우스는 다비의 이런 교회론을 수용했다. 하지만 브록하우스는 이 가르침을 극단적으로 가져갔고, 결국 이것은 독일 형제회와 잉글랜드 형제회의 분리로까지 이어진다.[54]

칼 브록하우스의 신학은 종말론과 관련된 세부적 내용에 대해서 그다지 강조하지 않는다. 그러나 그는 다비의 세대주의적 교회론의 열렬한 지지자였고, 그의 아들 루돌프 브록하우스(Rudolf Brockhaus)는 20세기 초반 세대주의를 대중화하는 데 중요한 역할을 한다.

프랑스어를 사용하는 에밀 구에르와 독일어 사용자 칼 브록하우스는 분명 기본적 내용과 방향에 있어 다비의 세대주의를 따르지만, 강조점과 우선 순위에 있어서는 다양성을 보인다. 이것은 세대주의 운동이 다비나 영미권의 세대주의 너머에서도 존재했음을 보여 준다. 1845년부터 1875년 사이에, 이런 국제적 운동 안에서, 세대주의는 통일성과 다양성이라는 두 영역에서 모두 자신의 정체성을 형성해 간다.

3) 세대주의 신학을 형성한 핵심 주역들(1875-1900)

유럽과 북미 전역에서 수많은 연설과 활발한 글쓰기 활동을 한 존 넬슨 다비는, 1882년도에 세상을 떠난다. 그리고 마침내 그의 지대한 영향으로, 세대주의라는 튼튼한 교리적 양식이 모습을 갖추게 된다.[55] 1875년부터 1900년도까지, 다비의 세대주의는 전 세계에 수많은 불꽃을 일으켰다. 후에 세대주의의 '권위자들' 혹은 '리더들'로 간주될, 목사, 신학자 그리고 저술가들, 즉 '핵심 주역'이라고 칭해질 사람들의 주도로,

---

54 위의 책, 295-300.
55 "세대주의적 개념을 체계화하고 고취하는 데 있어 다비의 중요한 역할을 부정하는 세대주의자는 없다"라고 크럿치필드(Crutchfield)는 분명하게 명시한다. (Crutchfield, *Origins of Dispensationalism*, 1).

세대주의는 더욱더 분명한 정체성을 갖추게 되었다.

이 지도자들은 세대주의 신학을 설명하고, 변론하며, 촉진시키는 데 있어 능숙해졌다. 이들은 세대주의 신학이 공통적으로 가지고 있는 부분을 점점 더 분명하게 강조함과 동시에, 그 안에 있을 수 있는 다양성 또한 계속해서 허용했다. 19세기 후반에 이들은 신학적 체계의 교리적 공감대, 운동의 협력 관계, 뜻을 함께하는 리더들의 연합으로 비롯된 권위를 즐겼다.

(1) 나이아가라 사경회와 다른 성경 사경회들의 역할

나이아가라 성경 사경회는 이런 핵심 주역들이 세워지게 된 주된 한 요인이었다. 비록 다양한 신앙 고백을 배경으로 하는 넓은 범위의 보수 개신교인들에 의해 1875년도에 시작되었지만, 결국 전천년 세대주의자들(대부분 장로교인들)이 이 사경회의 주를 이루었다. 다비뿐만 아니라 다른 형제회 세대주의자들에 의해서도 영향을 받은 제임스 브룩스(James H. Brookes)의 지도 아래,[56] 나이아가라 사경회는 1878년도에 전천년적 그리스도의 재림을 신앙의 근본 진리로서 교리 선언문 안에 포함시켰다. 19세기 끝까지 세대주의적 전천년설 지도자들은 성경 사경회 운동을 재생산했고, 세대주의신학의 씨앗을 널리 퍼뜨렸다.[57]

나이아가라 성경 사경회를 통해, 미국의 세대주의자들은 도전과 갈등으로부터 살아남았을 뿐만 아니라 역사적 전천년주의자들을 숫자적으로 넘어섰다. 역사적 전천주의자들은 요한계시록의 예언들이 교회의 역사에 걸쳐 성취되어 왔고, 계속해서 성취되고 있다고 본다. 그러나 세대주의가 이야기하는 환난 전 휴거 교리는 다니엘서와 요한계시록의 예언들이 교회가 이 땅에서 사라진 이후에 성취될 것이라고 단언한다. "19세기 말에는 미래주의적, 세대주의적 전천년설이 우세했다"라고 한 역사가는

56　위의 책, 13.
57　Gary Dorrien, *The Remaking of Evangelical Theology* (Louisville: Westminster John Knox, 1998), 15. "세대주의자들은 근본주의의 형성에 초석이 된 성경 사경회 운동에서 우위를 점했다. 다음 세대에 이르기까지, 세대주의적 근본주의는 무디를 필두로 하는 어드만, 고든, 토레이, 제임스 그레이, C. I. 스코필드, 조지 니드햄 그리고 A. C. 딕슨에 의해 주창되었다."

언급한다.[58]

또한, 이 기간 동안, 세대주의의 주류 지도자들은 주로 유럽 형제회의 교사들에서 교파를 초월하는 지도층으로 전환되었는데, 특별히 미국에서 그러했다. 이런 변화 때문에, 제도적 교회의 붕괴를 강조하던 다비의 주장이 완전한 지지를 얻지 못하게 되었다. 그리고 그의 반교단주의는 조금 더 유연한 초교파주의가 되었다.

미국의 초기 세대주의자들은 장로교, 회중교회 그리고 침례교와 같은 전통적인 교단들에 당분간 남아 있었다. 그러나 그들은 전반적으로 비관론을 미국과 전 세계의 문화에 끌어들였다. 정치적, 사회적 그리고 문화적 제도들의 실패와 주류 교회들의 종말을 강조하면서 말이다.

한 작가는 다음과 같이 기록한다.

> 세대주의는 중산층과 상위 중산 계층의 교회 목사들에 의해 미국에 소개되었다. 이 시기는 이런 사회 계층들에 있었던 지적 변화가 1870년대 후반과 1880년대에 충격에 가까운 변화를 만들어 냈던 때이다.[59]

(2) 두 영향력 있는 대변인: 스코필드와 팔레인

이런 역사적 배경 아래, 세대주의의 핵심 주역들이 세워졌다. 이것은 19세기 말에 활동했던 팔레인(W. A. Parlane)과 사이러스 인거선 스코필드(C. I. Scofield)라는 두 인물들을 통해 보여진다. 스코필드를 세대주의 분야의 '세계적으로 유명한 왕자'로 묘사한다면, 팔레인은 '노동자 계층의 지방 사람'에 비유될 수 있다.[60] 전자(스코필드)는 지도자들이 세대주의를 어

---

58 Scott M. Gibson, *A. J. Gordon: American Premillennialist* (Lanham, MD: University Press of America, 2001), 73.
59 Lefferts A. Loetscher, "Foreword", in Kraus, *Dispensationalism in America*, 7.
60 오늘날 팔레인(W. A. Parlane)에 대해 알려진 바는 거의 없다. 그는 온타리오 콜링우드 출신의 평신도이고, 나이아가라 성경 사경회와 관련된 인물이다. 나이아가라 성경 사경회를 통해, 그는 초기 전천년주의자들과 세대주의자들과 교류했다(참조. Nathaniel West, *The Thousand Year Reign of Christ*, reprint ed. [Grand Rapids: Kregel, 1993], xvi; S. R. Briggs, ed., *The Second Coming of Our Lord: Being Papers Read at a Conference Held at Niagara, Ont., July 14th to 17th, 1885* [Toronto: Willard Tract De-

떻게 이끌어 갔는 가는 나타내는 반면, 후자(팔레인)는 세대주의 신학이 교육을 받은 평신도들에 의해 어떻게 받아들여지고 다시 설명되었는가를 보여 준다.

스코필드의 영향력 큰 소책자 『진리의 말씀을 바르게 구분하기』(*Rightly Dividing the Word of Truth*)는 비록 팔레인의 책보다 2년 뒤인 1896년에 출간되었지만, 먼저 언급할 필요성이 있다. 64쪽 분량의 이 소책자는 10개의 장으로 구성되어 있고, 주로 종말론과 교회론을 세대주의적 관점에서 다룬다.[61]

첫 장의 제목은 "유대인과 이방인 그리고 하나님의 교회"이다. 이스라엘과 교회 사이의 세대주의적 구분이 반 세기 동안 어떤 열매를 맺었는지 스코필드는 이 장에서 설명한다. 이스라엘과 교회는 구분되고, 각 집단은 하나님과의 고유한 관계성을 가지고 있으며, 각각 '특정한 약속들'을 받았다.[62]

이스라엘과 교회 간의 땅/하늘 구분을 통해, 스코필드는 초기 세대주의자들의 연속선상에 있으며, 그와 동시대인 19세기 후반의 세대주의자들과도 합일을 이루었다.[63] 비세대주의자들도 같은 입장을 취했지만, 스코필드는 교회가 오순절 성령 강림을 통해 시작되었다고 강조했다.[64] 또 교회 시대는 환난 전 휴거를 통해 끝난다는 세대주의의 일반적인 견해를

---

pository, 1885], 3).

[61] 스코필드는 신자의 옛 사람과 새 사람에 대한 그의 견해를 7장에서 밝히고, 8장에서는 성화에 대해 이야기한다. 끝으로 9장에서는, 구원의 과거와 현재 그리고 미래적 측면에 대해 다룬다. 어떤 이들은 스코필드의 신학을 통해 세대주의의 독특한 구원론과 성화를 이해하고자 노력했다. 그러나 스코필드의 이런 견해는 결코 세대주의적 교리와 해석 양식을 나타내는 핵심적 내용이 아니다.

[62] C. I. Scofield, *Rightly Dividing the Word of Truth* (Findlay, OH: Fundamental Truth, 1947), 6.

[63] 세대주의자인 찰스 헨리 매킨토시는 무디 그리고 게블린과 같은 미국에서 매우 영향력 있는 세대주의자들 중 한 사람이었다. 그는 1867년에 다음과 같이 기록했다. "'정확히 언제 교회가 설립되었는가'라는 질문에 대한 답변은 간단하다. 그리스도께서 하나님 우편에 앉으시고, 성령 하나님으로부터 신자들이 세례를 받음으로 한 몸을 이루게 되었다. 결국, 그리스도와 교회가 공중에서 만날 때까지 이런 교회 시대는 지속된다"(Charles Henry Mackintosh, *Occasional Papers* [London: W. H. Broom, 1867], 49).

[64] Scofield, *Rightly Dividing the Word of Truth*, 7.

스코필드는 강조했다.[65]

둘째 장에서는 현재 잘 알려진 스코필드의 일곱 세대를 제시한다. 일곱 세대의 순서와 내용은 다음과 같다.

(1) 무죄한 인간
(2) 양심 아래 있는 인간
(3) 땅에 대한 권한을 갖는 인간
(4) 약속 아래 있는 인간
(5) 율법 아래 있는 인간
(6) 은혜 아래 있는 인간
(7) 그리스도의 개인적 통치 아래 있는 인간

스코필드는 각 세대를 '시간적 개념에서의 기간'으로 여기는데, 이런 각 기간은 하나님 앞에 책임 있게 행동하지 못하는 인간의 무기력함을 나타내 보였다.[66]

셋째 장에서는 스코필드는 예수 그리스도의 초림과 재림을 대조해서 설명한다. 초림에서는 겸손한 희생의 양으로 오셨고, 재림 때에는 하늘의 심판자요 왕으로 오실 것이다. 그리고 이 부분에서 스코필드는 전천년설과 환난 전 휴거를 설명한다.[67] 두 차례로 나뉘어 진행되는 부활에 관한 넷째 장에서, 앞으로 도래할 천년 왕국이 자세히 설명되고, 다섯째 장에서 그는 성경에 기록된 다섯 가지 심판을 개관적으로 서술한다.[68]

여섯째 장에서는 스코필드는 율법과 은혜가 "성경에서 가장 분명하고 눈에 띄는 구분"이라고 주장한다. 이것은 '유대인과 그리스도인'이라는 가장 중요한 세대를 구분 짓는 특징이 된다." 물론 스코필드 이전에도

---

65 예. Watts, *Harmony of All the Religions*, 31.
66 위의 책, 13.
67 위의 책, 17, 28.
68 십자가의 심판, 믿는 자가 인생에서 지은 죄에 대한 심판, 휴거 이후에 있을 그리스도의 심판대, 환난 기간 동안 있을 이방 민족들에 대한 심판 그리고 천년 왕국 이후에 행해질 악한 자들에 대한 심판이 그것이다(위의 책, 29-33).

많은 개신교 사상가가 율법과 은혜를 뚜렷하게 구분했다. 그러나 스코필드는 율법과 은혜의 구분을 세대의 구분, 즉 세대가 아예 달라서 일어나는 구분이라고 처음으로 해석했다. 스코필드에 따르면, 성경은 "결코 율법과 은혜를 뒤섞어서 이야기하지 않는다."[69]

열째 장에서는 스코필드의 세대주의적 교회론이 가지고 있는 중요한 특성에 대해 언급한다. 그는 다음과 같은 말로 그 장을 시작한다.

> 하나님이 한 백성을 자신에게로 구별시키신 이후로 그들은, 그들에게 속한다고 주장하지만 실제로는 아닌 사람들 중에 존재함 때문에 극심한 고통을 겪어 왔다.

하나님을 진짜로 믿고 따르는 자들과 단지 입으로만 고백하는 자들 사이의 구분은 많은 세대주의자로 하여금 눈에 보이지 않는 영적 교회를 강조하도록 이끌어 왔다. 거듭나지 않은 자들이 넘쳐 나는 눈에 보이는 세속적 교회들과 완전히 구별되는 비가시적인 영적 교회 말이다.

교회의 이런 상태는 교회 시대의 종말에 대한 징조로 여겨졌다. 물론 이것이 세대주의에만 있는 구분은 아니지만, 세대주의자들은 비가시적 참된 교회와 가시적 가짜 교회의 대결 구도를 그들의 종말론적 기대와 교회론적 해석과도 일치하는 방식으로 주장했다.

19세기 후반에 스코필드가 가지고 있던 생각을 정리한 이 소책자의 중요성은 두 가지로 요약될 수 있다.

첫째, 스코필드는 세대주의의 기본적인 가르침을 쉽고, 직선적이며 권위 있는 방식으로 제시했다. 그는 교리를 옹호하기 위해 성경을 사용할 때, 대부분 해설 없이 인용했다. 이 가르침은 아래와 같은 내용들을 포함한다.

---

[69] 위의 책, 34.

(1) 이스라엘과 교회는 세대적으로 명백하게 구분된다.
(2) 구분되는 일곱 세대가 있는데, 각 세대에서 하나님은 인간을 다르게 다루신다.
(3) 율법의 세대와 은혜의 세대는 서로 대조되는데, 각 세대에 해당되는 원리들이 믿는 자들의 삶에 큰 차이를 가져온다.
(4) 교회 시대는 오순절 성령 강림으로 시작되고, 환난 전 휴거로 끝마친다.
(5) 미래의 천년 왕국은 구약의 약속과 예언이 문자적으로 성취됨으로 이스라엘이 축복을 받는 기간이다. 그러므로 이스라엘은 미래의 회복에 있어 땅의 백성이고, 교회는 하늘의 소명이 있다고 구분한다.

둘째, 스코필드의 세대주의적 가르침은 소책자의 형태로 전해졌다. 소책자란 읽고, 공부하며, 암기하기 쉽게 되어 있는 기본 요약본이다. 그래서 수업이나 설교에 개요로 사용된다. 스코필드의 간결하고, 명료하며, 확신에 가득찬 어조는 그의 소책자『진리의 말씀을 바르게 구분하기』(*Rightly Dividing the Word of Truth*)를 권위 있는 책으로 만들었다. 특별히, 세대주의의 주요 인물들 중에서도 새롭게 떠오르는 왕자였던 스코필드에 의해 이것이 기록되었기 때문이다.

팔레인의『세대적 진리의 요소들』(*Elements of Dispensational Truth*)은 스코필드의 소책자보다 2년 앞선 1894년에 작성되었다. 팔레인의 저술 또한, 그 길이가 상당히 짧다. 스코필드의 소책자보다 불과 열 페이지 정도 더 길다. 팔레인은 그의 책 서문에, 세대주의에 대한 그의 '기초적인 논문' 혹은 '간략한 개요'는 세대주의의 초기 사상가들이 주장한 내용을 통합한 것으로서 "연구하는 사람들에게 적합하다"라고 그는 말한다. 또한, "과거의 가르침들이 이 책에 집약되어 있다"라고 팔레인은 설명한다.[70]

교회론에 있어서, 팔레인은 스코필드와 마찬가지로, 하나님의 교회가 오순절 성령 강림으로 시작되었고 휴거로 끝을 맺는다고 가르친다. 또

---

[70] W. A. Parlane, *Elements of Dispensational Truth* (Collingwood, Canada: n.p. 1894), v.

한, 팔레인은 스코필드와 마찬가지로 명백히 '신비스런' 교회론을 지지했다. 교회는 땅에서 조직화되는 기관이라기보다 모든 믿는 자의 전 세계적이고 영적 모임이라는 것을 강조한다.[71]

팔레인에게 있어 '하나님의 교회'는 진실로 선택받은 자들을 항상 의미했다. '교회'라고 불리는 눈에 보이는 조직화된 기관 자체도 성경에서는 종종 "하늘 나라" 혹은 "하나님의 나라"라고 언급되는데도 불구하고 말이다.

팔레인은 '하늘의 왕국'(천국)과 '하나님의 왕국'을 '같은 의미의 표현들'로 정의하고, 이 왕국이 현재적 측면('신비 속에 감추어진 왕국')과 미래적 측면('앞으로 다가올 시대')을 모두 내포하고 있다고 여긴다. 이것은 두 개의 표현을 구별 짓는 몇몇 세대주의자의 주장과 반대된다.[72] 현재의 왕국은 교회의 설립 이전에도 일정 기간 존재했다.[73] 그러므로 하나님의 교회는 현재적 하나님의 왕국 혹은 미래적 하나님의 왕국 그 어떤 것과도 동일시 될 수 없다.

팔레인에 따르면, 그리스도께서 시온이 있는 다윗의 보좌에 앉아 다스리실 때, 미래에 있을 하나님의 왕국(혹은 하늘의 왕국)이 이 땅에 세워질 것이다. 그리고 구약의 선지자들이 고대하던 것들이 실현될 것이다. 그리스도께서 현재 다윗의 보좌에 앉아 계시고 그 왕국이 이미 어떤 형태로 시작되었다는 주장에 대해 팔레인은 어떤 허용의 여지도 남겨 두지 않았다.[74]

오히려, 이스라엘의 최종적 회복은 '천년 왕국 시대의 시작'과 함께 이루어질 것이라고 그는 보았다. 그 천년 왕국 시대는 그리스도께서 왕으로 통치하시기 위해 천년 왕국 보좌에 앉으실 때 시작될 것이다.[75]

해석학적 방법과 관련해서, 팔레인은 구약의 예언들에 대한 '해로운 영적 해석'에 분명하게 반대한다. 이런 약속이 민족적 이스라엘의 회복

---

71 위의 책, 3.
72 위의 책, 4.
73 위의 책, 4-5.
74 위의 책, 13.
75 위의 책, 25.

과 관련 있다는 문자적 해석을 그는 지지했다.[76]

성경을 문자적으로 해석하지 않는 자들은, 성경 해석에 있어 체계적인 일관성이 없다고 팔레인은 지적했다. "[영해하는 사람들에게 있어서] 그 [예언의] 말씀들이 … 비난과 화와 연관된 것으로 드러나면, 그것들은 유대인들에게 문자적으로 적용되는 반면, 미래의 영광이나 승리와 관련된 약속들은 영적 방식으로 해석되고 교회에 적용된다"고 그는 보았다.[77]

그의 저술 이전과 동시대의 주류 세대주의 권위자들을 따라, 팔레인은 그리스도께서 두 단계에 걸쳐 재림하신다고 주장했다. 먼저 그리스도께서 환난 전에 교회를 위해서 오시고, 그다음에는 환난 이후에 교회와 함께 오신다.[78] 또한, 팔레인은 마태복음 25:31-46에 묘사된 양과 염소의 구분 그리고 요한계시록 20:11-15의 흰 보좌에서의 심판에 대해서 스코필드의 해석을 따른다.[79] 결국, 교회는 이 두 심판 중 어느 것에도 해당되지 않기 때문에, 환난 전에 하늘로 올라가서 상을 받을 것이다.

그러므로 우리는 팔레인의 소책자에서, 세대주의가 가지고 있는 통일성과 일관성을 확인할 수 있다. 또한, 세대주의적 해석과 교리의 몇몇 세부 내용을 이해하는 것에 있어서 다양성이 허용됨을 확인할 수 있다. 특별히, 하나님의 왕국이 가지고 있는 그 본질을 이해하고 성경의 특정한 구절들을 해석하는 것에 있어서 다양성이 인정된다.

스코필드와 팔레인을 통해(한 명은 세대주의 분야의 왕자이고 또 다른 한명은 지방 주민이다) 우리는 이 교리와 해석이 가지고 있는 안정되고 분명한 양식의 표현들을 발견하게 되는데, 이것은 방법론적 선입견들을 포함한 것이다. 이것은 쉽게 다음 세대에 전파될 수 있는 것이었다.

---

76 위의 책, 14-15.
77 위의 책, 50. 요한계시록과 관련해서, 팔레인은 이렇게 기록한다. "요한계시록이 상징적인 것은 사실이다. 그러나 상징적인 요소들이 있다고 해서, 모든 단어를 상징적인 의미로만 이해해서는 안 된다"(위의 책, 32).
78 위의 책, 21-24. 환난 전 휴거를 주장한다고 해서, 그리스도께서 두 번 재림하신다는 것은 아님을 그는 분명히 명시했다.
79 위의 책, 39-46.

4) 전도 유망한 전파(1900 - 1950)

세대주의는 "처음에 대중적인 설교와, 소책자 그리고 스터디 바이블/관주 성경을 통해 많은 추종자를 얻었다"고 데일 드위트(Dale Dewitt)는 올바르게 관찰한다.[80] '핵심 주역들'의 시대에 나타난, 세대주의 신학의 많은 권위자를 통해, 세대주의적 해석 양식은 20세기 전반 50년 동안 들불처럼 급속도로 퍼져 나가게 되었다.

특히, 현대주의자-근본주의자 간의 논쟁에서 보수적 진영에 있던 사람들이 적극적으로 세대주의 신학을 받아들였다. 한 학자는 이 기간을 다음과 같이 설명한다.

> 세대주의 운동은 반대라는 오븐에서 구워지면서, 기존의 교회 구조들에 점진적인 변화를 주었다. 결국, 세대주의 신학은 교회들과, 선교 단체들 그리고 교육 기관들과 느슨하게 제휴된 초교파적 제국으로 부상했다.[81]

이미 19세기 말에는, 세대주의를 전 세계에 전파할 많은 조직이 튼튼히 설립되고 자료들이 확립되었다. 성경 사경회 운동과 관련된 지도자들이 1886년도에 무디성경학교(Moody Bible Institute)를 설립했다. 윌리엄 E. 블랙스톤(William E. Blackstone, 1841-1935)의 저서 『예수께서 다시 오신다』(*Jesus Is Coming*)는 1878년도에 출간되고, 이후 몇 차례 편집 과정을 거친다. 이 책은 19세기 말 그리고 20세기 초반, 전천년설에 입각한 대중들의 세대주의적 사상에 엄청난 영향을 끼쳤다. 블랙스톤은 플리머스형제회의 교사 윌리엄 트로터로부터 직접적인 영향을 받은 것으로 보인다.[82] 세대

---

80   Dale S. DeWitt, *Dispensational Theology in America during the Twentieth Century: Theological Development and Cultural Context* (Grand Rapids: Grace Bible College, 2002), 43.

81   Ronald M. Henzel, *Darby, Dualism, and the Decline of Dispensationalism: Reassessing the Nineteenth-Century Roots of a Twentieth-Century Prophetic Movement for the Twenty-First Century* (Tucson: Fenestra, 2003), 3.

82   Kraus, *Dispensationalism in America*, 33.

주의자들은 계속해서 사경회를 열고, 성경 학교를 설립했으며, 교회를 세우고, 여러 지역을 여행하면서 가르쳤다. 그들은 많은 책을 저술했을 뿐만 아니라 대학교와 신학교도 건립했다.

19세기 말부터 부상한 탄탄하고 쉽게 담아지는 이 신학적 체계가, 현대주의자-근본주의자 논쟁의 극심한 진통에 이미 사로잡혀 있었던 복음주의적 대중들에게 어떻게 수용되었는지를 보여 주는 데에는 이 전도 유망한 전파 시기의 몇 가지 예들을 드는 것으로 충분할 것이다.

(1) 스코필드와 스코필드 관주 성경의 영향력

C. I. 스코필드는 1909년도에 『스코필드 관주 성경』(Scofield Reference Bible)을 출간한다. 고전적 보수 개신교에서 이야기하는 근본주의 신학뿐만 아니라 세대주의 종말론과 교회론에 근거한 수많은 연구 자료가 이 관주 성경에 포함되어 있다. "미국 내에서 세대주의를 보급하기 위한 가장 유용한 자료가 된 것은 바로 이 스코필드 관주 성경이었다"라고 크러치필드는 기록한다.

"역사적으로 이야기하자면, 세대주의에 있어 스코필드 관주 성경은 루터교에 있어 루터의 「95개조 반박문」 혹은 칼빈주의에 있어 『기독교 강요』와 같은 것이다"라고 맹굼(Mangum)과 스윗남(Sweetnam) 또한 언급한다.[83] 옥스퍼드대학교출판사에 의해 출판된 스코필드 관주 성경은 국제적으로 그리고 교파를 초월해 많은 인기를 얻었다. 이 성경은 세대주의가 단지 실천 가능한 것일 뿐 아니라 수용하고 존중할 만한 신망 있는 신학적 체계로서 정통 개신교 신자들에 의해 받아들여지고 존중받게 했다.

스코필드는 1914년에 있었던 필라델피아성경학교(the Philadelphia School of the Bible) 설립에 중요한 역할을 했다. 그후에 이 학교는 필라델피아성경

---

[83] Crutchfield, *The Origins of Dispensationalism*, 14; R. Todd Mangum and Mark S. Sweetnam, *The Scofield Bible: Its History and Impact on the Evangelical Church* (Colorado Springs: Paternoster, 2009), 195.

학원(Bible Institute of Philadelphia)과 합병해 1951년도에는 필라델피아성경연구소(Philadelphia Bible Institute)가 된다. 20세기 내내 이 학교는 많은 설교자와, 교사 그리고 평신도를 세대주의적 관점으로 훈련시켰다.

미국의 정반대 쪽에서는, 로스엔젤레스성경연구소(Bible Institute of Los Angeles, BIOLA)가 1908년도에 라이만 스튜어트(Lyman Stewart)에 의해 설립되고, 세대주의자 R. A. 토레이(R. A. Torrey, 1856-1928)에 의해 운영된다. 이 학교 또한, 세대주의 보급에 기여했다. 루이스 스페리 췌이퍼(Lewis Sperry Chafer, 1871-1952)는 1924년에 달라스신학교(Dallas Theological Seminary)를 설립했다.

췌이퍼는 스코필드의 제자였고, 그는 스코필드의 뒤를 이어 텍사스 주에 있는 달라스제일회중교회(the First Congregational Church of Dallas)를 담임했다(이 교회는 나중에 스코필드기념교회로 이름이 바뀐다). 달라스신학교는 초창기에 다양한 종말론적 관점을 가진 교수진으로 구성되어 있었다. 그러나 확고한 세대주의자였던 췌이퍼는, 달라스신학교의 1952년도 교리 선언문 개정을 통해, 세대주의를 영구적으로 정립시킨다.[84]

1934년도에 「비블리오테카 사크라」(Bibliotheca Sacra)라는 학술지에 대한 출판권을 달라스신학교 교수진이 갖게 되면서, 세대주의 교사들은 달라스신학교를 통해 복음주의 학계에서 목소리를 낼 수 있게 되었다.[85]

(2) 라킨과 췌이퍼의 세대주의적 도표들

세대주의의 대중화, 특별히 평신도 사이에 대중화를 이끈 또 다른 요소는 바로 세대주의적 도표들의 출판이다. 이 도표들은, 세대주의 신학을 전파하는 사람들에 의해, 가르치는 도구들로 사용되었다. 1918년도에 처음 발행된 클래런스 라킨(Clarence Larkin)의 저서 『세대적 진리』

---

[84] John D. Hannah, *An Uncommon Union: Dallas Theological Seminary and American Evangelicalism* (Grand Rapids: Zondervan, 2009), 18-19, 115.

[85] 위의 책, 81.

(*Dispensational Truth*)는 특별히 중요하다.

침례교 목사였던 라킨은, 훌륭한 도표들을 제작할 수 있는 기량을 가지고 있었다. 그는 스코필드의 일곱 세대를 포함한 세대주의적 특징들을 고취된 설명들과 함께 이제는 고전이 된 시각적 교재들을 제공했다. 앞으로도 오랫동안 세대주의 목사들과 교사들은 '각 시대를 향한 하나님의 계획과 목적'을 시각적으로 나타내기 위해 라킨의 도표들을 사용하거나, 이와 유사한 연대표들을 제작할 것이다.

16년 뒤에, C. A. 체이더(C. A. Chader)는 한 도표와 이것에 대한 설명이 담겨 있는 책을 처음에는 스웨덴어로 그리고 나중에는 영어로 출간한다. '40년 이상의 성경 연구'와 폭 2.7미터에 길이가 8미터인 도표를 선보였다. 이것은 각 시대를 향한 하나님의 계획에 대한 성경적 메시지를 전파하는 데 사용하기 위한 것이었다.[86] 스코필드와 다르게, 체이더의 도표는 여덟 세대로 되어 있다. '많은 저자가 주장하는 일곱 세대가 아닌' 이유는, 환난의 기간이 별개의 시대로 이해되어야 한다고 체이더가 믿었기 때문이다.[87] 세대주의 신학이 국제적으로 그리고 문화를 초월해서 전달될 수 있을 뿐 아니라 세대주의적 도식들이 이 기간에 그리고 앞으로 다양성을 갖게 됨을 이것이 보여 준다.[88]

---

[86] C. A. Chader, *God's Plan through the Ages: An Evangelical Exposition Neither Adventistic nor Russellistic*, 2nd ed. (Grand Rapids: Zondervan, 1940), vii. "체이더는 그의 책 두 번째 개정판 서문에 다음과 같이 기록한다. "이 책은 로스엔젤레스에 있는 미국예언연맹(American Prophetic League of Los Angeles)에 의해 채택되었다. … 그리고 이것은 세대주의적 진리를 가르치는 교과서로 사용되었다" (위의 책, viii).

[87] 위의 책, 14. (1) 무죄 시대(창조부터 타락까지), (2) 양심 시대(타락부터 홍수까지), (3) 인간 통치 시대(홍수부터 바벨탑 그리고 아브라함을 부르시기까지), (4) 약속 시대(아브라함을 부르신 것부터 출애굽까지), (5) 율법 시대(출애굽부터 그리스도까지), (6) 은혜 시대(그리스도의 초림부터 재림까지), (7) 환난 시대(그리스도께서 그의 신부를 위해 오신 때부터 성도들을 위해 오시는 때까지), (8) 천년 왕국 시대(아마겟돈부터 하나님에 대한 최종적 반역까지).

[88] 국제적으로는, 에릭 사우어의 영향 또한 고려해야 한다. *Erich Sauer, Der göttliche Erlösungsplan von Ewigkeit zu Ewigkeit: Eine prophetische Karte mit erklärendem Text* (Wuppertal: Brockhaus, 1950). '계시'에 대한 사우어의 견해는 그의 초기 작품에서 확인할 수 있다(Erich Sauer, Das Morgenrot der Welterlösung: *Ein Gang durch die alttestamentliche Offenbarungsgeschichte*, 4th ed. [Gütersloh: Evangelischer Verlag,

(3) 사우어가 유럽과 러시아에 미친 영향

끝으로 에릭 사우어(Erich Sauer)의 가르침과 저서를 통해, 세대주의는 1900년대 초반 독일어를 사용하는 나라들의 보수 개신교인들에게 계속해서 영향을 미쳤다. 비데네스트신학교(Bibelschule Wiedenest)는 1905년 독일의 '열린형제회'에 의해 설립되었는데, 사우어는 이곳에서 가르치는 사역을 했다.

사우어가 가지고 있던 독특한 형태의 세대주의적 가르침은, 북미의 세대주의와 함께 발전했는데, 그의 가르침은 독일의 자유 교회들 사이에서 널리 알려졌을 뿐만 아니라 1920년대와 1930년대에 러시아, 헝가리, 루마니아, 불가리아, 유고슬라비아 그리고 체코슬로바키아까지 확산되었다. 이후 몇십 년 동안 세대주의는 계속해서 유럽과 세계 선교에 지대한 영향을 미쳤다. 그리고 이런 노력을 통해, 사우어의 독특한 세대주의적 형태는 자유 복음주의 교회들과 사역 단체들 사이에 계속해서 전 세계적으로 퍼져 나갔다.[89]

5) 가르치는 내용의 법제화(1950 - 1980)

지금까지의 이야기를 정리해 보자. 세대주의가 점진적으로 그 모습을 드러낸 이후('시작'을 참고), 다비와 형제회를 통해 세대주의만의 독특한 교리와 해석 양식을 갖게 되면서, 신학적 전통으로서의 형태를 갖추게 된다('자신의 정체성에 대한 인식'을 참고). 이것은 다양한 교단적 배경을 가진 지도자에 의해 간결하고 권위있는 방식으로 전달된다('핵심 주역들' 참고). 그래서 결과적으로 세대주의는 전 세계에 널리 보급되었다('전도 유망한 전파' 참고).

1947]).
[89] 아래를 참고. Erich Sauer, *50 Jahre Missionshaus Bibelschule Wiedenest* (Wiedenest: Bibelschule Wiedenest, 1955), and Horst Afflerbach, *Die Heilsgeschichtliche Theologie Erich Sauers*, STM 16 (Wuppertal: R. Brockhaus, 2006), 65–77.

(1) 세대주의 진영 안팎에서의 투쟁들

다음 기간 동안, 세대주의 신학은 점점 더 구체화되고 제도화된다. 1950년도와 1980년도 사이의 기간은, 세대주의 신학의 체계화/성문화(codification)를 시도한 시대로 여겨진다. 몇몇 그룹 내에서, 세부 내용들의 다양성과 서로 다른 강조점들이 한 때 공존했는데, '정통세대주의'가 이것들을 압도하고 부상하게 되었다. 그러나 논란이 되는 주제들과 관련해 어떤 '바른 의견'을 강하게 제시할 수 있는 권력 기관 없이는, 이런 시도가 실패로 돌아갈 뿐이다. 세대주의의 교리들은 연마되어 모습을 드러내게 되었지만, 세대주의 진영 안팎으로 다른 견해들과의 논쟁에 때로는 방어적으로 때로는 공격적으로 휘말리게 되었다.

스코필드의 제자이자 달라스신학교의 설립자인 루이스 스페리 췌이퍼는 1952년도에 죽기 전, 『조직신학』(*Systematic Theology*)이라는 제목의 8권으로 구성된 저작을 유산으로 세대주의에 남긴다. 이것은 "전천년설과, 환난 전 휴거설 그리고 세대주의 신학을 정통 개신교의 관점에서 정리한 최초의 신학적 개요"이다.[90] 여러 권으로 구성된 이 책과, 세대주의를 가르치는 교육 기관들에서 훈련된 세대가 펴낸 다른 저작물들은, 1950년부터 1975년까지 세대주의라는 고유한 브랜드를 널리 알리는 데 기여했다.

존 월부어드는 췌이퍼에 의해 직접 지목되어 1953년에 달라스신학교의 총장으로 선출되었다. 월부어드는 그의 재임 기간 동안, 평신도가 읽을 수 있는 수많은 책을 저술함으로써, 세대주의적 전천년설을 널리 알리고 또한 변호했다.[91] 전 세계에 있는 세대주의 지도자들은 물론 달라

---

90 Hannah, *An Uncommon Union*, 130.
91 월부어드의 주요 작품들을 연대순으로 정리해 보았다. *The Return of the Lord* (Findlay, OH: Dunham, 1955); *The Rapture Question* (Findlay, OH: Dunham, 1957); *The Millennial Kingdom* (Findlay, OH: Dunham, 1959); *Israel in Prophecy* (Grand Rapids: Zondervan, 1962); *The Church in Prophecy* (Grand Rapids: Zondervan, 1964); *The Revelation of Jesus Christ: A Commentary* (Chicago: Moody, 1966); *The Nations in Prophecy* (Grand Rapids: Zondervan, 1967); Daniel, *the Key to Prophetic Revelation* (Chicago: Moody, 1971); *Armageddon, Oil, and the Middle East Crisis: What the Bible Says about the Future of the Middle East and the End of Western Civilization* (Grand Rapids: Zondervan, 1974); *The Blessed Hope and the Tribulation: A Biblical and Historical Study*

스신학교의 저명한 교수들은 세대주의의 지지 기반을 계속해서 강화했다.[92] 그러나 동시에, 세대주의의 비방자들과 이탈자들은 세대주의가 주장하는 내용들을 강도 높게 비판했다.[93]

세대주의자 헨리 알란 아이언사이드(H. A. Ironside)는 '극단적 세대주의'(Ultra-Dispensationalism)라고 알려지게 된 신학 체계에 대해 비평하는 글을 이미 1938년에 작성했다. 극단적 세대주의는 무엇보다도 교회가 오순절 성령 강림 훨씬 이후에 시작되었고, 세례와 같은 몇몇 기독교 예식은 이방인 교회를 위한 것이 아니며 또한 신약성경의 어떤 책들은 예수님을 따르는 유대인을 위해서만 기록되었기 때문에 이방인 교회 세대에는 적합하지 않다고 주장했다.[94]

스코필드와 췌이퍼의 전통을 따르는 세대주의자들은 이런 견해들로부터 자신들을 빠르게 구분 짓는다. 극단적 세대주의자들은 자신들의 견해를 스코필드와 췌이퍼가 지지해 주기를 바랬고, 문자적인 해석 원리를

---

of Posttribulationism (Grand Rapids: Zondervan, 1976).

92 다음의 예를 참고할 것, Charles F. Baker, *A Dispensational Theology* (Grand Rapids: Grace Bible College, 1971); W. W. Barndollar, *The Validity of Dispensationalism* (Johnson City, NY: Baptist Bible Seminary, 1964); Lewis Sperry Chafer, *Dispensationalism*, rev. ed. (Dallas: Dallas Theological Seminary, 1951); Clarence E. Mason, *Dispensationalism Made Simple* (Arnold, MO: Shield, 1976); J. Dwight Pentecost, *Things to Come* (Grand Rapids: Zondervan, 1958); J. Dwight Pentecost, *Prophecy for Today: The Middle East Crisis and the Future of the World* (Grand Rapids: Zondervan, 1961); Charles C. Ryrie, *The Basis of the Premillennial Faith* (New York: Loizeaux, 1953); Charles C. Ryrie, *The Bible and Tomorrow's News: A New Look at Prophecy* (Wheaton: Scripture Press, 1969); Chester E. Tulga, *The Case for Dispensationalism* (Somerset, KY: Eastern Baptist Institute, 1962).

93 다음을 참고할 것. S. E. Anderson, *Scofieldism Upgraded* (Glenwood, IL: Fundamental Publishers, 1973); Greg L. Bahnsen and Kenneth L. Gentry, Jr., *House Divided: The Break-Up of Dispensational Theology* (Tyler, TX: Institute for Christian Economics, 1989); Bass, *Backgrounds to Dispensationalism; Cox, An Examination of Dispensationalism*; Jesse Wilson Hodges, *Christ's Kingdom and Coming: With an Analysis of Dispensationalism* (Grand Rapids: Eerdmans, 1957); Kraus, *Dispensationalism in America*; Dave MacPherson, *The Unbelievable Pre-Trib Origin* (Kansas City, MO: Heart of America Bible Society, 1973); John Zens, *Dispensationalism: A Reformed Inquiry into Its Leading Figures and Features* (Phillipsburg, NJ: Presbyterian and Reformed, 1978).

94 H. A. Ironside, *Wrongly Dividing the Word of Truth: Ultra-Dispensationalism Examined in the Light of Holy Scripture* (Oakland, CA: Western Book and Tract, 1938).

자신들이 더 충실히 적용하고 있다고 주장했다. 그러나 달라스신학교는 1952년도에 월부어드의 지도 아래 학교의 교리 선언문을 개정하고 극단적 세대주의를 배척했다. 그들은 이런 과정을 통해, 그들의 세대주의 형태를 더욱 확고히 하고 법문화했다.[95]

(2) 60년대:『세대주의의 바른 이해』와 새 스코필드 관주 성경

미국 세대주의의 한 형태는 19세기 후반과 20세기 초에 등장했는데, 이것은 1960년대에 있었던 두 가지 사건을 통해 널리 알려지게 된다. 찰스 콜드웰 라이리(Charles C. Ryrie)는『세대주의의 바른 이해』(*Dispensationalism Today* [고양: 전도출판사, 2019])라는 책을 1965년에 출간했다. 그는 이 책을 통해 세대주의의 핵심 요소 세 가지를 정의하는데, 이것 없이는 세대주의라는 신학 체계 자체가 성립되지 않는다.[96] 이스라엘과 교회의 구분이 그 첫 번째 요소이고,[97] 문자적인 해석학을 일관성 있게 사용하는 것이 두 번째 특징이며,[98] 모든 세대를 관통하는 통일된 주제는 바로 하나님의 영광이라는 것이 세 번째 내용이다.[99]

---

95 다음을 참고할 것. Hannah, *An Uncommon Union*, 115.
96 찰스 라이리,『세대주의의 바른 이해』(*Dispensationalism Today*), 48-53.
97 라이리가 제시하는 세대주의 신학의 세 가지 핵심 요소들 중 "이스라엘과 교회에 대한 구분이 가장 중요하다"라고 투생은 언급한다. Stanley D. Toussaint, "Israel and the Church of a Traditional Dispensationalist", in ed. Herbert W. Bateman IV, *Three Central Issues in Contemporary Dispensationalism: A Comparison of Traditional and Progressive Views* (Grand Rapids: Kregel, 1999), 227.
98 많은 초기 세대주의자가 자신들의 해석학 전체를 일관성 있게는 설명하지 못했다는 사실에 주목할 필요가 있다. "전통 세대주의 안에 있는 다비의 체계에 대한 지금까지의 이해와는 반대로, 이것은 예언에 대한 일관성 있는 문자적 해석이라는 원리에 기초하지 않고 있다. 다비 자신은 그의 후계자들이 행했던 그 절차에 전혀 헌신되어 있지 않았다. 그래서, 이제 교회의 대부분을 차지하고 있는 이방인들에 관련된 예언들을 위해 상징적 해석을 사실상 처방했다"라고 헨젤(Henzel)은 제기한다. Henzel, *Darby, Dualism, and the Decline of Dispensationalism*, 124-125.
99 성공회 계열 세대주의자인 그리피스 토마스(W. H. Griffith Thomas)가 1919년에 주장한 내용은 차이를 보인다. "무엇보다도, 성경의 중심 주제는 성경에 드러난 하나님의 뜻이다. 성경에는 인간을 향한 하나님의 목적이 기록되어 나타나 있는데, 하나님을 아는 지식을 얻고 그것에 순종하는 것이 성경이 처음부터 끝까지 제시하는 중심 사상이다." (W. H. Griffith Thomas, "*The Lord's Coming and the Supreme Theme of*

세대주의의 한 특정한 형태를 널리 알리게 된 1960년대의 두 번째 사건은 『새 스코필드 관주 성경』(*New Scofield Reference Bible*)의 출간이다. 이 책은 스코필드가 주장한 초기 세대주의적 신념에 모두 동의할 수는 없었던 세대주의자들의 지도부에 의해 1967년에 출간되었다.

이전의 『스코필드 주석 성경』이 계속해서 발행되고 있는 것은, 그 체계의 이런 수정 혹은 변화에 모두가 관심을 두었던 것은 아니라는 사실을 보여 준다. 그러나 다른 이들은 그 편집 위원회가 내용을 충분히 바꾸지 않았다고 생각했다.[100]

과거의 세대주의는 '하나님의 왕국'(하나님 나라)과 '하늘의 왕국'(천국)을 구분해서 이해했고 하나의 새 언약을 강조했는데, 이것은 1950년대와 1970년대 사이에 개정되었다고 베이트먼(Bateman)은 설명한다.[101] 그러나 그 전에는, 스코필드와 췌이퍼를 포함한 많은 세대주의자가 '하늘의 왕국'과 '하나님의 왕국'이 서로 완전히 다른 표현으로서, 각 표현은 완전히 다른 하나님의 두 계획을 가리킨다고 주장했다. 이런 주장은 옛 『스코필드 주석 성경』과 췌이퍼의 『조직신학』 그리고 라킨의 『세대주의적 진리』에서 제기된 내용이다.

또한, 다비는 오직 이스라엘만을 위한 하나의 새 언약이 있다고 믿었던 반면에, 췌이퍼는 이스라엘과 교회 각각을 위한 두 종류의 새 언약이 있다고 제안했다. 라이리가 이 견해를 주장하기도 했지만, 이런 견해가 성경적으로 변호하기 어렵다고 취급 받아 결국 폐기되었다.[102] 투생은 다비, 게벌레인, 라킨, 스코필드 그리고 췌이퍼와 같은 초기 세대주의자들이 교회와 이스라엘에 대해 하늘과 땅이라는 이원론을 가지고 있었다고 설명한다.[103] 그러나 이스라엘과 교회에 대한 이런 형태의 극단적인

---

the Bible", *The Christian Workers Magazine* 20.2 [October 1919]: 95).
100   Anderson, *Scofieldism Upgraded*, 11–12.
101   Herbert W. Bateman IV, "Dispensationalism Yesterday and Today", in Bateman, ed., *Three Central Issues in Contemporary Dispensationalism*, 23–34.
102   다음을 참고할 것. 크레이그 블레이징 그리고 대럴 박, 『점진적 세대주의』(*Progressive Dispensationalism*), 55–56.
103   Toussaint, "Israel and the Church of a Traditional Dispensationalist", 228–229.

구분은 1950년대와 1960년대에 들어 월부어드와 펜테코스트 그리고 라이리에 의해 서서히 사라지게 된다.[104]

세 가지의 핵심적인 요소로 세대주의를 간단 명료하게 정의하려는 라이리의 시도는, 그것이 처음 발표된 이후로 계속해서 면밀히 검토되어 왔다. 몇몇 세대주의자는 1950년대부터 1970년대까지 세대주의적 '정통주의'라고 불리는 것을 표준화하고 법문화하기 위한 시도를 했다.

우리가 이 역사적 사실을 통해 이미 살펴 보았듯이, 세대주의는 항상 통일성 가운데에서도 다양성을 가진 운동이었다. 그렇기 때문에, 세대주의의 원리들을 법제화하려는 시도는 실패로 돌아갔다. 어떤 요소는 그 내용이 너무 광범위해서 세대주의라고 정의하기가 어려웠고, 또 다른 요소는 그 개념이 너무 협소해서 세대주의 역사의 많은 핵심 인물과 주요 지도자를 배제시켰다. 라이리가 제시한 세 가지 필수 요소에 대해 우리가 말할 수 있는 바라면, 그것은 특정한 시기에 세대주의의 한 중요한 부분을 짧게 묘사 했다는 것이다.

라이리의 『세대주의의 바른 이해』 그리고 『새 스코필드 관주 성경』이 출간된 그 기간에 대해 블레이징은 이렇게 기록한다.

> 50년대 후반기와 60년대에 어떤 세대주의자들은 고전적 세대주의에 중요한 개정안을 소개했다. 이런 개정들은 60년대와 70년대에, 세대주의 학교들을 졸업한 많은 졸업생에 의해 받아들여져 그들은 고전적 세대주의가 무엇인지 거의 모르게 되었다. 많은 사람은 개정 세대주의 내에서 다양한 견해가 있다는 것을 인식하지 못했다. 그럼에도 개정 세대주의는 세대주의적 전통의 한 구분되는 형태였으며, 그 수정들과 그것이 다루고 있었던 문제들을 통해 궁극적으로는 점진적 세대주의가 나타날 수 있는 길을 열어 놓았다.[105]

---

104 위의 책, 229.
105 크레이그 블레이징 그리고 대럴 박, 『점진적 세대주의』 (*Progressive Dispensationalism*), 67.

6) 은혜 깊은 배려(1980 - 2000)

미국의 몇몇 세대주의자, 특별히 달라스신학교의 교수진 혹은 동문은, 1980년대에 세대주의의 몇 가지 발전과 변화를 추진한다. 1980년대와 1990년대에 새로운 세대의 세대주의 학자들이 이전의 라이리의 (세대주의의) 필수 요소들을 다시 검토했다고 베이트먼은 지적한다.

특별히, '하나님의 영광'이라는 목적을 세대주의의 고유한 특징으로 여기는 것 그리고 문자적 해석을 일관성 있게 적용하는 것에 대한 재검토가 진행되었다.[106]

'하나님의 영광'이라는 원리가 성경을 통합하는 주제라는 주장에 모든 세대주의자가 동의한 것은 아니고, 이 교리가 세대주의자들에 의해서만 제시된 것도 아니라고 비평가들은 지적했다.

또한, 세대주의의 뿌리가 단순히 성경에 대한 문자적 접근에만 있지 않고, 보다 복합적인 요소에 근간을 두고 있다고 많은 사람은 주장했다. 그래서 이 기간 동안 세대주의자들은 어떻게 신약성경을 통해 구약성경을 읽을 수 있고, 반대로 어떻게 구약을 통해 신약을 이해할 수 있는지에 대한 질문을 다시 하게 되었다.[107]

(1) 점진적 세대주의

세대주의라는 전통이 가지고 있는 역사와, 비세대주의자들이 제기하는 비평 및 통찰력을 조화시키려는 새로운 시도들이 있었다. 이 과정을 통해, '점진적 세대주의'(Progressive Dispensationalism)로 알려진 학파가 등장한다. 이 이름은 그 운동이 강조하는, 세대들의 점진적 성격과 관련이 있다.

하나님의 계획은 시험과 실패의 연속이 아니라 시대가 지나면서 오히려 긍정적 방향으로 발전한다고 그들은 강조한다.[108] 세대들이, 서로 관련 없

---

[106] Bateman, "Dispensationalism Yesterday and Today", 34-42.
[107] 몇몇 학파는 신약과 구약의 관계성에 대한 주제와 관련해서 서로 다른 견해를 가지고 있는데, 베이트먼은 이런 학파들에 대해 정의한다(위의 책, 38-42).
[108] 크레이그 블레이징 그리고 대럴 박, 『점진적 세대주의』(Progressive Dispensational-

는 구별된 시대가 아니라 오히려 계단과 같은 점진적 형태를 가지고 있음을 강조하는데, 이런 내용은 세대주의 역사에서 결코 처음 제기된 주장이 아니다.

독일의 세대주의자 에릭 사우어는 각 세대가 구별되는 독특한 특징을 가지고 있음과 동시에 점진적 발전을 이룬다고 강조했다.[109] 그렇기 때문에, 점진적 세대주의와 관련된 몇몇 변화는 완전히 새로운 발전이라기보다는 세대주의 사상가들의 다양한 전통 안에서 어떤 학자들이 강조점들을 바꾼 것으로 볼 수도 있다.

세대주의 전통의 다른 형태들과 대조를 이루는, 점진적 세대주의에 의해 제시된 더 중대한 교리적 그리고 해석적 변경 사항들이 몇 가지 있다. 그것들은, 교회가 이스라엘 그리고 하나님의 백성과 가지는 관계의 성격, 문자적 해석을 바르게 적용하고 실천하는 방법, 성경의 언약들 특별히 다윗 언약과 새 언약이 현재 얼마나 성취된 상태인지에 대한 탐구이다.

또한, 앞으로 다가올 메시아의 왕국이, 하나님의 왕국과 교회를 통해 이미 시작되었다고 이해하는 것이다.[110] 그리스도께서 성부 하나님의 보좌 우편에 앉아 계시는데, 이것을 메시아의 약속된 다윗적 통치가 부분적으로 시작되었다고 보아야 하는지, 아니면 과거의 대부분의 세대주의자들이 주장했던 것처럼 다윗의 왕국은 그리스도께서 천년 왕국 시대에 재림하시기 전까지는 개시되지 않는다고 이해해야 하는지에 관해 서로 의견을 달리한다.

이것은 점진적 세대주의자들을 다른 대부분의 세대주의자와 구분 짓게 만드는 주요 특징이 된다. 그러나 미국에 있던 대부분의 세대주의자들은 그리스도의 다윗과 같은 왕적 통치가 그의 재림까지는 시작되지 않

---

　　ism), 69-70.
109　Sauer, *Morgenrot der Welterlösung*, 223. 사우어가 점진적 세대주의에 준 영향은 다음의 글에 설명되어 있다. 크레이그 블레이징 그리고 대럴 박, 『점진적 세대주의』(*Progressive Dispensationalism*), 67쪽 각주 32.
110　다음의 글에 설명되어 있는 내용을 참고하기 바란다. 크레이그 블레이징 그리고 대럴 박, 『점진적 세대주의』(*Progressive Dispensationalism*), 67-79.

는다고 오랫동안 주장한 반면,[111] 사우어는 "그리스도께서 제사장임과 동시에 왕으로서 하늘에 현재 계신다"라고 1950년에 이미 가르쳤다는 사실을 인식해야 한다.[112]

비록 오직 신자만이 현재 제사장으로서 그리고 왕으로서 계시는 그리스도를 알 수 있지만 말이다. 하지만 교리적, 해석적인 변경 사항들보다도 더 주목할 만한 것은, 서로 논의하고 대화하는 몇몇 세대주의자의 태도이다. 과거의 독단적 태도는 부드럽고 더 협조적 형태로 바뀌었는데, 이것은 세대주의자들 사이에서 뿐만 아니라 다른 강조점과 견해를 가지고 있는 비세대주의자들과의 대화에서도 보여졌다.

점진적 세대주의가 처음 등장했을 때, 이것은 세대주의와 다른 신학 체계들을 연결하는 하나의 다리로 여겨졌다. 점진적 세대주의라는 새로운 양식을 1993년도에 처음 제시한 로버트 소시(Robert Saucy)의 저서 『점진적 세대주의 옹호』(The Case for Progressive Dispensationalism)는 사실 『세대주의 신학과 비세대주의 신학의 접점』(The Interface between Dispensationalism and Non-Dispensational Theology)이라는 부제목을 가지고 있다.

의견 대립을 완화할 수 있도록 도왔던, 세대주의자들 사이에서의 몇몇 변화를 그 저자가 묘사한다.

> 역사 안에서 하나님의 구원 계획은 많은 부분에서 연속성을 보인다는 것을 인정하는 방향으로 세대주의는 변화해 왔다. 교회가 메시아적 왕국에 대한 구약의 예언들과는 아무 관계도 없는 것으로 보는 대신, 많은 세대주의자는 현재의 교회 시대가 이런 예언의 첫 부분적 성취라는 사실을 이제 인정한다. 초기의 몇몇 세대주의자는 이스라엘과 교회가 하나님의 서로 다른 두 개의 목적과 계획을 나타낸다고 가르쳤지만, 그들은 더 이상 이것을 그렇게 이해하지 않는다. 현재 많은 세대주의자는 이스라엘과

111　Parlane, *Elements of Dispensational Truth*, 13; Trotter, *Plain Papers on Prophetic and Other Subjects*, 448-460.
112　Erich Sauer, *Gott, Menschheit und Ewigkeit*, 2nd ed. (Wuppertal: R. Brockhaus, 1955), 63-64.

교회가 구속사에 있어 동일한 메시아적 왕국을 경험하게 될 것이라고 본다. 결국, 이런 변화들은 세대주의와 비세대주의 사이에 많은 부분에 있어 조화를 이끌어 냈다.[113]

점진적 세대주의는, 특별히 교회와 새 언약 사이의 관계를 언급하면서 이스라엘과 교회 사이에 더 많은 연속성을 발견해 냈다. 전통적인 관점은 새 언약이 온전히 이스라엘만을 위한 것이고 교회와는 관련이 없다고 보았는데, 그 결과로 "이스라엘과 교회의 철저한 분리는 세대주의의 초석이 되었다"라고 비세대주의자인 로널드 헨젤(Ronald Henzel)은 주장한다.[114]

점진적 세대주의에 있어서 이 내벽력(load-bearing wall)의 해체는 전통적인 세대주의자들에게 경각심을 불러 일으킬 수 있는 충분한 이유가 되었다고 헨젤은 말한다. 왜냐하면, 이것은 "그들이 알아 왔던 기존의 집을 무너뜨리는 계기가 될 수 있기 때문이다."[115]

(2) 1990년대에 있었던 논의

실제로 많은 사람이 경각심을 갖게 되었다. 세대주의 안에서, 발전과 변화가 항상 잘 받아들여졌던 것은 아니다. 많은 논문과 책 그리고 논의가 1990년대에 계속되었는데, 이것은 종종 적법한 내부적 논의와 해명 그리고 수정으로 이어졌지만 때때로 양극화나 분열로도 이어졌다.[116]

"점진적 세대주의자들은 그들 자신이 세대주의 전통을 이어 간다고 생각한다. 하지만 그들은 비세대주의적 체계들로 이동하고 있다. 다른 신학적 체계들과 화해하려는 그 운동의 열망은, 성경을 이해하는 데 있어서 해석학적 전환을 포함한다"라고 로버트 토마스(Robert L. Thomas)는 1995년도에 기록했다.[117] 그러나 많은 교육 기관, 사역 단체, 교회 그리고 출

113　Robert L. Saucy, *The Case for Progressive Dispensationalism* (Grand Rapids: Zondervan, 1993), 9.
114　Henzel, *Darby, Dualism, and the Decline of Dispensationalism*, 4.
115　위의 책, 4-5.
116　참조. 예를 들어, Master and Willis, eds., *Issues in Dispensationalism*.
117　Robert L. Thomas, "The Hermeneutics of Progressive Dispensationalism", *The Masters*

판사는 세대주의 안에 있는 역사적 그리고 현대적 다양성을 모두 인정했다. 또한, 다양한 견해와 강조점이 그 운동 안에 공존하는 것을 허용했다.

동시에, 복음주의신학회(Evangelical Theological Society)와 같은 광범위한 복음주의 협회들은 세대주의 신학자들과 비세대주의 신학자들 사이의 더 나은 이해를 촉진했다. 그 결과 정통 개신교 복음주의자들을 분열시킨 과거의 안 좋은 감정, 거친 말, 불화 그리고 오해가 이제는 상호적 존중과, '다양성 안에서의 연합' 혹은 '다른 의견을 가질 수 있음에 동의하기'의 정신으로 바뀌었다.

1992년도에 스탠리 그렌츠(Stanley J. Grenz)는 다음과 같이 언급했다.

> 어렸을 때 아버지를 따라 다니던 교회를 통해 세대주의를 알게 되었지만, 지금은 더 이상 세대주의를 따르지 않는다. 하지만 나는 여전히 이 전통을 존중하며, 또한 세대주의가 복음주의에 기여해 왔고 또 앞으로도 기여할 긍정적 기여를 존중한다.[118]

밀라드 에릭슨(Millard J. Erickson)은 그의 저서 『현대 종말론 연구』(*A Basic Guide to Eschatology*[서울: 생명의말씀사, 1996])에서 세대주의의 긍정적인 면과 부정적인 면 모두를 위와 비슷한 어조로 공정하게 묘사한다.[119] 언약신학자 번 포이트레스(Vern S. Poythress)는 세대주의에 대한 차분하고 사려 깊지만 동시에 비판적인 자신의 책 '감사의 말'에서, 다음과 같이 말한다.

> 우리 시대의 많은 세대주의자와 언약신학자가 과거의 편견을 내려놓고 다른 진영이 갖고 있는 생각을 인정한다는 사실이 가장 기쁘다.[120]

Seminary Journal 6.2 (Spring 1995): 79.

118 Stanley J. Grenz, *The Millennial Maze: Sorting out Evangelical Options* (Downers Grove, IL: InterVarsity, 1992), 11.
119 Erickson, *A Basic Guide to Eschatology*, 122-124.
120 Vern Sheridan Poythress, *Understanding Dispensationalists*, 2nd ed. (Phillipsburg, NJ: Presbyterian and Reformed, 1994), 5.

7) 새로운 천년에 대한 기대(2000-)

21세기 초 현재, 세대주의자들은 점점 더, 그들의 역사를 하나의 운동으로 여기고, 그들이 가지고 있는 현재의 교리와 해석적 성향을 검토하며, 앞으로의 미래를 내다 보고 있다.[121] 젊은 세대주의자들은 세대주의가 과거에 갖고 있던 극단적이거나 과한 요소들을 수정하고 교정하는 것에 깊은 관심을 두고 있는 것으로 보인다.

몇몇 초기 세대주의 교사가 강조했지만 그 이후에는 등한시되었던 내용들을 어떤 이들은 되찾고 있는데, 이것은 결과적으로 이 운동이 다양성을 갖게 되는 것에 기여했다. 많은 이가 초대 기독교 교부들이 연구한 내용이나 종교개혁 당시의 자료뿐만 아니라 다양한 신학적 그리고 성경적 전통에서 도움되는 자료들을 찾는다.

미래를 향한 이런 재조정들(reorientations)은 과거의 '-주의'(ism)를 위한 새로운 '책임들'(oughts)이 수반된다. 예를 들어, 신학적 전통으로서의 세대주의는 "그 학문성을 더 예리하게 하고, 팜플릿 발간 위주 활동을 더 새롭게 현대화할 필요가 있으며, 무엇보다도 교회론을 더 종합적이고 역동적인 것으로 발전시켜야 한다"고 드윗(DeWitt)은 제안한다.[122] 그리고 토드 맹굼(R. Todd Mangum)의 호소는 많은 것 중 전형적인 어조를 들려 준다.

> 새로운 필수 요소를 단단히 붙잡으려는 행위는 어쩌면 두 진영 모두 이제는 그만두어야 한다. 다른 신학 체계에 굴복하지 않고서는 그 선을 넘을 수 없는, 그 '구분선'이 어디인지를 보여 주려는 시도들은, 별로 도움이 되지 않는 대결 구도 사고방식으로 보인다. 모래 위에 선을 긋는 것과 같은 이런 행위는, 각자의 진영에서 더 많은 강경파를 안심시키기 위해 주로 행해진다. 하지만 이런 강경한 태도는 바로 20세기 복음주의에 금

---

[121] DeWitt, *Dispensational Theology in America* (2002); Stallard, *The Early Twentieth-Century Dispensationalism of Arno C. Gaebelein* (2002).
[122] DeWitt, *Dispensational Theology in America*, 43.

이 가게 하고 손상을 입히는 주범일 뿐 아니라 양측을 분노하게 해 왔던 오해들을 조장하는 데 상당한 기여를 했다.[123]

그러나 모두가 만족감을 갖고 새 천년을 맞이한 것은 아니다. 왜냐하면, 세대주의 신학에 대한 평화적 비평과 격렬한 공격이 외부로부터 계속되었기 때문이다.[124] 그리고 많은 '전통적인 세대주의자'는 세대주의 안에서의 변화들에 대해 비판을 계속 제기했다.[125]

세대주의의 과거와 현재를 비추어 볼 때, 이 신학의 미래는 어떻게 되겠는가?

우리가 교회의 역사를 통해 반복적으로 배우게 되는 것은, 미래를 예측하는 것은 흔히 어리석고 때로는 위험한 일이라는 사실이다.[126] 그럼에도 나는 세대주의의 가까운 미래에 대해 세 가지 생각을 피력하면서 이미 분량이 길어진 이 글을 마무리 짓겠다.

첫째, 전통적(고전적) 세대주의자들과 점진적 세대주의자들 간의 내부적 논쟁은 앞으로 해결이 될 것이다. 왜냐하면, 세대주의는 통일성과 다양성을 모두 가지고 있는 신학적 체계라는 사실이 더더욱 분명해지고 있기 때문이다.

나는 한쪽이 이 줄다리기에서 '이길' 것이라고 생각하지 않는다. 왜냐하면, 세대주의는 양쪽에서 잡아당기는 밧줄이라기보다는, 계속되는 긴

---

123 R. Todd Mangum, *The Dispensational-Covenant Rift: The Fissuring of American Evangelical Theology from 1936 to 1944* (Waynesboro, GA: Paternoster, 2007), 211.
124 John H. Gerstner, *Wrongly Dividing the Word of Truth: A Critique of Dispensationalism*, ed. Don Kistler, 2nd ed. (Morgan, PA: Soli Deo Gloria, 2000); Sam Storms, *Kingdom Come: The Amillennial Alternative* (Geanies House, UK: Christian Focus, 2013).
125 예를 들어, Ron J. Bigalke, Jr., *Progressive Dispensationalism: An Analysis of the Movement and Defense of Traditional Dispensationalism* (Lanham, MD: University Press of America, 2005).
126 참조. Francis X. Gumerlock, *The Day and the Hour: A Chronicle of Christianity's Perennial Fascination with Predicting the End of the World* (Powder Springs, GA: American Vision, 2000).

장을 수반하는 다양한 관점으로 이뤄진 거미줄에 조금 더 가깝기 때문이다. 그 결과로서, 과거와 현재의 다양한 견해를 서로 존중하고 인정하게 된다.

이스라엘과 교회 그리고 새 언약의 관계성, 특정한 예언들을 해석하는 방법, 그리스도의 다윗적 통치에 관한 입장, 세대들 사이의 연속성과 불연속성의 정도와 같은 쟁점들에 대해서 말이다.

둘째, 세대주의 신학자들은 세대주의 신학이 다양한 신학적 체계 혹은 해석과 양립할 수 있는 방법을 연구해야 한다. 세대주의의 역사를 비추어 볼 때, 이 전통은 개혁주의 신학이나 칼빈주의와 결코 상반되지 않는다.[127]

물론 전체는 아니지만, 과거에는 언약신학이 어떤 영역에서 세대주의 사상과 조화를 이루었다. 유아 세례 대 신자의 세례 문제, 교회 정치, 성례 중시주의와 같은 특정한 교회학적 문제들은 세대주의에 의해 아직 완전하게 다루어지지 않은 채로 있다. 그렇기 때문에, 신학자들은 신학 체계의 이런 더 다양한 측면과 계속해서 씨름해야 한다. 그리고 최근에는 세대주의와 언약신학의 강점은 통합하고 이 둘의 약점은 제거하려고 시도한 '새 언약신학'이 등장했는데, 이것을 어떻게 다루고 어떻게 조화를 이루어야 할지 세대주의는 연구해야 한다.[128]

세대주의의 가까운 친척과 같은 이 새 언약신학은 가까운 미래에 세대주의 신학자들의 훌륭한 대화 상대가 될 것이다.

셋째, 세대주의자들은 북미에서의 세대주의 역사뿐 아니라 세대주의 전통의 전 세계적 역사를 정리해야 한다. 이 운동을 역사적으로 정리한 대부분의 자료는 미국의 세대주의나 달라스신학교에서 혹은 그 학교에서 배출된 세대주의자들의 역사에 국한되어 왔다. 하지만 세대주의는 다

---

127 사실, 미국에 있던 거의 대부분의 초기 세대주의자들은 칼빈주의자들이었다. 그들은 장로회와 회중 교회, 성공회 혹은 칼빈주의 계열의 침례 교단 출신이었다(Kraus, *Dispensationalism in America*, 59-60).

128 Dennis M. Swanson, "Introduction to New Covenant Theology", *The Masters Seminary Journal* 18.1 (2007): 149.

른 대륙, 다른 국가 그리고 다른 언어적 배경에서도 성장해 왔다.

그리고 다른 문화적 배경에서 성장한 세대주의는 미국의 세대주의를 시간적으로 앞서기도 하며 또 다른 독특한 역사를 갖고 있다. 본 장에서 비 영미권 세대주의 전통의 일부를 다루려는 약간의 노력이 있었지만, 다뤄야 하는 내용의 범위와 규모가 엄청나 온전히 다루지 못했다. 전 세계적 세대주의를 설명하고 분석하며 평가하는 자료가 나온다면, 그것은 이 운동이 앞으로 나아가는 데 있어 많은 도움을 줄 것이다.

2. 요약: 씨앗에서 과수원까지의 세대주의의 이야기

독자들이 이 장을 읽으면서 생각했을 것과는 다르게, 세대주의의 역사는 그다지 복잡하지 않다. 이것을 농업과 관련된 비유로 묘사하는 것은, 어쩌면 우리로 하여금 한 발짝 뒤로 물러서서 숨을 고르고, 내가 지금까지 설명하려고 한 내용을 한 눈에 조감할 수 있도록 도울 것이다.

세대주의라고 알려지게 된 이 운동의 씨앗이 뿌려졌고, 우리는 이것을 역사적으로 확인할 수 있었다. 그리고 그렇게 뿌려진 씨들 중 몇 개만 묘목으로 자라나게 되었다. 세대주의라는 기존과는 조금 다른 신학적 형태가 19세기 유럽이라는 토양으로부터 자라났다.

19세기 유럽은 특별히 종말론 그리고 교회론과 관련해서 신학적 불만족이 있었는데, 결과적으로 이것은 세대주의가 성장할 수 있는 비옥한 땅의 역할을 했다. 세대주의라는 이 새로운 유형은, 튼튼하고 성숙하며 안정적인 신학적 체계로 충분히 발전하기 이전에, 새로운 환경에 적응하며 기존의 몇몇 특징을 버리고 새로운 옷을 입으면서 이미 다양화되기 시작했다.

세대주의가 대서양을 건너 북미 지역에 도달했을 때쯤, 이것은 반 교단적이고 분파적 저항 운동에서 초교파적 개혁 운동으로 발전하게 되었다. 또한, 세대주의가 갖고 있는 다양성은 특별히 미국에서 더 단단한 뿌리를 형성하게 되었다. 그리고 더 나아가서 세대주의는 전 세계로 널리 퍼져 나가게 된다. 이 운동은 기존의 교단들이 가지고 있던 어두운 면들에서 벗어나, 초교파주의라는 더 밝은 빛을 향해 성장해 갔다.

특히, 성경연구소(Bible Institutes)와 대학 그리고 신학교와 같은 기독교 기관에서 세대주의가 성장해 갔던 그런 환경 가운데, 과거에는 영향을 쉽게 받던 초록색 줄기가, 이제는 두꺼워지기 시작하면서 덜 구부러지는 껍질, 심지어는 구부러지지 않는 나무 껍질이 되었다. 다양한 몇몇 형태는 비바람을 맞으면서 시들고, 서서히 사라졌으며, 줄어들어 잊혀졌다.

어떤 품종들은 거대한 과수원이 되기까지 자라나고 전 세계적으로 열매를 맺은 반면, 다른 품종들은 논란의 폭풍에 의해 뿌리가 뽑히고 조각조각 쪼개졌다. 그리고 다른 것들은 자기 자신의 품종을 따른 묘목들을 조용히 재생산하고 있다.

그 모든 생의 단계들 가운데, 세대주의의 이야기는, 어떤 구별 가능한 점진적인 '시대들'에 걸쳐 발전하고 성숙한 획일적인 운동의 이야기가 아니다. 오히려 그것은, 계속되는 다양화 과정 가운데, 특정한 요점들에 대해 이뤄진 전반적 합의의 이야기이며, 그 때문에 통일성과 다양성을 모두 가지고 있는 운동이 탄생했던 것이다.

그 이야기는 대규모 진화의 이야기나, 혹은 전체적으로 단조로운 전통으로 퇴화된 이야기가 아니다. 대신에 이것은 계속해서 확장하고, 변화하며, 적응해 가는 하나의 신학적 전통에 관한 이야기이다.

그래서, 정의할 수 있고 다른 것들과 구분 지을 수 있는 신학적 운동으로서 우리가 **세대주의**를 말할 수도 있지만, 또한, 우리는 더 큰 종들 안에서 구별되는 변종으로서 **세대주의**를 말해야 할 것이다. 이것은 지금까지도 계속해서 성장하고, 증식하며, 발전하는 운동이다.

제4장

세대주의적 해석학

네이선 D. 홀스틴
달라스신학교 조직신학 교수

† 스코틀랜드 애버딘 사람인 내 친구가 어느 날 "나는 풋볼을 좋아해"라고 나에게 말했다. 만일 당신이 미국의 독자라면, 이 표현을 듣는 순간 페이튼 매닝과 덴버 브롱코스의 멋진 패스에 의한 공격을 떠올릴 것이다 (더 나이가 든 독자라면 조 몬태나 심지어는 조니 유나이타스를 떠올릴 수도 있다).

그러나 내 친구가 이 이야기 했을 당시에 나는 이미 몇 년째 스코틀랜드에서 살고 있었고, 이런 이야기를 들었을 때 트로이 에이크만이나 달라스 카우보이를 더 이상 떠올리지 않았다. 왜냐하면, 스코틀랜드 사람들이 **풋볼**이라고 말하면 이것은 미국인들이 이야기하는 **축구**이고, 반대로 미국인이 **풋볼**이라고 말하면 그것은 스코틀랜드 사람들이 이야기하는 **미식 축구**라는 것을 나는 이미 알고 있었기 때문이다.

이렇게 기록해 놓으니 조금 복잡하게 들리지만, 사실 이것은 매우 자연스런 일이다. 사람들은 하나의 동일한 것을 가리킬 때, 서로 다른 용어들을 사용한다. 그리고 반대로 하나의 동일한 용어를 가지고 서로 다른 것들을 가리키기도 한다.

이와 유사한 현상이 우리가 이 장에서 마주치게 될 내용의 일부이다. 해석학, 특별히 문자적 해석학에 대해 우리는 논의할 것인데, 서로 다른 사람들이 이 하나의 용어(즉, 문자적 해석)를 어떻게 사용하는지 주의 깊게 살펴봄으로써, 우리는 의견이 일치하지 않는 몇몇 실제 주제를 이해하는 데 있어서 많은 진전을 경험하게 될 것이다.

만약 당신이 여전히 풋볼이라는 표현을 미식 축구라는 표현보다 결국 더 마음에 들어 한다고 해도, 이것은 문제가 되지 않는다. 왜냐하면, 전 세계 대부분의 사람이 당신의 의견에 동의하기 때문이다.

그리스도인의 성경 읽기와 해석이라는 더 큰 범주 안에서의 세대주의의 정확한 위치를 이해하는 것이 이 장의 목적이다.

다시 말해서, 세대주의적 해석학은 무엇인가?

이런 질문에 나는 답변할 것이다.

이 질문이 직설적이어서 언뜻 보기에는 답하기 쉬워 보이지만, 사실은 답변하기 매우 어렵다. 이 질문을 다시 살펴보면 많은 질문이 생겨난다.

해석학이란 무엇인가?
그렇다면 세대주의는 무엇인가?
그리고 이 둘은 서로 어떤 관련이 있는가?

이런 질문들을 답해가는 과정을 통해, 세대주의란 곧 해석학이라는 사실을 우리가 발견하게 될 것이라고 나는 믿는다. 하지만 오늘날의 세대주의가 가지고 있는 다양한 견해를 설명하기 위해서는, 해석학을 폭넓게 그리고 충분히 다루어야 한다.

1. 해석학이란 무엇인가?

논의를 어디에서부터 시작해야 할지는 분명해 보인다. 세대주의가 제시하는 해석학을 판독하기 전에, 먼저 일반적 의미로서의 해석학의 개념을 다루어야 한다. 그런데 이것은 그렇게 간단한 문제가 아니다. 왜냐하면, 성경 읽기와 관련된 세 가지 단어인 해석학, 해석 그리고 석의(exegesis)가 서로 어떤 연관성을 가지고 있는 지에 대한 공통된 합의점이 없기 때문이다.

가장 단순한 접근법은 해석학(hermeneutics)과 해석(interpretation)을 동일한 것으로 보는 것인데, 기독교계의 많은 진영은 이런 접근 방식을 지지한다. 예를 들어, 쉐켈(Schökel)은 그의 영향력 있는 책 『해석학을 위한 설명서』(*A Manuel of Hermeneutics*)에서 "해석학이란 본문을 이해하고 해석하는 활동 이론이다"라고 이야기한다.[1]

그러나 우리의 그 단순한 공식은 조금 더 복잡해진다. 엄밀히 말하자면, 해석학과 해석은 서로 다르다. 심지어 가장 단순한 접근들에 있어서도, 해석학은 해석의 행위 뒤에 있는 이론이다.

기독교 해석학 분야에서 가장 존경받는 학자들 중 한 명인 티슬턴(Anthony C. Thiselton)은 다음과 같이 설명한다.

> 결론적으로, 석의(exegesis)와 해석(interpretation)은 텍스트를 해석하는 실제 과정을 지시하는 반면, 해석학은 텍스트를 읽고 이해하고 적용할 때 우리가 행하는 것이 정확하게 무엇인지를 비판적으로 묻는 이차적 과제를 포함한다. 해석학은 책임감 있고 타당하고 풍요로우며 적합한 해석을 추구하는 과정 속에 작동하는 조건들(conditions)과 규준들(criteria)을 탐구한다.[2]

쉐켈과 티슬턴이 논의한 중요하고 방대한 내용을 과소평가하지 않으면서도, 우리가 이 시점에서 요약을 제공하는 것이 마땅하다고 나는 생각한다. 하나의 해석학(a hermeneutic)이란 본문(특별히 성경 본문)을 해석할 때 사용되는 한 특정한 접근 방식이다. 반면, **해석학**(heremeneutics)은 본문 해석에 접근하는 여러 가지 방식에 대한 연구이다.

---

1 Luis Alonso Schökel, *A Manuel of Hermeneutics* (Sheffield: Sheffield Academic Press, 1998), 13.
2 앤서니 티슬턴, 『성경해석학 개론』(*Hermeneutics An Introduction*), 김동규 역 (서울: 새물결플러스, 2012), 19.

2. 해석학과 기독교

기독교는 성경을 해석하는 다양한 접근 방식을 제시해 왔다.[3] 이렇게 다양한 접근법이 있다는 것이 매우 놀랍지만, 우리는 해석학을 이제 막 걸음마를 배우려는 끈(tether)에 묶인 아이에 비유할 수 있다. 이쪽에서 해석학(a hermeneutic)은 자신이 그녀의 부모로부터 얼마나 멀리 떨어질 수 있는지 보고 싶어하지만, 저쪽에서는 해석학(a hermeneutic)이 부모와 함께 나란히 걷는 것에 만족해 한다.

해석학이 얼마나 멀리까지 가는 것과 상관없이, 그 거리에는 제한이 있다. 걸음마를 배우는 아이가 부모 가까이에 연결되어 있는 것과 같다.

이 비유에서, 부모는 저자의 의도를 나타낸다. 성경 해석학에 있어서 저자의 의도라는 개념은 불가항력적인 것이다.

나는 이미 비명 소리를 들을 수 있다. 저자의 의도라는 개념은 거의 모든 각도에서 공격을 받아 왔다. 저자의 의도를 인정하는 것은, 모든 인지 능력을 상실한 학자로 놀림 받는 이유가 되었다. 그러나 이런 위험을 감수하는 이유는, 저자의 의도를 탐구하는 것이 우리에게 주어진 역사적이고 신학적인 내용을 충분히 설명할 수 있는 유일한 방법이기 때문이다.

1) 저자의 의도

논란이 되는 개념인 '저자의 의도'는 도대체 무엇인가?

성경 해석에 관한 논의에 있어 '저자의 의도'는 어떤 의미를 갖는가? 허쉬(E. D. Hirsch)에 따르면, 저자의 의도는 '본문이 그 저자가 의도한 것을 의미한다는 합리적인 믿음'으로 요약될 수 있다.[4]

---

[3] 다음과 같은 저서를 살펴보면 이 주장에 대한 충분한 근거를 발견할 수 있다. *Biblical Hermeneutics: Five Views*, ed. Stanley E. Porter and Beth M. Stovell (Downers Grove, IL: InterVarsity, 2012). 놀라울 정도로 유익한 이 책에서 복음주의 진영에 속하는 각기 다른 다섯 가지의 견해를 우리는 발견할 수 있는데, 각각의 견해는 해석에 대한 고유한 접근들의 넓은 스펙트럼을 나타낸다.

[4] E. D. Hirsch, Jr., *Validity in Interpretation* (New Haven, CT: Yale University Press, 1967), 1.

그런데 이 개념이 특별히 성경에 적용될 때 많은 난관에 봉착한다는 사실을 우리는 인정해야 한다.

그리스도인들은 이중 저자권(dual authorship)이라는 개념에 대해 어떻게 생각하는가?
우리는 성경을 기록한 사람들의 의도를 찾는가 아니면 이 책을 궁극적으로 기록하신 하나님의 의도를 찾는가?
이 두 저자의 의도는 다른가 아니면 동일한가?
어떻게 성경의 각 개별적인 부분이 정경 전체와 들어맞는가?

인간 저자 누구도 정경 전체를 온전히 인지하지 못했었는데 말이다. 그리스도인들은 영감 교리를 확실히 믿기 때문에, 그들은 단순하고 직관적인 해석학을 적용하는 것에 있어서 어려움을 느낀다.

저자의 의도에 대한 추가적인 도전들이 많은 방향으로부터 제기되었다. 그중 가장 잘 알려진 것은 언어-행위 이론의 영향이다.[5] 발화적(locutionary), 발화내적(illocutionary) 그리고 발화매개적(perlocutionary) 행위라는 개념들과 씨름하다가, 어떤 사람들은 아예 '저자의 의도' 개념을 포기하고 싶은 이유를 발견한다.

동시에 저자의 의도에 대한 이런 도전들이, 비록 해석학을 저자의 의도로부터 멀어지게 한 것 같지만, 궁극적으로는 '저자의 의도'라는 원리의 정당성을 오히려 입증하게 된 것 같다. 그 원리는 앞에 언급한 도전들을 대처할 수 있는 방식으로 설명되어야 하지만 말이다.

사실, 이것은 케빈 밴후저(Kevin Vanhoozer)와 니콜라스 월터스토프(Nicholas Wolterstorff)가 제시한 내용이다. 각자가 주장하는 내용에는 조금

---

[5] 사실상, 성경 해석과 관련된 모든 책은 언어-행위 이론과 관련이 있다. 복음주의 진영을 고려했을 때, 이것은 특별히 더 연관되어 있다. 다음의 예를 참고할 것. Part 2 in Kevin J. Vanhoozer, *Is There a Meaning in This Text?* (Grand Rapids: Zondervan, 1998), or Vanhoozer's chapter, "The Semantics of Biblical Literature: Truth and Scripture's Diverse Literary Forms", in *Hermeneutics, Authority, and Canon*, ed. D. A. Carson and John D. Woodbridge (Grand Rapids: Zondervan, 1986).

씩의 차이가 있지만 말이다.[6]

"이 글에서의 나의 주된 목적은 저자-담론 해석의 온전성과 합법성을 변호하는 것이다"라고 월터스토프는 분명하게 말한다.[7] 저자의 의도를 중심으로 해석하는 것이란 무엇인가라는 물음에, 저자-담론 독법은 저자가 본문을 통해 말하고자 하는 것을 발견할 수 있는 독법이라고 월터스토프는 같은 맥락에서 답변한다.

더 자세히 말하면, 월터스토프는 자신의 접근법을 "기독교 성경 전체가 신적 담론의 매개체이기 때문에, 어떤 특정한 본문을 읽을 때, 그것을 매개로 성경 전체에서 하나님이 무엇을 말씀하고자 하시는가를 분별하려고 하는 특정한 해석 관습"으로 묘사한다.[8] 이런 방법은 저자의 의도를 긍정하는 것이지만, 이 긍정은 비평가들에 의해 비난받고 수정된 것이다.

월터스토프는 다음과 같이 이야기한다.

> 낭만주의와 구조주의 사이 공간에 위치해 있는 해석 방식을 찾고자 한 점에서 폴 리쾨르(Paul Ricoeur)는 옳았다. 하지만 그 공간을 차지하는 것은, 본문에 의미가 있다는 해석 관행이 아니라 저자-담론 해석의 관행이

---

[6] 성경을 해석하는 데 있어 다양한 견해가 존재하는데, 월터스토프에 대한 다음의 예는 그것을 분명하게 나타낸다. 스탠리 그렌츠와 존 프랭키는 월터스토프가 "성경을 해석하는 데 있어서 성경의 본문보다는, 그 본문을 기록한 저자에게 지나치게 초점을 맞춘다"라고 월터스토프를 비판한다. (Stanley J. Grenz and John R. Franke, *Beyond Foundationalism: Shaping Theology in a Postmodern Context* [Louisville, KY: Westminster John Knox Press, 2001], 74). 반면에, 룬딘은 월터스토프가 기고자로 참여한 저작의 서문에 이렇게 기록했다. "에릭 허쉬(E. D. Hirsch)는 본문 해석의 목표가 저자의 의도를 밝히는 것에 있다고 확신—보수 성서 신학자들 사이에 광범위하게 공유되는 믿음—했는데, 이 글에 참여한 기고자들 중 어느 누구도, 그와 의견을 같이하지 않는다. 왜냐하면, 그런 견해는 본문을 해석하는 자들이 그들이 기존에 가지고 있는 선입견과 사전 지식으로부터 완전히 자유로울 수 있다고 가정하기 때문이다"(Roger Lundin, *Disciplining Hermeneutics* [Grand Rapids: Eerdmans, 1997], 21).

[7] Nicholas Wolterstorff, *Divine Discourse* (Cambridge: Cambridge University Press, 1995), 136.

[8] 위의 책, 134.

다. 그리고, 이것의 특별한 버전은 거룩한 본문(성경 등)을 읽을 때 신적 담론을 분별하려고 하는 관습이다.[9]

마지막으로, 월터스토프는 그의 해석적 접근이 성경 해석의 불가항력적 힘과 개념상으로 연관되어 있다—내적으로 끈이 묶여 있음—고 조심스럽게 확증한다. 그는 자신의 해석법 이외에도 다른 해석 방법이 존재한다는 것을 인정하면서도, 그가 변호하는 해석법은 "기독교 공동체에서 1500년 동안 주를 이룬 해석 관행"이라고 언급한다.[10] 이것은 불가피한 사실이다.

월터스토프는 자신을 저자의 의도에 대한 지지자로 본다. 비록 그의 긍정은 언어-행위 이론에 의해 형성되었지만 말이다.

로마가톨릭 학자인 데이비드 윌리엄스(David Williams)는 저자의 의도가 성경을 해석하는 데 있어 역사적으로 불가항력적 요소라는 주장에 동의한다. 해석학 분야의 동향들에도 불구하고, '저자의 의도'라는 개념은 다시 상승세를 경험하고 있다. 그는 이렇게 기록한다.

> 성경에 대한 논의를 위한 변수들 중에, 주된 해석적 목표로서 저자 의도의 복구에 대한 강한 지지를 발견한다. 예를 들어, 가톨릭이 지난 60년 동안 일관성 있게 가르쳐 온 내용이 있는데, 그것은 바로 저자의 소통적 의도가 성경의 문자적 의미에 기초를 두고 있다는 사실이다. 이런 문자적 의미는 반드시 모든 석의(exegesis)의 토대가 되어야 한다.[11]

---

9   위의 책, 155.
10 위의 책, 135.
11 David M. Williams, *Receiving the Bible in Faith: Historical and Theological Exegesis* (Washington, D.C.: Catholic University of America Press, 2004), 6. 크레이그 블롬버그와 같은 복음주의자들도 저자의 의도를 되살리는 것의 중요성에 대해 언급한다. "허쉬와 같은 대부분의 작가는 저자의 의도를 따라 해석하는 것의 중요성을 강조했다. 저자가 실제 본문을 작성할 때 의도한 바가 그 글에 담겨 있는데, 그 본문이 갖고 있는 본래의 역사적 맥락을 연구하고 사회 문화적 배경을 분석함으로써 그 의미를 보다 분명하게 발견할 수 있다"(Craig L. Blomberg, "The Historical-Critical/Grammatical Response", in *Biblical Hermeneutics: Five Views*, ed. Porter and Stovell, 138).

실제로, 저자의 의도는 역사적으로 모든 성경 해석학의 중심이 되는 바로 그 원리이다. 저자의 의도라는 원리를 완강하게 거절하는 해석학들은, (아이를 묶어두는) 끈이 존재하지 않는다고 주장하면서도 그 끈을 잡으려 안간힘을 쓰는 유아들과 같다.

이런 해석학들은 자기 모순적이다. 왜냐하면, 그들은 저자의 의도가 갖고 있는 유효성을 부인하기 위해 저자의 의도 해석학을 사용하기 때문이다.

그렇다면 우리는 왜 저자의 의도에 대해 논의하는가?

이 질문에 대한 가장 간단한 대답은 다음과 같다. 우리는 아직 세대주의적 해석학을 다루지 않았는데, 앞으로 세대주의적 해석학에 대해서 배우게 되면, 이것이 역사에 걸쳐, 적어도 계몽주의 시대까지는, 성경에 대한 기독교적 접근 방식이 점유하는 같은 공간의 일부를 차지하고 있다는 것과, 세대주의적 해석학은 좋은 친구들이 있다는 것을 발견하게 될 것이다.

2) 이중 저자권 문제

그러나 좋은 친구들이 있다고 해서, 여전히 논의해야 할 문제들이 없는 것은 아니다. 조금 전에 간략하게 언급했듯이, 저자의 의도에 대한 논의에서 발생하는 주요 질문 중 하나는 성경의 이중 권위에 대한 문제이다. 하나님이 성경을 통해 말씀하신다고, 그리스도인들은 역사적으로 믿어 왔다 (그 예로, 『거룩한 담론』[Divine Discourse]이라는 제목의 월터스토프의 저작이 있다).

성경이 하나님의 영감으로 기록되었다는 것을 그리스도인들이 고백하는데, 그렇다면 인간 저자의 역할은 무엇이고, 그 저자가 기록했던 당시의 역사적 상황은 무엇이었는지에 대한 질문을 하게 된다. 각 저자의 정확한 역할을 알아내는 것은, 저자의 의도를 인정하는 모든 이의 과제로 남아 있다.[12]

---

[12] 이런 과제는 다음과 같은 글들이 존재하는 그 이유를 설명한다. Elliott Johnson, "Dual Authorship and the Single Intended Meaning of Scripture", *Bibliotheca Sacra* 143 (1986): 218–227.

이중 저자권에 대한 내용은, 특별히 복음주의 진영에 있는 자들에게 있어, 논의할 가치가 있는 주제인 것이 사실이지만, 안타깝게도 이것은 이 장의 범주에서 벗어난다. 이 문제가 저자의 의도 원리에 근거한 해석학을 뒤집지 않는다고 말하고 넘어가는 것으로 충분하다.

3) 문법적-역사적 해석

해석학과 관련된 논의에서 자주 등장하는 또 다른 용어는 '문법적-역사적 해석'이다. 성경에 대한 접근 방식으로서 저자가 의도한 뜻을 알고자 하는 열망에서 비롯되었기에, 문법적-역사적 해석이라는 용어는, 비록 흔히 하나의 해석학으로 여겨지지만, 엄밀히 이야기해서 이것은 해석학이 아니다.

또한, 이것은 성경 읽기에 대한 접근법도 아니기 때문에, 이것은 해석학이 아니다. 오히려 이것은 본문의 의미를 연구하는 방법에 대한 묘사, 혹은 본문의 의미를 발견하는 데 사용되는 과정에 대한 묘사이다. 티슬턴이 우리에게 가르친 바와 같이(위의 내용을 참고), 이것은 문법적-역사적 방법을 고유의 해석학과 구별한다.

그렇다면 정확히 말해서 어떤 해석학이 문법적-역사적 방법을 사용하는가?

문법적-역사적 방법을 사용하는 해석학은 저자의 의도 해석학(그 어떤 역사적 혹은 수정된 양식이든)이라는 것에 대부분의 학자가 동의한다. 이것은 블롬버그가 그의 글에서 진술한다.

> 문법적-역사적 방법은 성경이나 다른 어떤 본문을 본래의 역사적 배경 안에서 연구하는 것을 의미하며, 문법이나 구문론에 근거하여, 그 저자가 본래의 청중이나 수신자들을 위해 의도했을 법한 의미를 찾는 것을 의미한다.[13]

---

[13] Blomberg, "The Historical-Critical/Grammatical Response", 27.

우리가 지금까지 확인한 것은 이것이다. 기독교 역사의 대부분 동안, 성경 읽기에 대한 주된 접근 방식은 저자의 의도라는 개념을 중심으로 돌아갔다. 비록 그 원리가 종종 도전에 직면했지만(많은 경우 정당하게), 이것은 완전히 신뢰할 수 없는 것으로 결코 간주되지 않았다. 이것은 더 연단되었고, 기독교 사상의 많은 영역으로 다시 돌아왔다.

하지만 이것이 전체 그림은 아니다. 복음주의 일각 즉 복음적 보수주의에서는 저자의 의도 원리를 버린 적이 결코 없다는 충분한 근거가 있다. E. D. 허쉬의 확신은 보수적 성경 학자들 사이에서 널리 받아들여진 믿음이라고 룬딘은 다소 날카롭게 (아마도 과장해서) 언급한다.[14]

3. 개혁주의 전통과 언약주의 해석학

해석학에 대한 우리의 대화 범위를 보수적 복음주의로 좁히면, 세대주의적 해석과 비세대주의적(하지만 보수적이고 복음주의적인) 해석학의 관계를 이제 우리는 보게 된다. 여기서 우리는 가장 먼저 개혁주의 전통의 발전과 형성 과정을, 적어도 역사적으로, 살펴보아야 한다. 그 이유는 그럴 때 우리는 언약주의 해석학이라는 개념을 만나게 되기 때문이다.

우리가 이것을 더 진행하기 전에 잠시 멈춰, 조금 전에 언급한 말의 중요성을 곰곰이 생각해 볼 필요가 있다. 세대주의와 언약신학 모두 하나님이 성경을 통해 우리에게 말씀하신다는 확신을 가지고 있다. 또한, 성경에서 하나님이 의도하신 뜻을 찾아야 한다는 확신을 그들 모두 가지고 있다(그리고 두 전통 모두 저자의 의도에 대해 같은 것을 이야기하고, 저자의 의도는 다듬어진 방식으로 표현되어야 한다고 이야기한다).

그래서 기독교 해석학이라는 더 넓은 시각에서 보면 이 두 전통은 서로 매우 유사한 입장을 분명히 가지고 있다. 하지만 우리가 모두 잘 알듯이, 이 두 개의 해석학은 개념적 측면에서 분명한 차이를 갖고 있다. 이

---

14 Lundin, *Disciplining Hermeneutics*, 21.

제 우리는 그 차이점들에 대해 알아볼 것이다.

어떤 사람은 언약적 해석학을 개혁주의 신학과 동일시한다. 그러나 사실 이것은 조금 과장된 부분이 없지 않다.[15] 왜냐하면, 모든 개혁주의 신학이 언약신학은 아니기 때문이다. 하지만 언약적 해석학과 언약신학이 서로 밀접한 관련이 있는 것은 사실이다.

언약신학이란 무엇인가?

이런 질문에 대한 다음의 대답이, 누군가에게는 자극이 될 수도 있지만, 언약신학은 하나의 해석학이다. "이것은 성경 전체를 읽는 하나의 방법으로서, 그 자체로 그것이 뒷받침하는 성경의 전반적 해석의 한 부분이다"라고 제임스 패커(James Packer)는 기록했다.[16]

패커가 언약신학 자체를 '하나의 해석학'으로 지칭하는 것은 흥미로운 부분이다. 패커는 언약신학 자체가 해석학이라고 이야기한다. 나는 개인적으로 이것에 동의한다.

그렇다면 '이 언약주의 해석학은 어디에서 유래되었는가'라는 하나의 흥미로운 질문을 위의 주장은 불러일으킨다.

언약주의 해석학은 하나님의 주권에 초점을 둔, 종교개혁이나 그 이후의 논의에서 비롯되었다고 역사적으로 간략하게 답변할 수 있다. 이것보다 더 구체적으로 이야기 하자면, 위어(Weir)는 언약신학(최소한, 인류 타락 이전에 아담과 맺은 언약을 믿는 언약신학의 형태)이 "16세기에 있었던 예정론에 대한 논쟁에서 비롯되었다"라고 주장한다.[17]

이 견해는 언약주의 해석학을 이해할 수 있는 새로운 길을 열었다. 역사적으로, 하나님의 주권에 대한 논의는 예정론에 대한 확증으로 이어졌

---

[15] 이것과 관련해서는 다음의 글을 참고할 것. Stephen R. Spencer, "Reformed Theology, Covenant Theology, and Dispensationalism", in *Integrity of Heart, Skillfulness of Hands: Biblical and Leadership Studies in Honor of Donald K. Campbell*, ed. Charles H. Dyer and Roy B. Zuck (Grand Rapids: Baker, 1994), 238-54.

[16] J. I. Packer, "Introduction: On Covenant Theology", in Herman Witsius, *The Economy of the Covenants between God and Man* (repr., Escondido, CA: The den Dulk Christian Foundation, 1990), 1.

[17] David A. Weir, "*Foedus Naturale*: The Origins of Federal Theology in Sixteenth Century Reformation Thought" (Ph.D. diss., University of St. Andrews, 1984), 188.

다. 여기서 예정론이란, 하나님의 선택이 모든 구원 뒤에 있기 때문에, 오직 하나님에 의해 선택받은 자들만이 구원을 받는다는 견해이다. 하지만 예정론에 대한 이 논의는 구원을 뒷받침하는 언약들에 대한 추가적 논의로 이어진다. 궁극적으로 타락 이전의 행위 언약과 타락 이후의 은혜 언약에 대한 논의로 말이다.[18]

타락 전과 타락 이후의 언약이라는 도식이 만들어지는데, 이것은 '언약의 통일성'이라는 언약 해석학의 또 다른 구성 요소로 결국 이어진다. 이것은 모든 선택받은, 혹은 구원받는 자들이 '은혜 언약'이라는 똑같은 한 방식을 통해 구원받을 것이라고 보는 견해이다. 하지만 오직 하나의 은혜 언약만 존재한다. "개혁주의 신학에서 언약의 통일성이 매우 중요하다"고 언약신학자들이 강조하는 이유가 바로 이것이다.[19]

언약신학의 논리를 따라 한 발짝 더 나아가면, 분명해지는 것이 있다. 그것은 바로 오직 하나의 은혜 언약만 존재하기 때문에, 하나님의 백성도 오직 하나만 존재할 수 있다. 모든 선택받은 자는 하나의 몸으로 여겨지고, 이것은 성경을 해석하는 데 계속해서 적용된다. 언약의 통일성은 사실 언약 해석학의 가장 중요한 특징이다.

이것은 오직 하나의 하나님 백성만 있다는 결론에 이른다. 아담스는 다음과 같이 말한다.

> 각각의 이어지는 시대는, 완벽한 조화 안에서 이전 시대로부터 발전해 간다. 그리고 이 과정에서 각 시대는 하나님의 점진적인 계획을 드러낸다. 각 시대는 하늘 캔버스에 그리는 색깔로 수놓아지면서, 각각의 특정한 색조와 농도를 가지고 있다. 은혜의 언약이라는 통일된 주제가 이 모든 것을 관통한다."[20]

---

[18] 위어의 글은 언약의 발전 과정을 추적하는 데 도움이 된다. 특별히, 3장과 4장을 참고할 것. Weir, "*Foedus Naturale.*"

[19] Willem A. VanGemeren, "Israel as the Hermeneutical Crux in the Interpretation of Prophecy", *Westminster Theological Journal* 45 (1983): 134.

[20] Jay Adams, *The Time Is at Hand* (Philadelphia: Presbyterian and Reformed, 1970), 41. Cited by Willem A. VanGemeren, "Israel as the Hermeneutical Crux in the Interpreta-

제임스 패커는 어쩌면 이것에 대한 가장 명확한 정의를 내린다.

> 하나님의 말씀은 언약의 관점으로 보기 전까지는 바르게 이해될 수 없다.

그리고 더 나아가 그는 이렇게 기록한다.

> '나는 너의 하나님이 되고 너는 나의 백성이 되리라'라는 하나의 언약적 약속이 성경의 책들을 하나로 묶는 통일된 기준이 된다. 결국, 계속해서 이어지는 언약적인 믿음과 삶을 통해 하나님은 이 약속을 이루신다.[21]

바로 이것이다. 언약 해석학은 성경을 읽는 하나의 방식이다. 그것은 오직 언약적 관점을 통해서만 성경을 바르게 읽을 수 있다고 주장한다. 하나의 은혜 언약이 있고, 오직 한 종류의 하나님의 백성이 존재하며, 모든 시대의 선택받은 자들이 하나의 하나님 백성이라는 범주 안에 들어간다고 언약주의적 관점은 가르친다.

이 해석학에 따르면, 구약에서 이스라엘에게 주어진 모든 약속은 신약의 성도들에게 성취된다는 결론이 나온다. 만약 그 약속들이 "감각적이고 땅의 것처럼"[22] 보여서 잘 맞지 않는 것 같으면, 그런 약속이 신약 교회에게 부어지는 영적 축복들과 어우러질 수 있도록 하는 영적 읽기를 발견해야만 한다. 이것은 정확히 통일성 원리에 기인한 것이다. 언약 해석학은 실제로 통일성을 강조하는 해석학이다. 오직 하나의 예정이 있고, 하나의 언약이 있으며, 하나의 구원 그리고 결과적으로 하나의 하나님 백성이 존재하게 된다.

---

tion of Prophecy (II)", *Westminster Theological Journal* 46 (1984): 265.
21 J. I. Packer, "Introduction: On Covenant Theology", in Witsius, *The Economy of the Covenants between God and Man*, 5, 7.
22 Herman Bavinck, John Bolt, and John Vriend, *Reformed Dogmatics: Holy Spirit, Church, and New Creation*, vol. 4 (Grand Rapids: Baker, 2008), 659. 정확하게 말하자면, 바빙크는 이런 표현 형태들을 하늘의 것에 대한 모형으로 이해했다.

요약하자면, 언약 해석학은 저자의 의도를 찾는 것에서 시작된 성경 읽기 방식이다. 그리고 이것은 성경에 나타나 있는 하나님의 의도를 연구하기 위해, 은혜 언약의 통일성이라는 하나의 신학적인 기준을 따른다.

4. 문자적 전환: 세대주의적 해석학

저자의 의도 원리라는 하나의 같은 원리를 따르지만, 이것은 또 다른 해석학을 탄생시킨다. 이 해석학의 뿌리는 초기 기독교 역사에서 찾아볼 수 있지만, 이것의 발전된 형태가 실제로 등장한 것은 종교개혁 이후이다. 이 성경 읽기 방식을 세대주의적 해석학이라고 한다(언약신학 또한 초기 기독교 역사에 뿌리를 두고 있고, 종교개혁 이후에 모습을 드러냈다).

지금부터는 세대주의적 해석학을 언약 해석학과 구분 짓는 요소들에 대해 설명할 것이다. 왜냐하면, 언약 해석학이 이미 확립된 이후에, 적어도 어느 정도 발전된 형태의 세대주의적 해석학이 등장했기 때문이다. 그렇기 때문에 언약신학적 해석학과의 차이점을 들어서 세대주의적 해석학을 정의하는 것이 다소 일반적이다.

그리고 이런 접근 방식은 의미 있는 논의로 이어진다. 하지만 나는 이 두 해석학의 차이가 단순히 한 주제의 변형에 있다고 본다. 왜냐하면, 이 둘은 많은 공통점을 가지고 있고, 두 가지 해석학 모두 하나님이 성경에 의도하신 뜻을 밝혀 내는 것에 목표를 두고 있기 때문이다. 그래서 이 둘의 차이를 설명하는 것으로 시작하는 것보다, 세대주의적 해석학의 신학적 기초를 설명하는 것으로 시작하는 것이 더 나은 접근 방식이라고 나는 생각한다.

또한, 이런 특징들이 언약신학의 해석학에는 하나도 없다고 주장하는 것이 아니라는 점을 미리 밝혀야 하겠다. 그보다, 이것은 강조점을 어디에 두느냐의 문제인 것 같다. 예를 들어, 세대주의자들은 일반적으로 하나님 백성의 통일성을 부정하지 않는다. 하지만 그 통일성이 세대주의적 해석학의 기초를 형성하지는 않는다.

오히려 세대주의적 해석학이 성경을 더 문자적인 방식으로 읽음에 따라, 그 통일성은 하나님의 다채로운 계획에서 나온다.[23] 래드(Ladd)는 세대주의적 해석학과 비세대주의적 해석학의 경계를 이와 유사한 방법으로 이해한다.

> 세대주의 신학과 비세대주의 신학을 구분하는 기준은 다음과 같다. 세대주의는 구약성경에 대한 문자적 해석을 바탕으로 종말론을 형성하고, 이것을 신약성경과 연결시킨다. 반면 비세대주의 신학은 신약성경의 분명한 가르침을 바탕으로 종말론을 정립한다.
> 그러나 그들은 구약성경의 예언이 어떻게 성취될 것인지에 대해서는 분명하게 답변하지 못함을 고백한다. 왜냐하면, 그리스도의 초림은, 구약성경에 대한 문자적 해석으로 예견된 방식이 아닌, 다른 방식으로 성취되었고, 또한 구약에서 이스라엘에게 주어진 약속들이 그리스도인들의 교회 시대에 성취된다는 피할 수 없는 암시들이 있기 때문이다.[24]

1) 계시의 본질

세대주의적 해석학을 분석할 때 가장 먼저 다루어야 할 주제는 바로 하나님의 계시가 가지고 있는 그 본질이다. 앞서 언급했듯이, 언약 해석학과 세대주의적 해석학 모두 하나님이 의도하신 의미를 발견하는 것을

---

[23] 언약주의적 해석학과 세대주의적 해석학 모두 문자적 해석을 중요시한다는 사실에 다시 주목할 필요가 있다. 단지, 이 두 가지 해석학을 서로 구분 짓는 것은 문자주의에 대한 각각의 체계로서의 접근 방식에 있다. 언약주의적 해석학은 예정과, 언약 그리고 구원과 하나님의 백성을 정의하는 데 있어서는 문자주의를 채택하지 않는다. 왜냐하면, 그들은 문자주의를 위의 주제들의 통일성에 있어 위협으로 간주하기 때문이다. 그러나 반대로 세대주의적 해석학은 시스템적 원리 때문에 문자적 해석학을 버리지 않는다. 그래서, 문자적 해석이 각 본문에 있는 상징과 비유의 사용에 대한 다양한 관점을 허용함을 인정하면서도, 세대주의는 문자적 해석학을 확언한다.

[24] George Eldon Ladd, "Historic Premillennialism", in *The Meaning of the Millennium: Four Views*, ed. Robert G. Clouse (Downers Grove, IL: InterVarsity, 1977), 20–21.

성경 읽기의 목표로 삼는다. 이 공통된 확언이 두 가지 해석학 모두를 이끌고 가지만 각각 다른 신학적 강조점을 가지고 있기 때문에, 서로 약간 다른 방향으로 이끌어 가게 된다.

세대주의자는 하나님의 뜻에 대한 명확함 혹은 명료함을 강조한다. 사실 세대주의자는 하나님의 뜻을 설명할 때, 반 걸음 더 나아간 포인트를 강조하려 한다. 그것은 바로, '하나님의 메시지는 그것이 처음에 주어진 원래의 청중에 의해 이해될 수 있다'라는 점이다.

다시 말해, 하나님은 일반적으로 완전히 이해할 수 없는 방식으로 하나님 자신과 그분의 계획을 계시하지 않으신다는 것이다. 물론 하나님의 메시지에는 우리가 이해할 수 있는 범주를 넘어서는 요소들이 있다 (우리의 유한한 사고로는 쉽게 이해하지 못하는 내용들이다). 이 확언이 세대주의 해석학에서 어떻게 구체화되는지 곧 살펴볼 것이다.

2) 부가 설명: 명료성이라는 개혁주의 교리의 모순

여기서 분명하게 언급해야 할 점, 즉 개혁주의 전통은 하나님의 메시지가 가지고 있는 명료성을 분명하게 인정한다는 사실이다. 예를 들어, 웨스트민스터 신앙고백서 1장에는 다음과 같이 기록되어 있다.

> 성경에 기록되어 있는 모든 것이 그 자체로 의미가 분명하거나 선명하다고 이야기할 수는 없다. 하지만 구원받기 위해 알고, 이해하며, 믿어야 하는 내용들은 분명하게 제시되어 있다. 이것에 대해서는 학식이 있는 사람뿐만 아니라 학식이 없는 사람도 충분히 알 수 있도록 일반적인 방법이 사용되었다.

하지만, 이것을 자세히 살펴보면 이 진술은 언약 해석학을 심각한 모순에 빠지게 한다. 그 이유는, 성경의 명료성에 대한 그들의 이해에 따르면, 구약에 기록된 예언자들의 메시지를 불가피하게 배제시켜야 하기 때문이다. 또한, 구약 예언자들은 이스라엘이 거룩하게 되고, 그들이 회복되며, 예루살렘이 새롭게 세워지고 장식되면서 이스라엘을 위한 왕국이 도래할 것이라고 이스라엘 자손들에게 예언했기 때문이다. 그러나 언약주의적 해석학은 신약을 통해 나타난 그리스도에 대한 이해 없이는, 이와 같은 약속들이 해석될 수 없다고 주장한다.

다시 말해, 구약의 이스라엘은 선지자들의 메시지가 가지고 있는 참된 의미를 이해할 기회를 전혀 갖지 못했다고 그들은 주장한다. 그렇다면, 구약의 이스라엘에게는, 성경에 기록된 선지자들의 메시지가 결코 이해할 수 없는 베일에 가려진 내용이 되는 것이다.

언약주의적 해석학이 가지고 있는 지나친 단순함에 세대주의자들이 홀리지 않는 이유가 바로 이것이다. 이렇게 되면, 성경 전체를 설명하는 데 큰 어려움을 겪게 된다. 신학적으로 결정된 통일성의 단순함은 해석학적 분기점이 되었고, 결국 두 분파로 갈라지게 되었다.

3) 계시의 점진성

명료성 외에도 세대주의자들은 하나님의 계시와 관련된 논의에서, 그 계시가 점진적 속성을 가지고 있다고 주장한다. '하나님은 역사에 걸쳐 점진적으로 하나님 자신과 그분의 계획을 드러내신다'라고 이 두 번째 진술을 정의해 볼 수 있다. 사실 이것은 이미 너무 잘 알려져 있는 내용이라 '점진적 계시'라는 명칭도 가지고 있다. 다시 언급하지만, 이것은 세대주의 진영에서만 이야기하는 어떤 특별한 주장이 아니다. 다만 세대주의자들이 이것에 강조점을 조금 더 둘 뿐이다.

논리적으로 말하면, 점진적 계시에 대한 주장은 앞선 내용의 연속선상에 있다. 만약 하나님이 인간에게 주신 메시지가 그 받은 사람이 이해할 수 있는 내용이라면, 점진적 계시라는 개념은 성경에 기록된 계시에 가장 적합하다.

이것과 관련된 한 가지 예시는, 그 논리적 연관성을 충분히 보여 준다. 예수님이 이 땅에서 하시는 사역이 구약성경에 묘사되어 있다. 하지만 예수께서 이 땅에 오셔서 사역하시기 전에는, 그 기록이 무엇을 의미하는지 예상하기 어려운 부분들이 있다.

예를 들어, 고통받는 종에 대한 예언들을 어떻게 영광스러운 왕국의 통치에 대한 예언들과 연결시키는가?

우리의 관점에서는 이것을 답하는 것이 어렵지 않다(그리스도께서는 이 땅에 두 번 오시는데, 한 번은 겸손으로 임하시고, 다른 한 번은 영광스러운 능력으로 임하신다). 하지만 그리스도의 초림을 경험하기 전에는 이해하기 매우 어려운 내용이다(예수님의 제자들에게 물어보면 그의 사역 초기에 그들이 어땠는지 알 수 있다). 구약의 예언들이 주님의 초림과 재림의 요소들을 융합한다는 성경적인 결론은, 점진적 계시라고 불리는 원리의 힘을 보여 준다.

5. 세대주의적 해석학에 대한 요약

계시의 본질과 계시의 점진성이라는 이 두 가지 원리는, 세대주의적 해석학으로 가는 길을 충분히 요약해 준다. 만약 성경이 원독자에 의해 이해될 수 있다고 누군가가 말한다면, 그는 일관성 있게 문자주의를 따르는 해석학 노선에 있는 것이다. 그리고 만일 누군가가 점진적 계시라는 원리를 따른다면, 일관성 있는 문자적 해석학이 강화된다.

지금까지 내가 주장하는 내용은 이것이다. 세대주의적 해석학은 문자주의를 따른다. 하지만 여기서 문자주의를 따른다는 의미는, 언약 해석학이 이야기하는 문자주의와 다르다. 세대주의적 해석학이 더 일관성 있게 문자주의를 따른다고 말할 수 있다.

문자주의를 더 연구하다 보면 세대주의가 이야기하는 통일성과 다양성을 더 잘 이해할 수 있다. 왜냐하면, 문자주의라는 원리 그 자체가 통일되게 하는 요소이기 때문이다.

반면, '그렇다면 어디까지 문자적인 해석을 해야 하는가'라는 질문에 다양한 세대주의자가 답변을 했는데, 이것은 세대주의 안의 다양성을 명확하게 하는 데 도움을 줄 것이다. 지금부터는 세대주의의 통일성과 다양성에 대해 논의해 보겠다.

6. 세대주의적 해석학 안에 있는 통일성: 문자주의

문자적 해석학이란 정확히 무엇인가?

이 질문에 답하는 과정은, 몇 가지 추가적 질문들을 유발한다. 그럼에도 이것을 명확히 하기 위해, 우리는 적어도 한 가지 답을 시도해야 한다. 그것은 이것이다. 문자적 해석학은 본문의 의미를 그 문맥 안에서 이해하기 분명한, 보통의 평범한 뜻에서 발견하는, 하나의 성경 읽기 방식이다 (문법적-역사적 해석이라는 개념으로 다시 한 바퀴 돌아왔음을 주목하라).[25]

문자적 해석학은 비유적 표현과 상징이 존재하는 것과, 이런 장치가 문자적 의미를 전달하는 데 사용되는 것을 허용한다.

이것에 대해서는 조금 더 살펴볼 필요가 있다. 그러나 대다수의 복음주의자는 문자적 해석에 대한 설명을 따로 들을 필요가 없다는 점을 이 시점에서 언급함으로써, 심한 논쟁을 미연에 방지하는 것이 좋겠다. 왜냐하면, 그들은 이미 이 방법으로 성경을 읽고 있기 때문이다.

예를 들어, "태초에 말씀이 계시니라 이 말씀이 하나님과 함께 계셨으니 이 말씀은 곧 하나님이시니라"라는 요한복음 1:1의 말씀을 복음주의적 방법으로 읽는다고 생각해 보자. 우리 복음주의자들은 '말씀'이라는 이 용어의 정확한 의미에 대해 논의할 것이다. 우리 중 누군가는 이것을 하나의 이름 혹은 칭호로 볼 것이다. 반면에 다른 이들은 이것을 또 다른

---

25   문자적 해석학과 해석을 위한 문법적-역사적 접근 방식은 복음주의의 분명한 특징들 중 하나이다. 이것에 대해 윌리엄 톨라(William B. Tolar)는 다음과 같이 설명한다. "성경을 정확하게 이해하는 것에 있어, 문법적-역사적 접근 방식은 해석의 그 어떤 요소보다도 중요하다. 이것은 하나님의 말씀을 이해하는 것에 있어, 가장 중요한 핵심 원리가 된다. 문법적이고 역사적 지식을 정직하고 섬세하며 성실하게 사용하지 않고서는, 외국어로 기록되어 있고 고대의 서로 다른 역사적 맥락을 갖고 있는 본문을 바르게 해석하는 것이 거의 불가능하다. 바른 문법적 규칙을 사용하지 않고 역사적 맥락을 무시한 채로는, 본래 저자가 의도한 바를 이해하는 것이 불가능에 가깝다. … 본래 저자가 의도한 바를 정확하게 밝히는 것이 해석자의 의무이다. 만일 그 해석자가 이 의무를 다하지 않으면, 결과적으로 그는 지식적으로 부정직하고 영적으로 부도덕하며 진실성을 잃어버리는 것이다"(Tolar, "The Grammatical-Historical Method", in Bruce Corley, Steve Lemke, and Grant Lovejoy, *Biblical Hermeneutics*, 2nd ed. [Nashville: Broadman & Holman, 2002], 21).

대상으로 볼 것이다. 그러나 사실 이것이 영원하신 하나님의 아들을 가리킨다는 것에 우리 모두 동의한다(삼위일체의 한 위격으로서, 육신이 되어 이 땅에 오신 예수 그리스도이시다).

그렇다면 무엇이 이것을 '영적 해석'으로 이어지지 못하게 하는가?

언어가 가지고 있는 일반적인 규칙들에서 그 해답을 찾을 수 있다. 본문이 가지고 있는 내용과 그것의 다양한 문맥은 요한복음 1:1 말씀이 인간의 몸을 입으신 하나님의 아들로서 이해되도록 한다. 무엇보다도, "말씀이 육신이 되어 우리 안에 거하시매"라고 요한복음 1:14은 이야기한다.

그렇다면 우리는 왜 그 말씀이 신적 존재라고 주장하는가?

그 이유는 우리가 요한복음 1:1 내용을 문자적으로 읽기 때문이다. "이 말씀이 곧 하나님이시니라"라고 성경은 기록한다. 우리는 이것을 비유적 표현이 아닌, 문자 그대로 읽는다.

그런데 여기서 우리가 잠깐 앞의 내용을 살펴보면 좋을 것 같다. 성경의 수많은 구절에 대한 우리의 접근법을, 많은 복음주의자가 전적으로 동의할 것이라는 사실을 알게 되었다. 이것이 바로, 언약신학자가 작성한 요한복음 주석을 보고, 세대주의자가 기뻐하는 이유이다. 혹은 반대로 세대주의자가 작성한 누가복음 주석을 보고, 언약신학자가 기뻐하는 이유이다.[26] 오해하지 말기 바란다. 우리가 서로 동의하지 않는 세부 사항들을 항상 발견하게 될 것이다. 하지만, 성경 대부분에 있어, 이런 불일치는 문자주의 이슈 때문이 아니다. 복음주의자들은 성경의 대부분을 문자적으로 읽는다.

그렇다면 '언제', '어디서' 그리고 '왜' 몇몇 복음주의자가 성경에 대한 문자적인 접근 방식을 버리는가?

이런 흥미로운 질문에 답하는 것이 이 글의 목적 중 하나이다. 세대주의를 하나되게 하는 요소는 문자적 해석에 대한 체계적 헌신이라고 나는 주장한다.

---

26 나는 이 말을 의도적으로 삽입시켰다. 약간은 모호하겠지만, 이 말은 나의 동료가 누가복음에 관해 쓴 탁월한 주석을 지칭한다고 생각되어져야 한다(대럴 L. 박이 저술한 2권짜리 누가복음 주석을 참고하기 바란다). 그러나 당신은 이미 그것을 알 것인데 왜냐하면, 당신은 문맥이라는 문제에 마음이 맞춰져 있기 때문이다.

이 주장이 내가 굉장히 존경하는 두 학자의 견해와 긴장을 일으킨다는 것을 인지하고 있다. 크레이그 블레이징과 대럴 박은 그들의 저서 『점진적 세대주의』(Progressive Dispensationalism, CLC, 2016)에서, 해석과 문자주의 그리고 문법적-역사적 방법에 대한 그들의 견해가 개정 세대주의와 거리를 두는 이유들을 조심스럽게 나열한다.[27] 내가 주장하는 것과 블레이징 그리고 박이 다른 곳에서 주장하는 것 사이에 있는 긴장이라고 여겨지는 것은, 긴장이라고는 하지만 알맹이 없는 긴장일 뿐이다. 왜냐하면, 문자주의가 가지고 있는 통일성에 효과들에 대해 내가 이야기할 때, 나는 그 원리가 각 성경 구절에 적용되는 성공률에 대해 말하기보다는, 그 원리의 체계적 뿌리들에 대해 명확하고 의도적으로 초점을 맞추기 때문이다.

다시 한번 말한다. 세대주의적 성경 읽기의 다양성 가운데 통일성을 갖게 하는 것은 바로 문자적 해석이다. 하지만 여기서의 문자적 해석이

---

[27] 다음을 참고할 것. 크레이그 블레이징 그리고 대럴 박, 『점진적 세대주의』(Progressive Dispensationalism), 17-79. 이 장에서 블레이징은 일관성 있는 문자주의가 세대주의만의 독특한 특징이라는 주장에 이의를 제기한다(혹은 일관성 있는 문자주의가 점진적 세대주의가 있기 이전의 세대주의가 가지고 있던 형식이라는 주장을 비판한다). 개정 세대주의는 '문자적 해석'이 개정 세대주의에서 처음 사용되었다고 주장하는데, 블레이징은 '문자적 해석'이라는 용어를 이와 같이 사용하는 개정 세대주의의 그 방식에 동의하지 않는다. 늘 그렇듯 블레이징의 말은 통찰력이 있는데, 블레이징이 주장하는 견해가 내가 여기서 전달하고자 하는 바와 충돌하지 않는다. 내가 이렇게 말하는 근거는, 첫째로 블레이징은 점진적 세대주의라는 당시로서는 새로운 개념을 위해 받아들일만한 "개념 공간"을 문맥적으로 빚어내려 하고 있다. 새로운 개념의 독특성을 보이기 위해, 그것이 갖고 있는 차이점을 강조하는 것은 지극히 자연스럽다. 이런 이유로, 그의 몇몇 주장은 조금 과장된 면이 없지 않다(이것에 대한 하나의 예를 들자면, 블레이징은 정통 세대주의와 개정 세대주의 모두 성경을 해석하는 것에 있어 '일관성 있게 문자적이지 못했다'고 주장한다. 그러나 개정 세대주의가 언약주의 해석학과 엄연히 다르다는 것을 라이리는 분명하게 밝혔다. 그리고 심지어는 몇몇 언약주의 신학자도 라이리의 이런 설명이 타당하다는 것을 인정했다). 둘째로, 문자주의는 세대주의 신학에 의해 채택되었지만, 언약신학으로부터는 배척당했는데, 이런 측면을 고려했을 때, 문자주의는 여전히 모든 세대주의 형태의 공통된 특징이다. 일관성 있게 "'문법적-역사적'이라는 ... 목표를 추구한다면, 점진적 세대주의 해석학에서 구현되는 것에 훨씬 가까워진다"라고 블레이징은 일관성 있게 주장(『점진적 세대주의』, 54)하는데(그의 관점에서는 정당하게 생각될 것임), 이 주장에 주목해 보는 것도 흥미롭다. 그러나 실제로는, 모든 형태의 세대주의적 견해는 성경에 대한 문자적 접근 방식을 중요한 열쇠로 여긴다. 각 세대주의자가 말하는 '문자적'이라는 의미가 다르다는 블레이징의 주장이 맞지만 말이다.

란, 성경의 많은 본문에 대해, 어떤 체계 때문에 문자주의를 저버리는 것을 거절하는 것을 의미한다.

마지막으로, 이 접근 방식은 비세대주의자들이 자기 자신을 묘사하는 것과 또한 일치한다고 나는 생각한다. 많은 수의 저명한 학자를 나열할 수 있지만, 모두를 언급할 수는 없기 때문에, 그들 중 몇몇을 소개하는 것으로 만족하겠다.

우리는 제임스 패커와 빌렘 밴게메렌(Willem VanGermeren)의 증언을 가지고 있다(이것은 앞서 언급된 내용이다). 하지만 심지어 비교적 최근의 비세대주의자들도(어쩌면 의도치 않게) 결과적으로 이런 주장을 지지하게 되었다. 킴 리들바거(Kim Riddlebarger)의 대표 저서 『개혁주의 무천년설』(*A Case for Amillennialism*[서울: 부흥과개혁사, 2013])을 보면 한 나이든 개혁주의 저자가 쓴 글을 긍정적으로 인용하고 있다.

만일 무천년주의자가 "문자적 해석 방법을 모든 예언을 해석하는 데 있어 보편적 원리로서 여기기를 거부한다면" 어떤 해석 규칙을 따라야 하고 그것을 어떻게 알 수 있는지를 그는 설명하고 있다.[28] 비록, 세대주의적 접근 방식은 '문자주의적'(literalistic)인 반면 개혁주의적 방식은 '문자적'(literal)이라고 킴 리들바거는 이후에 주장하기는 하지만, 결과적으로 그가 '문자주의'를 다시 정의했다는 점은 분명하다.

그는 다음과 같이 언급한다.

> 신약 저자들이 어떻게 구약 예언을 해석하는지에 대한 문자적 의미를 그들이 따른다는 점에서, 예언을 문자적으로 해석하는 것은 세대주의자들이 아니라 무천년주의자들이다.[29]

---

[28] 킴 리들바거, 『개혁주의 무천년설』(*A Case for Amillennialism*), 박승민 역 (서울: 부흥과개혁사, 2013), 52.
[29] 킴 리들바거, 『개혁주의 무천년설』, 57.

문자적 해석학이 성경에 대한 다양한 세대주의적 접근 방식을 하나로 묶는 요소인 것은 기정 사실과 다름이 없다. 하지만 그것은 우리로 하여금 심지어 더 광범위한 질문을 하게 한다.

어떤 요소들이 세대주의적 성경 읽기의 다양성을 설명할 수 있는가?

7. 세대주의 해석학에 있는 다양성: 문자주의의 한계들

세대주의는 성경을 접근하는 다양한 방식을 포함하고 있다. 세대주의의 다양성에 기인하는 많은 요소가 있는데, 안타깝게도 모든 요소를 다 다룰 수는 없다. 왜냐하면, 그럴 만한 공간이 충분하지 않기 때문이다. 하지만 다행인 것은, 우리가 지금까지 해 온 것처럼 이 주제에 접근할 때, 이 다양성의 발전을 적절하게 요약하도록 돕는 타당하고 변호 가능한 개념이 있다는 것이다.

즉, 문자적 해석학에 대한 추구는, 성경에 대한 세대주의의 다양한 접근 방식을 하나로 묶는다. 언제, 어디서, 어떻게 그리고 왜 다양한 세대주의자들이 그 접근법을 수정했는지 알고 나면, 세대주의 안에 있는 다양한 접근 방식을 이해할 수 있을 것이다. 다시 말해 문자주의 원리가 어떻게 적용되고, 변형되며 혹은 거부되는지를 보면 세대주의 안에 있는 다양성을 이해할 수 있다.

블레이징과 박의 용어 체계를 채택해서, 세대주의를 크게 '고전적 세대주의', '개정 세대주의' 그리고 '점진적 세대주의'라는 세 주된 운동으로 보도록 하자(적어도 이 논의에서는 그렇게 하겠다).[30] 어떤 편을 들지 않아도, 개정 세대주의와 점진적 세대주의 사이의 논쟁은 문자적 해석학에 대한 서로 다른 이해에서 비롯된 것이 너무도 분명하다. 블레이징과 박의 견해에 따르면,

---

[30] 이런 구조를 정의하거나 변론하는 작업을 나는 여기서는 하지 않을 것이다. 이것과 관련된 내용은 다음의 저서에서 확인할 수 있다. 크레이그 블레이징 그리고 대럴 박, 『점진적 세대주의』(*Progressive Dispensationalism*), 17-79. 여기서는 이 분류 구조를 깊게 다루지 않고도, 내가 의도하는 바를 전달할 수 있다.

개정 세대주의는 문자적 해석학을 너무 단순하게 이해하는 신학적 체계이다. "오늘날 해석학은 찰스 라이리가 문자적 해석을 '분명한, 단순한, 보통의(평범한)' 해석 방법이라고 단언했을 때보다 훨씬 더 복잡해졌다"라고 크레이그 블레이징은 이야기한다.31 블레이징과 박은 문자적 해석학에 대한 더 발전되고 섬세한 방식을, 그들의 신학 체계의 한 부분으로서 제시하고자 한 것이 분명하다.

그렇다면 문자적 해석학에 대한 어떤 의견 차이가 있는가?

이 부분을 자세히 다루지 않아도(모든 내용을 다루려면, 더 많은 분량의 글이 요구된다), 그 중 몇 가지 내용을 어렵지 않게 살펴볼 수 있다. 블레이징과 박이 라이리의 해석학을 개정한 내용들을 보면 매우 효과적으로 그 차이를 이해할 수 있다. 여기서 언급하는 내용이 전부는 아니지만, 충분한 설명이 될 수 있기를 바란다.32

'사전 지식이 해석에 있어 어떤 역할을 하는가?'
'독자들이 본문을 접근하는 방식에 대한 이해가 어떻게 발전되었는가?'
'성경이 하나님의 감동으로 기록되었다는 그 함의를 어떻게 이해해야 하는가?'
'문학적 특징은 해석에 어떤 영향을 미치는가?'
'또한, 신학적 맥락은 해석에 어떤 영향을 미치는가?'

이와 같은 주제를 이해하는 데 있었던 발전들, 이런 것이 바로 블레이징과 박이 제안한 요소들이다. 문자적 해석학에 대한 라이리의 문법적-역사적 접근 방식은, 문자적 해석학에 대한 문법적-역사적-문학적-신학적 접근 방식으로 발전되어야 한다고 블레이징과 박이 주장하는 이유가 바로 이것이다.

---

31 크레이그 블레이징 그리고 대럴 박, 『점진적 세대주의』 (*Progressive Dispensationalism*), 53.
32 이런 내용 전체는 다음 글에서 발췌된 내용이다. 크레이그 블레이징 그리고 대럴 박, 『점진적 세대주의』 (*Progressive Dispensationalism*), 83-107.

블레이징과 박이 강조하는 하나의 차이점은, 어떤 구절을 해석하는 것에 있어 정경이 가지고 있는 역할과 관련되어 있다. 다시 말해 '각 성경 본문의 상호 관계들(inter-textual connections)이, 우리가 하나의 구절을 읽는 것에 있어 어떤 영향을 미치는가'이다. 대부분 금방 알아채듯이, 이것은 매우 적절한 질문이다. 하지만 어떻게 정확히 책임 있게 답변할 것인지를 놓고, 세대주의자들 사이에서 때때로 의견이 분분하다. 어떤 이들은 이것을 문자적 해석학이 가지고 있는 순수성에 대한 위협으로 간주하는 반면에, 다른 이들은 이것을 문자적 해석학을 추구할 수 있는 책임 있는 유일한 방법으로 본다. 이 질문에 대한 대답의 차이는, 세대주의적 성경 해석의 다양성으로 이어진다.

블레이징과 박이 언급하는 또 다른 차이점은 신학적 해석에 대한 질문이다.

같은 종류의 의문이 다시 생긴다. 이와 관련된 신학적 원리들이, 우리의 성경 읽기에 어떻게 영향을 미치는가?

세대주의자들은 이 질문에 대해 다르게 답변하는데, 이것이 세대주의 안에서의 다양성을 야기한다.

나는 이 논쟁을 해결하거나, 중재하려는 것이 아니다. 블레이징과 박은 라이리의 문자적 해석학에 대해 의구심을 갖는데, 나는 단지 이것을 관찰할 뿐이다. 라이리의 문자적 해석학의 몇몇 사항이 수정되어야 한다고 그들은 주의 깊게 설명한다. 그렇게 해야만, 더 적절한 문자적 해석학이 된다고 그들은 주장한다.

그러나 반면에 우리가 라이리의 관점에서 고려한다면, 점진적 세대주의가 주장하는 견해는 사실 문자적 해석학이 아니라고도 말할 수 있다(이것은 반대편에서의 시각이다). 점진적 세대주의는 문자적 해석학에 대한 전통적 관점으로부터 떠났다.

"점진적 세대주의는 '보완하는 해석학'을 도입함으로써 전통적 세대주의가 고수해 오던 일관성 있는 문자적 해석학으로부터 분명하게 멀어지고 있다"라고 라이리는 기록한다.³³ 모두가 이것에 동의한다. 세대주의의 다양성을 설명하는 핵심적 요소는 문자적 해석학에 대한 다양한 견해이다. 결국, 우리의 원리는 분명해 보인다. 문자적 해석학이 이 모든 것의 중심에 있다. 문자적 해석학은 세대주의에 일정 수준의 통일성을 제공할 뿐만 아니라 세대주의의 다양성을 창조해 내는 핵심 요소가 된다.

8. 시금석: 세대주의 해석학에서의 그리스도의 위치

우리가 해석학에서의 그리스도의 위치를 고려할 때, 세대주의적 해석학의 통일성과 다양성에 대한 논의의 정확성을 확인할 수 있는 흥미로운 기회가 생긴다. '기독론적 해석학'은 매우 잘 알려진 성경 읽기 방식이다. 간단히 설명하자면, 이 해석학은 성경을 이해하는 것의 핵심이 그리스도라고 단언한다.

더욱이, 이 내용은 달라스신학교 교리 선언문에 언급된다.

> 우리는 주 예수 그리스도와 그분의 사역 그리고 그분의 초림과 재림이 성경의 핵심이라고 믿는다. 그렇기 때문에 성경의 그 어떤 부분도 심지어는 구약성경까지도, 그리스도 없이는 바르게 이해될 수 없다고 고백한다.³⁴

이 글에서 이 전에 주장한 것을 지침으로 사용한다면, 해석학에 있어 그리스도의 위치에 대한 세대주의적 견해들이 어느 정도의 다양성을 보여 줄 것이라고 기대해야 한다. 언제, 어디서, 어떻게 그리고 왜, 어떤 세대주

---

33 Ryrie, *Dispensationalism* (2007), 100.
34 『달라스신학교 교리 선언문』, 제1조: 성경. http://www.dts.edu/about/doctrinal statement.

의적 관점이 기본적인 문자적 해석을 수정하는지에 기초해서 말이다.

사실 이것은 이 주제에 있어 나타나는 세대주의적 다양성에 대한 매우 합리적인 묘사라고 생각된다. 해석학에 있어 신학과 정경의 역할을 보다 크게 보는 몇몇 세대주의자는, 그리스도와 그분의 사역이 모든 성경 구절을 읽고 해석하는 것에 있어 핵심적 요소임을 기꺼이 긍정하는 듯 하다.

그에 반하여, 다른 이들은 그리스도가 성경 이야기의 핵심적인 인물일 뿐이라고 주장한다. 그 결과, 해석학에 있어 그리스도의 역할은, 그것이 모든 구절의 해석을 결정한다기보다는, 그 구절이 중심 인물과 어떤 관계를 가지고 있느냐를 파악함으로써 전체 이야기 안에 그 구절의 자리를 위치시킨다.

다시 말해, 이 관점은 그리스도가 성경 각 구절의 읽기를 결정한다는 것을 부정한다. 오히려 각각의 구절은, 그리스도가 중심 인물인, 정체 형성에 기여하는 것이다. 이 견해는 전통적인 문자적 해석학을 수정하는 것을 그다지 원하지 않음을 알 수 있다. 오히려 이 견해는 전통적인 문자적 해석학 핵심에 조금 더 가까이 있다.

달라스신학교 교리 선언문의 역사를 살펴보면 이것이 분명해진다. 이 선언문은 점진적 세대주의가 발전되기 훨씬 이전에 만들어졌는데, 이것을 작성한 학자들은 모든 성경 구절이 우리를 "그분에게로 이끈다"라고 그들의 입장을 표명했다.[35] 그들이 여기서 "이끈다"라는 특정한 단어를 사용한 이유는, 지나친 기독론적 해석학으로부터 거리를 두기 위함으로 보여진다.

---

[35] 현재의 달라스신학교 교리 선언문의 기원은 1924년으로 거슬러 올라간다. 췌이퍼는 복음주의신학대학교(Evangelical Theological College, 달라스신학교의 전신)의 위원회와 함께 1924년에 교리 선언문을 최초로 작성했다. 췌이퍼는 이 교리 선언문을 작성하는 데 있어, 토마스(W. H. Thomas)와 토레이 (R. A. Torrey) 그리고 게벌라인(A. C. Gaebelein)과 같은 학자들에게 자문을 구했다. 다음을 참고할 것. John D. Hannah, *An Uncommon Union* (Grand Rapids: Zondervan, 2009), 87–88. 이 책의 299쪽부터 시작되는 부록을 보면 1924년에 작성된 교리 선언문 전문을 확인할 수 있다.

해석학에 있어 그리스도의 위치를 설명하는 것의 그 미묘한 차이들을 더 다룰 수도 있다. 하지만 세대주의 안에서의 기독론적 해석학이라는 개념을 다룰 때, 우리의 핵심 주장이 상당한 정확도를 나타낸다는 것을 알게된 것으로 여기서는 충분한 것 같다.

9. 결론

비세대주의자들과 세대주의자들의 의견이 불일치하는 영역은 아직도 많다.

성경을 비추어 볼 때, 누구의 해석학이 적절한가?

심지어 세대주의 안에서도, 문자적 해석에 대한 어떤 이해가 가장 합리적인가를 우리는 여전히 논의하고 있다. 나는 이런 논의가 가치 있다고 본다. 무언가에 동의하지 않는 형제들과 자매들은, 그들이 갖고 있는 견해의 차이를 공개적으로 논의해야 한다.

그러나 내가 주장해 온 바는 바로 이것이다. 세대주의와 그것의 독특한 해석학적 접근 방식은, 성경에 대한, 성경을 믿는 그리스도인의 접근 방식 목록 중에 합당한 위치를 차지하고 있다는 것이다. 세대주의는 종교개혁을 계승한다. 그리고 개혁주의가 가지고 있는 성경에 대한 기본적 접근 방식을 존중한다. 그러나 세대주의는 자신을 성경에 대한 비세대주의적 접근 방식들로부터 구별한다. 왜냐하면, 세대주의는 문자적 해석학에 대한 세대주의만의 고유한 특징을 가지고 있기 때문이다. 그리고 비록 세대주의 안에서도 서로 동의하지 않는 영역들이 있지만, 서로를 연합시켜 주는 하나의 통일된 주제를 발견한다. 문자적 해석학에 대한 세대주의 내의 체계적인 연결점들이 이것을 분명히 한다.

더욱이, 세대주의 안에서도 문자적 해석학에 대한 의견이 분분하다. 그러나 밝혀진 바처럼, 이 의견의 불일치가 세대주의를 분열시키지는 않는다. 오히려 다양한 세대주의자가 문자적 해석학을 정의하고 실행하는 노력을 함으로써, 이것은 다양한 세대주의적 해석을 이끌어 낸다.

미식 축구 팬들은, 미식 축구라는 공통적인 관심사를 가지고 하나가 된다. 그들이 미식 축구에서 누가 최고인지에 대해 서로 다른 견해를 가지고 있다고 해서, (내가 확신을 가지고 말할 수 없음을 알지만) 그들이 분열되지는 않는다. 헬멧에 파란색 별이 달려 있는 달라스 카우보이 미식 축구팀이 최고라고 말할 수 있기를 나는 진심으로 원한다.

제5장

역사를 향한 하나님의 계획: 그리스도 이전

유진 H. 메릴
달라스신학교 구약학 명예교수

창조주 하나님이 계획을 가지고 계신다고 이야기하는 것은, 같은 말을 두 번 반복하는 것과 같다. 다시 말해, 하나님이 자신이 창조하신 것에 대한 특별한 계획이나 이유가 없다는 것은 논리적으로 그리고 신학적으로 말이 되지 않는다. 하나님의 목적, 특히 끊임없이 살아 움직이는 목적을 전문 용어로 '엔텔레키'(entelechy)라고 한다. 이것은 어떤 특정한 목표를 향한 의지적 행동을 의미한다.

우리 인간은 어떤 틀 안에서, 점진적으로 계획을 실행시켜 간다. 이것은 연대기순으로 그리고 역사적으로 진행이 된다. 하나님의 계획이 이루어지는 것 또한, 이와 유사한 관점에서 이해되어야 한다. 물론 인간은 하나님과 달리 유한한 존재이지만 말이다.

이것은 그리스도께서 이 땅에 오시기 전인, 구약성경 시대에 있었던 역사를 향한 하나님의 계획을 발견하기 위한 통시적 접근 방식이다. 이것은 그분에 의해 점진적으로 드러났고, 하나님의 감동으로 성경에 기록되었다.

하나님의 계획이 이루어지는 진행 과정을, '세대들'이라는 용어로 설명할 수 있다. 여기서 세대란, 하나님의 목적이 각 시대에 진행되어 가는 다양한 방법을 가리킨다.

적어도 6가지의 세대가 이 장에서 다루어 진다.

(1) 창조 명령의 세대
(2) 인간 통치의 세대
(3) 은혜의 세대
(4) 율법의 세대
(5) 메시아적 구속의 세대
(6) 종말론적 회복의 세대

이 기간들은, 본문이 기록된 당시의 상황을 근거해 정해졌다. 그 본문들이 전제하고 묘사하는 시대들을 기준으로 구분한 것이 아니다. 왜냐하면, 본문에 등장하는 인물과 사건의 의미는 주로 그 본문 자체에서 자료의 지표나 '사실들'로서 발견되지 않고, 구약성경의 기사들(하나님의 목적과 관련해 신뢰할 만한 유일한 증거들)을 하나로 편찬한 선지자들과 시인들의 해석에서 발견되기 때문이다.

그러므로 우리가 해야 할 것은, 그 계획의 윤곽을 추적해서 발견하는 것이다. 이것은 가장 오래된 기록인 모세오경부터(약 B.C. 1400년), 역대기 기자의 기록까지(약 B.C. 400년) 1000년이라는 기간에 대한 연구이다. 정경적으로 말해서, 이 연구에서는 모세오경(Torah)과 예언서(Prophets) 그리고 성문서(Writings)로 구분되는 히브리어 성경의 세 부분을 모두 살펴볼 것이다. 특별히, 각 세대와 다른 세대 사이의 연속성과 불연속성에 대해 주목할 것이다.

1. 하나님의 계획의 기원

1) 하나님의 계획의 계시

첫 번째 세대는 창조 명령과 관련되어 있다. 구약성경에 따르면, 창조 명령이란 하나님이 인간에게 다섯 가지 말로 말씀하신 명령이다.

> 생육하라 그리고 번성하라 그리고 땅에 충만하라 그리고 땅을 정복하라 그리고 [모든 생물을] 다스리라(창 1:28).[1]

그러므로 하나님의 계획에는 인간이 하나님과 함께 그의 모든 창조물을 다스리는 것이 포함되어 있다. 인간을 하나님의 형상이라고 기록한 내용은(26절), 인간이 이 땅에서 하나님의 대리자임을 더 분명하게 나타낸다.[2] 이것이 어떻게 성취되는지, 주기도문에 분명하게 기록되어 있다.

> 뜻이 하늘에서 이루어진 것 같이 땅에서도 이루어지이다(마 6:10).

2) 하나님의 계획의 와해

창조와 에덴동산의 세대에서 인간에게 요구된 유일한 것은 순종이었다. 인간에게 주어진 첫 실제적인 시험은, 하나님의 계획을 실행하고자 하는 인간의 의지와 능력을 확인하기 위한 것이었다. 이것은 에덴동산이라는 작은 공간에서 이루어졌는데, 에덴동산을 "경작"하고 "지키라"고 하나님은 그들에게 명백한 명령을 주셨다(창 2:15).[3]

---

[1] 첫 동사에 이어 계속해서 등장하는 '바브 연속법'의 기능을, 두 쌍의 중언법(hendiadys)으로 이해할 수 있다. (1) '생육해서 그 결과 땅에 충만하라', (2) '땅과 그 안에 있는 모든 것에 대한 완전한 주권을 행사하라.' 이것과 관련된 이해를 얻기 위해서는 다음을 참고하기 바란다. Victor P. Hamilton, *The Book of Genesis 1–24*, New International Commentary on the Old Testament (Grand Rapids: Eerdmans, 1990), 131, n 2.

[2] 통상적으로 '하나님의 형상으로(형상 안에서)'라고 번역할 때, 일반적으로 서사의 중요한 요점을 놓치게 된다. 그것은 바로 하나님은 그가 창조하신 모든 것을 보살필 책임을 인류에게 맡기셨다는 사실이다. 여기서 사용된 전치사는 '~안에서'라는 일반적인 의미뿐 아니라 동등함을 의미하는 '베트 에센티아'(*beth essentiae*) 용법으로 사용되었다. 형상(צֶלֶם)이라는 용어와 모양(דְּמוּת)이라는 용어는 사실상 동의어이다. 두 단어 모두 '형상' 혹은 '모양'이라는 의미로 사용될 수 있으며 어느 경우든 '대표(성)'을 의미한다. 이것에 대한 더 자세한 논의는 다음을 참고하라. Kenneth Mathews, *Genesis 1–11:26*, New American Commentary (Nashville: Broadman & Holman, 1996), 163–172. 참조, *Theological Dictionary of the Old Testament*, ed. G. Johannes Botterweck and Helmer Ringgren, vol. 3 (Grand Rapids: Eerdmans).

[3] 여기서 '아바드'(עָבַד)라는 동사와 '샤마르'(שָׁמַר)라는 동사가 각각 사용되었다. 구

그러나 남자와 여자 모두 뱀의 유혹에 넘어갔는데, 사실 그들에게는 뱀을 다스릴 통치권이 주어졌었다(창 1:28). 그들은 그들의 자유 의지를 하나님의 계획에 대항해 사용했다. 그 결과로 인류는 하나님으로부터 멀어졌고, 해로운 결과가 그들과 모든 피조물에게 저주로 내려졌다. 이것은 하나님에 대한 지독한 불순종의 당연한 결과이다. 하나님은 그들과 은혜로운 언약을 맺으셨고 이것이 그 관계를 규정했는데, 그들은 이 자비로운 언약을 결국 저버렸다(창 3:14-19).[4]

생육하고 번성하라는 명령은 여전히 유효하다. 그러나 이제 이것은 여성의 더 큰 해산의 고통을 통해 이루어진다. 그리고 여성은 주도권을 상실한다(창 3:16). 남성은 평생 땅에서 수고해야만 한다. 땅이 가시덤불과 엉겅퀴를 내는데, 노쇠해서 흙으로 돌아갈 때까지 얼굴에 땀을 흘려야 한다. 그리고 흙으로부터 온 아담은, 결국 흙으로 돌아간다(창 3:17-19).[5] 이것은 새로운 세대가 시작됨을 알린다.

그러므로 저주를 하나님의 계획의 무효화로 이해해서는 안된다. 즉, 창조주와 피조물, 특별히 하나님과 인간의 관계가 돌이킬 수 없이 단절된 것은 결코 아니라는 것이다. 인간은 여전히 하나님의 형상이다. 비록 인간이 타락한 상태에 있지만, 비록 거기에 필요한 조정들이 있지만, 그럼에도 하나님은 인간을 통해 당신의 창조 목적들을 계속해서 실행해 나가신다.

약에서 이 두 단어는 (1) 모든 만물을 다스리시는 전능하신 주권자 하나님께 순복함을 확언한다(예배)는 의미 그리고 (2) 그 고백에 비추어 인간이 해야 할 역할을 분명히 한다(봉사)는 의미로 사용된다(참조. 창 18:19; 레 19:37; 신 5:1, 32; 6:13, 25; 10:12-13, 20; 13:5; 수 1:7, 8; 24:15; 삼상 12:10; 왕하 17:37; 대하 33:8; 사 56:1; 렘 30:9; 겔 18:9; 말 3:14).

[4] 다음의 글을 참고하기 바란다. Eugene H. Merrill, *Everlasting Dominion: A Theology of the Old Testament* (Nashville: Broadman & Holman, 2006), 202-205.

[5] 반해음(assonance)을 사용하는 데 있어, 저자가 선보이는 문학적 예술성은 매우 놀랍다. 하나님은 인류에게 '번성하라'(רָבָה)라고 명령하시는데, 타락 이후에는 임신하는 고통을 크게 더하신다(הַרְבָּה אַרְבֶּה). 하나님은 남자에게 일하고 땅을 다스리라고 명령하시는데(각주 1을 참고할 것), 타락 이후에 아담(אָדָם)은 저주 받은 땅(הָאֲדָמָה)에서 평생 수고해야 하고 죽어서는 흙(הָאֲדָמָה)으로 돌아가게 될 것이다.

2. 하나님의 대응과 변형된 형태로서의 그의 영원한 계획

1) 노아 언약

(1) 하나님의 계획의 연속

인간이 하나님의 훼손되지 않은 형상이라는 그의 고귀한 위치에서 떨어진 것은, 전반적인 재앙으로 귀결되었다. 그리고 그들의 모든 후손은 고질적인 죄인이자 노예가 된다. 본래는 그들이 다스려야 했을 환경에 의해 이제는 지배를 받으며, 죽을 수밖에 없는 인생을 살게 된다. 그들의 곤경은, 홍수 이야기 앞 부분에 요약되어 있다.

> 여호와께서 사람의 죄악이 온 세상에 큰[문자적으로, 번성한] 것과[6] 그의 생각하는 모든 경향이 항상 악할 뿐임을 보시고(창 6:5).[7]

아담의 죄는 그로 하여금 동산에서 쫓겨나도록 만들었다. 이것은 마치 치명적 바이러스와 같이 빠르게 퍼져 나가서, 전 세계적인 엄청난 재앙적 사건을 통해 온 땅으로부터의 추방(배제)을 초래하게 되었다. 그러나 아담과 하와가 여전히 역사를 향한 하나님의 계획 궤도 안에 있었듯이, 노아와 그의 가족은 그 계획을 이어 가는 모판이 된다. 하나님의 창조 목적이 손상되지 않은 상태로 계속해서 이어지기 위한, 그분의 자비롭고 필연적 방법이다.[8]

---

6   여기서 '크다'(רָבָה)로 번역된 이 동사는, '번성하라'고 말씀하신 하나님의 창조 명령(창 1:28)과, 인간이 타락한 결과로서 임신하는 고통을 여자에게 크게 더한다는 표현에도 사용되었다(3:16). 인류가 저지른 죄악이 세상에 가득하기 때문에, 이제는 치료를 위한 심판이 임하게 된다. 그러나 심판 이후에는 하나님의 크신 은혜로 말미암아, 새로운 것이 시작된다.

7   따로 언급이 없으면, 이 구절과 이어지는 성경 본문에 대한 번역은 저자에 의해 이루어졌다고 이해하면 된다.

8   성경은 노아가 '의인'(צַדִּיק)이고 당대에 '완전한'(תָּמִים) 사람이었다고 묘사한다. 그러나 노아의 이런 특징들이 그가 홍수를 피할 수 있었던 근거가 된 것은 아니다. 또한, 그가 "하나님과 동행"했다는 사실도(창 6:9), 그가 홍수라는 심판으로부터 보호받은

하나님의 계획이 노아를 통해 이어진다는 사실은 너무도 분명하다.

> 내가 내 언약을 너희와 … 세우리니 (창 9:9-11).

이렇게 명확하게 기록되어 있는 노아와의 언약 안에는, 하나님이 아담과 맺으신 언약이 암시되어 있다(창 6:18, "내 언약"). 이것은 아담에게 주어진 창조 명령을 다시 확증하는 내용이라는 사실에 의심의 여지가 없다. 왜냐하면, 창세기 1:28과 9:1에 사용된 단어가 거의 동일하기 때문이다.

> 생육하고 번성하여 땅에 충만하라 (창 1:28).

그러나 타락이 가져다 준 심대한 영향은 매우 분명해서, 그 결과 새로운 세대가 생기게 된다. 과거에는 모든 인간이 본래적으로 피조물을 다스릴 수 있었다면, 새로운 세대에서는 그의 우월한 지위에 의해 부여된 통치를 하게 된다. 아담은 하나님의 부섭정자(대리자)로서 모든 것을 다스릴 수 있는 제한받지 않는 권한을 받은 반면, 노아와 그의 뒤를 잇는 모든 자는 우세한 힘과 지식을 통해서만 다스릴 수 있게 될 것이다.

아담은 원래 그가 다스려야 했던 뱀에 의해 속임을 당했다. 그 결과로, 인간이 권한을 행사하는 것이 어려워졌다. 왜냐하면, 인간과 동물 사이에는 본래적 두려움과 불신이 자리잡게 되었고, 심지어 인간은 동물을 잡아먹는 육식성이 되었기 때문이다(창 9:2-3).

이유가 되지 못한다. 물론 '하나님과 동행했다'라는 표현은 그 안에 많은 함축적인 의미를 담고 있다(이것과 관련된 자세한 내용을 다음의 글을 참고할 것. *New International Dictionary of Old Testament Theology and Exegesis*, ed. Willem A. VanGemeren, 1:1032-1035). 오히려, 노아는 믿음으로 말미암아 구원받았다는 사실을 히브리서의 저자는 분명하게 밝힌다. 하나님은 노아의 믿음을 그의 의로움으로 여기셨다(히 11:7 참조. 창 15:6에서의 아브라함).

(2) 제도적 통치 체제의 설립

노아 언약의 또 다른 측면이자, 양보적 성격을 갖는 이 언약의 특징은, 제도적 통치 체제, 즉 정부의 설립이다. 이것은 새로운 세대의 핵심 특성이다. 하나님의 거룩성과 인간의 죄성 사이에 엄청난 간극이 생겼기 때문에, 피조물은 더 이상 하나님의 직접적 통치를 받을 수 없게 된다. 그래서 중간 역할을 하는 정치 체계들이 직접적 신적 통치를 대신할 것이다. 이것들은 비록 불완전하지만, 하나님에 의해 지명되고 통제된다.[9] 살인과 관련된 내용이 이것을 실례로 보여 준다.

동물의 생명은 죽여서 음식으로 사용할 수 있지만, 인간의 피를 흘리는 것은 엄격하게 금지된다. 왜냐하면, 각각의 사람이 얼마나 악한가에 상관없이 모든 인간은 하나님을 나타내는 "하나님의 형상"으로서의 존엄성을 가지고 있기 때문이다.[10] 그렇기 때문에, 의도적 살인을 저지른 자는 신을 죽인 것과 마찬가지로 공동체(정부)에 의해 반드시 사형에 처해져야만 한다(창 9:6).

끝으로 하나님이 노아 언약을 통해 의도하신 목적은, 노아의 예언적 약속에 따라, 역사를 향한 하나님의 계획 안에서 특별한 목적의 담보자로 그의 아들 셈을 구별하는 것이다(창 9:26-27). 저자는 에벨까지 이어지는 셈의 계보를 추적해, 셈을 통한 하나님의 계획을 전개해 나간다. 여기

---

9 비록 세상 정세가 잔혹하고 폭력적이지만, 모든 권세가 하나님으로부터 말미암았다는 사실을 신약성경은 분명히 한다(눅 22:25; 롬 13:1-7; 딤전 2:2-3; 딛 3:1; 벧전 2:14).
10 여기서는 일반적인 의미의 '사람을 죽이는 것'이 아닌, 계획적이고 의도적인 살인을 가리킨다는 것은 다음 세 가지에 의해 분명하다. 먼저, 문맥을 보면 음식으로 사용하기 위해 동물을 의도적으로 죽이는 것을 정당화하는 내용이 나오는데 이것을 고려하면, 본문은 의도적인 살인 행위에 대해 이야기하고 있는 것이 분명하다. 둘째로, 본문은 이 행위에 대한 형벌로서 범죄자들에게 사형을 집행해야 한다고 명시하는데, 이것은 살인으로 간주되지 않으며 그러므로 개인의 행위와 종류가 다르다는 점이다. 끝으로, 형벌 자체의 보복적 성격이다. 가해자가 계획과 의도를 가지고 '그의 형제'를 살해한 것처럼, 정부가 동일하게 미리 계획하고 인간의 생명을 취하는 것이다. 비록 인간이 타락했지만 그럼에도 여전히 하나님의 형상이라는 사실이, 아담과 하와의 셋째 아들인 셋을 통해 보여진다. 아담이 하나님의 형상과 모양을 따라 지음을 받은 것과 같이, 셋은 아담의 '형상과 모양'을 가지고 있다. 이것과 관련해서는 각주 (2)를 참고할 것.

서 에벨은 히브리 민족이라는 이름이 그 기원을 두고 있는 조상이고, 그 민족의 첫째는 아브라함이다(창 10:21 참조. 11:10-26).[11] 히브리 민족은 셈 족이라고도 알려져 있는데, 셈의 후손은 구원과 회복을 위한 하나님의 역사적 계획을 궁극적으로 성취하는 통로가 된다.

2) 아브라함 언약

(1) 아브라함 언약의 시작과 그 목적

노아 언약은 피조물의 회복이 이미 진행되고 있음을 암시했다. 셈의 후손은, '원래의' 히브리인 에벨을 포함하고 셈의 계보는 아브람에서 정점을 찍는데, 그는 성경에서 히브리 사람이라고 불리는 첫 번째 인물이다(창 14:13). 아브람을 향한 하나님의 조건 없는 부르심은, 오직 은혜로 말미암은 것이었다.

하지만, 언약의 약속이 이뤄지기 위해서는, 필연적인 결과로 (아브람의 선택과 더불어) 아브람의 순종이 반드시 있어야만 했다. 아브라함과 함께 시작된 이 세대는, 창조 명령을 어떻게 그것이 한 사람과 그의 후손을 통해 이뤄져 갈 수 있는지에 대한 규정들과 결합시켰다.

아브람은 우르 지역 신들의 수장이자 달의 신인 난나(Nanna)를 숭배하는 이교도였다는 것이 거의 틀림이 없다. 여호와께서는 그런 아브람을 언약의 관계로 초청하시는데, 그 언약을 통해서 창세기 3:15에 이미 암시된 그 후손은 민족(גוי)이라는, 준절정(penultimate)의 개념으로 발전된다.

그 민족(혹은 백성)은 두 가지 기능을 한다.

---

[11] 에벨(עֵבֶר) 출신이라는 의미로서(עִבְרִי), 처음에는 '에벨 사람'이라고 불렀지만 나중에는 '히브리인'으로 부르게 되었다. '이스라엘인'이라는 호칭도 '이스라엘' 출신이라는 뜻으로 처음에는 '이스라엘 사람'으로 불렸는데, '이스라엘 사람'이라는 호칭은 현대 이스라엘의 시민을 가리킬 때도 사용된다. 다음을 참고하기 바란다. Gary N. Knoppers, *I Chronicles 1–9*. Anchor Bible Commentaries AB 12 (New York: Doubleday, 2004), 276.

(1) 그 민족을 축복하는 땅의 모든 족속에게 그 민족은 복의 전달자가 될 것이고,
(2) 그 민족을 저주하는 민족들에게는 저주가 내리게 될 것이다 (창 12:1-3).[12]

그러나 이 언약은 준절정(penultimate)이다. 왜냐하면, 이 언약은 한 개인적 구원자에 대해서 분명하게 초점을 맞추지 않기 때문이다. 후대의 본문들은 한 개인적 구원자에 대해 분명하게 초점을 맞춘다.[13]

(2) 창세기에서의 아브라함 언약의 발전

아브라함에게 주어진 언약 조항들은, 그의 아들인 이삭과 손자 야곱에게 정확하게 다시 언급된다. 아브라함과 마찬가지로, 이삭과 야곱은 하나님의 은혜로 택함을 입었다. 이스마엘이 아닌 이삭이 선택을 받았고(창 21:12; 22:16-18), 에서가 아닌 야곱이 선택 되었다(창 27:29; 28:13-14; 35:9-13; 48:3-4).[14] 다시 강조하지만, 아브라함에게 주어진 그 약속의 본질적 내용이 동일하게 이삭과 야곱 두 사람에게도 선포된다. 그들은 땅을 얻을 것이고, 자손이 번성하게 될 것이며, 이스라엘을 축복하는 민족은 복을 얻고(창 26:24), 이스라엘을 저주하는 민족은 저주를 받을 것이다(창 27:29; 28:3, 14).

---

12 '언약'(בְּרִית)이라는 전문 용어는 창세기 15:8에서 처음 아브라함과 연관지어 사용된다. 그러나 창세기 17장에서는 무려 14번 사용된다.
13 매튜스는 '예기하는'(proleptic)이라는 용어를 선호하는데 그 용어가 개인적 씨를 기대하기 때문이라는 것이다. Mathews, *Genesis 1-11:26*, 114-115.
14 말라기 선지자는 야곱에 대한 하나님의 선택을 다음과 같이 분명한 어조로 명시한다. "내가 야곱을 사랑하였고 에서는 미워하였으며"(말 1:2-3). 그러나 여기에 나타나 있는 사랑과 미움의 표현은 세상에서 사용되는 감정적인 의미가 아닌, 선택과 선택하지 않는 것과 관련이 있다.

(3) 민족으로서의 구체화

비록 아직은 초기 형태이지만, 은혜 세대가 이제 모습을 드러내기 시작한다. 그 원리가 앞으로 더 완전하게 드러날 영광스러운 미래를 향해 빛을 비추면서 말이다. '백성' 그리고 '민족'이라는 두 개의 히브리어 단어가, 구약성경에서 서로 번갈아 가며 사용된다. 히브리어로 백성은 '암'(עם)이고 민족은 '고이'(גוי)이다. 이 두 단어 모두 성경에서 이스라엘을 가리킬 수 있다.

그런데 현대적 개념상, 이 두 단어는 그 의미에 있어 정치적 그리고 구조적 차이점들을 가지고 있다. 타락한 세상의 구속과 역사를 향한 회복을 위한 하나님의 계획에 관한 구약의 약속들이 어떻게 발전되어 가는지를 추적하는 데 있어 위의 차이점들이 중요하다. 마치, 깔때기처럼, 그 계획은 아브라함이라는 한 사람을 통해 시작되어 나중에는 한 백성 혹은 한 민족으로 확장된다. 그러나 이것은 다시 한 사람에게 초점이 맞추어진다. 그리고 그가 바로 선지자들이 이야기하는 메시아적 인물이다.[15]

3) 모세 언약

이스라엘이 하나의 민족이 아닌 하나의 백성으로서 형성된 역사적 계기는 바로 출애굽 때인데, 특별히 모세 언약을 받은 시내산에서이다. 그 언약은 건국 초창기에 헌법과 법률의 기능을 했다.[16] 그때 그곳에서 이스라엘은 느슨하게 형성된 부족 연합체에서 벗어나 여러 나라 중에 있는 한 나라의 모습을 어느 정도 갖추게 된다.

---

15 바울은 이 계획을 이미 알고 있었고, 아브라함의 언약에 사용된 용어 '씨'(제라/זרע)를 이해하는 데 있어 애매한 부분이 있음을 인지하고 있었다. 즉, 이 용어는 복수 혹은 집단적 의미('씨들')과 단수적 의미('씨'), 두 의미를 다 가진다는 점이다. 의심의 여지없이 모세에 의해 복수적인 의미로 의도된, 이 단수 형태의 단어가 궁극적으로 예수 그리스도 안에서 단수적 의미를 가진다는 점을 바울은 강조한다(갈 3:16). Timothy George, *Galatians*. New American Commentary 30 (Nashville: B&H, 1994), 246–48.

16 율법의 세대와 관련된 이 내용을 구원과 연결시켜서는 안 된다. 이것은 은혜 언약 안에 있는 이스라엘 민족이 하나님의 종으로 어떻게 살아가야 하는지와 관련이 있다.

이스라엘을 향한 하나님의 은혜로운 제안, 즉 이스라엘이 하나님과 (곧 드러날) 그분의 언약에 온전한 충성을 맹세하면, 하나님이 이스라엘을 "그분 자신의 소유"로,[17] 또 제사장 나라와 거룩한 백성으로 만드시겠다는 것을, 중요한 한 성경 본문이 말해 주고 있다(출 19:5-6).[18]

그러므로 이스라엘의 분명한 역할은, 하나님과 여러 민족 사이를 중재하는 것이다. 즉, 역사를 향한 하나님의 계획을 이루어 가는 '형상'(image) 나라가 되는 것이다. 이것을 신약적 용어로 표현하면, 이스라엘은 모든 민족에게 복음을 전하라는 '지상 대명령'을 수행하도록 부르심을 받았다(사 43:8-10; 49:5-7).

이 관점에서 볼 때, 이스라엘은 그 자체가 목적이 아니다. 오히려 이스라엘은, 의가 거하는 새 창조를 위한 하나님의 더 큰 계획의 보조 역할을 할 뿐이다. 이스라엘은 다른 모든 민족에게 증언하는, 섬기는 민족으로 부르심을 받았다. 시내산의 경우이든 신명기 경우이든, 모세 언약은 그것의 형태와 기능을 고려했을 때, 구원에 관한 내용이 아니다. 오히려, 이것은 아브라함 언약에 부수적인 것이다. 모세 언약의 목적은 이스라엘 민족이 거룩하신 하나님 앞에서 어떻게 행해야 하고 복음적 사명을 어떻게 실행해야 하는지에 대한 지침을 제공하는 것에 있다.

---

[17] '소유'라는 표현은 히브리어 단어 '쓰굴라'(סְגֻלָּה)를 번역한 것인데, 이것은 다른 곳에서 개인의 재산을 가리킬 때 사용된다(대상 27:25; 29:3; 전 2:8. 다음을 참고할 것. *Hebrew and Aramaic Lexicon of the Old Testament* [Leiden: Brill, 1994-99], 742. 그리고 참조. the cognate Akkadian *sikiltu*, CAD 15, p. 245, '귀중한 재산').

[18] Eugene H. Merrill, *Everlasting Dominion*, 269-273. 히브리어 מַמְלֶכֶת כֹּהֲנִים וְגוֹי קָדוֹשׁ 여기서의 구문은 '제사장'과 '거룩한' 둘 다 각각의 명사를 수식하는 형용사의 기능함을 암시한다. John N. Oswalt, *Exodus*. Cornerstone Bible Commentary 1 (Carol Stream, IL: Tyndale House, 2008), 432.

3. 미래를 향한 하나님의 계획과 이스라엘의 역할

1) 정복기와 사사 시대

(1) 땅에 대한 소유권을 갖게 되다

여호수아서의 주된 주제는 이스라엘 백성이 취득해야 하는 땅과 관련이 있다. 이제는 더 정확히 이야기해서, 이스라엘 국가라고 부르는 것이 맞겠다. 영토가 없이는 국가가 성립되지 않기 때문에, 이스라엘은 영토를 획득해야 한다. 이스라엘과 같은 경우에는, 정복을 통해 땅을 차지했다. 그러나 이스라엘의 가나안 정복은, 역사적 그리고 신학적 근거 없이 진행된 사건이 결코 아니다.

첫째, 모든 땅이 하나님의 것이며, 그 땅은 하나님이 보시기에 옳은 대로 민족들에게 배분된다.
둘째, 그 땅은 아브라함의 후손인 이스라엘의 소유였다.

하나님은 아브라함에게 그가 보여 줄 땅으로 가라고 명령하셨고(창 12:1), 아브라함은 그곳에 도착해서 그 땅에 대한 소유권을 주장했다. 그 땅을 돌아다니고, 중요한 장소들에 제단을 세워 여호와의 임재를 기념함으로써 말이다.
그 장소들은 북쪽에 위치해 있는 세겜(창 12:6-7), 중앙의 벧엘(12:8), 가까운 남쪽의 헤브론(13:18) 그리고 먼 남쪽에 있는 브엘세바(22:19)를 포함한다.
이 모든 과정에서 히브리어 동사 '할라크'(הלך)가, 특별히 창세기 13:17에서와 같이 히트파엘 형태인 '히트할레크'(התהלך)가 사용되었다는 점을 간과해서는 안 된다. 이 동사가 이렇게 사용될 때는, 통치와 소유권을 분명하게 강조하는 의미를 내포하고 있다.[19] 아브라함은 국경 이쪽

---

[19] 몇 가지 예를 드는 것으로 충분할 것이다. (1) 여호와 하나님은 에덴동산에 거니셨다

저쪽을 다니면서, 그 땅에 대한 권리를 주장했다. 그렇기 때문에 이스라엘의 정복은, 자신의 고국으로 돌아오기 위한 과정일 뿐이었다. 비록 400년이나 지연되었지만 말이다. 이것은 여호와께서 아브라함에게 처음부터 약속하신 내용이다.

> 네 자손이 이방에서 객이 되어 그들을 섬기겠고 그들은 사백 년 동안 네 자손을 괴롭히리니 … 그 후에 네 자손이 큰 재물을 이끌고 나오리라(창 15:13-14).[20]

(2) 무정부 시대와 왕에 대한 열망

사사기의 중심 주제는, 무정부 상태와 왕정 제도(혹은 왕정의 결핍)의 낯선 병렬 구조이다. 영토는 국가의 구성을 위한 필수 요소인데, 정부 설립 또한, 국가 구성에 있어 동일하게 본질적 요소이다. 이것은 노아 언약에 깊이 뿌리 박혀 있던 요소이고, 나중에는(최소한 함축적으로) 아브라함 언약의 중요한 구성 요소가 된다.

하나님은 족장 아브라함으로부터 왕들이 나올 것이라고 약속하셨다 (창 17:6). 사라에게서 여러 왕이 나올 것이라고 또한 약속하셨다(17:16). 그녀의 이름은 사래에서 '공주'라는 의미의 사라로 바뀌는데, 이것은 그녀의 후손들이 왕족이 될 것이라는 사실을 미리 암시한다.

사사 시대의 350년 동안의 혼란스럽고 무질서한 상태는 두 가지의 사건을 통해 극적으로 묘사된다. 이 두 이야기는 사사기 끝에 등장하는데, 하나는 단 지파의 제사장이 배교하는 사건이고(삿 17-18장), 또 다른 하나

(창 3:8). (2) 또한, 그는 이스라엘의 진영을 두루 다니셨다(신 23:14). (3) 그리고 하나님은 이스라엘 백성 중에 다니셨다(삼하 7:6, 7). (4) 뿐만 아니라 그는 하늘 위를 거니신다(욥 22:14; 시 77:19). (5) 땅에 두루 다니라고 여호와 하나님이 보내신 자들(슥 1:10, 11; 6:7; 10:12). (6) 땅을 정탐하기 위해 보낸 열 두 정보원들(수 18:4, 8). (7) 자신의 권력을 나타내는 왕들의 행진(삼상 12:2; 30:31; 겔 19:6). (8) 세상에 대한 사탄의 일시적인 지배(욥 1:7; 2:2; 겔 28:14). William A. VanGemeren, *New International Dictionary of Theology and Exegesis* (Grand Rapids: Zondervan, 1997), 1:1032-1035.

20 현대 이스라엘 국가는 이 약속을 근거로 그 땅에 정착해 있다. 아브라함으로 시작된 성경의 이 약속은 결코 폐지되지 않았다.

는 한 레위인의 첩을 강간하고 살해하는 사건이다(삿 19-21장). 놀랍게도, 이 두 사건은 베들레헴과 관련이 있다.

그 제사장은 유다에 있는 그 작은 마을의 구성원이었고, 그 레위인의 첩도 베들레헴 출신이다. 일이 더 복잡해지는데, 앞서 언급된 그 제사장은 모세의 손자이고, 그 레위인의 첩이 잔인하게 죽임당한 장소는 베냐민의 기브아이다.[21]

나중에 밝혀지는 사실이지만, 하나님이 선택하신 다윗왕은 베들레헴 사람이었고, 반면에 사울은 기브아 출신이었다. 분명한 것은, 후대에 왕권을 놓고 베냐민 지파와 유다 지파 그리고 그들 각자가 배출한 왕 사울과 다윗 사이에 권력 다툼이 있게 되는데 사사 시대에 이미 그 투쟁을 위한 무대가 설정되고 있었다는 것이다.[22]

이스라엘에 왕이 있어야 한다고 주장했던 사람들의 입장에서 보면 정부가 없던 시대는 영적으로 그리고 국가적으로 절망적이었다. 무엇보다 주변 국가들은 왕권 체제를 이미 설립했고, 그들은 그 왕정 제도가 제공하는 상대적 평화와 안정을 누리는 듯 했다.

그렇다면 이스라엘이 그런 체제를 열망한 것이 과연 부당한 것이었는가?

---

[21] 히브리어 본문을 문자 그대로 하면 "모세(מֹשֶׁה)의 아들 게르손의 아들 요나단"으로 옮길 수 있다. 이것은 요나단이 므낫세(מְנַשֶּׁה)의 손자라는 기록과는 상충되는 내용이다. 이런 재조정이 이루어진 이유는, 모세의 손자가 우상 숭배를 저질렀다는 것을 도무지 받아들일 수 없었던 것에서 비롯되었음이 분명하다.

[22] 이것을 기록한 저자는, 이런 사건들이 있은 이후에 존재했던 사람인 것이 분명하다. 사실, 그 저자는 적어도 다윗 왕국 시대 혹은 그 이후에 존재했던 사람인 것이 틀림없다. 왜냐하면, 사사기의 이 두 사건은 '친-다윗'과 '반-사울'이라는 대립적 구도를 형성하고 있기 때문이다. '베들레헴'이라는 지명은 이 두 이야기에서 6번 등장한다. 가장 먼저는, 그 마을을 떠나 우상 숭배를 저지르는 한 남성이 등장하고 그 다음으로는 남편의 성급한 판단 때문에 극심한 고통을 겪는 한 여성이 등장한다. 또한, '기브아'라는 지명은 총 103구절 중 무려 23번(4.5 구절 당 한 번)이나 등장한다. 한 장소는 순결하게 묘사되는 반면, 다른 한 장소는 부족들 그리고 개개인 간의 치열한 경쟁과 참혹한 전쟁이 벌어지는 그 배경이 된다.

미래에 이스라엘에 왕들이 세워질 것이라고 모세도 약속하지 않았는가?
그리고 왕정 체제를 도입하기에 그 당시가 시기적으로 적절해 보이지 않는가?

2) 통일 왕국 시대

선지자 사무엘은 사사기 시대 후반기에 활동했다(약 B.C. 1120-1025년). 그래서 그는 사사기에 묘사된 최악의 상황들을 그의 두 눈으로 직접 목격했다.[23] 사람들은 안정을 원했고, 평화로운 사회를 만들어 줄 수 있는 왕을 요구했다. 그리고 사무엘은 그들의 이런 입장을 이해할 수 있었다. 한 세기 전에, 그들은 자신들을 다스려 달라고 기드온에게 요청했으나, 이것은 실패로 돌아갔다.

첫째, 여호와만이 그들의 유일한 왕이 되어야 한다면서, 기드온이 그 제안을 거절했기 때문이다(삿 8:22-23).
둘째, 그 이후 기드온의 아들 아비멜렉이 권력을 잡았는데, 이것은 아주 끔찍한 결과로 이어졌기 때문이다(삿 9:1-57).

이런 사건이 있었음에도 불구하고, 사람들은 왕을 세워 달라고 어느 때보다 강력하게 사무엘에게 간청했다. 그들은 "우리에게 왕을 세워 달라"라고 간청했는데, 이런 항변은 사무엘의 노년까지도 계속 되었다(삼상 8:5). 주님은 이 간청을 들으셨고, 사람들의 소원을 들어 줄 수 있도록 사무엘에게 권한을 부여하셨다. 그렇지만, 왕을 세워달라는 그들의 끊임없고 어린아이와 같은 요구 때문에 사실상 그들을 노예로 전락시킬 왕이 세워질 수 있음을 경고하신다(11-18절).

---

23 이것과 관련된 연대표를 확인하기 원한다면, 다음을 참고할 것. 유진 메릴, 『제사장의 나라』, 곽철호 역 (서울: CLC, 2005), 179-185.

이런 경고에도 불구하고, 사람들의 반응은 우리가 예측 가능한 그대로 였다. 그들이 왕을 원하는 이유는 크게 세 가지이다.

(1) 다른 국가들을 모방하는 것
(2) 내부적인 문제들을 조정할 수 있는 중심 인물을 갖는 것
(3) 적으로부터 그들을 보호해 줄 수 있는 군사적 지도자를 갖는 것

(1) 왕에 대한 하나님의 선택

왕정 제도는 하나님의 계획에 반대되는 것이 아니었다는 사실을, 우리가 이 시점에서 다시 기억하면 좋을 것 같다. 우리가 살펴보았듯이, 사실 이것은 창조 명령의 그 중심에 암시되어 있던 내용이다. 더욱이 이것은 대홍수 이후에 있었던, 인간 통치(인간 정부) 세대에 또한, 뿌리를 두고 있었다.

그러나 하나님의 전체적인 목적을 이루는 것에 있어, 타이밍은 정말 중요하다. 그런데 하나님은 약속된 왕적 후손을 이 땅에 보낼 의도가 아직 없으셨다. 사울의 통치 기간은 하나의 양보적인 조치로서, 주님은 이것을 통해 두 가지를 보이기 원하셨다.

(1) 하나님의 계획과 방법이 항상 최선이라는 것과,
(2) 인간의 노력으로 그분의 계획을 앞당기거나 그 계획을 인간의 노력으로 대체하려는 인간의 시도들은 실패로 끝난다는 것이다.

결국, 사무엘이 예언한 대로, 사울은 변질되었다. 그러나 전부를 잃어버린 것은 아니다. 왜냐하면, 하나님은 "그의 마음에 합한 자"를 찾고 계셨기 때문이다(삼상 13:14 참고. 16:1-3).[24]

---

24 히브리어 원어로 된 본문을 문자 그대로 읽으면, 다음과 같이 된다. "여호와께서 그의 마음에 따라 한 사람을 스스로 찾으셨다"(삼상 13:14). 구약의 생리학과 심리학에서 '마음'은 단순히 물리적 혹은 감정적이기보다는 인지적이고 이성적 부분을 의미한다(이 구절에서는 그 사실이 더욱 분명하다). 그러므로, 문법적이고 의도적인 면

다윗에 대한 하나님의 선택은, 다윗 스스로가 이것을 인식하기 훨씬 전에 이미 정해졌다. 다윗 본인도 알지 못했으니, 다른 사람이 몰랐던 것은 말할 것도 없다. 다윗은 베들레헴이라는 작은 마을의 평범한 가정의 막내 아들이었다. 따라서, 사무엘이 이새의 아들들 중에서 여호와의 기름 부을 자를 찾았을 때, 다윗은 그 후보에 들지 못했다. 다윗은 양을 지키는 일을 하고 있었다.

이새가 그의 아들들을 사무엘에게 보여 주는 장면에서 '선택된'(בָּחַר)이라는 뜻의 히브리어 단어가 세 번 사용된다(삼상 16:8-10). 그러나 이것은 모두 "선택되지 않았다"라는 부정적인 의미로 사용되었다. 심지어는 "거절되었다"(מָאַס)라는 의미의 동사도 한 번 사용된다(7절). 반면, 선택받은 자는 "기름 부음을 받은 자"(מָשִׁיחַ), 즉, 주님이 왕으로 구별하신 자로 불리운다(6, 12, 13절).

이것에 대한 확증으로서, 하나님의 영은[25] 사울에게서 떠난 그날 이후 다윗과 함께하신다(13-14절). 여기서 성령 하나님이 기름 부으시고 능력을 주시는 것은, 구원과는 전혀 상관이 없다. 이것은 특별한 사역을 위해, 준비시키기 위함이다(삿 3:10; 6:34; 11:29; 13:25; 14:6, 19; 15:14).

다윗은 자신의 부르심의 중요성을 마침내 깨달았다. 그리고 역사를 향한 하나님의 계획에 있어, 자신이 감당해야 하는 사명이 무엇인지 또한 알게 되었다. 이것이 점진적으로 드러난 것에 대해 몇 가지 예를 드는 것

에서 여기서의 그 의미는 하나님이 그분 자신의 예정적 선택에 따라 한 사람을 찾으셨다는 말이다. 이렇게 해서, 다윗의 선택은 아브라함, 이삭 그리고 야곱에 대한 이전의 선택과 맥락을 같이 하는데, 그들 모두는 오로지 신적 은혜로 선택되었던 것이다. Ronald F. Youngblood, *1, 2 Samuel*, The Expositor's Bible Commentary, vol. 3, ed. Tremper Longman III and David E. Garland (Grand Rapids: Zondervan, 2009), 137.

[25] '하나님의 영'이라는 개념에 대해 여기서 다 다룰 수는 없다. 다만, 여기서의 그 지칭이 삼위의 세 번째 위격이신 성령님을 가리킨다는 입장을 신약 계시가 회고적으로 지지한다고 말할 수 있다는 것이다. 물론 구약성경의 저자들 혹은 동시대를 살았던 자들이 '하나님의 영'을 성령 하나님으로 이해했다는 의미는 아니다. 이것과 관련해서는 다음의 내용을 참고할 것. Eugene H. Merrill, "The Samson Saga and Spiritual Leadership", *Presence, Power and Promise: The Role of the Spirit of God in the Old Testament*, ed. David G. Firth and Paul D. Wegner (Nottingham, UK: InterVarsity, 2011), 281-293.

으로 충분할 것이다.

먼저, 여호와께서 특별한 방법으로 다윗과 함께 계신다는 사실을 사울왕은 일찍이 인정해야만 했다(삼상 18:12, 28). 그리고 그는 결국 이것을 말로 다 표현한다(삼상 24:20). 사울의 아들인 요나단은, 의심의 여지없이 그의 친구 다윗이 사울을 대신해 이스라엘의 왕이 될 것이라는 사실을 훨씬 더 기꺼이 받아들였다(삼상 20:14-15; 23:17).

요나단은 자신이 왕자로서 입던 의복을 벗어, 다윗에게 주기까지 했다. 이것은 다윗이 이스라엘을 다스릴 것을 확신하는 상징적 행위였다(삼상 18:3-4). 그뿐만 아니라 가장 뜻밖의 사람들인 가드 왕 아기스의 신하들은 다윗을 "그 땅의 왕"이라고 단언했다(삼상 21:11). 마지막으로 선지자 사무엘은 사울에게 명확하게 선포했다.

> 여호와께서 나를 통하여 말씀하신 대로 네게 행하사 나라를 네 손에서 떼어 네 이웃 다윗에게 주셨느니라(삼상 28:17).[26]

(2) 계속해서 이어지는 다윗 왕조

다윗의 계보는 그의 아들 솔로몬을 통해 계속해서 이어진다. 다윗은 이것이 가지고 있는 신학적 중요성을 솔로몬에게 가르쳤고, 솔로몬은 자신이 명확하게 이해한 내용을 말로 표현했다. 다윗은 그의 말년에 솔로몬의 왕위가 가지고 있는 언약적 본질을 분명하게 확증한다(왕상 1:30, 35; 2:1-4; 대상 28:5-7; 29:1). 그리고 그 위임 명령에 따라, 솔로몬은 이스라엘을 다스리기 시작한다.

솔로몬은 완공된 성전을 봉헌하는 그의 기도에서, 여호와께서 그의 아버지를 선택하셨고 솔로몬 자신 또한 다윗의 후계자로 택함을 받았다는 것을 언급한다(왕상 8:17-21; 대하 6:10). 여호와께서는 솔로몬으로 이어지

---

26 사울이 주술사에게 의뢰하는 장면에 대해서는 다양한 해석적 관점이 존재한다. 이것과 관련해서는 다음의 저작을 참고할 것. J. Robert Vannoy, *1–2 Samuel*, ed. Philip E. Comfort, *Cornerstone Bible Commentary*, vol. 4 (Carol Stream, IL: Tyndale, 2009), 242–244.

는 다윗의 혈통을 영원히 견고하게 하시겠다는 그의 약속을, 특별한 계시를 통해 거듭 강조하셨다(왕상 9:5; 대하 7:17).

언약에 순종해야 한다고 경고하시는데, 이것은 다윗 왕조가 계속 이어질 것인가에 적용되는 것이 아니라 이스라엘 백성이 그들의 땅을 계속해서 차지할 것인가와 관련이 있다(왕상 9:5-6; 대하 6:16; 7:17-18).[27] 항상 그렇듯, 인간 통치 세대도 하나님의 주권적 은혜에 기초한다.

3) 분열 왕국 시대

안타깝게도, 통합된 형태로의 다윗 왕국은 얼마 지나지 않아 종결된다. 이 분열의 책임을 솔로몬에게 돌리는 것에 열왕기서의 저자는 많은 분량을 할애한다. 솔로몬이 언약을 지키지 않았기 때문에 그의 후계자는 유다만을 다스릴 것이라고 여호와께서 솔로몬에게 나타나 말씀하셨다. 그리고 나머지 지파들은 다른 통치자의 손에 넘어가게 된다(왕상 11:11-13). 여호와께서 유다를 남겨두신 것은, 그의 종 다윗을 위한 것이었다(13, 32, 34, 36절).

그러나 역대기의 저자는 솔로몬의 범죄의 대가를 기록하지 않는다. 그 대신에 책임을 르호보암과, 강제 노역이나 세금에 관한 그의 어리석은 결정들에 돌린다(대하 10:12-15). 그 결과 북쪽 지파들이 르호보암을 대항해 반역을 일으키고, 여로보암을 그들의 초대 왕으로서 세운다. 남유다와 북이스라엘의 분열은 '오늘날까지' 계속되었다고 그 역사가는 기록하는데(역대하 10:19), 그 저자가 이야기하는 '오늘날'은 약 B.C. 400년을 가리킨다.

그러나 다윗의 혈통을 영원히 견고하게 하시겠다는 그 약속은 여전히 유효하다. 역사를 향한 하나님의 계획은 심지어 분열의 역사 500년 이후에도 계속된다. 분열 왕국 시대부터 바벨론이 유다를 정복하는 B.C. 586년까지 진행되는 사건들에 초점을 맞춰, 앞으로 논의할 것이다. 왜냐하

---

[27] 이런 구분에 대해 더 자세히 살펴보기 위해서는 다음을 참고할 것. Merrill, *Everlasting Dominion*, 452–453.

면, 이것을 통해서만 이스라엘을 향한 하나님의 계획을 직접 발견할 수 있기 때문이다.

하지만, 역설적이게도 열왕기서가 가장 먼저 다루는 인물은 르호보암이 아니다. 선지자 아히야는 악한 여로보암을 먼저 언급한다. 여러보암이 열 지파를 갖게 되지만, 다윗의 후손을 위해 한 지파를 남겨 둔다. 왜냐하면, 다윗의 왕조가 여호와 앞에 항상 등불을 가지고 있어야 하기 때문이다(왕상 11:36). 르호보암의 아들 아비얌을 묘사할 때도 동일한 이미지가 사용되었다. 아비얌은 비록 악했지만, 여전히 다윗 언약의 등불을 대표했다(왕상 15:4 비교. 왕하 8:19; 대하 13:5).

그리고 이것은 나중에 유다 왕 여호람에게도 적용된다(대하 21:7). 유다의 여호람은 악한 이스라엘 왕들을 모방하고, 심지어는 아합과 이사벨의 딸 아달랴와 결혼했다. 그럼에도 여호와께서는 "그의 종 다윗을 위하여" 유다를 보존하신다(왕하 8:19).

9세기 중반에는, 다윗의 왕조가 사라질 것처럼 보이기도 했다. 왜냐하면, 아합과 이세벨과 그들의 딸 아달랴가 다윗의 왕손들을 제거하려고 시도했기 때문이다. 하지만 어린 왕 요아스는 제사장 여호야다의 보호 아래 숨어 있다가 나중에 다시 나타났다. "여호와께서 다윗의 자손에게 대해 말씀하신 대로 왕자가 즉위하여야 할지니"라고 제사장 여호야다는 그 아이에 대해 선포했다(대하 23:3). 그 선포에 뒤이어 언약식이 열리는데, 이것을 통해 다윗의 자손으로서 왕위를 물려받는 요아스의 정당성을 확고히 했다(왕하 11:12, 17; 대하 23:3, 11, 16).

북이스라엘은 쇠락의 길을 걷고, B.C. 722년에는 결국, 포로가 되어 추방된다. 아브라함의 언약은 말할 것도 없고, 다윗 혹은 다윗의 언약조차도 이 시기에는 거의 언급되지 않는다. 이것은 심지어 불순종하는 유다에게도 동일해, 바벨론이 B.C. 586년에 예루살렘 성과 성전을 파괴하고, 그 결과 많은 남유다 시민이 추방되고 포로로 끌려가는데 그때 그 언약들이 별로 언급되지 않는다.

그렇지만, 온 세상을 위한 구원과 은혜의 통로인 하나님의 백성을 보존하는 하나님의 사역은 절대 죽지 않았는데, 이것은 북이스라엘과 남유다의 선지자들, 시인들 그리고 지혜자들이 다른 곳에서 많이 명시한 내용이다.

4) 포로기와 포로기 이후의 시대

북이스라엘의 열 지파의 분산을 성경은 더 이상 추적하려고 하지 않고, 다만 그들이 정착한 주요 장소들만을 나열했는데, 그들은 "고산 강가에 있는" 할라와 하볼(모두 메소포타미아 지역에 있음) 그리고 "메데 사람의 여러 고을"에 주로 정착했다(왕하 17:6).[28]

그 대신 B.C. 586년 유다가 바벨론으로 강제 이주된 것에 성경은 주로 중점을 두고 있다. 그 당시 바벨론은 앗수르를 누르고 중동 지역의 최강자로 떠오른다. 구약의 역사서에서는 70년 동안의 포로기에 대한 정보가 거의 없지만, 선지서, 특별히 에스겔서나 다니엘서와 같은 책, 또는 바벨론과 페르시아의 많은 문헌에서 그 당시의 상황과 관련된 정보를 얻을 수 있다.[29]

---

28 이런 장소들의 그 위치와 앗수르의 침략 이후 이스라엘이 뿔뿔이 흩어진 것에 대해 살펴보기 원한다면, 다음의 글을 참고하라. *The Macmillan Bible Atlas*, 3rd ed., ed. Yohanan Aharoni and Michael Avi-Yonah (New York: Macmillan, 1993), maps 147, 150. 하볼(Harbor)은 유프라테스강의 중심 지류로서 시리아 북동쪽 지역에 있다. 이것을 현대에 와서는 하부르강(Khabur)이라고 부른다. 또한, 고산은 구자나(Guzana) 혹은 텔 할라프(Tel Halaf)라고도 불리는데, 이곳은 시리아 알레포부터 북동쪽으로 약 257킬로미터 떨어져 있다.

29 포로로 잡혀간 자들은 일반적으로 강제 노동 수용소에 보내지지도 않았고, 궁핍과 억압을 겪지도 않았다고 「무라슈 비문」(*Murashu Inscriptions*)이라고 불리는 문헌은 증언한다. 사실, 이런 문헌들은 유대인들이 재산을 소유하고 사업을 운영했음을 밝힌다. 더 자세한 내용을 살펴보기 위해서는, 다음을 참고할 것. Peter R. Ackroyd, *Israel under Babylon and Persia* (Oxford: The Oxford University Press, 1986); 참조. M. D. Coogan, "Life in the Diaspora: Jews in Nippur in the Fifth Century B. C.", *Biblical Archeologist* 37 (1974): 6-12.

(1) 유다의 포로기와 포로기 이후의 주요 사건들

다음의 자료들은 역사를 향한 하나님의 계획이라는 주제와 관련이 있다.

1. 남유다의 여호야긴과 왕의 어머니 그리고 왕의 아내들이 바벨론에 포로로 끌려갔다. 또한, 지도자들, 장인들, 용사들로 구성된 여호야긴의 측근들도 바벨론으로 사로잡혀 갔다. 그래서 "그 땅의 비천한 자들"밖에는 남은 자가 없었다(왕하 24:10-17; 대하 36:9-10).

2. 그러나 열왕기서는 희망의 메시지와 함께 막을 내린다. 바벨론의 왕 느부갓네살은 B.C. 562년에 생을 마감한다. 그 이후 에윌므로닥이 바벨론의 왕이 되는데, 그는 유다 왕 여호야긴을 옥에서 놓아 주고 그가 왕궁에 거주하도록 한다. 에윌므로닥은 여호야긴이 그의 남은 인생을 평화 속에 살게 하는데, 이것은 앞으로 다가올 더 나은 시간들에 대한 전조이다(왕하 25:27-30).

3. 열왕기서가 기록된 지 적어도 150년 이후에, 역대기가 쓰여졌다(약 B.C. 400년). 페르시아 고레스 왕의 칙령을 통해, B.C. 538년 유대인들과 다른 모든 포로가 해방되어 고국으로 돌아가는 내용으로 역대기는 끝난다(대하 36:22-23). 이것은 유대인들이 그들의 나라를 다시 세울 수 있는 기회를 제공했다. 그리고 역사를 향한 하나님의 계획을 의미하는, 다윗의 왕조를 이어갈 수 있다는 희망을 다시 갖게 되었다.

이스라엘의 포로기 이후 생활은 주로 에스더서와 에스라-느헤미야서에서 다루어진다. 그 당시에는 메대-페르시아가 패권을 잡고 있었다. 고레스 2세(B.C. 550-530년)로부터 시작되는 그 왕위 계승은, 캄비세스(B.C. 530-522), 다리우스 히스타스페스(B.C. 522-486), 크세르크세스(아하수에르, B.C. 486-465), 아르타크세르크세스 1세(B.C. 464-424) 그리고 다리우스 2세(B.C. 423-404)까지 이어진다.[30]

---

[30] 유대인들의 디아스포라에 대해 더 자세히 살펴보기 원한다면, 다음을 참고할 것. Edwin M. Yamauchi, *Persia and the Bible* (Grand Rapids: Baker, 1990).

페르시아 왕 아하수에로(크세르크세스)의 통치 기간을 배경으로 하는 에스더의 이야기는, 여호와께서 그의 언약 백성을 어떤 상황에서도 보호하고 지키신다는 것을 보여 준다(에 8:11, 15-17; 9:26-10:3). 왕은 왕국 안에 있는 유대인들을 모두 죽이라는 명령을 내리는데, 이 때 에스더가 사건에 개입해 명령을 뒤바꾸는 데 성공해, 유대인들은 그들이 적들에게 당할 뻔 했던 내용 그대로 적들에게 행할 수 있었다. 하나님의 선택된 백성을 보존하는 하나님의 계획이 이 이야기에 생생하게 잘 그려져 있다.

(2) 에스라와 느헤미야에게 보여진 왕의 호의

에스라와 느헤미야는 아르타크세르크세스 1세(개역성경에서는 아닥사스다 왕)가 다스리던 기간에 사역을 했다. 아닥사스다는 에스라와 느헤미야 모두에게 특별한 호의를 배풀었다. 하나님은 그가 선택하신 민족을 위한 그의 목적들을, 계속해서 이루어 가신다는 사실을 다시 한번 보여 준다. 서기관이자 제사장이었던 에스라는 B.C. 458년에 페르시아에서 예루살렘으로 돌아온다. 그는 그의 시대 훨씬 이전에 공표되었던 고레스 칙령을 상술하며(스 1:1-4), 또한 유대인 포로들의 고국 귀환을 중시한다.

이것은 다윗의 후손인 스룹바벨(대상 3:10-24; 스 2:2; 3:8; 5:2; 학 2:20-23)의 리더십과, 아론에서 여호사닥 그리고 사독으로 이어지는 혈통의 대제사장 여호수아의 리더십 아래(대상 6:3-15; 에 3:8; 10:18; 슥 6:11) 진행된다.

아닥사스다의 술 맡은 관원이었던 느헤미야는, B.C. 445년에 포로들을 이끌고 유다 땅으로 되돌아갔다. 그리고 느헤미야는 유대 국가를 다시 세우기 위해, 그곳에서 에스라와 함께 노력했다. 에스라는 제사장으로 일했던 반면, 느헤미야는 유다의 총독으로 섬겼다. 이와 같이, 그 둘은 다윗 왕조를 연상시키는 양두 정치의 형태를 보인다. 다윗은 이 두 역할을 모두 수행했는데, 이것은 나중에 제사장이자 왕으로 이 땅에 오시는 메시아를 기대하게 한다.[31]

---

31 『열두 족장의 유언』(*Testaments of the Twelve Patriarchs*)과 같은 제2 성전 시대의 몇몇 유대교 전통은 정치적 메시아(다윗) 그리고 종교적 메시아(아론)라는 두 메시아에

제2 성전은 516년 스룹바벨의 지도하에 완공되었다. 그러나 모세의 율법에 비추어 보았을 때, 성전 안에는 적절한 가구들이 아직 비치되어 있지 않았고, 질서 있는 예배 또한 충분히 실행되지 않았다. 에스라는 제사장으로서 이 부분을 가장 염려했다. 그래서 그는 백성을 교육하고 나라를 영적으로 개혁하는 것이 자신의 사명이라고 생각했고, 공동체를 이 기준에 따라 재정비하는 것에 힘을 쏟았다. 그는 여호와 앞에 죄를 고백하는 기도를 드리는데, 이것은 다윗의 후손의 죄를 대신 회개하는 내용으로 가득 차 있다(스 9:5-7).

그리고 이스라엘이 과거에 죄를 범했음에도 하나님이 은혜를 베푸신 것에 대한 감사의 기도를 드린다(스 9:8-9). 또한, 과거의 죄가 다시는 반복되지 않기를 간절하게 탄원한다(스 9:10-15).

느헤미야는 유다의 정치적이고 물리적인 건축물들, 특별히 예루살렘을 재건하는 것에 열심을 냈다. 그렇다고 성전이 필요로 하는 것에 무관심했던 것은 아니다. 주님의 백성을 적들로부터 보호하기 위해, 느헤미야는 성벽을 세우고자 했다. 왜냐하면, 그 적들이 이미 적대감을 보이고 있었고, 그 적대감이 서서히 퍼지고 있었기 때문이다. 또한, 그는 국가를 운영하는 데 필요한 사회적, 경제적 현안들 그리고 조직과 관련된 사안들을 다루어야 했다.

'모세의 율법서' 낭독(느 8:1-18 참조. 9:3; 대하 34:15)과,[32] 그에 따라 국가적인 죄를 고백하고 여호와께 용서와 회복을 간절하게 구하는 것이(느 9:1-28) 느헤미야서의 중심 사건들이다. 느헤미야와 에스라가 집회를 여는데, 일곱째 달 즉 유대력 티쉬레이(תִּשְׁרֵי) 초하루에 많은 사람이 "일제히"

대해 이야기한다. 다음을 참고할 것. Lawrence H. Schiffman, *From Text to Tradition: A History of Second Temple & Rabbinic Judaism* (Hoboken, NJ: Ktav, 1991), 117, 173. 또한, Leonhard Rost, *Judaism outside the Hebrew Canon* (Nashville: Abingdon, 1976), 143.

[32] 여기서 낭독한 '모세의 율법서'란 신명기서를 가리키는 것이 분명하다. 느헤미야서에 기록된 내용은 신명기에 기록된 내용과 매우 유사하다(신 28:61; 29:21; 30:10; 31:24, 26). 그리고 열왕기하의 내용 또한 포함되어 있다(왕하 22:8-16; 23:2, 3). 이것과 관련해서 더 살펴보기 원한다면, 다음의 글을 참고하기 바란다. Eugene H. Merrill, *Deuteronomy*. The New American Commentary 4 (Nashville: B&H, 1994), 32-37.

모였다. 때는 참으로 적절했다. 티쉬레이 첫 날은 유대력 기준의 새해 첫 날로서 히브리어로 로쉬 하샤나(ראש השנה)이고, 티쉬레이 열째 날은 속죄일인 욤 키푸르(יום כפור)였으며, 티쉬레이 14일부터 22일은 초막절로서 수콧(סוכות)이었다.

이 때는, 고통과 절망을 안겨 주었던 과거의 잘못된 행동들에 대해 국가적으로 돌이켜 볼 수 있고, 하나님의 백성이 변함없는 하나님의 약속에 근거해 밝은 미래를 다시 열 수 있는 기회를 제공하는, 즉 다시 시작할 수 있는 최고의 기회를 제공했다. 이제는 이스라엘이 열방의 빛으로서 역할을 감당하는 것이 실재가 되고, 되살아난 다윗이 메시아로서의 왕좌를 다시 회복하는 것이 가능해졌다.

5) 선지서

여기서 '선지자들'이란, 앞에서 그 메시지를 간략히 다룬 역사서 이야기들에 나오는 선지자들이 아닌, 그 기록이 구약 정경에 수집된, 소위 정경 선지자들을 의미한다. 선지자들이 본 비전은 두 가지에 초점이 맞추어져 있었다.

첫째, 그들은 자신들의 시대나 혹은 과거를 바라보며, 죄와 언약 위반에 대해 심판을 내렸다.
둘째, 선지자들은 새 언약과 새로운 은혜의 세대가 세워지는 종말론적 시대를 바라보았다.

(1) 이사야서

이사야서가 '예언서의 왕자'라는 것에 대부분의 학자가 동의한다. 왜냐하면, 이사야 선지자의 문체가 아름답고 또한 이스라엘과 전 세계에게 심판과 용서 그리고 메시아적 희망을 이야기하는 그의 메시지가 힘이 있고 용기를 주기 때문이다. 북이스라엘 왕국은 B.C. 722년 앗수르의 포로로 끌려가는데, 그 후 약 B.C. 680년에 이사야서가 기록된다.

북이스라엘에게 일어났던 끔찍한 재앙이, 앞으로 남유다 왕국에 일어날 것이라고 이사야 선지자는 예언한다. 그의 경험과 묵상을 통해, 그 시대와 앞으로 다가올 시대들에 대한 하나님의 계획을 선명하게 알 수 있다. 그런데 이것과 관련된 구절들이 너무 많기 때문에, 이사야서 전체를 철저하고도 조직적으로 검토하는 것에 어려움이 있다. 그렇기 때문에, 우리는 이 책의 가장 중요한 신학적 개념을 제시하는 몇 가지 주요 주제와 본문들을 여기서 다룰 것이다.

① 시온은 이사야가 가장 좋아하는 지명으로서, 이사야서에 47번 등장한다. 시온이라는 지명은 예루살렘을 다시 세우는 것과 관련이 있는데, 특별히 이것은 다윗의 역사적 통치와 연관되어 있다(삼하 5:7; 대하 5:2). 또한, 메시아로 오시는 다윗의 후손의 종말론적 통치와도 이것은 연결되어 있다(사 2:3; 28:16; 33:17-24; 35:1; 59:20-21; 61:3; 62:10-12).

② 역사적이고 종말론적 사건(둘 다)으로서 바벨론으로부터의 귀환이 이사야서에서 특별히 잘 강조되고 있다. 그들은 B.C. 538년에 바벨론으로부터 고국으로 돌아오는데, 이사야 선지자는 이 일이 있기 훨씬 이전에 살았다. 하지만 이스라엘 백성이 고국으로 다시 돌아올 것을, 그는 믿음의 눈으로 볼 수 있었다. 종말 시기의 출 바벨론으로서, 전 세계에 흩어져 있던 하나님의 백성들이 마지막 때에 다시 모이고 구원을 받을 것인데, 이것은 하나님이 그의 언약에 있어, 그의 역사적 백성에게 신실하심을 잘 보여 준다(사 10:21; 35:10; 43:1; 44:22, 26; 48:20; 49:6; 51:11; 52:9, 12; 61:4).

③ 여호와의 종(עֶבֶד יְהוָה)이라는 정체성과 역할이 이사야서에 기록되어 있다. 이것이 어쩌면 이사야서가 구약의 전체 성경 신학에 가장 많이 기여한 요소이다.[33] 공동체로서의 이스라엘이 보통 종으로 묘사된다(14번). 그리고 다윗이 한 차례 종으로 묘사된다(사 37:35). 최고의 종은, 고통과 죽음을 통해 구원을 가져온다는 점에서 그 어떤 제한된 인간을 초월하는

---

[33] John Goldingay, *Israel's Faith*, *Old Testament Theology*, vol. 2 (Downers Grove, IL: InterVarsity, 2006), 221–228.

개인으로서 드러난다(사 42:1-4; 52:13; 53:11).

④ 위의 내용과 관련되어 있는 개념이 바로 메시아 사상이다. 메시아 사상이란 하나님에 의해 기름 부음 받은 자(מָשִׁיחַ)가, 하나님과 타락한 인간 사이에 평화를 가져온다는 개념이다. '기름 붓다'(מָשַׁח)라는 의미의 이 히브리어 동사는, 미래의 구원자와 관련해서 한 번 사용된다(사 61:1). 명사 형태로도 한 번 등장하는데(사 45:1), 이것은 이스라엘 백성을 자유롭게 놓아 준 페르시아의 왕 고레스를 묘사하는 것에 사용된다. 이 관점에서 보면 페르시아의 고레스왕은 앞으로 인류를 죄의 사슬로부터 자유하게 해 줄 위대한 구원자의 모형이다.[34]

⑤ '구원' 혹은 '구속'은 이사야서의 중심 주제이다(이것은 히브리어로 파다[פָּדָה] 혹은 가알[גָּאַל]이라고 하는데, 이것은 다른 변형된 형태로도 사용된다). 이것이 동사 형태로는 12번 정도만 등장하는 반면에, '구원자'라는 의미의 명사 형태로는 많이 사용된다. 이것은 분명하게 메시아를 가리키는 용어이고, '이스라엘의 거룩한 자'라는 표현과도 연관되어 있다. 그렇기 때문에, 이 용어는 이사야서가 이야기하는 종말론적 구원론의 핵심이다(41:14; 43:14; 44:6, 24; 47:4; 48:17; 49:7, 26; 54:5, 8; 59:20; 60:16; 63:16).

(2) 예레미야서와 예레미야애가서

이사야가 활동한 지 한 세기 후에, 그가 예언했던 바벨론의 남유다 정복 전쟁이 실제로 일어났다. 이것을 직접 목격한 또 다른 위대한 선지자가 있었는데, 그가 바로 예레미야이다. 바벨론의 남유다 정복은 세 차례에 걸쳐 단계적으로 진행되었다(B.C. 605년, 598년 그리고 586년). 예레미야 선지자는 약 B.C. 627년부터 562년까지 사역했다.

---

[34] 고레스 칙령에 대한 기록은 역대하서 후반부와 에스라서 서문에 반복해서 등장하는데, 성경의 역사가들은 고레스 칙령에 대해 자신의 해석적 관점에서 기록했다. 그리고 이 두 본문을 잇는 문학적 연결성은 위의 결론을 뒷받침한다. Sara Japhet, *I & II Chronicles* (Louisville: Westminster/John Knox, 1993), 1077. '기름 부음을 받은 자'로서의 고레스에 대한 유익한 논의는 다음을 참고하기 바란다. Gary V. Smith, *Isaiah 40-66*. New American Commentary 15B (Nashville: B&H, 2009), 254-255.

그 선지자가 기록한 것에 따르면, B.C. 562년은 유다 왕 여호야긴이 바벨론의 구금에서 석방된 해이다(렘 52:31-34; 왕하 25:27-30). 여호야긴을 풀어 주는 이 자비로운 사건은, 예레미야에게 있어 이스라엘이 바벨론이라는 역사적 포획자로부터 결국 해방될 것에 대한 전조였다. 또한, 이스라엘은 과거에 스스로 자초해서 하나님으로부터 분리되었는데, 궁극적으로 이것으로부터 회복되는 것에 대한 전조이기도 했다.

예레미야 선지자가 기록한, 역사를 향한 하나님의 계획은 그 본질에 있어, 이사야 선지자가 이해한 것과 동일하다. 이스라엘 백성이 고국으로 돌아오는 이야기의 맥락에서, 예레미야는 파괴된 도시 예루살렘을 시온이라고 부른다. 또한, 그가 중시해서 사용하는 "다시 모이다"(קבץ; HALOT, 1062-1063)라는 용어는 대부분의 경우, 이스라엘이 하나님과 회복되는 것을 묘사하는 데 사용된다(23:3; 29:14; 31:8, 10; 32:37; 40:15; 49:5, 14).

예레미야 선지자는 "돌아오다"(שוב)라는 용어를 더 일반적으로 사용하는데, 이것도 위의 단어와 동일한 목적으로 사용된다(16:15; 27:22; 30:17, 18; 31:8, 16, 17, 18, 21, 25; 32:44; 33:11, 26).[35] 예레미야애가를 보아 알 수 있듯, 예레미야는 예루살렘과 성전이 완전히 파괴된 것을 보고 깊은 절망에 빠지지만, 그는 그 안에서도 여전히 희망을 본다. "여호와의 인자와 긍휼이 무궁하시고 주의 성실하심이 크시도소이다"라고 그는 고백한다(애 3:22-23). 그분은 이스라엘을 영원히 버리지 않으실 것이고(3:31), 하나님의 백성이 더 이상 사로잡혀 가지 않도록 주님이 보호하시는 그날이 올 것이다(4:22).

예레미야는 이스라엘을 언급하는 것에 있어, 이사야 선지자보다는 "종"이라는 용어를 훨씬 덜 사용한다(렘 30:10; 46:27, 28). 그 대신에 예레미야는 보통 다윗을 가리킬 때, 그 용어를 사용한다(33:21, 22, 26). 그러나 그는 "기름 부음 받은 자"(משיח)를 한 번도 언급하지 않는다. 하지만 이 새에서 한 "가지"가 나는 것을 예레미야가 묘사할 때, 그가 동일한 인물을 염두에 두고 있었다는 것에는 의심의 여지가 없다(23:5; 33:15).

---

[35] W. L. Holladay, *The Root Šubh in the Old Testament* (Leiden: Brill, 1958).

이와 유사하게, 예레미야는 미래의 구속자에 대해 단 한 번 언급한다(50:34). 그리고 예레미야는 이사야와 마찬가지고, 하나님이 그의 계획을 이루시기 위해 세운 인간 통치자를 하나님의 종으로 본다. 그리고 그 당시에는, 바벨론의 왕 느부갓네살에게 이것이 적용된다(25:9; 27:6; 43:10).

"언약"(ברית)은 예레미야서에 자주 등장하는 신학적 개념이다(약 23번, 이사야서에서는 8번). 이것은 대부분의 경우 하나님이 그의 구원받는 백성과 함께 세우실 새 언약을 가리킨다. 이 새 언약은 돌이나 몸에 새기는 것이 아니라 마음에 새기는 언약이다(31:31-33; 50:5; 신 6:6; 11:18).

이것은 메시아적 세대의 특징이 되는데, 새 언약은 이사야 선지자가 이야기하는 고통받는 종에 의해 시작될 것이다(참고. 마 26:28; 막 14:24; 눅 22:20).

(3) 에스겔서

제사장이자 선지자인 에스겔은 남유다의 포로기에 활동했다. 그는 그가 살던 수사라는 도시에서 주로 활동했는데, 이것은 지금의 이란 남서쪽에 위치한 위대한 페르시아의 도시이다. 그렇기 때문에, 그의 관점은 이사야나 예레미야와 사뭇 달랐지만, 에스겔의 주요 신학적 관심사는 그들과 매우 유사했다. 다시 강조하지만 역사를 향한 하나님의 계획과 관련된 중심 주제들은, 앞으로 논의되는 내용들을 바르게 이해할 수 있는 구조를 제공할 것이다.

에스겔서는 예루살렘을 시온으로 묘사하지 않는다. 이것은 그보다 앞서 존재하던 다른 선지서들 그리고 포로기에 기록된 시편들이 예루살렘을 시온으로 묘사하는 것과 상반되는 특징이다(시 147:1, 3). 그러나 이스라엘 백성이 계속해서 하나님의 종으로 역할한다고 그는 언급한다(겔 28:25; 37:25).

다윗이 과거에 그랬던 것처럼 이스라엘을 다시 다스릴 것인데(34:23-24; 37:24-25), 이것은 종말론적 관점에서 남유다 백성이 고국으로 돌아올 것을 이미 가정하고 말하는 내용이다. 그러나 에스겔은 다른 선지자들과 달리, 이스라엘 백성이 그의 시대에 그 땅으로 돌아오는 것에 대해 상대적으로 적게 언급한다(참고. 11:17, 18). 오히려, 그는 "돌아오다"라는 의미의 용어를 영적 회복의 개념에서 사용한다(16:55).

에스겔서는 새 언약이라는 신학적 개념을 세우는 것에 크게 기여한다. 비록 이스라엘이 과거에 언약을 저버렸지만, 주님은 그의 언약을 이스라엘과 다시 세우실 것이다(16:60-63). 그리고 나면, 약속의 땅은 두려움이 없는 샬롬의 장소가 될 것이다(34:25; 37:26). 새 언약과 관련해서, 선지자 에스겔은 이스라엘이 그 땅에 다시 세워질 날에 대해 말한다.

이스라엘 백성은 돌같이 딱딱한 마음이 아닌, 살결같이 부드러운 마음을 갖게 될 것이다. 또한, 그들의 마음은 하나님의 영으로 가득 차 힘을 얻을 것이고, 그분 앞에서 완전하게 행할 것이다. 뿐만 아니라 이스라엘 백성은, 그들이 창조된 목적과 같이, 모든 민족에게 빛이 될 것이다(36:22-31).

(4) 다니엘서

다니엘은 느부갓네살이 유다를 처음 정복한 B.C. 605년에 바벨론의 포로로 끌려간다. 하지만 하나님이 그에게 꿈과 환상을 보고 해석할 수 있는 능력을 주셔서, 그는 빠르게 왕국의 높은 위치에 앉게 된다. 하나님의 주권과 하나님의 왕국이 모든 인간의 위엄과 통치 위에 있다는 것이, 이 책의 중심 주제이다.[36]

이 주제는 하나님의 창조 목적 그리고 민족들, 특별히 다시 세워진 이스라엘을 향한 하나님의 계획과 긴밀히 연결되어 있다. 다니엘서에서는 성경의 다른 어떤 책들보다 왕(מֶלֶךְ)그리고 왕국(מַלְכוּת)이라는 용어들이 여호와 하나님과 관련해 자주 등장한다. 그러므로 이것은 이스라엘의 하나님이 온 땅의 주인이 되신다는 개념으로 이어진다. 이것은 창조 때부터 의도된 하나님의 계획이다.[37]

---

[36] Eugene H. Merrill, "Daniel as a Contribution to Kingdom Theology", *Essays in Honor of J. Dwight Pentecost*, ed. Stanley D. Toussaint and Charles H. Dyer (Chicago: Moody, 1986), 211-225.

[37] 왕과 관련된 이런 용어들은 다니엘서에 대략 141번 등장한다. 그리고 다니엘서에서 히브리어로 기록된 본문을 확인해 보면 이런 용어들이 하나님을 가리키는 데 적어도 12번 사용된다. 이사야서에서는 6번, 예레미야서에서는 7번 그리고 에스겔서에서는 단 한 번도 사용되지 않는다.

우리가 앞서 살펴본 선지서들이 가지고 있던 핵심 개념들은, 다니엘서에서도 대부분 등장한다. 그러나 여기에 몇 가지 예외는 있다.

첫째, 다니엘은 이스라엘 혹은 앞으로 오실 메시아를 묘사하는 것에 있어, "종"이라는 용어를 한 번도 사용하지 않는다.

둘째, 다니엘은 이스라엘이 구원을 받는 것, 그 땅으로 돌아 오는 것, 혹은 그들이 회복되는 것에 대해 전혀 언급하지 않는다. 그 대신에 그는 영원한 의를 가지고 오실 "가장 거룩한 자", "왕/통치자" 그리고 "기름 부음 받은 자"에 대해 말한다(단 9:24-27). 이 모든 표현이 메시아를 함축적으로 가리키고 있다는 것에는 논란의 여지가 없다.

(5) 열 두 예언서

이 열 두 예언서는 소선지서로 불린다. 왜냐하면, 그들이 기록한 책들의 분량이 비교적 적기 때문이다. 그들의 책들은 보통 연대기순으로 나열되어 있다. 그러나 우리는 그들이 사역한 시간의 순서대로 살펴볼 것이다. 우리가 하나 기억해야 할 것은, 각 책이 정확히 언제 기록되었는지는 알 수 없다는 사실이다. 하지만, 추정 연대들의 차이는 매우 작아서, 중요한 해석학 혹은 신학적 어려움으로 이어지지는 않는다.

① 요나서

요나의 임무는 그의 민족에 대한 직접적인 사역이 아닌, 그 당시 앗수르 제국의 수도였던 큰 성 니느웨에 대한 사역이었다(약 B.C. 765년). 다른 한편으로는, 하나님의 선택받은 백성인 이스라엘이 하나님의 부르심을 받았음에도 불구하고 그 명령을 따라 살지 않은 것을 상기시키고자 하는 더 미묘한 메시지가 그 안에 담겨 있다.

일반적인 전문 용어들이 이 책에서는 발견되지 않는다. 왜냐하면, 이것은 이야기 형식으로 되어 있기 때문이다. 이스라엘을 통해 이뤄지는 바 역사를 향한 하나님의 계획을 특징적으로 묘사할 때 아주 가끔 관련 용어들이 사용된다.

아브라함의 씨를 통해 모든 민족이 복을 받을 것이라는 그 약속에 비추어 볼 때, 요나가 니느웨로 부르심을 받은 것은 결코 이상한 일이 아니다. 비록 구약성경의 '지상 대명령'은 일반적으로 이스라엘을 중심으로 민족들을 끌어모으는 것으로 이해되지만, 주님이 이 모든 것의 중심에 계신다는 사실을 우리가 놓쳐서는 안 되겠다. 이것은 요나서에서 가장 분명하게 드러난다. 하지만, 길이가 더 긴 선지서들 안에 들어 있는, 민족들에게 주시는 다양한 신탁은, 더 넓은 세상에 대한 하나님의 관심과 그것을 구현하는 데 있어서 이스라엘이 감당해야 할 역할을 암시한다.[38]

그 사명에 대한 요나의 불순종은, 이스라엘에게 주어진 임무에 대한 그들의 무심함을 아주 잘 보여 준다. 하나님이 니느웨를 파괴하지 않으신 것에 대해 강한 불만을 표출하는 그 선지자의 모습은, 좋은 소식을 자신들만 가지고 있으려는 이스라엘의 인색함을 적나라하게 보여 준다. 그것은 마치, 선택받은 것이 선택받지 못한 것에 대해 적대적임을 의미하는 듯한 태도이며, 단지 우리와 다르다고 해서 그들을 저주하려 하는 태도이다. 선지자들이 이스라엘에게 회개하라고 했던 태도가 바로 이것이다.

② 아모스서

아모스는 호세아와 거의 동시대 사람이고, 요나보다는 조금 나중에 활동했던 인물이다(대략 B.C. 760년경). 그는 남유다 출신이지만, 그의 임무는 하나님의 말씀을 북이스라엘 왕국에게 전하는 것이었다. 그는 남유다의 한 시민으로서, 예루살렘을 시온이라고 부른다(1:2; 6:1). 우리가 앞서 살펴보았듯이, 시온이라는 표현은 예루살렘 출신인 두 선지자 이사야와 예레미야에 의해 일반적으로 사용되었다.

또한, 요엘, 오바댜, 미가, 스바냐 그리고 스가랴와 같은 남유다 출신들에 의해 시온이라는 용어가 자주 사용되었다. 아모스서에서는 이스라엘을

---

[38] 다음을 참고할 것. 이사야 10:14-25, 34, 47; 예레미야 48-51장; 에스겔 25-32장, 38-39장; 요엘 3장; 아모스 1-2장; 오바댜 1장; 나훔 1-3장; 하박국 2장; 스바냐 2-3장; 스가랴 9, 14장.

종 혹은 열방의 빛이라고 표현하지 않는다. 그뿐만 아니라 기름 부음 받은 자에 대한 언급도 없다. 그러나 아모스 선지자는 이스라엘이 포로된 상태로부터 돌아올 것이고, 그 땅에 영원히 거주할 것이라고 예언한다(암 9:15).

그리고 그 땅에 돌아오는 날, 다윗의 "장막"(סֻכָּה)이 다시 세워질 것이다. 다윗의 장막은 구약 시대에 다윗 왕조가 가지고 있던 일시적 성격을 묘사하는 하나의 완곡한 표현이다. 다윗의 장막을 다시 세우는 것은 (קוּם, 문자 그대로의 의미는 "일으켜 세우다"이다.), 그것을 더 강하고 튼튼하게 할 것이다. 그리고 하나님은 그의 이름으로 일컫는 만국을 이스라엘이 "기업으로 얻게"(יָרַשׁ)[39] 하실 것이다.

과거에 이스라엘은 언약에 불순종함으로 하나님의 종으로서의 지위를 잃어버렸다. 그러나 앞으로 다시 세워질 이스라엘은, 하나님의 종으로서의 그 역할을 되찾고 의기양양하게 그 지위를 붙잡을 것이다.

③ 호세아서

호세아서에는 "돌아오다"(10번), "회복하다"(2번), "긍휼"(3번), "용서(하다)"(2번) 그리고 "사랑"과 같은 용어들이 함께 등장한다. 특별히, 마지막 용어는 언약 관계 그리고 회복과 관련해서 사용된다. 신학적으로 많은 의미를 담고 있는, 언약 용어인 "은혜"(חֶסֶד)는 이 책에서 6번 등장한다. 그런데 이것은 다른 소선지서들과 비교했을 때, 상당히 많은 횟수이다.[40]

호세아 선지자는 결혼이라는 언약 관계를 맺고, 그의 아내에 대한 충실함을 보인다. 이스라엘이 간음했음에도 불구하고, 여호와께서는 그들과 맺은 언약에 대해 신실하시다는 것을 이것이 아주 잘 보여 준다. 하

---

39 '기업으로 얻게 된다'(יָרַשׁ)라는 단어가 여기서 등장하는데, 이것은 문맥상으로 볼 때 이방 민족들을 침략해서 그들의 것을 강압적으로 빼앗는 것이 아닌, 주님으로부터 상속받는 것을 의미한다. 다음을 참고할 것. *NIDOTTE*, ed. Willem A. VanGemeren, vol. 2 (Grand Rapids: Zondervan, 1997), 548.

40 예를 들어, '은혜'(חֶסֶד)라는 의미의 이 단어는 이사야서와 예레미야서에서 각각 6번 씩 등장한다. 그러나 에스겔서에서는 한 번도 사용되지 않았고, 다니엘서에서는 오직 한 번 등장한다. 그러나 시편은 이 단어로 가득하다(대략 120번 이상 사용됨). 시편이 회개하는 기도와 간구하는 기도로 가득한 것을 고려했을 때, 이것은 그리 놀라운 일이 아니다.

나님은 그들을 버리지 않으시고, 사랑하는 남편처럼 그들로 하여금 다시 돌아오게 하실 것이다(호 1:1; 3:4-5; 8:8-10; 11:8-11; 13:14; 14:4-8).

④ 미가서

미가 선지자는 남유다의 모레셋 사람으로서, B.C. 8세기의 소선지자들 중 가장 나중에 활동했다. 미가는 북이스라엘이 멸망하기 바로 전 그리고 심지어 그들이 멸망한 이후에도 활동한 선지자이다(미 1:1). 그는 남유다를 대상으로만 사역했음에도 불구하고, 이스라엘이라는 지명을 자주 언급한다(105구절 중에 11번).

북이스라엘 왕국이 이미 멸망했음에도 불구하고 그 용어를 사용하는 이유는, 나라가 통일되는 날을 미가 선지자가 여전히 소망하고 있기 때문이다(미 2:12). 실제로 그는 더 나아가, 이스라엘의 왕이 미래에 올 것이며, 베들레헴에서 태어날 것이라고 선언한다(5:2a). 또한, 이것이 오래전부터 줄곧 예언되었다고 말한다(2b). 베들레헴에서 태어났고, 그곳에서 기름 부음을 받은 다윗을 미가는 염두에 둔 것이 분명해 보인다. 그래서 결국, 다윗의 혈통에서 메시아가 탄생하고, 그가 새로운 통치자가 되실 것이다.

그 왕이 샬롬을 가져올 것이고, 이스라엘이라는 양 떼를 먹이고 보호하는 목자가 되실 것이라고 미가는 자세하게 설명한다. 여기서의 이스라엘은 북이스라엘과 남유다를 모두 포함한다. 비록 강력한 니므롯의 지도 아래 앗수르가 쳐들어오겠지만, 주님의 백성은 승리할 것이다. 더욱이 그들은 여호와께로부터 내리는 이슬과 같이, 곳곳에 충만할 것이다(미 5:6-9). 이 모든 것은 하나님의 구속 사역과, 아브라함과 야곱에게 하셨던 그의 약속에 근거하고 있다(7:19-20).

⑤ 나훔서

나훔의 핵심 사역은 앗수르 제국의 수도인 니느웨에 하나님의 심판을 선포하는 것이다. 니느웨는 하나님이 선택하신 백성 이스라엘을 훈련시키는 도구로서 사용되었지만, 이제 너무 교만해졌기 때문에, 결국 심판을 받게 된다. 바벨론 왕 나보폴라살(B.C. 626 - 605년)과 그의 유명한 아들 느부갓네살(605 - 562년)의 통치 아래, 바벨론 제국은 메소포타미아 지역의 새로운 강자로 떠오른다. 그리고 앗수르 제국은 일련의 사건들을 통해, 자연스럽게 쇠퇴의 길을 걷는다.

(1) 612년 니느웨의 파괴
(2) 609년 하란에서 앗수르 군대의 패배
(3) 605년 갈그미스에서 앗수르 군대 전멸[41]

이것은 역사를 향한 하나님의 계획을 분명하게 나타낸다. 하나님은 모든 나라와 권력자 위에 계시는 궁극적인 주권자이시다. 그렇기 때문에, 하나님은 그의 뜻을 따라 모든 것을 운영하신다(나 1:2-7). 하나님의 선택받은 백성 이스라엘은, 아브라함 언약의 성취로서 하나님이 그들을 위해 계획하신 모든 것이 이루어질 것을 확신할 수 있다(2:13, 15).

⑥ 하박국서

하박국 선지자 또한, 바벨론 제국이 앗수르 제국을 계승하기 바로 전의 혼란스러운 시기에 활동했다. 모든 유대인은 그들의 미래에 대해 걱정하고 두려워했던 반면, 하박국은 하나님이 함께하신다는 것에 그의 시선을 둔다. 하박국 선지자는 남유다 백성들이 염려하는 부분을 공감하고 주님께 질문을 드린다(합 1:2-4). 그리고 나서, 하박국은 비록 갈대아인들이(바벨론 사람들) 강한 것은 사실이지만, 그들도 앗수르 사람들처럼 하나님에 의해 세워지기도 하고 멸망하기도 하는 그분의 도구일 뿐이라고 고백한다(합 1:6).

하박국 선지자는 이스라엘 백성의 역사와, 그들을 지금까지 이끄신 하나님의 일하심을 기록한다(3:1-15). 비록 현재의 상황이 좋지 않지만, 그는 구원의 하나님 때문에 기뻐한다. 왜냐하면, 어제의 하나님은 오늘과

---

41 이것에 대한 더 자세한 내용은, 다음의 글에서 확인할 수 있다. 유진 H. 메릴, 『제사장의 나라』, 곽철호 역 (서울: CLC, 2005), 542-563, 593-596.

내일의 하나님이시기 때문이다. 그가 이전에 행하신 일은, 앞으로도 능히 행하실 수 있고, 또한, 그들을 위해 반드시 행하실 것이다(18-19절).

⑦ 스바냐서

스바냐는 7세기의 마지막 선지자이다. 스바냐 선지자는 남유다가 앗수르와 바벨론에 의해 멸망으로 기울어 가는 초기 과정들을 분명하게 목격했다. 하나님이 이 무자비한 침략자들을 통해 무엇을 하실 것인지를, 스바냐는 가장 화려하고 과장된 용어들을 사용해 묘사한다. 우주적 범위를 가진 이 장면을 그 당시의 관점에서뿐 아니라 종말론적 관점에서 또한 해석할 수 있다(습 1:7-18).

그 당시의 이스라엘뿐 아니라 이스라엘 시대의 민족들이 거룩하시고 분노하시는 하나님의 진노를 경험할 것이다. 스바냐는 온 땅이 끔찍한 심판 아래 놓일 것을 "여호와의 날"이라는 구절로 반복해서 표현한다. 그리고 이것은 스바냐서에서 반복적으로 사용된다.[42]

여호와의 날은 결코 완전한 실패를 의미하지 않는다. 오히려, 이것은 희망찬 날을 위한 준비 과정일 뿐이다. 주님은 그의 백성의 남은 자들을 부르시고, 그들이 과거에 추방당했던 그 땅으로 그들을 데리고 오실 것이다. 또한, 그들 주변에 있는 적들로부터 그들을 안전하게 보호하실 것이며, 이스라엘의 왕이 되셔서 그들을 다스리실 것이다(습 3:14-20).[43]

⑧ 요엘서

요엘서와 오바댜서는 기록된 연대를 추정하기 어려운 것으로 매우 잘 알려져 있다. 요엘서와 오바댜서를 여기서 언급하는 데는 여러 가지 이유가 있다. 물론 그 이유들을 여기에 다 나열할 필요는 없는데, 그중 하나는 "여호와의 날"이라는 용어의 사용에 있다. 이 용어가 스바냐서에서

---

42 '여호와의 날'이라는 표현이 스바냐서에서는 20번 등장한다. 구약성경의 다른 책들과 비교했을 때, 이것은 굉장히 많은 횟수이다.

43 참조. Yair Hoffman, "The Day of the Lord as a Concept and a Term in the Prophetic Literature", *Zeitschrift für die alttestamentliche Wissenschaft* 93 (1981): 37–50.

도 사용된 것을 보았는데, 이것은 후기 예언서에 자주 등장한다.

"여호와의 날"이라는 주제는 요엘서에서 9번 등장하고, 오바댜서에서도 9번 사용된다. 그 안에 종말론적인 의미가 있는지는 덜 분명하지만 말이다.[44]

요엘은 그 땅과 시온이 바벨론의 정복에 의해 파괴될 것이라고 말한다(1:2-12). 하지만 여호와께서 이스라엘의 죄를 심판하기 위해 칼과 창을 들고 오시는 날과 비교하면, 이것은 아무것도 아니다(1:15-20). 또한, 하나님을 왕으로 인정하지 않은 민족들에 대한 심판도 이 안에 포함되어 있다(2:1-11; 3:9-13). 그의 백성을 위한 하나님의 계획은 멸절이 아니라 회복이다. 하나님은 이스라엘 백성이 회개하고 새롭게 되어야 한다고 말씀하신다(1:13-14; 2:12-17).

그렇게 하면 그들이 주님께 바르게 돌아올 수 있고, 이전에는 알지 못했던 복을 받을 수 있기 때문이다. 그들은 더 이상 민족들에 의해 멸시 받지 않을 것이고(2:19), 그 땅의 풍성한 열매들로 즐거워할 것이며(2:18, 23-26; 3:18-20), 여호와가 유일하신 하나님이라는 사실을 그들이 온전히 알게 될 것이다(2:27). 또한, 그들은 그들의 적들로부터 보호를 받을 것이다(3:16-17). 그뿐만 아니라 그들은 하나님의 영으로 충만하게 될 것인데, 이것은 그들을 그들의 중심에서부터 근본적으로 변화시킬 것이다(2:28-31).

⑨ 오바댜서

오바댜서 전체는 이스라엘의 '형제 민족'인 에돔과 관련이 있다. 형제 민족임에도 불구하고, 에돔은 이스라엘을 괴롭히는데, 이것에 대해 오바댜 선지자는 그 짧은 글 안에 기록한다. 에돔은 이스라엘에게 적대적이었던 민족들을 전형적으로 보여 준다. 혹은 적어도, 과거에 이스라엘과 가까이 지냈지만, 지금은 그들에게 못되게 구는 민족들의 한 예로서 나타난다.

---

44 '여호와의 날'이라는 용어가 호세아서에서는 여섯 번만 사용된 반면에, 아모스서에서는 12번 사용되었다. 요나서와 나훔서에서는 한 번도 사용되지 않았다.

아브라함 언약의 저주에 따르면, 그들은 하나님의 백성을 학대했기 때문에, 하나님으로부터 반드시 심판을 받아야 한다(10, 12절). 그러나 반대로 이스라엘은 에돔과 다른 백성들을 기업으로 얻게 되면서, 복을 받을 것이다(17-21절).[45]

⑩ 학개서

학개 선지자는 B.C. 520년 혹은 대략 그쯤에 활동했다. 이것은 유대 공동체가 고국으로 돌아온 지 16년이 지난 이후를 배경으로 하고 있다. 비록 성전의 기초가 예루살렘에 놓여졌지만(스 3:8-10), 그 이후로는 큰 진척이 없었다. 하나님이 학개에게 주신 임무는, 성전 완공을 독려하고 유대 국가의 종교적 그리고 정치적 구조를 다시 세우는 것이었다. 그의 메시지는 크게 두 가지로 간추릴 수 있다.

(1) 비록 솔로몬의 화려한 성전을 목격한 사람들에게는 제2 성전이 초라해 보일 수 있지만, 이것은 언젠가 첫 번째 성전보다 더 충만한 하나님의 영광으로 가득 찰 것이다(학 2:7-9).
(2) 다윗의 직계 후손이자 다윗의 혈통을 계승하는 스룹바벨이 가지고 있는 지도력은, 다윗의 왕조가 계속해서 이어진다는 것을 입증한다(학 2:20-23; 대상 3:1, 19). 물론 그 종말론적인 어조는, 스룹바벨보다 더 위대한 분에게 초점을 맞추고 있다. 사실, 그분은 다윗보다도 뛰어난 분이시다.[46]

⑪ 스가랴서

학개와 동시대를 살았던 선지자 스가랴는, 같은 고민거리로 괴로워했다. 하지만 스가랴는 이제 막 시작된 이스라엘 국가와 백성을 위한 하나

---

45 에서 혹은 에돔은 오바댜서에서 8번 등장한다. 그리고 야곱이라고 불리는 이스라엘은 3번 등장한다. '이스라엘'이라는 이름은 이 책에 한 번도 등장하지 않는다.
46 Eugene H. Merrill, *Haggai, Zechariah, Malachi* (Chicago: Moody, 1994), 56-58.

님의 계획을 보다 자세하게 설명했다. 그는 이스라엘이 발군의 능력으로 고국으로 돌아오고 하나님이 의도하신 바와 같이 열방의 빛이 되는 그 날을 반복해서 마음속에 그린다(슥 1:16-17; 2:10-12; 8:1-8, 18-23; 10:8-12; 14:16-21).

하나님은 왕이 되시고, 다윗과 같은 대리인을 통해 다스리실 것이라는 사실이 더 중요하다(14:9). 다윗이 과거에 이스라엘을 다스렸던 것 그리고 하나님이 인간에게 모든 피조물을 다스리라고 처음 명령하셨던 것과(창 1:28) 정확하게 같은 방법으로 이행될 것이다.

스가랴서는 왕의 위엄과 권능으로 오시는 그분을 '종'(슥 3:8), '가지'(3:8; 6:12), '제사장'(6:13), '왕'(9:9; 14:9, 16) 그리고 '목자'(11:15-16; 13:7)와 같은 표현들로 묘사한다. 메시아와 관련된 이 모든 용어는, 예수 그리스도에게 적용된다(마 20:28; 요 10:11; 18:37; 딤전 1:17; 히 4:14; 13:20; 계 17:14; 19:16).[47]

⑫ 말라기서

구약의 선지자들 중 마지막 선지자인 말라기는, 그의 책 말라기서를 B.C. 475년 혹은 그쯤에 작성했다. 포로기 이후의 상황들에 대해, 그는 많은 우려를 나타낸다. 왜냐하면, 제사장들이 성전을 더럽히고 제사를 소홀히 했으며(말 1:7-9), 다른 종교와 혼합되었기 때문이다(2:11).

또한, 이혼(2:14-15)과 십일조를 내지 않는 것에 대해 우려한다(3:7-10). 이와 같은 행위들은 하나님의 노여움을 사고, 그 결과 징계가 뒤따른다(2:2-3, 12, 16; 3:5, 9). 그럼에도 하나님은 그들이 찾고 기다리는 "언약의 사자"가 임하다는 사실을 선포하게 하기 위해 한 메신저를 보내실 것이다(3:1).

그 "언약의 사자"는 심판하기 위해 오실 것이다(3:2-3). 그리고 의가 회복될 때까지, 그 심판을 계속하실 것이다. 이 메시아적 인물이 오기 전에, 엘리야가 먼저 올 것이다. 예수께서 말씀하신 것과 같이, 여기서 기록된 엘리야는 세례 요한을 가리킨다. 그러므로 예수님은 자신이 그 언

---

47 위의 책, 141-142, 153-154, 197-199, 253-256, 271-273, 300-301, 338-340.

약의 사자이고 요한은 이것을 선포하는 엘리야임을 간접적으로 공표하신다(마 11:14; 17:10-12; 눅 1:17).[48]

6) 시가서와 지혜서

시편[49]에 기록되어 있는 다윗의 긍정적이고 확신에 찬 고백은, 특별히 힘이 있다. 어려운 시간과 상황들을 이겨 내는 과정에서 나온, 깊은 신학적 고찰들로 가득하다. 그리고 이것은 다윗 자신의 시대와 상황을 넘어 궁극적으로 다윗의 최고의 후손에게로 향한다. 물론 대부분의 내용이 다윗 자신과 관련되어 있는 것도 사실이다. 이것에 관한 내용은, 첫 번째 표에 잘 정리되어 있다.

다윗은 스스로 하나님의 종이 되기를 선택했는데, 다윗 자신뿐만 아니라 시편의 다른 저자들도 이것에 대해 기록한다. 또한, 그들은 종말론적 차원에서, 다윗과 그의 왕조를 고대한다. 이것과 관련해서는, 두 번째 표를 참고하면 되겠다.

표 1: 다윗이 왕으로서 스스로 암시한 것들과 찬양한 것들

본문	내용
시편 2:6-7	하나님의 메시아, 왕
시편 18:50	그분의 왕에 대한 구원 그리고 그의 기름 부음 받은 자에 대한 언약적 충성
시편 20:6	하나님이 그의 기름 부음 받은 자를 구원하신다
시편 21:7	그 왕은 하나님을 신뢰하고 의심해서는 안 된다
시편 28:8	하나님은 그의 기름부음 받은 자에게 있어서 구원의 요새이시다
시편 63:11	그 왕은 하나님을 기뻐할 것이다

---

48 위의 책, 429-432.
49 지혜서(욥기, 시편, 잠언, 전도서)는 역사를 향한 하나님의 계획이 진행되는 것, 특별히 이스라엘과 큰 연관성은 없다. 지혜서는 윤리와 행동에 대한 보편적 견해를 담고 있다. 그렇기 때문에, 우리는 이 장에서 시편을 간략하게만 다룰 것이다.

표 2: 다윗이 왕이라는 것이 다른 시편 기자들에 의해서 증명됨

본문	내용
시편 18:50	다윗과 그의 후손이 영원할 것이다
시편 78:70	그가 그의 종 다윗을 선택하셨다
시편 78:72	다윗은 그들을 온전하게 인도했다
시편 89:3	내가 나의 종 다윗에게 맹세했다
시편 89:20	나는 내 종 다윗을 찾아냈다; 내가 그에게 기름부었다
시편 89:35-36	나는 다윗에게 거짓말하지 않겠다; 그의 씨는 영원할 것이다
시편 89:49	주께서 주의 성실하심으로 다윗에게 맹세하셨다
시편 122:5	다윗의 집의 왕좌들
시편 132:1 시편 132:10	하나님, 다윗을 기억하소서 당신의 종 다윗을 위해
시편 132:11 시편 132:17 시편 144:10	하나님은 다윗에게 서약하셨다 나는 다윗을 위한 뿔이 자라도록 할 것이다 다윗을 고통스러운 칼로부터 구원하는 자

4. 결론

구약의 내러티브가 가지고 있는 중심 맥락은, 그 시작부터 절정에 이르기까지 하나님의 창조 세계를 위한 그분의 근본적인 목적이다. 이것을 성취하기 위한 전략을, 일반적인 용어로 하나님의 계획이라고 부른다.

그리고 하나님의 계획은, 세대가 이어지는 과정을 통해 드러난다. 한 세대에서 다른 세대로 자연스럽게 흘러가지만, 각 세대가 가지고 있는 형식과 목적에는 차이가 있다. 계시의 점진성이라는 원리에 비추어 볼 때, 그 계획은 점진적으로 밝혀진다. 그 계획을 이해하고 실행할 수 있게 준비되고 갖추어진 만큼, 각 세대에게 그 계획이 펼쳐진다.

따라서 아담과 하와가 계시와 경험을 통해 알게 된 것을, 노아는 개선하고 발전시켰다. 아브라함은 그 기초 위에 세웠는데, 뒤에 이어지는 족장들도 마찬가지이다. 그리고 모세는 더 많이 세워나갔다. 시작부터 자신의 시대에 이르기까지 그 계획이 이루어져 나간 역사를 정경, 즉 토라(모세오경)로 기록하라는 사명을 받은 것은 바로 그였다.

모세오경의 목적은, 하나님의 계획의 일부로서, 선택된 민족 이스라엘이 열방의 빛으로서 자신의 소명을 성취해 나갈 수 있는 법적 신학적 기초를 제공하는 것이었다. 모세오경(토라)은 필요에 따라 이스라엘 백성에게 명령하고, 그들의 잘못을 규탄한다. 그리고 이스라엘의 역사가들은 토라가 제시하는 기준에 따라, 이스라엘의 발전 과정을 평가했다.

선지자들은 그들이 실제 겪었던 역사적 상황들을 배경으로, 그 글들을 작성했다. 구속과 회복에 대한 하나님의 위대한 계획을 이스라엘이 실행하는지 안 하는지를 놓고, 선지자들은 이스라엘의 행위를 평가했다. 또한, 그들은 하나님이 미래에 대해 어떤 계획을 가지고 계신지를 보여 주었다. 그리고 메시아적 인물이 하늘의 방법으로 역사에 개입하는 것만이 인간의 상태를 바로잡고 하나님의 계획을 온전히 이룰 수 있다는 것을 그들이 점차 알게 되었다.

끝으로, 성문서(역주: 토라와 예언서를 제외한 구약의 나머지 부분)는 인간의 결함 있는 본성을 드러내 주고, 동시에 실제적이고, 신학적이며, 종말론적 희망을 준다. 우리가 하나님의 기준을 따라 현재의 삶을 살아갈 때, 주어지는 희망이다.

더 나아가, 성문서는 하나님의 나라가 이 땅에 임하는 그 미래에 대해 암시한다. 모든 것이 완결된 상태에 이르러, 하나님을 찬양하고, 그의 영광을 높일 것이다. 그리고 그분의 피조 세계는 영원한 복을 얻게 될 것이다.

제6장

역사를 향한 하나님의 계획: 그리스도의 초림

대럴 L. 박
달라스신학교 신약학 교수

✝ 세대주의는 하나님의 계획을 운영하고 관리하는 그 방식과 관련이 있다.[1] 모든 그리스도인은 성경에 그런 운영적 요소가 있다는 것을 인정한다. 그리고 구약과 신약은 이런 사실을 암시한다. 그리스도인들이 더 이상 그들의 남자 아이에게, 언약의 증표로서의 할례를 행하지 않는 것만 보아도 알 수 있다.

점진적 계시의 작용으로 나타나는 이런 차이점들, 바로 세대들(dispensations)이 있음을 가리킨다. 그렇다면 성경에 이런 운영적 조정(세대)이 얼마나 많이 있는지, 또 그것들은 또 얼마나 복잡한지 그리스도인들은 질문하게 된다

세대와 구원은 다르다. 구원은 어떻게 한 사람이 하나님에 의해 구원을 받는지와 관련이 있다. 그리고 언제나 믿음을 통해 은혜로 구원을 받는다.[2] 예수님의 사역은 항상 구원을 가능하게 만들었던 것이다. 비록 구약 시대에는 그것이 약속, 기대 그리고 소망을 통해서였지만 말이다. 반면에, 세대는 구원 계획을 운영하는 하나의 방식이다. 죄와 반역으로 흠이 있게 된 피조 세계를 어떻게 하나님이 구속하시는지, 전체로서의 세대들이 보여

---

[1] 찰스 라이리, 『세대주의의 바른 이해』(*Dispensationalism Today*), 39-43.
[2] 로마서 4장이 이것을 분명하게 보여 준다. 그리고 아브라함과 다윗은 이것의 예가 된다. 아브라함은 모세 이전의 기간에 해당되고, 다윗은 모세 이후의 기간을 나타낸다.

준다. 그 계획은 언약들과 함께 시작된다. 그리고 이것은 그 언약들이 약속한 하나의 왕국과 관련이 있다. 언약들과 그것들이 약속하는 그 왕국은, 이스라엘과 그리스도를 통해 이 땅에 도래한다. 하나님이 그가 아브라함에게 하신 약속들을 이행하심으로, 그 계획을 운영하는 그분의 방식이 달라졌는데, 진행에 발맞추어 때때로 새로운 구조가 도입되는 것이다.

이런 변화에 가장 크게 영향을 주는 요소들에, 그 계획의 성취를 선언하기 위한 예수님의 초림과 그것을 완성하기 위한 그분의 재림이 포함된다.

그래서 우리의 이 글을 통해, 하나님의 왕국 프로그램의 운영 방식을 복음서들이 어떻게 드러내는지 살펴볼 것이다. 예수님이 이 땅에 오신 것이 어떤 영향을 주었는지에, 우리의 연구는 초점이 맞추어져 있다. 요약하자면, 하나님은 자신의 영광을 위해 피조물을 회복하는 그의 계획을 실행하실 것이다. 그리고 하나님이 어떻게 그 계획을 실행하시는지 드러내는 두 가지의 핵심적인 열쇠는 그 왕국과 언약들이다.

또한, 이 글에서 이스라엘이 그 계획과 어떻게 관련되어 있는지 살펴볼 것이다. 왜냐하면, 그 언약들은 본래 이스라엘과 맺어졌기 때문이다. 그 계획을 실행하시는 왕은 이스라엘의 메시아이다. 이스라엘이 어떻게 하나님과 관계를 맺는지는 하나님이 그의 계획을 운영하시는 그 방식과 구조를 이해하는 것에 있어 중요하다. 또한, 민족들이 그 계획과 어떤 연관이 있는지 이해하는 것도 중요하다. 우리는 그 왕국에 대한 이야기로 시작해서, 언약들에 대해 다룰 것이고, 끝으로는 이스라엘과 이방 민족들에 대해 살펴볼 것이다.

1. 복음서에 기록된 하나님 나라

복음서에 기록되어 있는 예수님의 가르침에 대해 연구한 사람들은, 복음서의 중심 주제가 하나님의 나라라는 사실에 모두 동의한다.[3] '나

---

3   Darrell L. Bock, *Jesus According to Scripture* (Grand Rapids: Baker, 2002), 565-593. 복음

라'(왕국)라는 용어가 사용된 횟수를 보면 이것이 복음서에서 얼마나 자주 등장하는지 알 수 있다.

마가는 이 용어를 13번 사용한다. 마태와 누가는 공통된 내용에서 각각 9번씩 사용하는데, 이것을 제외한 다른 내용에서도 마태는 27번 그리고 누가는 12번 이 용어를 더 사용한다. 그리고 마지막으로 요한은 그의 책을 통틀어 이것을 두 번 사용한다. 여기까지는 모두가 동의하지만, 이후로는 모두가 같은 견해를 갖는 것은 아니다.

예수님이 마음에 두신 하나님 나라는 무엇인가?
이것은 하나의 영역을 가리키는가 아니면 하나의 통치 형태를 의미하는가?
이것이 이미 도래했는가 아니면 아직 오지 않았는가?
이것은 구약성경에서만 드러나는가 아니면 예수님의 가르침을 통해 그 의미가 추가되었는가?

이런 각각의 질문은, 예수님이 말씀하시는 하나님 나라의 의미를 이해하는 데 있어 중요하다.

1) 하나님 나라는 새로운 것의 도래이다

먼저는 하나님 나라의 그 의미를 정의하고 시작하는 것이 중요하다. 예수님이 가르치신 하나님 나라는, 하나님이 구원을 베푸시기 위해 계획하신 주요 구조(형태)임이 분명하다. 세례 요한(마 3:2)과 예수님(마 4:17) 모두 천국이 이미 가까이 왔다고 선포했다는 사실은 이미 우리에게 많은 것을 말해준다.

하나님 나라가 과거에는 어떤 형태로 존재했든, 여기서 예수님이 (그 나라가 오고 있다고) 선포하시는 내용과는 분명한 차이가 있다. 그러므

서에 나타난 하나님 나라와 관련해서는 위의 책에 더 자세하게 기록해 놓았다.

로 하나님 나라가 그 땅에 확장되고 있다고 선포하는 시편의 내용은, 여기서 예수님이 말씀하시는 내용과 다르다. 왜냐하면, 예수님이 복음서에서 선언하시는 것은, 과거에 아직 존재하지 않았기 때문이다. 그렇기 때문에, 세례 요한과 예수님은 하나님 나라가 이제 가까이 왔다고 말한다. 하나님이 그의 모든 피조물을 창조주로서 다스리시는 나라(왕국)가 있다. 시편의 본문이 가리키는 것이 바로 이것이다. 하지만 세례 요한과 예수님이 선포하는 구속(구원)을 가져오는 약속된 왕국이 있다.

그래서 예수님이 말씀하시는 그 왕국과 관련해 가장 먼저 알아야 할 것은 이것이다. 그 왕국은, 과거에 이미 선포되었지만 아직 성취되지 않은 기대들을 성취하기 위한 새로운 경영 방식이다. 세례 요한과 예수님은 구원과 구속을 가져오는 그 나라(왕국)를 선포하셨다.[4]

2) 하나님 나라는 궁극적인 구원에 대한 하나의 개념이다

'하나님의 나라'라는 표현이 구약성경에는 잘 등장하지 않는다는 것을 알게 되면, 대부분의 사람들은 깜짝 놀란다. 사실, 이 용어는 구약성경에 단 한 번도 등장하지 않는다. 하지만 하나님이 통치하신다는 개념이나, 왕이신 하나님에 대한 묘사 혹은 하나님이 다스리시는 것에 대한 희망은 여러 번 등장한다.

4　Charles C. Ryrie, *Dispensationalism* (Chichago: Moody Press, 1995), 156. 찰스 라이리는 이 책에서 하나님 나라의 세 가지 형태에 대해서 다룬다. 그 첫 번째 형태는, 하나님이 온 세상을 다스리시는 전 세계적 왕국이다(Ps. 145:13). 두 번째 형태는, 다윗의 자손이자 메시아이신 그리스도께서 앞으로 천 년 동안 이 땅에서 다스리실 왕국이다. 마지막으로, 신비로운 형태의 왕국이 마태복음 13장에 선포되고 나타나 있다. 세대주의자들은 뒤의 두 왕국의 관계성을 놓고 논의하는데, 이 두 왕국 모두 예수님을 통해 드러냈다는 특징을 가지고 있다. 전통적 세대주의자들과 개정 세대주의자들은 이 두 왕국(신비적인 왕국과 다윗의 왕국)을 구분해서 이해한다. 반면에, 점진적 세대주의자들은 위의 두 단계가 서로 연관되어 있고 결과적으로 하나의 통일된 왕국에 대한 약속을 함께 이룬다고 주장한다. 왜냐하면, 다윗의 자손이자 메시아이신 그리스도께서 왕국이 세워지는 위의 두 단계에서 모두 활동하시기 때문이다.

(1) 왕이신 하나님(삼상 12:12; 시 24:10)

(2) 이스라엘을 통치하시는 하나님(출 15:18; 민 23:21)

(3) 땅 혹은 피조물을 다스리시는 하나님(왕하 19:15; 시 29:10; 사 6:5)

(4) 보좌에 앉으신 하나님(시 9:4; 45:6; 47:8; 사 6:1)

(5) 영원히 통치하시는 하나님(시 10:16; 146:10; 사 24:23)

부섭정 통치자(viceregent)인 이스라엘 왕을 통해 공유되는 하나님의 통치에 대한 그림은, 그 왕의 보좌가 곧 하나님의 보좌로 일컬어지는 성경 구절들에서 또한 나타난다(대상 17:14; 28:5; 29:23; 대하 9:8; 13:8). 그렇기 때문에, 다윗의 역할과 희망을 이어가신 그분이 결과적으로 이 통치를 이어 가실 뿐 아니라 이 통치가 목적하는 평화에 대한 희망의 실마리를 이어 가신다.

창세기 12:1-3에 처음 나타난 바대로, 하나님은 아브라함에게 약속을 하시고 언약을 맺으신다. 이 아브라함 언약은 이스라엘 그리고 모든 민족과 맺어졌는데, 다윗의 통치는 그 언약에 대한 하나님의 헌신의 확장이다. 희망을 이야기하는 그 언약들과 연관된 공동 통치의 개념은, 예수님이 선포하신 그 도래하는 통치의 배경이 된다.

제2차 성전 시대 유대교에서 하나님 나라를 종종 메시아적 소망과 연결 짓고, 의인들의 신원과 다가오는 심판을 항상 꿈꾸는 이유가 바로 이것이다.[5] 구약 위경인 솔로몬의 시편 17편에서부터 18편까지 보면 정치적인 메시아에 대한 희망이 기록되어 있는데, 그는 이스라엘을 정화하고 민족들을 물리친다. 그리고 에티오피아 에녹서 37장부터 71장까지 보면 하나님과 함께 통치하고 심판하는 한 초월적인 인물이 등장한다.

예수님이 앞으로 다가올 하나님 나라에 대해 말씀하실 때, 이런 포괄적인 소망의 메아리가 바로 그 배경이 된다. 예수님은 이 용어에 대해 그

---

5   Herbert Bateman, Gordon Johnston, and Darrell L. Bock, *Jesus the Messiah* (Grand Rapids: Kregel, 2012). 이 저서는 메시아적 희망에 대한 해석학과 그 발전 과정에 대해 추적한다. 그리고 제2차 성전 시대가 신약을 바라보는 우리의 관점에 어떤 영향을 주었는지를 연구한다.

어디서도 정의하지 않으신다. 다만 이것에 대해 자세히 설명하신다. 이 사실은, 하나님 나라라는 개념이 그 당시에 이미 친숙하고 일반적이었다는 것을 의미한다.

하나님의 나라의 핵심은, 하나님의 통치와 의인들에 대한 구원과 신원 그리고 하나님의 대적들에 대한 심판인데, 최종적인 것은 평화를 가져올 것이다. 예수님의 감람산 설교를 보면 하나님 나라가 바로 그런 것을 향하고 있다는 것을 알 수 있다(마 24-25장; 막 13장; 눅 21:5-27). 그 구절들에서 인자의 재림은 의인들에 대한 신원과 그들의 궁극적인 구원 그리고 인류에 대한 심판으로 묘사된다.

3) 천국 비유는 하나님 나라의 의미를 더 발전시킨다

예수님의 천국 비유는(마 13:1-52; 막 4:1-34; 눅 8:1-15; 13:18-20), 이 논의에 있어 매우 중요하다. 예수님은 비유를 통해, 하나님 나라의 비밀을 드러내신다. 그가 가르치신 내용은 앞으로 도래할 천국에 대해 우리가 더 많은 것을 이해할 수 있도록 한다.

예수님은 새로운 것을 드러내시고 구약성경이 가르치는 내용에 관해 설명을 보충하신다. 그가 복음서에서 밝히시는 내용은, 이전에는 드러나지 않았던 것이다. 그렇기 때문에, 우리는 이것을 신비 혹은 비밀이라고 부른다. 그러나 이런 가르침이 신비롭고 새롭다고 해서, 과거에 드러난 내용과 무관하다는 의미는 아니다. 이것은 단지 계시가 점진적으로 드러난 과정을 보여 준다. 우리는 한 주제에 대해, 더 많은 계시를 얻게 된다. 그리고 그런 추가적인 설명은, 우리로 하여금 과거에 주어진 약속들 사이의 간격을 메우게 하고 그 약속들에 대해 보다 깊이 이해할 수 있게 한다.[6]

---

6 세대주의자들이 서로 논의하는 내용은, 과연 그 신비가 교회 시대에만 적용되는 독특한 프로그램을 대변하는 것인지(전통적 세대주의자들과 개정 세대주의자들의 주장) 아니면 그 신비가 지상의 천년 왕국 직전과 그 왕국 시기의 이스라엘에게 주어진 약속과도 이어지는 연속성을 소개하는 것인지(점진적 세대주의자들의 주장)에 관한 것

다음의 비유들은 다양한 것을 우리에게 알려준다.

네 가지 땅에 떨어진 씨 비유는 하나님 나라에 대한 다른 반응들을 설명한다. 하나님의 말씀이 가르치는 천국 복음을 받아들이는 사람이 있을 것이고, 받아들이지 않고 거부하는 사람이 있을 것이다. 사탄, 핍박, 이 세상의 염려는 사람들이 천국 소망을 받아들이지 못하도록 방해한다.

알곡과 가라지 비유는 하나님 나라가 종말에 있을 심판 때까지 혼합된 특성을 가지고 있다고 가르친다. 또한, 하나님 나라의 존재 영역이 교회뿐만 아니라 이 세상이라는 것도 선포한다. 하나님 나라가 온 땅에 대해 권리를 갖는다는 것은 중요한 의미를 갖는다. 하나님 나라가 이 세상에 대해 통치 권리를 갖는 것은, 세상 전체에 대한 하나님의 책임이 새로운 단계에 이르렀음을 나타낸다. 선한 것과 악한 것을 골라내는 심판이 종말에 있을 것이고, 이것은 하나님의 형상대로 창조된 모든 존재에게 임한다는 사실을 이것이 암시한다.

겨자씨 비유는 하나님 나라가 처음에는 비록 작은 겨자씨와 같지만, 끝에는 공중의 새들이 깃들일 만큼 커진다고 이야기한다. 많은 사람이 약속된 왕국이 도래하면 그 시작부터 창대하며 모든 것을 정복할 것이라고 생각했기 때문에, 이것은 중요한 계시이다.

하나님의 나라는 도래한 그 순간에 다 이뤄지는 것이 아니고 점진적으로 확장되어 결국에는 온 세상을 포함하게 되는 것임을 이 비유가 보여 준다. 이것은 그 비밀스런 왕국이 그 다음에 따라올 것과 연결되어 있고 연속된다는 것을 가리키는 한 요소이다. 온전한 왕국은 아직 오기 않았기 때문이다.

누룩 비유는 하나님 나라가 조그맣게 시작되지만, 그 끝에는 전체를 가득 채울 것이라고 이야기한다. 예수님을 중심으로 모인 그 새로운 공동

이다. 이 땅과 이스라엘을 포함하는 그 지상 왕국이 현재의 운영 시기 혹은 세대에 뒤이을 것임에는 모든 부류의 세대주의자가 동의한다. 그 왕국과 언약에 연관된 주제들을 상호 토의하고 대화하는 것에 대해 살펴보기 위해서는 아래의 저서를 살펴보기 바란다. Herbert W. Bateman IV, ed., *Three Central Issues in Contemporary Dispensationalism: A Comparison of Traditional and Progressive Views* (Grand Rapids: Kregel, 1999).

체의 규모가 작은 것에, 현혹되지 말라고 한다. 훗날 이것은 온 땅을 뒤덮을 것이다.

밭에 감추인 보화 비유는 기쁨으로 자기의 소유를 다 팔아 하나님 나라를 살 가치가 있다고 이야기한다. 이것은 값비싼 진주에 대한 비유와 같은 메시지를 전달하고 있다.

그물 비유는 종말에 악을 몰아내는 하나님 나라의 그 특성을 가르친다.

서기관 비유는 새 것과 옛 것에 대해 가르친다. 예수님이 하나님 나라에 관해 가르치신 내용은, 새 것과 관련된 가르침을 포함함을 보여 준다. 이것은 예수님이 여기서 드러내시는 것과, 과거에 기록된 것 그리고 앞으로 도래할 것이 서로 연결된다고 설명하는 또 다른 비유이다. 이런 비유들을 통해, 단편적 사실들에서 결론을 도출할 수 있고 그 왕국에 대한 하나님의 계획을 더 분명하게 설명할 수 있다.

천국 비유를 제외한 다른 비유들도 하나님 나라에 대해 설명한다.

혼인 잔치 비유(마 22:1-14; 눅 14:15-24)는 하나님 나라에 처음으로 초청된 사람들이 참여를 거절했기 때문에, 대신 다른 사람들이 초대받는다는 아주 중요한 사실을 우리에게 알려 준다. 적어도 초창기에는 많은 유대인이 초청을 거절하고, 이방인들이 포함되는 것을 이 비유가 보여 준다. 그리고 이것은 또 다른 매우 중요한 원리를 알려 준다. 처음 선포될 때 그 왕국이 임하며, 도래 자체가 연기되지 않는데, 이방인들이 하나님 나라에 참여하는 것을 보면 이것을 알 수 있다. 하나님 나라는 일단 선포되면 임하는데, 선포된 그 단계들과 운영 방식 그대로 임하게 된다.

달란트/므나 비유(마 25:14-30; 눅 19:11-27)는 하나님 나라에 대한 우리의 이해를 증진시킨다. 예수님을 따르는 것에서 오는 그 책임을, 이 비유가 보여 준다. 그 왕국은 재림 때가 아니라 그분이 승천하셨을 때 아들(the Son)에게 주어졌다는 것을 이 비유는 가르친다. 그러나 그가 재림하실 때에야 우리는 이것을 온전히 경험할 수 있다.

이 모든 비유를 통해, 예수님이 말씀하시는 하나님 나라의 의미를 우리가 알 수 있다. 이것은 구약성경에 나타난 하나님 나라의 개념을 더 발전시킨다. 하지만 이 비유들도 하나님 나라가 예수님의 초림에 임하는지 아니면 재림에 임하는지에 관한 질문에는 답변하지 않는다. 그 질문에 대한 답은, 다른 본문에서 찾을 수 있다.

4) 하나님 나라는 이미 도래했지만, 아직 완성되지는 않았다

세대주의자들이 하나님 나라에 대한 미래지향적 관점만을 가지고 있는 것은 아닌가라고 누군가는 때때로 말한다. 몇몇 세대주의자는 이런 관점을 가지고 있는 것이 사실이다. 그러나 모든 세대주의자가 그런 것은 아니다. 복음서가 가르치는 하나님 나라의 도래를 어떻게 해석할 것인가에 대해, 세대주의 안에도 이견이 있다.

모든 세대주의자는 왕국에 관한 성경의 많은 구절이, 미래에 있을 하나님 나라를 가리킨다는 사실에 동의한다. 여기서의 하나님 나라는, 이스라엘을 포함할 뿐 아니라 이 땅에 임하는 통치 단계를 의미한다.

하지만 몇 가지 중요한 본문은 이미 임한 하나님 나라 요소가 있는지, 그것들이 구별된 왕국 프로그램의 부분들인지에 대한 논의를 제공한다.[7] 여기 그 핵심 구절들이 있다.

첫 번째 본문은 마태복음 12:28이다(눅 11:20). 귀신 들려 눈 멀고 말 못하는 사람을, 예수님이 고치신다. 예수님을 반대하는 바리새인들은, 예수님이 바알세불을 힘입어 귀신을 쫓아냈다고 고발한다. 만일 사탄이 사탄을 쫓아내면, 스스로 분쟁하는 것이라고 예수님은 답변하시고 그들의 주장에 반박하신다. 그러나 만일 예수님이 "하나님의 성령을 힘입어"(마태복음), "하나님의 손을 힘입어"(누가복음) 귀신을 내쫓으시면, 하나님의 나라가 그들에게 임한 것이다.

여기서는 두 가지 사실이 중요하다.

---

7 그 논의에 대한 개관을 살펴보기 위해서는, 위에 있는 각주 4와 6을 참고하면 된다.

첫째, 예수님의 구속 사역은 하나님 나라의 구속 사역을 나타낸다. 귀신을 내쫓는 이런 행위들은, 구원의 능력을 가진 하나님 나라가 임했다는 것을 보여 주는 증거가 된다.

둘째, 이것은 앞으로 도래할 하나님 나라의 권능에 대한 단순한 예고편이 아니라 구원을 가능하게 하는 사탄의 패배를 그리는 것이다. 이런 행동들은, 구원하고 다스리기 위한 전제 조건이 된다(엡 1:15-23).

그렇기 때문에, 기적들은 하나님 나라가 이미 임했으며 사탄이 궁극적인 패배를 맞이하는 과정 중에 있다는 증거가 된다.

두 번째 본문은 마태복음 11:12이다(눅 16:16). 하나님 나라는 세례 요한의 때부터 지금까지 침노를 당한다고 기록되어 있다. 이것과 병행되는 마가복음의 본문을 보면 하나님 나라를 침노하는 시기는, 그것보다 앞선 율법과 선지자의 시기와는 다른 것으로서 구별된다.

세 번째 본문은 마태복음 13:16-17이다(참고. 눅 10:23-24). 제자들이 보는 것들 때문에 그들에게 복이 있다고 예수님이 말씀하신다. 이스라엘 민족이 메시아를 거절했다는 언급 뒤에, 비밀스런 형태로서의 하나님 나라의 비유들과 함께 이 말씀이 나오기 때문에, 마태복음의 이 문맥은 중요하다. 여기 이 말씀에, 하나님 나라의 도래가 미루어졌다는 암시는 없다. 대신 이 본문은 많은 선지자와 의인(마태복음), 많은 선지자와 임금이(누가복음) 이것을 보기를 갈망했으나 보지 못했다고 말한다. 이것은 하나님의 계획 속에, 오랫동안 기다려 온 하나님의 약속이 성취되는 것을 묘사한다. 예수님이 하나님 나라에 대해 가르치시는 내용과, 그가 오시기 전부터 소망했던 것 사이에 있는 그 연속성과 연관성을 암시한다. 이것은 하나님 나라가 도래했다는 것의 또 다른 표현이다. 과거의 많은 선지자, 의인 그리고 왕이 만일 살아 있었다면, 하나님 나라를 가지고 오시는 예수님의 사역을 보고 기쁨을 감추지 못했을 것이다.

네 번째 본문은 누가복음 17:21이다. 하나님의 나라를 여기 혹은 저기서 찾을 필요가 없다고, 예수님이 바리새인들에게 말씀하신다. 왜냐하면, 하나님 나라는 그들의 손이 미치는 곳에 있기 때문이다. 다른 말로 하면, 그분 안에서 그 왕국은 그들 바로 앞에 있는 것이다.

혼인 잔치 비유에서 이미 언급한 바와 같이, 이스라엘 민족이 하나님의 나라를 거절했다고 해서 하나님 나라의 도래가 지체되는 것은 아니다. 대신 다른 사람들이 초청받을 뿐이다(눅 14:15-24; 마 22:1-10).

세례 요한의 질문인 '오실 그이가 당신이오니이까'에 예수님은 직접 답변을 하지 않으신다. 그 대신 자신이 행하시는 일들을 나열하심으로 그가 누구이신지를 나타내신다. 또한, 그분은 이 때가 종말론적 성취 중 하나라고 말씀하신다(마 11:2-6; 눅 7:18-23). 맹인이 보게 되고, 불구자가 걸으며, 나병 환자가 깨끗함을 받고, 귀머거리가 들으며, 복음이 전파되는 상황에서, 예수님은 이사야 선지자가 그것들이 새로운 약속의 시대의 도래를 알리는 지표라고 말한 그 본문들을 가리키신다(약속의 시대와 관련된 구절들로 다음을 참고하라. 사 35:5-6; 26:19; 29:18-19; 61:1).

예수님은 자신이 행하시는 사역을 가리키시면서, 그가 열어 젖힌 새로운 시대와 그것이 대변하는 새로운 통치의 본질을 확증하신다. 약속된 것들을 도래하게 하는 자가 바로 자신임을, 예수님은 또한 말씀하신다.

누가복음 3:16은 또 다른 매우 중요한 구절이다. 이 본문에서 세례 요한은 그리스도를 인지할 수 있는 방법이 생겼다고 선언한다. 세례 요한이 선포하는 새로운 시대는, 메시아가 성령으로 세례를 베푸실 때 도래한다.

베드로 또한, 사도행전 2장에서 이것을 강조한다. 예수님의 십자가와 부활 그리고 승천을 통해, 또한 내주하시는 성령님의 오심을 통해, 하나님이 예수님을 우리의 주와 그리스도로 삼으셨음을 이스라엘이 알 수 있다고 베드로는 말한다. 예수님은 우리의 구원자이시다. 왜냐하면, 요엘 선지자가 마지막 날에 대해 예언한 대로, 성령이 하나님의 백성 위에 부어졌기 때문이다.

그래서 예수님은 메시아로서 우리에게 구원을 베푸신다. 또한, 그분은 부활 후에 하나님 우편에 그냥 수동적으로 계신 것이 아니라 용서하시고 구원하시면서 능동적으로 통치하고 계신다.

이 일련의 성경 본문들은, 물론 아직 올 것이 많이 남아 있지만, 다가올 약속과 하나님 나라에 대해 약속된 어떤 것들이 현재 일어나고 있거나 혹은 성취되고 있음을 말하고 있다. 그리고 남은 약속들은, 인자가 재림하시고 심판을 행하실 때 성취될 것이다.

마태복음 13장과 24장이 이것을 확증한다. 우리의 구원은 이미 이루어졌지만, 아직 완성되지는 않았다. 그렇기 때문에, 우리는 영화롭게 되는 완성을 고대한다. 이와 마찬가지로, 하나님 나라도 이미 이루어졌지만 성취의 단계에 있어서 아직 완전히 성취된 것은 아니다. 새 언약에 근거해서 용서가 주어지며, 예수님이 최후의 만찬 자리에서 암시하신 것과 같이 그의 죽음을 통해 새로운 언약이 시작된다(눅 22:20; 고전 11:25).

이것은 하나님 나라가 시작되었음을 알린다. 구성원들이 성찬의 기념을 통해 예배할 때마다, 교회는 이런 현재의 실재를 경축한다. 그러나 다시 강조하지만 하나님 나라는 아직 완성되지 않았다. 왜냐하면, 그것의 임함은, 그리스도의 오심과 병행을 이루는 단계에 따라 시간이 걸리는 과정의 일부이기 때문이다. 작은 것에서 모든 것이 시작되는 이 과정은 겨자씨와 누룩 비유가 보여 주는 바이다.

5) 하나님 나라는 통치와 영역에 대한 것이다

하나님 나라는 죄로부터 구속받은 사람들을 만들어 내는 구원의 통치에 대한 것이다. 그 사람들은 정결하게 되었고 용서를 받았기 때문에, 그 결과로 성령을 받는다. 역사하시는 메시아의 도래는, 하나님의 운영 방식에서의 새로운 조정이다. 우리를 위해 고통을 당하시고 죄사함과 성령님과 생명으로 가는 문을 여신 메시아의 도래와 함께 그토록 오랜 동안 기다렸던 약속이 이제 성취되기 시작했기 때문이다.

그러나 하나님의 계획은 또한, 앞으로 있을 완성을 바라보고 있다. 완전한 평화(샬롬)가 이 땅에 임하고, 모든 약속이 이 땅 위에 그리고 역사 속에 완전하게 이루어질 그 때 말이다.

과거 율법과 선지자의 시대는, 메시아에 대한 소망으로 특징 지워졌다. 그리고 이스라엘은 그 소망의 담지자로 부르심을 받았다. 또한, 지금은 그 하나님 나라가 개시되어, 우리와 함께 있다. 그 약속된 메시아께서 이 땅에 오셨고, 구원을 가능하게 하는 핵심 사역을 이루셨다. 죄의 용서와 내주하시는 성령은, 복음과 하나님 나라 임재의 핵심이다.

그리고 이 소식을 전하는 책임이 오늘날에는 교회에게 있다. 왜냐하면, "찬송하리로다 주의 이름으로 오시는 이는 이여"라고 이스라엘이 고백할 때까지 그들이 황폐한 상태로 있을 것이기 때문이다(참조. 마 23:37-39; 눅 13:34-35).[8] 의로움이 입증된 메시아께서 왕국의 축복을 시작하셨으며, 죄사함과 성령과 생명을 하사하시면서 하나님 우편에서 통치하신다(골 1:14; 3:1-4; 엡 1:15-2:10).

그 운영 방식은 과거에 약속된 메시아를 고대했던 것과 다르다. 이것은 또한, 미래의 운영 방식과도 다른데, 앞으로 다가올 미래에는 메시아께서 땅에 직접 임하셔서 완전한 평화 가운데 다스리실 것이다.

그러므로 또 하나의 운영 방식은 아직 실현되지 않았다. 그 때에는 메시아의 현재의 임재와는 다른 방식으로 메시아께서 직접 땅을 다스리실 것이다. 이 운영 방식들을 우리는 세대라고 부르기도 한다.

세대란, 그 안에서 하나님의 계획을 진행시키고 발전시키기 위한 구조적 부분들을 구성하는 서로 다른 구조이다. 이것을 통해, 하나님은 그의 통일된 구원 계획을 운영하신다. 그래서 하나님 나라는 이런 세대들을

---

[8] 여기서의 '~까지'라는 표현이 중요하다. 이스라엘이 계획에 다시 참여하게 되는 기간이 반드시 있을 것을 암시한다. 이것은 언약신학적 혹은 역사적 전천년주의에 입각해 하나님의 나라와 그 약속을 다룰 때 종종 놓치는 부분이다. 최근에 출판된 이런 종류의 두 저서가 있다. Peter J. Gentry and Scott J. Wellum, *Kingdom through Covenant* (Wheaton: Crossway, 2012), and Gary Burge, *Jesus and the Land: The New Testament Challenge to Holy Land Theology* (Grand Rapids: Baker, 2010). 두 저서 모두 '~까지'와 관련된 이 본문 혹은 다른 본문들을 다루지 않는다. 특별히, 누가복음과 사도행전을 간과한다. Darrell L. Bock, "The Restoration of Israel in Luke-Acts", in *Introduction to Messianic Judaism*, ed. David Rudolph and Joel Willits (Grand Rapids: Zondervan, 2013), 168-177를 보라. 본 논고의 후속 내용에서 이스라엘과 이방 민족들에 대한 부분을 살펴보기 바란다.

볼 수 있는 하나의 틀(frame)이다. 성경적 언약들 또한, 하나님의 구원 계획에 있어서의 세대적 변화들을 드러내 준다.

2. 약속의 언약들

1) 아브라함 언약

복음서에는 예수님이 이 땅에 오신 것이 기록되어 있는데, 복음은 예수님의 초림으로 시작되는 것이 아니다. 복음은 창세기 12:1-3에서 하나님이 아브람과 맺어진 언약적 약속과 함께 시작된다(참조. 갈 3:8). 그때 하나님이 특별한 백성, 한 민족을 만드시겠다고 약속하셨다. 하나님은 아브라함의 이름을 창대하게 하시겠다고 약속하셨다.

또한, 아브라함(하나님이 이름을 다시 지으심. 창 17:5)을 통해, 세상 모든 민족에게 복을 주시겠다고 약속하셨다. 하나님은 한 씨(a seed)를 약속하셨다. 창세기와 출애굽기의 이야기는, 하나님이 이삭이나 야곱과 같은 특정한 인물들을 염두에 두셨다는 것을 보여 준다(엘리에셀과 이스마엘 그리고 에서는 여기에 해당되지 않는다). 그 씨는 또한, 하나의 민족과 연관된다. 그 민족은 바다의 모래 알같이(창13:13-17), 혹은 하늘의 별들같이(창22:17) 많아질 것이다. 그리고 그 민족은 땅을 차지할 것이다(창 13:14-17). 그 민족을 구원하시고 모세를 통해 그들과 언약을 맺으셨을 때, 하나님은 그들을 특별한 민족으로 명예롭게 하셨다. 모세 언약은 약속의 언약이 아니라 축복의 약속과 저주의 경고를 지닌 민족으로 세워지는 언약이었다(출 19:3-6; 신 28-32장; 갈 3장).

모세 언약은 하나님이 그의 계획을 운영하시는 또 다른 방법이었다. 이것은 아브라함과 맺으신 약속의 언약을 통해 운영된 것이 아니다. 모세 언약은 그 약속이 실현될 때까지만 유지되는 하나의 돕는 언약이었다(갈 3:1-4:6). 그에 반해, 아브라함 언약은 세상에 축복을 약속하는 민족적 언약이었다. 아브라함에게 주어진 그 언약은 다른 중요한 약속의 언약들의 배경이 된다.

2) 다윗 언약

사무엘하 7:8-16을 보면 이스라엘은 왕을 요구하고 이것은 사울의 실패로 끝이 난다. 그리고 하나님은 다윗의 혈통이 이스라엘의 왕위를 이어갈 것이라고 약속하신다. 다윗의 자손인 이 왕은 하나님의 아들이 될 것이고, 하나님은 그의 아버지가 되실 것이다(삼하 7:14; 시 2:7). 그 왕은 하나님의 백성을 인도할(shepherd) 것이고, 결국 그들에게 평화를 선사할 것이다. 이것은 평화의 나라에 대한 약속이며, 왕조의 계열에서 표현된 이상들을 성취할 한 왕에 대한 약속이다.

마태복음과 누가복음에 기록된 계보를 보면 예수님은 그리스도 혹은 다윗의 자손이라고 불리시는데, 이것은 그분이 이 언약의 약속과 관련이 있음을 나타낸다. 예수 그리스도의 오심과 함께 선포되는 것은 바로 평화의 나라와 연관된 이 왕권인 것이다.

예수 안에서 실현된 것으로 복음서 기자들이 언급하는 이 약속과 연관된 일군의 이미지들이 있다. 가장 먼저는 목자로서의 예수님의 그림을 떠올릴 수 있다(마 9:36; 요 10장). 이것은 그 언약에 직접 뿌리를 둔 이미지이다(삼하 7:8).[9] 그 개념은 또한, 에스겔 34:20-24에 기록된 하나님의 약속으로 확장되는데, 즉 비록 그들이 현재는 악한 목자 밑에서 고통을 받지만, 언젠가 하나님으로부터 선한 목자를 받을 것이라는 약속이다.

에스겔서는 다윗을 언급하는데, 이것은 아마도 다윗의 혈통을 의미할 것이다. 그 약속은 그 땅에서의 평화의 언약이다(겔 34:25-30). 이런 약속들은 열방 가운데의 한 민족인 이스라엘을 향한 하나님의 열심과 헌신을 보

---

[9] 사실, 신약성경은 예수께서 행하시는 사역이 메시아에 대한 약속들과 일치한다는 것을 스무 가지 모습으로 나타낸다. 이것과 관련된 전체 목록을 보기 원한다면, Darrell Bock의 "Covenants of Progressive Dispensationalism", in Bateman, *Three Central Issues*, 195-203을 참고하기 바란다. 이 장 전체(169-203)는 언약과 관련된 주제를 여기서보다 더 심도 있게 다룬다.

여 준다. 그리고 이것은 하나님이 그의 양떼를 어떻게 돌보실 것인지에 대한 그림의 일부이다(겔 34:31). 그러나 하나님이 아브라함에게 약속하실 때, 그분은 세상을 축복하시겠다고 약속하셨다. 또한, 다윗의 혈통인 한 사람을 통해, 이스라엘에게 하신 약속들을 완성하시겠다고 말씀하신다.

이 왕위는 다윗의 것임과 동시에, 하나님의 것이었다. 역대상 29:23은 솔로몬이 앉은 왕위가, 여호와께서 주신 왕위라고 기록한다. 솔로몬은 다윗 왕조의 후계자로서 그 자리에 앉았다. 그 왕은 하나님의 대리자(섭정자)로서 일했고, 하나님의 아들이라 일컬음을 받는다.

시편 2:7과 110:1이 이 왕조의 약속을 성취하는 자를 위해서 선포하듯이 그는 하나님과 공유되는 권위를 가지고 왕좌에 앉는다. 심지어 고대 예루살렘의 지형 또한, 이것을 확증한다. 쉐키나(Shekinah, 역주: 성소, 특히 지성소에서의 하나님의 임재를 말함)는 감람산을 향하는 방향으로 보고 있다면, 다윗 성은 하나님이 임재를 상징하는 장소 오른편에 위치해 있었다. 지성소의 입구는 감람산 방향(동쪽)으로 나 있었다.

만일 쉐키나가 지성소로부터 바깥을 직면하여 동쪽을 바라본다면, 다윗 성에 있는 왕의 궁궐은 그 오른쪽(남쪽)에 위치하게 된다. 이것은 다윗의 왕조가 하나님과 가지는 친밀한 관계를 그리는데, 이 관계는 메시아를 통해 온전하게 실현된다.

3) 새 언약

이스라엘이 실패했다고 해서, 그것이 하나님으로 하여금 그 민족을 포기하게 만들지 못했다. 하나님은 이스라엘을 버리지 않으셨다. 왜냐하면, 하나님은 은혜로우시고, 그의 약속에 대해 신실하시기 때문이다. 그렇기 때문에, 그는 예레미야 31:31-34에서 새로운 언약에 대한 약속을 공표하신다.

이 언약은 시내산에서 맺어진 언약(모세 언약에 대한 암시)과 다르다고 분명하게 명시한다. 이것은 다른 형태의 운영 방식이다. 모세 언약은 약속의 언약이 아닌 반면에, 그 새로운 언약은 또 다른 약속의 언약이다. 그 새 언약에 따르면, 하나님은 그의 법을 그들의 속에 두실 것이다. 이스라엘 백성은 하나님을 알게 될 것이고, 하나님은 그들의 죄를 용서하실 것이다. 선지서들에 기록된 다른 구절들은, 하나님이 맑은 물을 그들에게 뿌려 정결하게 하고, 새 영을 그들 속에 두실 것이라고 말한다(겔 36:24-27).

에스겔의 이런 언급은, 에스겔 34장에 나오는 바 이스라엘 백성을 위한 새로운 목자가 세워질 것이라는 약속이 진전된 것이다. 그 동일한 회복의 과정이 에스겔서 36장에 기록되어 있는 것이다. 하나님은 더 이상 그의 구원을 외적 규정들로만 운영하지 않으실 것이다. 공동체에 속한 백성의 마음속으로부터 그 공동체로 들어가겠다고 약속하신다. 그리고 그 결과로, 백성이 하나님을 알게 될 것이다.

마지막 만찬에서 예수님이 가르치신 대로 새 언약이 예수님의 죽음을 통해 죄사함을 가능하게 했지만, 새 언약의 다른 요소들은 미래에 실현된다고 종종 주장되곤 한다. 만일 누군가가 위와 같이 주장한다면, 그것은 복음서에 기록되어 있는 신약의 분명한 표현과 가르침을 무시하는 것이 된다.

예를 들어, 요한복음 6:45을 보면 예수님이 그분에게 믿음으로 응답하는 사람들을 긍정적으로 언급하실 때 새 언약의 용어로 "그들이 다 하나님의 가르치심을 받으리라"고 말씀하신다. 그리고 이렇게 그들이 예수님 자신에게 오는 것은, 새 언약의 증거가 된다고 말씀하신다. 요한복음 17:3은 "영생이란 참 하나님과 그 아들을 아는 것"이라고 말씀한다. 그런데 이것은 그 언약에 참여하는 자가 하나님을 알 수 있다는, 새 언약과 공명하는 언어이다.

요한복음 17:3에서 진술된 것처럼, 어떻게 영생이 요한복음 6:47에서 언급되는지를 주목하라. 내주하시는 성령님을 통해 새로운 생명을 얻을 수 있다는 새 언약의 약속 안에서 새로운 구조가 실현되었음을 우리는 보게 된다.

이 새로운 운영 조정은 왜 제자들이 아버지의 약속을 따라 능력으로 옷 입을 때까지 기다리라는 말을 들었는지(눅 24:49)를 설명해 준다. 예수님이 그들에게 맡기신 임무를 수행하기 위해서는, 그들이 능력으로 옷 입고 준비되어져야 했던 것이다. 이 능력 주심을 이스라엘이 어떻게 이해해야 했느냐면, 예수가 약속된 주와 그리스도임을 보여 주는 증거로서 이스라엘이 인식해야 했다고 사도행전 2:20-26은 묘사한다.

베드로는 단지 과거에 약속되고 기대된 것들에 대해서 이야기하는 것이 아니라 그 약속들의 성취를 보여 주는, 성취된 사건들에 대해 선포하고 있는 것이다. 그러므로 하나님이 예수님을 주와 그리스도로 보여 주셨다는 사실을 이스라엘이 알 수 있다.

우리는 여기서 다윗 언약이 가지고 있는 희망과 새 언약이 제시하는 희망이 어떻게 하나로 모아지는지 알 수 있다. 우리는 또한, 어떻게 하나의 새로운 운영 조정 혹은 하나의 새로운 세대가 시작되었는지 알 수 있다. 이것은 예수님이 우리의 죄를 용서하기 위해 죽으셨기 때문에 가능했다. 그는 하나님에 의해 의롭다 하심을 얻었으며, 하나님의 보좌 우편에 앉으셨다.

우리에게 성령을 주셨고, 하나님의 법을 우리 마음속에 두셨다. 이것은 예수님이 우리에게 생명을 주셨음을 알게 한다. 그래서 성령을 소유한 자는 하나님 아버지를 알게 되고, 그에게 "아빠, 아버지"라고 부르짖는다(롬 8:15).

예수님은 주와 그리스도로 고백된 메시아로서 그의 백성을 다스리시고, 하나님 나라의 축복을 중재하신다. 우리는 이것을 통해 하나님 나라와 그 언약들이 하나의 새로운 방식으로 통합된 것을 알 수 있다. 이것은 예수님이 이 땅에 다시 오셔서 직접 다스리실 때까지 유효하다. 그의 재림은 그가 개시하신 하나님 나라의 축복을 완성시킨다. 이때가 바로 하나님 나라가 온 땅에 임하는 것이 구약에서 약속된 모든 것과 조화를 이루는 때이다(행 3:18-22).

우리가 언약들에 대해 개관적으로 살펴본 내용은, 어떻게 이 계획이 삼위일체적인지를 보여 준다. 성부 하나님은 성자 하나님을 통해 하나님의 나라와 그 언약의 축복을 중재(mediate)하시고, 성자 하나님은 우리에게 성령을 주시며, 성령 하나님은 하나님의 백성을 개인적으로나 공동체적으로 성자 하나님과 연결되게 하신다.

3. 이스라엘과 열방

세대주의가 가지고 있는 독특한 강조점 중 하나는, 이스라엘 민족의 미래에 대한 믿음이다. 하나님이 이스라엘 민족과 언약을 맺으셨다고 성경이 가르친다는 확신에서 비롯된다. 하나님의 은혜와 그의 신실하심은, 그가 이스라엘을 버리지 않으실 것임을 의미한다. 이스라엘이 예수님을 메시아로 인정하지 않았음에도 불구하고, 하나님은 은혜롭게 그 민족을 보존하시며 그 민족이 결국 그에게 돌아오게 하실 것이다.

1) 이스라엘 그리고 이방 나라들

위에서 언급된 많은 구절은 이 약속에 대한 하나님의 헌신을 보여 준다. 물론 이방 민족들이 하나님의 약속(promise)과 계획(plan) 그리고 그의 백성(people)에 포함된다는 것을 그 누구도 부정하지 않는다. 아브라함을 통해 민족들이 복을 받을 것이라는 아브라함 언약을 기초해서, 그들은 복을 받는다.

바울은 이방인들이 아브라함의 자손이 될 수 있다고 분명하게 가르친다(갈 3:28-29). 그러나 이방인들을 포함시킨다고 해서, 이스라엘을 위한 소망이 배제되는 것은 아니다. 이방인이 포함되기 때문에 이스라엘은 배제된다고 주장하는 것은, 논리적으로 불합리한 추론이다. 그 약속을 먼저 받은 자들을 제외하지 않고도, 새로운 사람들을 포함시킬 수 있다.

이것을 원리적으로만 설명하는 것과, 그것이 성경에 분명히 가르쳐지고 있음을 보여 주는 것은 별개의 문제이다. 그래서 복음서의 몇몇 구절과 예수님의 사역을 다루는 사도행전의 기록을 살펴보는 것이 중요하다. 왜냐하면, 신약성경이 위의 주제와 관련해 어떤 입장을 취하는지를, 이 구절들이 보여 주기 때문이다.

예수님이 새로운 성전이 되셨고, 그분 스스로가 이스라엘이 되심으로써 하나님의 계획에 있어 이스라엘을 대체했다고 종종 주장된다.[10] 예수님이 그런 대표적 지위를 자치하신다는 것에는 의심의 여지가 없다. 하지만 그렇다고 해서 이스라엘에게는 더 이상 소망이 없다고 이야기하는 것은, 신학적으로 문제가 된다. 왜냐하면, 그것은 예수님이 말씀하신 내용을 무시하는 것이 되기 때문이다.

누가복음 13:34-35과 마태복음 23:37-39을 보면 예수님은 이스라엘 집이 메시아를 거절한 데 대한 심판으로 심판 때에 황폐하게 될 것이라고 선포하신다. 이 표현은 예레미야 12:7에서 온 것이다. 어떤 사람들에게는, 이 심판과 거절이 영원한 것으로 보인다. 이런 주장은 마태복음 24장, 마가복음 13장 그리고 누가복음 21장에 기록되어 있는 성전의 파괴 묘사를 강조한다. 또는 포도원 농부 비유에서와 같이, 새로운 지도자들이 이스라엘을 대체하는 묘사를 강조한다.

하지만, 이런 주장은 그 황폐하게 된 집이 제시된 바로 그 구절에 주의를 기울이지 않는다. 바로 그 구절은 계속해서 말하고 있다.

> 너희가 주의 이름으로 오시는 이를 찬송하리로다 [주님의 이름으로 오시는 분은 복되시다, 새번역] 할 때까지 (눅 13:35).

이것은 시편 118:26을 인용한 내용이다. 이 구절은, 이스라엘 백성이 예수님의 초림 때 집단적으로 그분을 받아들이지 않은 것처럼, 이스라엘의 대다수가 그분을 받아들이게 될 그 때를 바라본다. 적어도, 이스라엘이 그를 받아들일 수 있는 기회가 열려 있다. 또한, 위의 주장은 예수님의 프로그램에서 이스라엘의 리더들을 대체한 것은 그의 열두 제자라는 사실을 간과한다.

---

10 예를 들어, Burge의 *Jesus and the Land*. 그것은 젠트리와 웰럼의 『언약과 하나님 나라』(서울: 새물결플러스, 2017)에서 다뤄지지 않은 유일한 한 열쇠요 중요한 성경 주제이다. 이런 저서들이 여기서 언급된 본문들을 다루지 않았다는 사실은 중요하다. 왜냐하면, 그 결과 때문에 균형을 잃고 이스라엘을 무시하게 되었기 때문이다.

명백히, 그들은 모두 유대인이었다. 그러므로 예수님이 구성하신 새로운 공동체의 중심에 있는 지도자들은 이스라엘에서 전혀 떠나지 않았다. 그 구속받은 백성의 기초는 여전히 사도들이다.

"때까지"라는 표현을 사용하는 다른 본문들도, 비슷한 강조점을 보여 준다. 누가복음에 독특한 부분으로서 누가복음판 감람산 강론인 21:20-24은 성전이 파괴될 것을 내다본다. 예수님은 앞으로 있을 멸망에 대해 설명하시면서, 예루살렘이 황폐하게 되고 이방인들에 의해 짓밟힐 것이라고 말씀하신다.

이것은 예루살렘이 A.D. 70년에 로마에 의해 파괴되는 것을 가리킨다. 이 언급은 돌 위에 돌 하나 남지 않고 성전이 파괴될 것이라고 예수님이 말씀하셨을 때 제자들이 제기한 질문에 대해 답한다(21:6). 예수님은 이렇게 말씀하신다.

> 예루살렘은 이방인의 때가 차기까지 이방인들에게 밟히리라(24절).

이를 볼 때, 이방인들이 예루살렘을 통치하는 기간이 제한되어 있음을 알 수 있다. 이방인의 때가 아닌 또 다른 때가 오지 않는다면, 이방인의 때의 한계를 정할 필요가 없을 것이다. 성경에서 이방인의 반대말은 이스라엘이다. 그렇기 때문에, 이 본문은 앞으로 이스라엘의 때가 올 것임을 강하게 암시한다.

구약성경의 다른 본문들이 선언하듯이, 메시아께서 그의 도성에 임하시는 때가 도래할 것이다(슥 14장; 사 2:1-4).

예수님이 제자들에게 하시는 마지막 설교가 사도행전 1:6-11에 기록되어 있는데, 이것은 그 추론이 사실임을 보여 준다. 여기서 제자들은 예수님과 사십 일을 함께 보낸다. 예수님은 그의 죽음과 부활 그리고 열방에게 하신 회개의 설교를 통해 그가 어떻게 구약의 약속들을 성취하는지 설명하신다(눅 24:43-47).

그후에 제자들은 예수님이 이스라엘 나라를 회복하시는 때가 지금인지 사도행전 1:6에서 질문한다. 비록 많은 주석이 반대로 주장하지만,

예수님의 대답 내용 중 그 어느 것도 그 질문의 전제를 부정하지 않는다. 예수님은 단지, 그것은 성부 하나님의 권한 아래에 있다고 답변하신다.[11]

그러나 그 동안 그들이 해야 할 임무가 있다. 예수님이 하늘로 승천하실 때, 천사들은 예수님이 올라가신 그대로 다시 오실 것이라고 이야기한다. 이것은 나머지 계획이 그가 이 땅에 오실 때 이루어진다는 것을 암시한다.

하나님의 계획이 다시 재개되는 이것이, 사도행전 3:18-22에서 자신이 예수님의 하늘에 계실 때에 대한 설명을 하는 그 경우에 해당한다고, 베드로는 확언한다. 베드로는 이스라엘이 회개하도록 촉구한다.

> 그러므로 너희가 회개하고 돌이켜 너희 죄 없이 함을 받으라 이같이 하면 새롭게 하는 날이 주 앞으로부터 이를 것이요(19절).

특별히 메시아를 거절한 이스라엘의 민족적인 죄를 언급한다(행 3:17). 그리고 나서, 메시아이신 예수님이 이스라엘을 위해 어느 날 이 땅에 다시 보냄 받을 것이다. "하나님이 영원 전부터 거룩한 선지자들의 입을 통하여 말씀하신 바 만물을 회복하실 때까지" 예수님은 하늘에 계실 것이다(21절).

"때까지"라는 그 핵심적인 용어를 다시 사용하고 있는 것에 주목해야 한다. 하나님은 앞으로의 계획을 가지고 계시며, 메시아께서는 비록 지금 하늘에서 다스리고 계시지만, 어느 날 예수님은 이 땅에 다시 오셔서, 통치하실 것이다. 선지자들이 그 민족에게 약속했던 모든 것을, 그가 그 재림 때에 행하실 것이다. 베드로가 설교하는 내용의 그 맥락은, 이 점을 구체적으로 분명히 한다.

---

11 *The Message of Acts* (Downers Grove: IL: InterVarsity, 1990), 41에서 존 스토트(John Stott)가 한 말이 여기서 생각난다. 그는 그 질문이 예수님이 반대하시는 오류들과 잘못된 가정들로 가득하다고 본다. 그러나 예수님이 부활 이후 제자들과 보낸 40일 동안 그들에게 하신 말씀들 중 어느 것도 혹은 여기서 진술된 내용 중 어느 것도, 그들의 질문이 오류를 포함하고 있다는 것을 보여 주지 않는다.

2) 아직 완성되지 않았다

이것이 바로 사도행전 1장에서 사도들이 예수님에게 질문했던 그 회복이다. 이것은 구약성경이 아직 도래하지 않았다고 묘사했던 바로 그것이다. 베드로가 여기서 이야기하는 내용 중 그 어느 것도, 구약성경에서 묘사되고 약속되었던 내용이 변경되었음을 암시하지 않는다.

그렇다. 사도행전은 이방 민족들이 이제 어떻게 하나님의 영광의 찬송에 포함되는지 보여 준다. 이것은 그의 진두지휘 아래 이루어진다. 그리고 맞다, 이것은 이제 모든 민족이 하나님의 백성의 범주 안에 들어가게 된 것을 의미한다.

하지만 그것은 이스라엘이 소망에서 영원히 배제된 것을 의미하지 않는다. 전혀. "때까지"라는 용어를 사용하는 이런 본문들은, 하나님이 이스라엘을 향한 그의 언약적 약속들을 계속해서 유지하고 계심을 나타낸다. 이런 약속이 예수 그리스도 안에서 실현되고, 모든 민족이 이제는 이 약속의 범주에 포함됨에도 불구하고 말이다. 어떤 것이 존재한다고 해서, 다른 것을 제외시킬 필요는 없다.

사실 그리스도 안에서의 성취의 현존은, 그가 이미 하신 약속들을 지속하는 것을 포함한다. 결과적으로, 하나님 나라와 그 언약은, 각기 다른 운영 방식들을 가지고 있는 기간들을 보여 준다. 이런 기간들은, 하나님이 계획하시고 이끄시는 세대이다. 각 세대는 신실하시고 은혜로우신 하나님의 언약적 약속들에 근거해서 하나님 나라와 구원을 이루어 간다. 약속의 하나님은 원래의 수혜자들(이스라엘)을 향한 그의 약속을 지키신다.

4. 결론

하나님 나라와 약속의 언약들을 운영하는 방식들이 성경에 나타나는데, 이것은 세 기간으로 구분된다.

먼저 약속의 기간이 있는데, 이 때에 언약 실현의 소망이 아브라함의 씨인 이스라엘로부터 시작된다. 하나님은 온 세상을 대신해서 이스라엘과 언약을 맺으신다. 그 약속은 다윗의 혈통과 그의 왕조에 초점이 맞추어져 있다. 그리고 이것은 구원과 완전한 평화를 주시는 메시아를 향한 소망으로 절정에 이른다. 그 구원이 효력을 발휘하기 위해서는, 죄의 용서가 반드시 있어야 하고, 사람들은 내적 능력을 입어야 하며, 그들은 마음으로부터 하나님을 알게 되어야 한다.

이것은 새 언약이 약속하는 내용이다. 이것은, 신약성경이 처음부터 가까왔다고 선언한 그 통치에 초점을 맞추고 있다. 세례 요한은 그 약속이 도래하고 있고, 이미 가까이 왔다고 말한다. 또한, 성령과 불로 세례를 주는 분이 오시면, 하나님 나라가 도래했다는 것을 알 수 있다고 그는 이야기한다. 그 세례는 인간의 죄를 정결케 하고 그들 중 일부를 그분에게로 이끌 것이다(눅 3:15-17).

약속의 시대를 지나 이제 우리는 개시된 실현의 시대로 온다. 여기서 죄의 용서는, 예수님의 십자가에서의 죽음과 죽은 자들로부터의 그의 부활을 통해 우리에게 주어진다. 그리고 메시아께서 주시는 성령 세례를 통해, 권능으로 옷 입게 되는데, 믿음의 선진들이 말하기를 이것이 바로 약속된 새로운 시대가 도래했음을 나타내는 표징(sign)이라고 했던 것이다. 예수님이 이 땅에 오심으로 약속된 하나님 나라가 도래했다. 이것은 정해진 단계에 따라, 점진적으로 이루어진다.

먼저, 예수님의 통치는 하나님 보좌 우편에서부터 이루어지는데, 즉 그분이 성령을 보내심을 통해 그의 백성을 지도하고 이끄시는 것이다. 예수님은 모든 영혼을 주관하신다. 왜냐하면, 그분의 구속 사역은 선하든 악하든 모든 영혼에 대한 권한으로 이어지기 때문이다. 그분이 모든 인류를 주관하신다는 것을 천국 비유가 보여 준다. 이 시대는 이방인들이 중심에 서는 시대이다. 그것은 완전한 회복이 도래하는 날을 고대한다.

그 약속이 완전히 실현되는 기간이 바로 세 번째 단계이다. 이 모든 약속이 최종적으로 완성되는 시점이다. 예수님은 그의 백성을 훨씬 더 직접적 형태로 통치하기 위해, 다시 오실 것이다. 이 때가 바로 이스라엘이 "찬송하리로다 주의 이름으로 오시는 이여"라고 고백하는 때이다. 유대인과 이방인은 이 땅에서 온전한 복을 함께 누릴 것이며, 그럼으로써 새 하늘과 새 땅이 준비될 것이다.

이제 약속이 완전히 실현되고 심지어 영원성이 준비됨에 따라, 이 역사는 그 완성에 도달할 것이다. 이런 것이 바로 복음서가 가르치는 주제들이며 (하나님의) 운영 구조들이다. 복음서는, 이스라엘을 포함한 모든 민족을 위해 하나님 나라와 언약을 가능하게 하는 방식들로서 세대들의 배치를 반영하고 있다.

세대들의 이야기는 우리 이야기이다. 이것은 인간을 근본적으로 고치고 새롭게 하는 이야기로서, 백성이 그분이 의도하신 대로 삶을 살 수 있게 한다. 하나님은 그의 세대적 운영 방식을 통해, 그 약속에 대한 은혜와 신실하심을 나타내신다. 이것은 모두 하나님의 영광을 위한 것이다.

제7장

역사를 향한 하나님의 계획: 그리스도의 승천부터 재림까지

스탠리 D. 투생
달라스신학교 주경신학 명예교수

그리스도께서 승천하신 이후부터 그가 천년 동안 통치하실 기간까지, 어떤 일이 있었고, 어떤 일이 일어나고 있으며, 또한 앞으로 어떤 사건들이 발생할 것인가?

세대주의자들은 일반적으로 교회 시대, 7년 환난, 그리스도의 천년 왕국 통치 그리고 영원 세계라는 예언에 있어서의 중요한 역사적 분기점들에 동의한다. 그러나 휴거 때에 대해서는 다른 해석을 하는 소수 그룹도 있다. 즉, 언제 교회 구성원들이 하늘로 '낚아채져 올라갈' 것인가에 대해서 말이다. 여기서는 환난 전 휴거가 제시되고 변호될 것이다.

우리는 사도행전에 기록된 역사적 순서에 따라 진행할 것인데, 그러다가 휴거와 환난을 거쳐 하나님의 계획 속에 예언된 순서대로 개진해 나갈 것이다.

1. 기도 그리고 12번째 사도 선택

주님이 승천하신 이후에, 사도들이 가장 먼저 했던 것은 기도였다 (행 1:14). 그들이 오로지 그 기도에 계속해서 힘썼다고, 헬라어로 기록된 그 구절은 명시한다(헬라어에는 기도라는 명사에 정관사가 있음). 이 관사는 일반적 의미의 정관사일 수도 있지만, 조금 더 가능성이 높은 것은 이것이 특정한 기도를 언급한다는 것이다.

그렇다면 그들은 어떤 것을 구했는가?

누가복음 11:12-13에서 예수님이 제자들이 구해야 마땅한 것으로 암시하신 바처럼, 그들이 성령을 구했다는 것에는 의심의 여지가 없다. 그리고 그들의 간구는 오순절에 이루어졌다. 그래서 오늘날의 믿는 자들은 성령의 내주하심을 더 이상 구하지 않아도 된다(참조. 롬 8:9; 고전 12:13). 그리스도께서는 사도들 그리고 그들과 특별히 함께했던 자들에게 성령을 구하라고 사도행전 1:4-5에서 분부하셨다(참조. 눅 24:49; 요 7:37-39; 14:16-18, 26; 16:7-15).

사실상, 그들은 하나님 나라가 이 땅에 임하는 것을 간구했다. 왜냐하면, 그들은 성령이 강림하시면, 하나님 나라가 도래할 것이라고 믿었기 때문이다(참조. 겔 36:26-32; 37:14; 39:28-29; 욜 2:28-29; 3:1; 슥 12:10-13:1 등). 무엇보다도, 예수님은 산상수훈을 통해 제자들에게 하나님 나라의 도래를 위해 기도하라고 가르치셨다(마 6:9-10).[1] 그래서 그들은 "마음을 같이하여" 성령을 구하고 오로지 기도에 힘썼다. 그들은 성령님이 이스라엘을 회개하게 하실 것이라고 믿었다.

이스라엘 민족이 회개하고 그리스도에게 돌아오는 것은, 하나님의 나라의 도래를 의미했다(참조. 슥 12:10 이하; 마 23:39).

주님의 승천과 오순절 사이의 기간에 이뤄진 두 번째 일은, 가룟 유다를 대신할 열두 번째 사도를 선출하는 일이었다(행 1:12-26).[2] 누가복음 22:30과 마태복음 19:28에서 주님이 약속하신 내용을, 베드로를 중심으로 한 사도들이 기억했던 것으로 보인다. 만일 지상 왕국이 임박했다면,

---

[1] 하나님의 나라가 가까이 왔다고 선포되었지만 아직 도래하지 않은 중간기를 사는 윤리 규범으로서 산상수훈은 제자들에게 주어졌다.

[2] 유다가 사도직을 박탈당한 것은, 배교했기 때문이지 사망했기 때문이 아니다. 사도행전 12장에서 야고보가 처형당하지만, 그 자리를 대체할 사람을 따로 선발하지는 않는다.

그들은 열두 번째 자리가 비어 있는 것을 원치 않았을 것이다. 맛디아를 선출하는 과정에 있어, 사도들이 서두르거나 성급해 보이는 인상을 받지는 않는다. 사도행전을 기록한 누가는, 이것에 대해 질책하거나 꾸짖지 않는다. 이 사건 이후로 그들은 열한 사도로 불리지 않고, 열두 사도라고 언급된다(행 6:2). 이 열두 사도는 앞으로 다가올 하나님 나라의 지도자들일 뿐만 아니라 이제 막 시작된 예루살렘 교회의 지도자들이 된다.

2. 오순절

1) 오순절의 중요성

무엇보다도 오순절은, 유월절과 같이 유대인들이 지켰던 명절이다. 그렇기 때문에, 먼저는 이스라엘 사람들의 관점으로 이 절기를 이해해야 한다. 그렇다면 유대인들에게 있어 오순절은 본래 어떤 의미를 가지고 있는지를 질문해 볼 수 있다. 오순절이 이스라엘 사람들에게 매우 중요한 절기임에는 틀림이 없다. 왜냐하면, 이것은 유대인들이 지키는 가장 큰 세 가지 명절 중 하나였기 때문이다. 유월절, 오순절(칠칠절, 맥추절) 그리고 초막절(장막절 혹은 수막절 참조. 출 23:4-7; 34:24; 신 16:16)이 그 세 절기이다.

오순절은 영어로 펜테코스트(Pentecost)라고 하는데, 이것은 헬라어로 '50번째'라는 의미를 가지고 있다. 초실절로부터 7주(49일) 후인 50번째 날을 오순절로 기념한다(레 23:15). 오순절은 신약성경에만 등장한다. 오순절은 보리 추수 이후에 하는 밀 추수와 관련이 있기 때문에, 이 절기는 하나님이 곡식을 제공해 주신 것에 대한 감사 축제였다.

이 절기는 아마도 이스라엘이 약속의 땅에 들어가 작물을 수확할 날을 고대하며 40년 동안 광야를 떠돌 때 지켜졌을 것이다. 이스라엘 자손이 그 땅에 입성했을 때, 만나가 그쳤다(수 5:12). 그러므로 오순절은 그 '약속의 땅'에서 하나님이 이스라엘에게 제공해 주신 것을 기념하는 축제였다. 그래서 이것은, 예언된 왕국의 도래를 위해 약속된 성령을 하나님이 미래에 풍성하게 부어 주실 것에 대한 하나의 그림이 되었다(참조. 겔 36:22-32; 37:14; 39:28-29; 욜 2:26-32; 슥 12:10-13:1). 이것이 유대인의 관점에서 본, 오순절의 중요성이다.³

오순절은 교회에게 있어 생일과도 같다. 우리는 이것을 사도행전 11:15과 고린도전서 12:13에서 살펴볼 것이다.⁴ 세대주의자들은 교회가 오순절에 시작되었다는 데 동의한다.⁵ 물론 그 당시에 교회는 유대인들로만 구성되어 있었지만 말이다. 하나님의 임재를 상징하는 바람과 불의 표징으로 오순절 날이 시작되었다.

바람을 의미하는 헬라어 프노에(πνοή)는, 신약성경에서 단지 여기에서와 사도행전 17:25에서 사용되었다. 바람과 불 모두 구약성경에서 하나님의 임재를 상징했다. 예를 들어, 바람은 열왕기상 19:11-13과 욥기 38:1에 등장한다. 그리고 불은 출애굽기 3:2-6에 나온다.⁶

2) 방언 현상

눈에 띄는 표징은 제자들이 방언을 할 수 있었다는 것이다.⁷ 이 은사는 외국어를 배우거나 이해하지 않고도, 그 언어를 구사하는 초자연적인 능

---

3 본래의 유월절과 이스라엘이 시내산에 도착한 날 사이의 시간적 간격 때문에, 오순절이 율법 수여를 기념했다고 때로 말해지기도 한다(참조. 출 19:1; 12:6, 51). 그러나 이 전통은 구약에서는 발견되지 않으며 한참 후인 B.C. 2세기에 발견된다.

4 찰스 라이리, 『세대주의의 바른 이해』(*Dispensationalism Today*), 160 외 여러 군데.

5 극단적 세대주의자들은 교회의 기원과 관련해 다른 견해를 갖고 있다. 즉, 행 8장, 혹은 13장, 혹은 28장. 극단적 세대주의와 관련해서는 다음을 참고하기 바란다. 찰스 라이리, 『세대주의의 바른 이해』(*Dispensationalism Today*), 258-272.

6 하나님이 자신을 바람으로 나타내시는 기록이 구약성경에는 많지 않지만(참조. 겔 37:9-14), 하나님은 불을 많은 경우에 자신과 연관시키신다(출 13:21-22; 19:18-19; 사 6:21-22; 등.).

7 이것과 다른 견해는, 다음의 글에서 확인할 수 있다. Tony Richie, "Is Pentecostalism Dispensationalist: An Honset Answer to a Hard Question", www.christianism.org/Article/RichieT01.pdf. 성결 운동과 세대주의의 밀접한 관계성에 대한 광범위한 연구가 그리 많지 않았다고 게이르 리(Geir Lee)는 말한다. 세대주의가 "성결 운동의 곳곳에 스며들었다"는 다비의 견해를 고려했을 때 이것은 놀랄만한 일이다("E. W. Kenyon and Dispensationalism", www.pctii.org/cyberj/cyber17/Lie.pdf, 1).

력이다. 교리적으로, 방언이라는 은사는 횡설수설하거나 '흥분해서 터져 나오는 것'이 아니라고 말할 수 있다. 왜냐하면, 사도행전 2:6, 8은 이것을 언어(*dialektos*)라고 부르기 때문이다. 혹자는 이것이 고린도전서 12-14장에 기록되어 있는 방언의 은사와 다르다고 믿는다. 다시 말해, 후자는 '열광하는 소리'이지 언어가 아니라는 것이다. 그러나 고린도전서 12-14장을 자세히 연구해 보면 그들의 주장이 틀리다는 것을 알 수 있다.

고린도전서 12:10과 14:5, 13, 26에 묘사된 방언은 통역할 수 있는 것이다.[8] 또한, 바울이 이사야서 28:11-12를 인용한 고린도전서 14:21은, '방언'이 언어를 의미한다는 탁월한 증거가 된다. 이 구절은 북이스라엘 왕국이 이방 나라들에 의해 국외로 추방될 것을 예언한다. 그곳에서 유대인들은 이방의 '방언'을 듣게 될 것인데, 이것은 하나님의 심판에 대한 증거다.

사도 바울은 이사야서 28장에 기록된 방언과, 고린도 교회에서 행해진 방언의 은사를 동일시한다. 사도행전 2, 9, 19장에 기록된 '방언' 또한 고린도전서에서 언급된 방언의 은사와 그 의미가 같은 것으로 보인다.

세대주의자들은 이 표징의 목적에 대해 질문한다. 이 표징이 오순절에 발생했기 때문에, 어떤 이들은 이것이 성령 세례의 증거라고 주장한다(참조. 행 1:5; 2:4). 그러나 이것은 잘못된 주장이다. 왜냐하면, 고린도에 있는 모든 믿는 자가 성령으로 세례를 받았지만(고전 12:13), 그들 모두가 방언을 한 것은 아니기 때문이다(고전 12:30).

다른 이들은 방언의 목적이 오순절이나 지역 교회에 모여 있던 사람들에게 복음을 전하기 위함이었다고 주장한다. 문제는 이것이 어디에도 언급되어 있지 않다는 사실이다. 이것은 단지 사도행전 2:11의 내용을 유추 해석한 것일 뿐이다. 바울이 고린도전서 14:14, 16-17에서 언급하듯이, 방언은 기도와 찬양에 사용된 것으로 보인다. 이것은 사도행전 2:11

8　Walter Bauer, *A Greek-English Lexicon of the New Testament and Other Early Christian Literature*, rev. ed. Frederick W. Danker, 3rd ed. (Chicago: University of Chicago Press, 2000), 193. 이 사전은 디에르메뉴오(*diermeneuo*)의 의미를 '번역'이라고 정의하는데, 이 단어는 NASB 성경에 기록되어 있는 것과 같이 '통역'이라는 의미도 갖는다.

과도 일치하는 내용이다. 하지만 이것도 방언의 목적에 대해서는 설명하지 못한다.

방언의 목적을 명시하는 구절은 고린도전서 14:22이다. 이 구절은 방언의 목적이 하나님의 심판의 증거라고 이야기한다. 방언은 믿는 자들을 위한 것이 아닌, 믿지 않는 자들을 위한 증표다. 이사야서를 보면 방언은 이스라엘에 대한 심판의 증표였다. 그래서 방언은 초대 교회에게 있어, 다가올 대재앙에 대해 이스라엘에게 경고하는 의미를 가지고 있었다(A.D. 70년에 발생한 예루살렘의 파멸).

방언 사건 이후 베드로가 심판에 대해 설교하는데, 이것은 위의 내용과 정확하게 일치한다(행 2:40). 방언이라는 용어는 사도행전에서 세 번 언급되는데, 그때마다 이스라엘을 향한 심판을 암시한다. 방언이라는 용어는 사도행전 10장에서 두 번째로 사용되는데, 이스라엘 대신 이방인에게 주어지는 하나님의 축복을 나타내기 위해 이방인들이 (이사야서 28장과 같이) 방언을 한다(참조. 마 21:43).

이스라엘 민족이 예수를 그들의 메시아로 인정하지 않는 과정 중에 있었기 때문에(참조. 행 12:1-3), 복음은 주로 이방인의 소유가 될 것이었다. 사도행전 전체는 이스라엘이 예수 그리스도를 거부하는 것과, 하나님이 이방인에게 향하신다는 주제와 관련이 있다.[9]

방언은 사도행전 19장에서 세 번째로 언급된다. 열두 명의 '남은 자' 유대인들이 방언을 말하는데, 이것은 이스라엘의 남은 자들이 믿고 구원을 받을 것이지만 대부분의 유대인들이 심판에 놓여질 것을 암시한다(참조. 롬 9:27; 10:1-4; 11:1-5, 25).

이것은 방언의 은사가 일시적임을 설명하는데 도움을 준다(참조. 고전 13:8). A.D. 70년에 예루살렘이 파멸되면서, 이 은사는 필요하지 않게 된다. 왜냐하면, 하나님의 심판이 임했기 때문이다.

---

9 사도행전을 해석하는 것에 있어 핵심 단어는 바로 '전환'이다. 로마서 11장에 기록되어 있는 감람나무 가지에 대한 비유를 보라.

이런 관점에서 볼 때, 방언이 세대주의 신학에 암시하는 바는 크다. 방언은, 이스라엘에 대한 하나님의 심판과 이방인이 하나님의 나라의 상속자가 되도록 그들에게 하나님이 이동하시는 것에 대한 전조이다(롬 11:11-24). 그렇지만, 궁극적으로 이스라엘 민족은 구원을 받을 것이다(롬 11:25-27).

3) 베드로의 설교

제자들이 술에 취했기 때문에 방언으로 말한다는 주장이 이치에 맞지 않음을 설명한 후, 베드로는 요엘서 2:28-32을 그 상황에 적용한다. "이것은 곧 선지자 요엘을 통하여 말씀하신 것"이라고 말하면서, 예언은 "말세"(the last days)를 위한 것이라는 그의 주장이 암시하듯, 그 사도는 방언이란 예언이 성취되는 그 시작점임을 분명하게 명시한다('말세'라는 용어는 요엘서에 기록된 표현이 아닌, 베드로가 첨가한 내용이다).

그에게 있어 말세는 오순절을 기점으로 시작되었고, 환난의 끝 여호와의 날에 있을 심판으로 결국 끝이 난다. 만일 이스라엘이 회개한다면, 그 징조들은 사도행전 2:19-20에 기록되어 있는 하늘의 기사의 성취로 이어질 것이다. 다시 말해, 요엘서 2장의 심판이 임하는 것은, 이스라엘이 예수님을 메시아로 받아들이는 여부에 달려 있다.[10]

이스라엘이 예수님을 그리스도로 받아들이지 않았기 때문에, 하나님 나라는 도래하지 않았고 요엘서 2장의 예언도 부분적으로만 성취되었다. 이스라엘이 회개하는 시점은 반드시 올 것인데(참조. 슥 12:10-14), 그들이

---

10 약속된 왕국이 도래하는 그 조건과 관련된 더 깊은 논의는 다음의 글들을 통해 확인할 수 있다. Alva J. McClain, *The Greatness of the Kingdom* (Grand Rapids: Zondervan, 1959), 319-20; George N. H. Peters, *The Theocratic Kingdom*, 3 vols. (1884; repr., Grand Rapids: Kregel, 1972), 1:176-80; Charles Caldwell Rryie, *Dispensationalism* (Chicago: Moody, 2007), 64-68, 151-53]; Stanley D. Toussaint, "The Contingency of the Coming of the Kingdom", ed. Chrales H. Dyer and Roy B. Zuck, *Integrity of Heart, Skillfulness of Hands* (Grand Rapids: Baker Books, 1994), 222-37; and Stanley D. Toussaint and Jay A. Quine, "No, Not Yet: The Contingency of God's Promised Kingdom", *Bibliotheca Sacra* 164 (2007): 131-147.

그렇게 회개할 때, 그 예언이 온전히 성취될 것이다.[11]

3. 사도행전에서 예수를 이스라엘의 메시아로 다시 제시함

1) 사도행전 2장의 메시지 주제

그리스도이신 예수님이 십자가에서 돌아가신 것에 대한 책임이, 이방인에게는 물론 이스라엘에게도 있다. 하지만 하나님은 그리스도를 다시 살리셨고, 그를 높여 자신의 우편에 앉히셨다(행 2:22-36). 심판은 그 패역한 유대인 세대에게 임할 것인데, 회개한 자들은 이것에서 제외된다(행 2:40-41).

사도행전의 중심 주제는 주 예수의 대속이 아니다. 하나님이 자신의 피로 교회를 사셨다고 사도행전 20:28에서 바울은 에베소 장로들에게 다시 한번 이야기하는데, 사도행전에서 대속이 언급된 것은 이 구절이 유일하다. 그것도 간략하게만 언급되고 있다.

그리스도의 죽음이 사도행전에 자주 언급되지만, 죄를 대속하는 의미로 사용되지는 않는다. 사도행전의 중심 주제는 메시아이신 예수님이고, 이것은 그의 부활과 승천을 통해 증명된다. 이스라엘의 가장 큰 죄는, 그들이 예수님을 메시아로 인정하지 않은 것이다.

---

11 어떤 이들은 베드로가 여기서 **페쉐르** 해석 방법을 사용한다고 믿는다. **페쉐르**라는 단어는 '설명'이라는 의미를 가진 히브리어 단어이다. 이것을 구약성경의 본문을 현재 상황에 적용하는 방법을 의미한다. 이것은 쿰란 공동체(Qumran Community)에서 흔히 사용되었다. 또한, 사도행전 4:25-26은 시편 2편을 인용하면서 초대 교회가 겪고 있던 핍박을 묘사하는데, 여기서도 이 방법이 사용된다. 시편 2편은 앞으로 미래에 조금 더 온전히 성취될 것이다. 만일 베드로가 페쉐르적 방법을 시편 2편의 예언에 사용하고 있다면, 그것은 이 예언이 아직 이루어지지 않았음을 나타낸다. '이것은 앞으로 미래에 성취될 사건이다'라고 베드로가 암시하는 것이다. 페쉐르적 개념의 결과로서, 사도행전 2장에 언급된 요엘서 2장의 예언이 아직 성취되지 않았음을 알 수 있다.

2) 사도행전 3장의 주제

하나님 나라 도래의 조건성에 대해, 사도행전 3:12-26 보다 더 분명하게 보여 주는 구절은 그리 많지 않다. 19-20절은 한 개인이 회개할 때 받는, 개인적이고 개별적인 죄의 용서에 대해 언급한다. "너희 죄 없이 함을 받으라"는 첫 번째 목적절에서 이것을 확인할 수 있다. 또한, 두 번째 목적절에서는 "새롭게 되는 날이 주 앞으로부터 이를 것이요 또 주께서 너희를 위해서 예정하신 그리스도 곧 예수를 보내시리니"라고 기록되어 있다. 영어 성경에서는, 이 부분에서 (목적절을 이끄는 접속사) 'that'이 두 번 사용된다.

두 번째 'that'은 헬라어 본문에 등장하지 않는데, 이것은 후자가 확장된 목적절임을 나타낸다. "새롭게 되는 날"과 "예수를 보내시리니"라는 표현은 서로 분리될 수 없다. 왜냐하면, 이 두 가지 사건은 동시에 발생하기 때문이다. 이 두 번째 조항은 이스라엘 민족을 위한 것이다. 왜냐하면, 그들이 민족적으로 회개할 때, 메시아께서 오실 것이기 때문이다.[12] 이것은 민족적 구원을 가리킨다(참조. 슥 12:10-13:1; 마 23:39; 롬 11:25-27).

메시아의 재림이라는 주제는 베드로로 하여금 예수님을 신명기 18:15에 예언되어 있는 새로운 모세로 묘사하게 했다. 이것은 신약성경의 중요한 주제 중 하나이다(참조. 요 1:21, 25; 6:14). 주 예수께서 새로운 모세로서 이 땅에 다시 오실 때, 그가 이스라엘을 심판하실 것이다(행 3:23).

---

12 콜린 브라운(Colin Brown)은 '새롭게 되는 날'을 '이스라엘 민족이 회개하면 얻게 되는, 그들에게 약속된 구원의 때'로서 이해한다(Colin Brown, *New International Dictionary of New Testament Theology* [Grand Rapids: Zondervan, 1971], 3:686). 참조. Anapsuksis, Eduard Schweizer, *Theological Dictionary of the New Testament*, ed. Gerhard Friedrich, trans. Geoffrey W. Bromiley (Grand Rapids: Eerdmans Publishing, 1974), 9:664-65; Peter J. Gloag, *A Critical and Exegetical Commentary on the Acts of the Apostles* (T. & T. Clark, 1870; repr., Minneapolis: Klock & Klock Christian Publishers, n. d.), 1:132-35; Stanley D. Toussaint, "Acts", *Bible Knowledge Commentary*: New Testament, ed. John F. Walvoord and Roy B. Zuck (Wheaton: Victor Books, 1983), 361.

4. 유대인-이방인 교회

세대주의자들은 교회가 오순절에 시작되었다고 믿는다. 사도행전 1장에서 그리스도께서는 사도들이 성령으로 세례를 받을 것이라고 예언하셨는데, 이 예언은 오순절에 이루어졌다(행 11:15-16). 성령 세례는 교회(그리스도의 몸)가 세워지는 방법(수단)이다. 그래서 이것은 교회가 오순절에 시작되었다는 결론을 이끌어 낸다.

교회가 초창기에는 온전히 유대인들로만 구성되어 있었다는 것은 분명한 사실이다. 그러나 시간이 흘러가면서 점점 더 많은 이방인이 교회의 구성원이 되었다. 오늘날의 교회는 대부분 이방인으로 구성되어 있고 유대인은 남은 소수만이 포함되어 있다(롬 11:5).

1) 교회는 이스라엘이 예수님을 메시아로 받아들이지 않은 결과이다

세대주의 신학의 한 핵심 요소는 예수님이 메시아라는 것을 이스라엘이 받아들이지 않은 것이다. 이 때문에 하나님의 시선은 이방인들에게 향하게 되고, 교회도 생겨난다. 이스라엘이 예수님의 메시아되심을 확고하게 거부했다는 것을, 복음서와 사도행전 그리고 서신서들은 기록하고 언급한다.

바울은 그의 선교 여행에서, 유대인들에게 복음을 항상 먼저 전했다. 그러나 그들이 믿지 않자, 그는 결국 이방인들을 대상으로 사역하기 시작했다(참조. 행 13:44-49; 18:6; 19:8-10; 28:25-28). 결과적으로 지금의 이스라엘은 눈이 가려져 있고, 그들의 마음은 완악하게 굳어 있다.

누가는 역사적 사건을 기록할 때, 때때로 그것을 통해 미래에 일어날 일들을 암시한다. 한 예가 사도행전 13:6-11인데, 유대인 점술가 바 예수(혹은 엘루마)가 맹인이 되는 이야기가 여기에 기록되어 있다. 세르기우스 파울루스라는 한 이방 총독이 복음을 믿는 것을 그가 방해하려고 시도하자, 그 유대인 점술가는 한동안 눈멀게 된다. 이것은 사도행전 남은 부분에서 무슨 일이 일어날지 또한 로마서 11:25에서 바울이 언급한 것에 대한 하나의 그림이다. 구원받기로 선택된 이방인의 충만한 수가 채워질 때, 비로소 하나님이 이스라엘의 굳은 마음을 제하실 것이고, 절대 다수의 유대인들이 돌아올 것이다(참조. 슥 12:10-14; 마 23:39; 롬 11:26-27).

2) 비밀(신비)로서의 교회

모든 신학은 이스라엘이 예수님을 메시아로 인정하지 않았기 때문에, 복음이 이방인에게 전해지게 되었다는 역사적 현상을 인지한다.[13] 세대주의 신학의 독특한 점은, 교회가 구약성경에 예언되어 있지 않다는 생각이다. 교회는 신약성경에서만 드러나는 신비이다.[14]

주 예수님이 요한복음 10:16에서 교회의 탄생을 예언하신다.

> 또 이 우리에 들지 아니한 다른 양들이 내게 있어 내가 인도하여야 할 터이니 그들도 내 음성을 듣고 한 무리가 되어 한 목자에게 있으리라(요 10:16).

마태복음 19:30-20:16도 동일한 사실에 대해 이야기하는 것으로 보인다. 포도원 품꾼의 비유에서, 계약을 맺은 품꾼들은 유대인들을 상징한다. 그들은 이스라엘의 언약을 소유한 자들이다. 반면에, 이방인들은 계약을 맺지 않은 품꾼들로 묘사된다. 그런데 그들은 마지막에 동일한 품삯을 받는다(20:12; 19:30; 20:16). 이것은 유대인과 이방인이 교회 내에서 동등하게 된 사실을 나타내는 것으로 보인다(엡 3:6).

구약성경이 이방인의 구원을 예언했다는 사실은 중요한 의미를 갖는다(사 2:2-4; 19:23-25; 암 9:12 등). 비록 이방인의 구원이 예언되어 있지만, 유대인들이 우위에 있는 것처럼 보인다는 사실을 기억할 필요가 있다

---

13 하지만 모든 기독교 전통이 그 함축된 의미를 많은 세대주의자와 같은 방식으로 이해하는 것은 아니다. 그리고 심지어는 세대주의 안에서도, 하나님 나라가 '주어졌음'을 같은 방식으로 강조하는 것도 아니다.
14 여기서 '신비'는 이전에 드러나지 않았던 진리를 가리킨다. 한번 가르쳐진 것을 이해하는 것은 어렵지 않다. 몇 가지 신비들이 신약에서 발견된다. 왕국에 선행하는 예언되지 않은 시대에 심판과 왕국의 도래가 연기된 것(마 13:11), 그리스도 안에 있는 자들의 휴거(고전 15:51-52) 그리고 교회 안에서 유대인과 이방인의 동등성.

(사 11:10; 56:7; 슥 8:22-23).

신약 교회에서 이방인과 유대인이 동등하다는 이 새로운 계시는, 신약성경이 드러내는 가장 큰 '신비들' 중 하나이다(롬 16:25; 엡 3:3-9; 5:32; 6:19; 골 1:26-27; 4:3).

3) 교회와 유대인들의 축복

이렇게 동등한 위치를 갖게 됨으로서, 이방인들이 미래에 있을 유대인들의 축복에 참여하게 될 것이다. 이방인들이 유대인들의 특권과 약속의 언약에서 제외되어 있었으나, 이제는 그들이 가깝게 되었다고 에베소서 2:11-12에서 바울은 선포한다(2:13-19). 구약성경의 성도들은 약속된 것을 받지 못하고 죽었으나, 교회는 그들과 함께 성취에 참여할 것이라고 히브리서 11:39에 기록되어 있다.

열두 사도가 열두 보좌에 앉아, 이스라엘의 열두 지파를 심판할 것이라고 마태복음 19:28에서 예수님이 그들에게 약속하셨다. 물론 이것은 유다를 제외한 열두 사도에게 실현될 것이다(참조. 행 1:15-26). 그리고 이 사도들이 교회의 기초가 된다(엡 2:20). 이것은 교회가 예수 그리스도와 함께, 앞으로 다가올 하나님 나라를 다스릴 것을 의미한다.

바울은 서신서에서 그리스도의 몸된 지체를 '왕'으로 묘사하고(고전 4:8), 성도가 세상을 판단할 것(고전 6:2)이라고 기록하는데, 위의 개념은 이런 구절을 설명하는 데 도움이 된다.

이스라엘에게 주어진 복이 연장되어 교회가 받았다고 해서, 교회가 곧 이스라엘이라는 의미는 아니다. 신약성경은 유대인과 이방인 그리고 그리스도인, 즉 교회라는 세 집단으로 사람들을 구분해서 이해한다(참조. 고전 10:32). 로마서 11장에는 이방인 신자들을 상징하는 돌감람나무 가지들이 등장하는데, 이 가지들이 유대인들의 축복에 접붙임되는 것에 우리는 주목할 필요가 있다. 약속들을 받은 이스라엘의 족장들이 그 뿌리인 것으로 추정된다.

돌감람나무의 가지가 접붙임을 받은 이후에도 바울은 참감람나무의 가지와 돌감람나무의 가지를 신중히 구분한다. 다시 말해, 교회는 새로운 이스라엘이 아닌 것이다.[15] 에베소서 2:15에 묘사되어 있는 그 새 사람은, 유대인과 이방인으로 구성된 교회를 가리킨다. 그리고 이것은 이전에 밝혀지지 않았던 신비다(엡 3:2-6).

4) 교회 그리고 모세의 율법

성경을 공부하는 모든 사람은, 그리스도인들이 모세의 율법 아래에 있지 않다고 이야기한다. 그러나 모든 복음주의자가 여기서 이야기하는 '율법'의 의미에 동의하는 것은 아니다. 대부분의 신학자는 모세의 율법을, 의식법과 시민법 그리고 도덕법이라는 세 부분으로 나눈다. 다수의 비세대주의 신학자는, 신약의 신자들이 이스라엘의 의식법과 시민법 아래 있지 않다는 것에 동의한다.

그리고 그들 중 몇몇은, 그 그리스도인들이 여전히 도덕법, 특별히 십계명 아래에 있다고 주장한다. 그러나 대부분의 세대주의자는 이것에 동의하지 않는다. "우리는 모세 율법의 그 어떤 것 아래에도 있지 않다"라고 그들은 말한다.

첫째, 모세의 율법은 하나의 통일된 전체이기 때문에 부분들로 분리될 수 없다(참조. 갈 5:3; 약 2:10).

둘째, 바울은 그리스도인들이 십계명에 대해 죽었다고 이야기한다. 로마서 7:4을 보면 믿는 자들이 율법에 대해 죽었다고 기록되어 있다. 그리고 7절에서 바울은 십계명을 율법이라고 말한다. 이것과 동일한 내용이 고린도후서 3:7에 기록되어 있는데, 바울은 여기서 돌에 새겨진 율법

---

15 교회는 갈라디아서 6:16에 기록된 새로운 이스라엘이 아니라는 사실을 다음의 글에서 확인할 수 있다. S. Lewis Johnson, Jr., "Paul and 'the Israel of God': An Exegetical and Eschatological Case-Study", *Essay in Honor of J. Dwight Pentecost*, ed. Stanley D. Toussaint and Charles H. Dyer (Chicago: Moody, 1986), 181-196.

이 죽음에 이르게 한다고 묘사한다. 십계명이 돌판 위에 기록되었다고, 출애굽기 34:28은 특별히 언급한다. 더 나아가 계명(율법)의 사역은 임시적인 것이라고 고린도후서 3:11은 명시한다.

이런 세대주의의 가르침 때문에, 세대주의자들은 어떤 이들에 의해 도덕률 폐기론자(antinomian)라는 비난을 받는다. 그러나 세대주의자들은 십계명 중 아홉 가지 항목이 신약성경에 다시 언급된다는 사실을 인정한다.[16] 그렇다고 해서 율법이 믿는 자들의 삶의 규범(rule)이 된다는 의미는 아니다.

또한, 이 둘을 동일시 하는 것도 아니다. 미네소타주의 법은 살인, 절도 그리고 위증을 금지한다. 이것은 텍사스주의 법도 마찬가지다. 그러나 이 두 개의 주는, 각기 다른 법률 체계들을 가지고 있다. 구약성경에 기록된 모세의 율법과, 신약성경의 가르침도 마찬가지다. 이 둘은 유사하지만, 엄연히 다르다. 구약의 율법 아래서는, 그 법을 지킬 수 있는 능력이 인간에게 없었다.

그러나 신약에서는 성령님의 능력 주시는 사역이 있다(롬 8:3-4). 모세의 율법에서는 처벌이 불순종에 따라온다. 신약에서는 권징(discipline)은 있을 수 있지만 규정된 처벌(prescribed penalties)들은 없다. 처벌과 교정에는 분명한 차이가 있다.

5) 교회 그리고 구약의 세 가지 언약

구약성경에 등장하는 세 가지 언약에 세대주의자들이 많은 관심을 갖고 또 중요성을 부여한다. 그 세 가지는 아브라함 언약, 다윗 언약 그리고 새 언약이다.

하나님은 아브라함에게 많은 약속을 선포하셨다(참조. 창 12:1-3; 13:14-17; 15:7-21; 17:1-21; 22:16-18). 그리고 이 약속들은 언약(창 15:18)과 맹세(창 22:15-18)를 통해 확증되었다. 이것은 일곱 가지의 내용으로 요약될 수 있다.

---

16 안식일을 지키는 것과 관련된 네 번째 계명은, 다시 언급되지 않는다.

첫째, 아브라함의 이름이 위대해질 것이다(창 12:2).
둘째, 한 민족이 그에게서 나올 것이다(창 12:2; 13:16; 15:5; 22:17).
셋째, 그 안에서 모든 민족이 복을 받을 것이다(창 12:3).
넷째, 가나안 땅이 그와 그의 자손에게 주어져서 영원히 이어질 것이다(창 13:15; 15:7-18).
다섯째, 그를 축복하는 자에게는 하나님이 복을 내리실 것이고, 그를 저주하는 자에게는 하나님이 저주를 내리실 것이다(창 12:3).
여섯째, 그는 많은 민족의 조상이 될 것이다(창 17:4, 6, 16).
일곱째, 그의 후손 안에서 천하 만민이 복을 받을 것이다(창 22:18).

교회를 위한 주된 약속들은 세 번째와 일곱 번째 약속이다. 아브라함은 그 스스로가 복이 되었다. 왜냐하면, 그는 한 개인이 어떻게 의롭다 하심을 받을 수 있는지에 대한 모델이기 때문이다(참조. 갈 3:6; 롬 4:9-12, 17). 이방인들도 이제는 '아브라함의 자손'이라고 불리게 된다. 왜냐하면, 아브라함이 그랬던 것처럼, 그들도 믿음 안에서 행하기 때문이다(갈 3:7). 누군가의 자손이 된다는 것은, 그와 같이 된다는 것을 의미한다(참조. "우레의 아들", 막 3:17; "마귀의 자식", 행 13:10; "위로의 아들", 행 4:36; "너희 아버지의 아들", 행 13:10).

그러므로, 인간이 의롭게 되는 것은 모든 시대와 세대를 통해 똑같은 방법으로—하나님의 말씀을 믿는 믿음과 그 은혜로—된다는 결론이 내려져야 한다. 아브라함은 자신과 사라 모두 아이를 가질 수 있는 나이가 한참 지났음에도 사라를 통해 그가 아들을 얻을 것이라는 하나님의 약속을 믿었다. 물론 이 칭의는 아브라함의 자손인 예수 그리스도를 통해 성취되었다(갈 3:16; 롬 4:24-25). 이것은 "그의 씨 안에서 천하 만민이 복을 받으리니"라는 아브라함의 일곱 번째 축복으로 이어진다.

> 또 하나님이 이방을 믿음으로 말미암아 의로 정하실 것을 성경이 미리 알고 먼저 아브라함에게 복음을 전하되 모든 이방인이 너로 말미암아 복을 받으리라 하였느니라 (갈 3:8).

"먼저 복음을 전하되"라고 번역된 동사는 "먼저 좋은 소식을 전하되"라고도 번역될 수 있다. 아브라함에게는 신약의 복음이 주어지지 않았다(고전 15:1-4). 하지만 아브라함은 이방인들이 그와 그의 후손 안에서 복을 받게 될 것이라는 사실은 듣게 되었다.

가나안 땅이 아브라함의 후손의 소유가 되는 것뿐 아니라 아브라함 자신의 소유가 될 것이라는 네 번째 약속에 주목할 필요가 있다. "이 땅을 네게 주어 소유를 삼게 하려고"라고 하나님이 말씀하셨다(창 15:7; 참조. 13:15, 17). 이 약속은 이삭(창 26:3)과 야곱(창 28:13)에게도 주어졌다. 그러나 실제로는 아브라함과 이삭 그리고 야곱 중 어느 누구도, 그들의 살아생전에 그 약속의 땅을 받지 못했다. 그렇기 때문에, 하나님의 약속을 이루기 위해서는 그들이 반드시 부활해야 한다(참조. 마 22:31-32; 막 12:26; 눅 20:37-38). 아브라함과 이삭 그리고 야곱은, 현재 주님과 함께 살고 있다. 그리고 그들은 그 땅을 유업으로 받기 위한 부활을 기다리고 있다.

세대주의자들에게 있어 두 번째로 중요한 구약성경의 언약은, 다윗 언약이다. 이것은 본래 약속의 형태로 다윗에게 주어졌다(삼하 7:12-16). 이런 약속은 나중에는 언약이라고 칭해진다(시 89:3-4, 34-37; 삼하 23:5).

사무엘하 7장에서 다윗은 영원한 집과 왕위 그리고 나라를 약속받는다. "집"이라는 용어는, 5, 7, 13절에서는 건물을 의미하지만, 그 장 다른 부분에서는 건물을 의미하지 않고 다윗 왕조의 혈통을 가리킨다. "왕위"는 영원한 통치를 가리키고, "나라"(왕국)는 다스려지는 영원한 영역을 의미한다.

시편 110:1에서 다윗은 그의 자손을 "주님"이라고 부르는데, 이 약속을 성취하실 메시아를 다윗이 미리 보고 알았다는 사실이 분명하다. 시편 72편은 미래의 그 나라에서 이 의로운 왕의 통치를 고대한다.

세대주의자들에게 있어, 이 약속들은 매우 중요하다. 천사 가브리엘은 누가복음 1:32-33에서, 이런 정확한 약속을 처녀 마리아에게서 나신 예수님에게 적용한다. 이런 약속은 문자 그대로 성취될 것이다. 다윗도 이 약속들을 이와 같이 이해했다. 하나님 나라가 가까이 왔다고 세례 요한과 예수님 그리고 제자들이 선포했는데(마 3:2; 4:17; 10:7), 그것을 들은 청중은 이 땅에 임하는 다윗의 지상 왕국을 생각했다. 주님은 결코 그들이 기대하던 것과 다른 것을 가르치지 않으셨다.

사도행전 1:6을 보면 제자들은 이스라엘 나라의 회복에 대해 질문한다. 여기서도 그리스도께서는 그들이 하나님 나라에 대해 잘못된 시각을 가지고 있다고 말씀하지 않으신다. 그리스도께서는 제자들이 그와 함께 이스라엘을 다스리는 때를 미리 보고 알고 계셨다(마 19:28).

이스라엘의 메시아께서는 현재, 하늘에 있는 다윗의 보좌에 앉아 계시지 않는다. 그는 성부 하나님의 보좌 우편에 앉아 계시지만, 다시 오셔서 그의 원수들을 그의 발등상으로 만드실 날을 기다리신다(히 10:12-13 참조. 행 3:20-21).

사도행전 15:16에는 "다윗의 장막"을 다시 세우는 내용이 기록되어 있는데, 이것은 아모스서 9:11을 인용한 것이다. 다윗의 자손이신 그리스도께서 만왕의 왕 그리고 만주의 주로서 다스리실 미래의 하나님 나라를, 아모스 선지자가 바라보는 것이다.

아브라함의 언약과 마찬가지로, 다윗의 언약 또한 그 약속들의 대부분에 있어 미래에 있을 완전한 성취를 고대한다.

예레미야서 31:31-34에서 주로 발견되는 새 언약이, 세번째 핵심 언약이다. 그 언약이 지켜질 것을 확증하는 내용(35-37절)과 왕국 시대에 있을 예루살렘에 대한 상황 묘사(38-40절)가 예레미야서 31장의 남은 구절들에 들어 있다.

예레미야 31장은 새 언약이 기록되어 있는 주요 본문이지만(참조. 히 8:8-12), 구약의 다른 선지자들도 이 언약에 대해 언급한다. 이것은 "영원한 언약"(사 61:8; 렘 32:40; 겔 16:60; 37:26), "평화의 언약"(겔 34:25; 37:26) 그리고 "나의 언약"(사 59:21; 겔 16:60)과 같은 다양한 이름으로 불린다.

이 언약이 포함하고 있는 약속들 대부분은, 아직 성취되지 않았음을 확실히 말해야 하겠다.

즉, 다음과 같은 약속 내용들이다.

> 작은 자로부터 큰 자까지 다 나를 알기 때문이라(렘 31:34).

내가 그들의 포로를 돌아오게 함이니라(렘 32:44).

그들이[이스라엘이] 다시는 이방의 노략거리가 되지 아니하며 땅의 짐승들에게 잡아 먹히지도 아니하고(겔 34:28).

내 성소[하나님의 성전]가 그들[이스라엘] 가운데 있으리니(겔 37:28).

새 언약은 이스라엘과 함께할 것인데, 그것은 아직 성취되지 않았다(렘 31:31, 33). 교회와 새 언약의 관계는 몇몇 세대주의자를 어려움에 빠뜨리는 주제이다. 고린도후서 3:6에서, 바울은 자신을 새 언약의 일꾼이라고 부른다. 교회에서 성찬식을 할 때 포도나무 열매를 마시는데, 이것을 통해 "이 잔은 내 피로 세운 새 언약이니"(고전 11:25)라고 하신 주님의 말씀을 상기하게 된다.

히브리서 8:8-12에 인용된 그 새 언약은, 신약성경의 신자들과 관련이 있다. 이스라엘의 새 언약과 교회 사이에, 어떤 연관성이 있다는 것을 부정하기는 어렵다.

첫째, 그리스도께서 십자가에서 흘리신 보혈이 새 언약의 기초가 된다.
둘째, 미래에 있을 왕국 시대에, 새 언약이 이스라엘에게 성취될 것이다(사 61:4-9; 렘 31:27-40; 32:36-44; 겔 36:22-32; 37:24-28). 앞에서 언급된 각 구절들에서, 새 언약과 하나님 나라는 서로 연결되어 있다.
셋째, 하나님은 그의 은혜를 통해 새 언약의 많은 축복을 교회에게 주고 계신다. 이것은 돌감람나무의 가지가 참감람나무의 뿌리에서 나오는 축복을 함께 받는 로마서 11장의 내용과 매우 유사하다.

새 언약의 기초는 그리스도의 죽음 위에 세워졌다. 미래에 이스라엘은 새 언약이 제공하는 온전한 혜택을 받을 것이다. 그 동안에, 교회는 새 언약의 축복이 주는 혜택을 누리고 있다.

5. 교회의 휴거

'휴거'라는 용어는 성경에 등장하지 않는다. 하지만 이것은 매우 보편적으로 사용되어 왔기 때문에, 세대주의자들은 이것의 의미에 대한 공통적인 이해를 가지고 있다. 삼위일체라는 용어도 성경에서 직접 언급되지는 않지만, 이것은 신학적으로 매우 중요한 개념을 나타낸다.

주 예수께서 이 땅에 다시 오실 때, 그리스도 안에서 죽은 자들을 부활시키고 살아 있는 그리스도인들을 새로운 몸으로 변화시킬 것이다. 이것이 '휴거'의 의미이다. 데살로니가전서 4:17을 보면 "끌어 올려"라는 의미의 용어가 사용되었다(헬라어로는 *harpazo*). 이 헬라어 단어는 '붙잡다' 혹은 '잡아채다'라는 의미를 가지고 있다. 휴거 때에, 살아 있는 그리스도인들은 그리스도에 의해 잡아채지거나 붙들려 이 세상으로부터 사라질 것이다.

1) 휴거 시에 발생하는 일련의 사건들

데살로니가전서 4:13-18을 보면 사도 바울은 주님이 이 땅에 다시 오실 때, 이미 죽은 그리스도인들과 살아 있는 그리스도인들에게 어떤 일이 일어날지 자세하게 묘사한다. 모든 시대의 성도가 아닌, 신약 성도만이 부활하게 될 것이다.[17] "그리스도 안에서 죽은 자들"이라는 표현이, 이것의 근거가 된다(살전 4:16). 왜냐하면, 교회만을 "그리스도 안에" 있다고 이야기할 수 있기 때문이다.

예수 그리스도께서는 이미 과거에 죽은 그리스도인들의 영혼과 함께 다시 오실 것이다. 이미 죽은 그리스도인들의 영혼이 일제히 그들의 몸과 다시 결합이 되는 그 순간, 그들은 그들의 부활체를 입게 될 것이다. 이 얼마나 놀라운 기적인가!

---

17 또 다른 세대주의자는 모든 시대의 성도가 휴거 때에 부활할 것이라고 믿는다.

동물이나 육식 동물에 의해 잡아먹힌 몸이나, 불에 타서 재가 되어버린 몸 그리고 바다 깊은 곳에 잠겨 있는 몸도, 하늘의 몸으로 기적적으로 복원될 것이다. 살아 있는 그리스도인들은 변화된 몸을 입고, '끌어 올려질' 혹은 '휴거될' 것이다. 고린도전서 15:51에서, 그 사도는 어떤 그리스도인들은 잠자지 않고(죽지 않고) 홀연히 다 변화될 것을 고린도 성도들에게 알린다. 이 모든 것은 순식간에 일어날 것이다.

과거에 이미 죽었으나 부활한 자들과, 살아 있다가 변화될 자들은, 공중에서 주님을 만나기 위해 함께 하늘로 들림받을 것이다. 그것을 기점으로 우리는 영원히 주님과 함께할 것이다. 이 놀라운 교리는 그리스도인들에게 위로를 주고(살전 4:18), 그들로 하나님께 감사와 찬송을 드리게 한다(고전 15:57). 이것은 또한, 믿는 자들로 그들의 믿음 안에서 견실하고 흔들리지 않게 한다(고전 15:58). 그뿐만 아니라 하나님의 일에 더욱 힘쓰는 자들이 되도록 격려한다(고전 15:58).

2) 휴거의 때

휴거가 언제 발생할 지에 대한 주제를 놓고, 세대주의자들 사이에서도 의견이 분분하다. 환난 전 휴거, 환난 중 휴거, 환난 이후의 휴거, 진노 이전의 휴거, 부분적 휴거와 같이 다양한 견해가 존재한다. 대부분 세대주의자는 환난 전 휴거를 주장한다. 그리고 이 글에서는 이 견해를 변호할 것이다. 이런 견해는 7년 대환난이 시작되기 이전에, 휴거가 발생할 것이라고 가르친다.

환난 전 휴거를 변호하는 것에 있어, 몇몇 논거가 사용된다.

첫째, 논거는 임박성의 교리(the Doctrine of Imminency)이다. 만일 휴거 이전에 선행되는 사건은 없다고 사도들이 가르쳤다면, 휴거는 환난 전에 일어나야 한다. 초대 교회는 어느 것이든 일어나기 이전에 휴거가 발생할 것이라고 가르침을 받았음에 틀림 없다.

고린도후서 5장을 보면 바울은 그가 육체적으로 죽기 이전에 하늘의 몸을 입을 수 있기를 소망한다(고후 5:2-4). 죽을 수밖에 없는 이 유한한 몸이, 그의 영원한 몸에 의해 삼켜지기를 그는 바란다. 이것은 휴거될 때 이루어질 것이다. 이것과 동일한 내용이, 빌립보서 3:11에 분명하게 기록되어 있다. 휴거될(죽은 자 가운데서 부활, exanastasis) 때까지 ('이르려', katantao), 그리스도를 높이는 삶을 살기를 바울은 소망한다.

카탄타오라는 동사는 무언가에 '도달하다', '이르다'라는 의미를 갖고 있다. "죽은 자 가운데서 부활"하는 휴거의 때까지 사는 것이 바울의 소망이었다. 사도 시대를 살았던 신자들이 다음에 성취될 예언적 사건이 교회의 부활과 살아 있는 성도들의 휴거라고 기대했다는 것을 부인하기는, 설사 불가능하지는 않을지라도, 어렵다.

둘째, 환난 전 휴거라는 견해를 주장하는 이유는 "장래의 노하심에서 우리를 건지시는" 분이 예수님이라고 명시되어 있기 때문이다(살전 1:10). 이것은 "하나님이 우리를 세우심은 노하심에 이르게 하심이 아니요"라는 바울의 선포를 통해 확증된다(5:9).

이 구절은 데살로니가전서 5:8에 언급된 "구원의 소망"이 무엇인지를 설명한다. 대환난은 하나님의 진노가 지구에 쏟아지는 시간임에 틀림없다. 요한계시록 6:17을 보면 여섯째 인이 환난 중에 떼어진 이후에, 사람들은 성부 하나님과 어린양의 진노를 피하게 해 줄 것을 간청한다.

또한, 그들은 "진노의 큰 날이 이르렀으니"라고 말한다. 왜냐하면, 환난은 하나님의 진노의 한 표현인데, 믿음 안에 있는 자들은 그 진노의 대상이 아니다. 결론적으로, 휴거는 환난이 시작되기 이전에 있을 것이다.

셋째, 환난 전 휴거를 주장하는 근거는 "네가 나의 인내의 말씀을 지켰은즉 내가 또한, 너를 지켜 시험의 때를 면하게 하리니 이는 장차 온 세상에 땅에 거하는 자들을 시험할 때"라고 기록되어 있는 요한계시록 3:10이다. 이 구절은 앞으로 있을 환난에 대한 분명한 예언이다. 이 약속은 빌립보 교회를 환난 동안 혹은 환난을 통과하면서 보호하고 보살핀다는 것이 아니라 그들이 환난의 때를 겪지 않게 하신다는(그들에게 그 때를 면제해 주시겠다는) 약속이다. 성도들은 환난 기간 동안 이 땅에 있지 않을 것이다.

요한계시록 2-3장에 기록되어 있는 일곱 교회는, 교회 시대 내내 존재했던 일곱 종류의 교회를 나타낸다는 것에 주목해야 한다.

어느 한 교회에게 말씀하신 내용은, 곧 모든 교회에게 말씀하시는 내용이다(계 2:7, 11, 17, 29; 3:6, 13, 22). 이런 경고와 약속은, 현 세대의 모든 교회를 위한 것이다.

휴거와 환난이 끝나는 시점 사이에, 시간적 간격이 있어야 한다는 것이 환난 전 휴거설의 네 번째 근거가 된다(이 주장은 주로 환난 이후의 휴거를 주장하는 견해와 대치된다). 주 예수께서는 이 땅을 통치하기 위해 다시 오시는데, 환난이 끝나는 시점에 살아 있는 모든 사람은 심판의 대상이 될 것이라고 성경이 가르친다.

유대인들에 대한 심판은 에스겔서 20:33-44에 묘사되어 있다. 그리고 이방인들에 대한 심판은 마태복음 25:31-46에 기록되어 있다. 구원 받고, 살아 있는 자들만이 천년 왕국에 들어갈 것이다. 그들은 자녀를 낳고, 일상적 삶을 살 것이다. 이사야 선지자는 앞으로의 시대에 있을, 어린아이들과 젖 먹는 아이들 그리고 젖 뗀 어린아이들을 언급한다(사 11:6-8). 사람들은 긴 삶을 산 이후에, 생을 마감할 것이다(사 65:20). 그들은 집을 짓고, 작물을 심으며, 아이를 낳을 것이다(사 65:21-23). 그 왕국의 거주민들에게서 태어난 많은 아이는 결국 하나님을 대항해 반란을 일으킬 것이다(계 20:7-9).

구원받은 자들의 휴거가 환난이 끝나는 시점에 일어나는 것은 불가능하다. 환난 이후에 휴거가 발생할 것이라고 주장하는 견해에 따르면, 모든 사람이 부활하고 하늘의 몸을 입게 된다. 그러나 문제는 그렇게 되면, 그들은 아이를 낳을 수 없게 된다(참조. 마 22:30; 막 12:25; 눅 20:34-36). 만일 휴거가 환난 전에 발생한다면, 사람들은 환난 기간 동안에 회심할 것이다. 그리고 만일 그들이 그 끔찍한 기간을 통과한다면, 그들은 자연적인 몸을 가지고 왕국에 들어갈 것이다. 그들은 함께 거주할 것이고, 아이를 낳을 것이다. 그 때, 이 땅에서의 삶에 대한 구약의 예언들이 성취될 것이다.

6. 그리스도의 심판대

교회의 부활과 휴거 이후에, 그리스도인들은 그리스도의 심판대에서 심판을 받게 될 것이다. 주 예수께서 그의 교회를 위해 오신 이후에, 이것이 이루어질 것이라고 몇몇 본문은 암시한다(눅 14:14; 고전 4:5; 계 22:12). 왜냐하면, 모든 심판을 성자 하나님에게 맡기셨기 때문에(요 5:22), 주 예수께서 심판관이 되실 것이다. "그리스도의 심판대[베마]"를 언급하는 고린도후서 5:10은, 이것을 확증한다. 그리스도 앞에 서는('나타나는') 자들은 그리스도인들이다(참조. 고전 3:15).

믿음 안에 있는 자들이 바른 동기를 가지고 선을 행한 것에 대해, 상을 주는 것이 이 심판의 목적이다. 그리스도인의 그 어떤 죄도, 그리스도의 심판대 앞에서 기소되지 않는다는 사실은 매우 중요하다.[18]

그리스도인의 모든 죄는 용서되고 사라졌다!(히 8:12; 10:17)

그렇다면 고린도전서 3:12에 나무, 풀, 짚이 언급되는 이유는 무엇인가?

잘못된 동기를 가지고 행한 좋은 일들을 이것이 가리킨다(참고. 마 6:1). 그리스도인은 자기중심적 목적을 위해 좋은 일을 할 수 있다. 그러나 그것에 대한 상급은 없다. 그것은 심판대에서 불에 타 없어질 것이다. 그러나 하나님을 기쁘시게 하기 위한 선한 일들에는 보상이 있다(고후 5:9).

그렇다면 그 보상은 무엇인가?

---

[18] 고린도후서 5:10에는 "선악간에 … 행한 것을 따라"라는 구절이 있다. '악'이라는 의미로 일반적으로 **카코스**(악, 악한), **아테스모스**(무법한), **하마르티아**(죄), 혹은 **프로네로스**(악)가 사용되는데, 고린도후서 5:10에는 이런 단어가 사용되지 않았다. 여기서 사용된 형용사는 '가치 없는'이라는 의미를 가진 헬라어 단어 **파울로스**이다. 물론 이것 또한 로마서 9:11과 같이 '죄'를 가리키기도 한다. 그러나 여기서는 분명하게 '가치 없는'이라는 의미를 갖는다(참조. Philip E. Hughes, *Commentary on the Second Epistle to the Corinthians* [Grand Rapids: Eerdmans, 1962], 181-183).

첫째, 하나님에게서 칭찬을 받을 것이다(고전 4:5).

평범한 한 신자가 하나님에게서 칭찬을 받는다는 것을 누가 상상 할 수 있겠는가?

둘째, 앞으로 도래할 나라에서 더 큰 책임을 맡게 될 것이다(마 19:28; 눅 19:17, 19; 고전 6:2).

셋째, 면류관을 받게 될 것이다. 여기서는 왕관을 의미하는 디아데마(διάδημα)가 아닌, 승리의 관을 뜻하는 스테파노스(στέφανος)가 사용되었다. 이것은 식물로 만든 화관을 일반적으로 의미하는데(참조. 고전 9:25), 신약성경은 금으로 만든 관(스테파노스)에 대해 언급한다(계 4:4; 9:7; 14:14). 이런 면류관은, 운동 경기에서 승리한 선수들에게 주어지는 상이었다. 이와 같이, 영적 승리자들은 그리스도의 심판대에서 면류관을 받을 것이다.

신약성경에는 다음과 같은 다섯 종류의 면류관이 언급되어 있다.

(1) 기쁨의 면류관(살전 2:19)
(2) 썩지 않는 면류관(고전 9:25)
(3) 생명의 면류관(약 1:12)
(4) 의의 면류관(딤후 4:8)
(5) 영광의 면류관(벧전 5:4)

이런 면류관이 과연 무엇인지에 대해서는 논쟁이 있다. 이것이 승리한 자들에게 주어지는 화관일 가능성이 크다. 믿음 안에 있는 자들은 경배의 의미로서, 그들의 면류관을 예수님의 발 앞에 놓을 것이다(참조. 계 4:10).

다른 이들은, 그것들이 동격의 속격들(genitives of apposition)이라고 말한다. 즉, 생명의 면류관은 영원한 생명에 대한 더 큰 감사가 된다. 이 견해에 따르면, 다른 모든 면류관도 이와 같은 방식으로 설명된다. 이것이 가능하기는 하나, 앞 견해만큼 개연성이 크지는 않다.

7. 환난

1) 환난과 관련된 용어들

성경은 미래에 있을 환난의 때를, "큰 환난"(마 24:21), "주의 날"(살전 5:2), "그 날"(렘 30:7), "야곱의 환난"(렘 30:7), "분노의 날 … 환난과 고통의 날 … 황폐와 패망의 날 … 캄캄하고 어두운 날 … 구름과 흑암의 날"(습 1:15-16)이라고 부른다. 심판과 파괴를 의미하는 다른 표현들이 사용되었다.

'주의 날'이라는 표현은, 하나님이 특별히 자신을 나타내시는 때, 특별히 심판의 때를 가리킨다. 하나님이 과거에 바벨론을 멸망시키신 것과 같은, 과거의 '주의 날'들이 존재했다(사 13:1-22, 6에서는 "여호와의 날"이라고 부른다.)

2) 환난의 본질

그 환난은 유대인과 이방인들 모두에게 내려지는, 심판의 기간이 될 것이다. 이것은 예수님을 메시아로 인정하지 않는 유대인들에게 내려지는 심판이라는 것이, "야곱의 환난"(렘 30:7)이라는 표현에 나타나 있다. 이 환난의 시간은 결국 이스라엘의 민족적 회개로 이어질 것이다(슥 12:10-14; 마 23:39; 롬 11:26). 그 환난은 이스라엘에게 있어, 유대인들에 대한 개별적인 심판으로 마무리될 것이다(겔 20:35-38).

환난 기간 동안의 이방인에 대한 심판 또한, 준비되어 있다. 요한계시록 3:10은 "시험의 때 … 이는 장차 온 세상에 임하여 땅에 거하는 자들을 시험할 때"를 언급한다(참조. 계 6:15-17). 환난이 끝나는 시점에, 유대인들에 대한 개별적 심판이 있듯이, 이방인들에 대한 심판 또한 내려질 것이다(마 25:32-46). 환난은 기본적으로 심판과 관련이 있지만, 의인들은 하나님의 은혜로 구원을 받을 것이다(겔 20:37-38; 마 25:34-40).

3) 환난의 시작

예언을 연구하는 학자들은, 교회의 부활과 휴거 직후에 환난이 시작된다는 인상을 종종 남긴다. 그러나 이것은 아주 정확한 이해는 아니다. 멸망의 아들과 이스라엘 민족이 서로 언약을 맺는 것이, 그것의 정확한 기점(terminus a quo)이 된다(단 9:27).

다니엘의 "일흔 이레"(단 9:24-27)로 알려진 예언은, 환난을 연대기순으로 연구하는 데 매우 중요하다. 다니엘서 9장은 다니엘이, 포로 생활이 70년 만에 끝날 것이라는 예레미야의 예언(렘 25:11-12; 29:10)을 깨닫는 것으로 시작된다. 그리고 나서, 다니엘은 죄를 자백하고 이스라엘을 대신해 기도한다. 그리고 천사 가브리엘은, 일흔 이레와 연관된, 이스라엘에 대한 예언을 주는 것으로 이 기도에 응답한다.[19]

많은 학자는 한 이레를 일곱 해로 환산해서, 70이레를 총 490년으로 계산한다.[20] 490년이라는 이 기간의 시작점은, "예루살렘을 중건하라는 영이 날 때부터"라고 다니엘서 9:25에 기록되어 있다. 이 명령을 B.C. 444년에 내린 왕은 페르시아의 아르타크세르크세스(아닥사스다)다(참조. 느 2:1-8). 그리고 나서 다니엘은, 일곱 이레(49년)와 예순두 이레(434년)라는 두 개의 연속된 기간(총 483년)을 언급한다(단 9:25). 그것은 B.C. 444년부터, 메시아께서 "끊어져 없어질" 때까지를 가리킨다. 1년을 360일로 보아 이 483년을 계산하여 서기 태양력으로 시점을 잡으면 후자는 A.D. 33년이 된다.[21]

마지막 7년은 앞의 483년과 구분되는데, 이것은 아직 성취되지 않았다. 그 메시아가 끊어져 없어지는 것과, 예루살렘이 성전과 함께 멸망되는 것은, 483년이라는 그 기간이 끝난 이후에 일어난다고 예언되어 있다. 예루살렘과 성전의 파괴는 A.D. 70년에 일어났다. 예순 아홉 번째

19　'이레'로 번역된 히브리어 단어는, '일곱'을 의미하는 히브리어 샤부아(שָׁבֻעַ)이다.
20　여기서의 일 년은 360일 기준이다(참조. 계 11:2-3).
21　참조. Harold W. Hoehner, "Daniel's Seventy Weeks and New Testament Chronology." Bibliotheca Sacra 132 (1975): 47-65.

이레와 일흔 번째 이레 사이에는 시간적 간격이 있어야 한다. 왜냐하면, 다니엘서 9:24에 예언되어 있는 사건들이 아직 일어나지 않았기 때문이다. 이것에 대한 두 번째 이유는, 주님이 마태복음 24:15에서 말씀하신 내용을 통해 밝혀진다. 주 예수께서는 다니엘서에 예언된 멸망의 가증한 것이 올 것을 이 구절에서 경고하신다(참조. 9:27; 12:11). 이 일은 A.D. 70년까지 일어나지 않았다.

끝으로, 예언의 연대표에서 시간적 간격(gap)은 흔치 않은 것이 아니다. 예를 들어, 스가랴서 9:9은 메시아께서 나귀를 타고 오신다고 묘사한다. 이것은 그리스도께서 예루살렘에 영광스럽게 입성하심으로 이루어졌다(참조. 마 21:5). 그 다음 구절은, 온 세상을 다스리시는 예수님을 묘사한 스가랴 선지자의 예언이다. 이것이 아직 성취되지 않았음은 분명하다. 또 다른 시간적 간격을 이사야서 9:6에서 찾아 볼 수 있다. 메시아의 탄생이 예언되고, 바로 뒤이어 "그의 어깨에는 정사를 메었고"라는 표현이 뒤따르고 있다.

일흔 번째 이레 혹은 7년 환난 기간은, "앞으로 올 그 왕"(단 9:26)과 이스라엘 사이에 언약이 맺어지면서 시작된다. 그 왕은 예루살렘과 그 성소를 파괴할 그 민족에게서 나올 것이다. 이것은 A.D. 70년에 로마에 의해 행해졌다.[22]

4) 열 왕

예언들은 로마 제국에서 파생되는 열 왕과 열 왕국의 연합에 대해 꾸준히 언급한다(단 7:7, 20, 24; 계 12:3; 13:1; 17:3, 12, 16). 멸망의 아들(불법의 사람)과 동시대를 사는 그 열 왕은, 멸망의 아들과 더불어 "한동

---

[22] 다니엘의 칠십 이레 예언과 관련해 더 살펴보기 원한다면, 다음의 글을 참고하면 된다. Alva J. McClain, *Daniel's Prophecy of the Seventy Weeks* (Grand Rapids: Zondervan, 1969); J. Dwight Pentecocst, *Things to Come* (Findlay, OH: Dunham Publishing, 1958), 239-250; John F. Walvoord, *Daniel* (repr., Chicago: Moody, 2012), 266-296; John C. Whitcomb, *Daniel* (Winona Lake, IN: BMH Books, 1985), 128-135.

안" 권세를 받게 될 것이다(계 17:12).

이런 왕은 일곱 번째 산(이 일곱 개의 산은 순차적이다, 계 17:10)의 한 부분이며, 이스라엘을 다스렸거나 미래에 억압할 세상의 일곱 권세자들을 분명하게 나타낸다.

(1) 이집트
(2) 앗수르
(3) 바벨론
(4) 페르시아
(5) 그리스
(6) 로마
(7) 열 왕

불법의 사람은 세상 권세를 얻기 위해 열 왕 중, 세 왕을 굴복시킬 것이다(참조. 단 7:8, 24). 그리고 남은 일곱 왕은 그들의 왕국을 멸망의 아들에게 바친다. 왜냐하면, 이 열 왕은 자신들을 지배하고 있는 음녀를 미워하기 때문이다(계 17:16-17). 그 음녀가 지배권을 가지고 있는 것으로 보이는 이유는, 머리는 일곱 개이고 뿔이 열 개인 짐승 위에 그녀가 앉아 있기 때문이다(계 17:3).

성경은 거짓 종교를 간음과 매춘으로 종종 묘사한다. 이것은 어떤 거짓 종교가 그 열 왕에게 영향을 미치고, 심지어는 그들을 지배할 것을 암시한다. 그 왕들은 이 거짓 종교를 미워하는 마음에서, 그 "음녀"를 멸망시키기 위해, 그들의 권세를 결국 멸망의 아들에게 건낸다. 멸망의 아들은 자신의 목표를 이룰 것이고, 자신을 하나님의 위치까지 스스로 높일 것이다. 환난의 중간에 불법의 사람(멸망의 아들)이 자신이 이스라엘과 맺은 7년 언약을 파기할 때, 그는 이런 행위를 자행할 것이다.

5) 이스라엘과의 언약

불법의 사람은 흔히 적그리스도라고 불린다. 그는 일곱 왕 연합의 수장으로서, 이스라엘과 7년 언약을 맺을 것이다(단 9:27). 이 구절을 보면 "언약을 굳게 맺고"라는 표현이 등장한다. 구약성경에서는 일반적으로 언약을 "세운다"(히브리어로는 cut의 의미)라는 표현이 사용되는 것을 고려하면, "굳게 맺고"라는 위의 표현은 일반적이지 않다. 이것은 적그리스도가 강압적 방법으로 이스라엘과 언약을 맺을 것을 암시한다.

이 언약은 이스라엘이 그 땅에 돌아온 뒤에, 그들과 맺어질 것이다. 황폐했던 대부분의 이스라엘 땅에 유대인들이 거주하게 될 것이다(겔 38:12). 이 시기는 상대적으로 풍족한 기간이 될 것이다(겔 38:12).

이 언약의 일부 조항을 추측해 볼 수 있다. 예를 들어, 만일 이스라엘이 그들이 가지고 있는 무기를 포기하면, 이스라엘의 안전이 보장될 것으로 보인다. 환난 기간 중에 그 협약이 체결되는데, 그 이후부터 이스라엘은 마을에 성벽이 없고, 문이나 빗장이 없어도 사람들이 안전하게 거주하는 장소가 될 것이다(겔 38:11).

오늘날의 이스라엘에 군대가 없는 것은 상상하기는 어렵다!

이스라엘에게는 그들의 종교 생활을 할 수 있는 종교적 자유가 분명하게 주어질 것이다. 그러나 이 기간은 그리 길지 않을 것이다. 왜냐하면 이 자유는 강압적 방법으로 빼앗길 것이기 때문이다.

6) 성령의 제한 사역

데살로니가후서 2:7에 "지금은 그것을 막는 자가 있어 그 중에서 옮겨질 때까지 하리라"라고 기록되어 있다는 이유로, 어떤 이들은 성령 하나님이 환난 기간 동안 이 땅에서 사역하지 않으실 것이라고 생각한다.[23] 하지만

---

23 성령 하나님이 여기서 고려되고 있는 분이라는 사실은, 6절에서 중성이 7절에서는 남성으로 바뀐 것과도 조화를 이룬다. '영'이라는 의미의 헬라어 단어는 중성인데,

이것은 사실일 수 없다. 왜냐하면 성령 하나님은 사라지지 않으실 것이기 때문이다. 환난 기간 동안, 사람들은 회개할 것이다(계 7:4-17; 11:13; 12:7; 13:10; 14:13; 15:2-4). 요한계시록 7장은 여섯째 인과 일곱째 인 사이에 위치해 있는데, 이것이 환난 기간 중 일어나는 사건이라는 것은 분명하다.

이 본문은 환난 기간 동안에 있을 사역을 위해 인침을 받은 14만 4천 명의 유대인들과, "큰 환난"에서 나오는(14절) 아무도 능히 셀 수 없는 큰 무리의 이방인에 대해 언급한다. 성령 하나님의 일하심 없이는, 어느 누구도 회개에 이를 수 없다. 그러므로 성령 하나님의 사역은 이 땅에서 결코 중단되지 않는다고 결론지어야 한다.

그렇다면 데살로니가후서 2:7은 무엇을 의미하는가?

이것은 단순히, 멸망의 아들의 등장을 저지하는 그의 사역이 중단될 것을 의미한다.[24]

7) 환난 동안의 이스라엘

환난이 시작될 때, 많은 수의 이스라엘 사람이 그 땅에 다시 모일 것이다. 만일 그들이 정치적 집단이 아니었다면, 그들은 멸망의 아들과 협상을 맺지 못했을 것이다(단 9:27). 이스라엘이 세계 여러 나라에게서 나와, 그 땅에서 다시 모일 것을 몇몇 본문이 예언한다(참조. 사 43:5-6; 겔 34:13; 36:24; 37:21). 이스라엘이 그 땅에 다시 모이는 때는 분명 불신의 때일 것이다(참조. 사 43:8).

구원을 받은 이스라엘의 남은 자는 항상 있어 왔는데(참조. 롬 11:1-3), 이것은 환난 기간에도 동일하게 적용될 것이다. 이 남은 자에 속하는, 하나의 특별한 무리가 바로, 요한계시록 7:4-8에 묘사되어 있는 14만 4천

성령은 한 위격이시다. 더욱이, 멸망의 아들과 사탄을 제한하는 성령 하나님은 그들보다 더 위대하셔야 한다. 어떤 이들은 또 다른 인간 정부가 그들을 제한할 것이라고 주장한다. 그러나 멸망의 아들이 이끄는 정부는 다른 어떤 정부보다도 훨씬 강하다. 멸망의 아들이 이끄는 정부는 환난 기간 동안에 결코 제압당하지 않을 것이다.

[24] 참조. Pentecost, *Things to Come*, 263-274.

명이다. 그들은 주님의 특별한 사자(messenger) 그리고 종으로서 인치심을 받을 것으로 보인다. 그들은 세상에 복음을 전파할 것이다(계 7:9-10; 마 24:14). 물론 이스라엘 또한, 그들의 복음 전파의 대상이 될 것이다. 더욱이, 이스라엘은 두 증인의 사역을 알게 될 것이다(계 11:3-6). 이스라엘은 두 증인의 부활과 승천 그리고 뒤이어 일어나는 거대한 지진과 같은 이적들 때문에 두려움을 느낄 것이다. 그래서 이스라엘의 남은 자들이 "영광을 하늘의 하나님께" 돌릴 것이다(계 11:13).

'야곱의 환난'이라고 불리는 끔찍한 기간 동안(렘 30:7), 특별히 7년 환난 기간의 후반기 동안, 사탄은 유대인들을 전멸시키는 데 그의 노력을 기울일 것이다. 하나님은 그들을 구원하기 위해 개입하실 것이고, 그들의 피난처와 같은 특별한 장소가 제공될 것이다(계 12:6, 13-17 참조. 마 24:9-22; 막 13:9-23; 눅 21:20-22).[25]

분명, 환난의 끝 무렵에, 이스라엘이 회개할 것이고 하나님이 그들의 마음을 정결하게 하실 것이다(계 12:12; 겔 36:25; 슥 12:10-14). 엘리야의 영을 가진 한 선지자가 올 것인데, 그 선지자가 이스라엘의 민족적 회개를 이끄는 중심축이 될 것이라고 말라기서는 예언한다(참조. 말 4:5-6; 마 17:10-11; 막 9:11-12). 그 14만 4천명과 그 두 증인은 이 운동의 통로가 될 것이다.

그리고 나서, "온 이스라엘"이 구원을 얻을 것이다(롬 11:26-27). 이 민족적 회개는 결국, 성령 하나님의 일하심을 통해 이루어질 것이다(겔 36:26-27; 슥 12:10). "온 이스라엘"이라고 기록되어 있다고 해서, 모든 이스라엘 사람이 구원받을 것이라는 의미는 아니다. 살아 있고, 선택 받은 자들이 구원을 받을 것이다.

그 환난은 심판, 특별히 유대인과 이방인에 대한 심판으로 마무리될 것이다(이런 심판에 대해서는 차후에 논의할 것이다).

---

[25] 요한계시록 12:1에 기록된 여성은 이스라엘을 가리킨다. 그리고 열두 별은 이스라엘의 열두 지파를 나타낸다(참조. 창 37:9).

8) 환난 기간 동안의 이방인들

"이방인의 때"(눅 21:24)는 환난 끝에 있을 그리스도의 재림을 통해 막을 내릴 것이다. 다니엘이 해석한 두 가지의 환상은, 이방인들이 다니엘의 때부터 마지막 날까지 지배할 것을 나타낸다. 다니엘서 2장에는, 다양한 재질로 만들어진 한 조각상이 등장한다. 그리고 이 조각상이 상징하는 나라들은 순서적으로 바벨론, 메데-페르시아, 그리스 그리고 로마 제국이다. 이 왕국들은 다니엘서 7장에서 동물로 묘사되는데, 이것은 그 왕국들을 바라보시는 하나님의 관점에 따라 표현된 것이다.

다니엘서 7:7에는 무시무시한 넷째 짐승이 묘사되어 있다. 이 구절은 그 짐승이 달고 있는 열 뿔을 강조하는데, 이것은 이방 권력의 최종적인 형태를 나타낸다. 다니엘서 2장과 7장 모두, 천년 왕국으로 시작해서 영원까지 이어지는 하나님 나라에 의해, 그 왕국들은 끝날 것이라고 기록한다.

다니엘서 7장에 묘사되어 있는 그 꿈에서 두드러지는 것은, 적그리스도라고도 불리는 불법의 사람(멸망의 아들)이다. 그 멸망의 아들의 통치와 권력에 대해서는 차후에 다룰 것이다.

"이방인의 때"는 이방인들이 예루살렘, 특별히 성전의 장소를 차지하는 기간을 가리키는 것으로 보인다. 이스라엘이 1967년에 옛 예루살렘 성과 성전 산을 되찾았기 때문에, 이방인의 때가 이제 끝났다고 어떤 이들은 이야기할지도 모른다. 그러나 주님이 영원히 다스리실 때까지는, 이방인의 때는 종결되지 않는다. B.C. 2세기와 B.C. 1세기에 마카비인들이 성전 지역을 점령했으나, 이것은 임시적인 것에 불과했다.

천국 복음은 환난 기간에 이르러서야 마침내 모든 민족에게 전해질 것이다(마 24:14). 이스라엘은 이방의 빛이 되도록 부르심을 받았고(사 42:6), 14만 4천 명의 유대인들은 이것을 성취하기 위한 하나님의 통로가 될 것이다(계 7:4-10).

9) 멸망의 아들 - 적그리스도

멸망의 아들은, 요한일서 2:18의 표현을 따라 흔히 적그리스도라고 불린다. 그리고 그 멸망의 아들은, 예언의 주요 주제가 된다. 꽤 많은 수의 본문이 그의 등장과 악한 행실 그리고 그의 운명을 예견한다(단 7:8, 24-26; 8:9-14, 23-26; 9:26-27; 11:36-39; 마 24:15; 막 13:14; 살후 2:3-4, 8-11; 요일 2:18; 계 13:1-10; 17:8-17; 19:19-20). 그를 지칭하는 데 사용되는 많은 표현이 있는데, 이런 호칭은 그의 성질과 행위를 또한 보여 준다. "작은 뿔"(단 7:8; 8:9), "한 왕"(단 8:23; 11:36), "장차 올 한 왕"(단 9:26), "불법의 사람"(살후 2:3, 8), "적그리스도"(요일 2:18) 그리고 "짐승"(계 13:1-4).

아마도 그는 유대인은 아닐 것이다. 왜냐하면, 다니엘 9:26에 "장차한 왕의 백성이 와서"라고 기록되어 있기 때문이다. 더욱이, 그는 이방인을 상징하는 "바다"(계 13:1)로부터 등장한다(참조. 계 17:15).

적그리스도라고 불리는 멸망의 아들은, 이스라엘을 적대시했던 일곱 세력의 정점에 서게 될 것이다(계 17:10). 그 일곱 세력 중 마지막 네 세력은 로마, 그리스, 페르시아 그리고 바벨론이다(계 13:2). 이것들은 요한계시록 13장에 역순으로 나열되어 있는데, 그 이유는 요한이 이것을 역사적으로 돌이켜 보고 있기 때문이다.

요한계시록 13장과 17장에 묘사되어 있는 일곱 머리는, 일곱 왕국을 차례대로 나타낸다(계 17:10). 그리고 그 열 뿔은 동시대에 존재할 것이다(단 7:7, 20, 24; 계 13:1; 17:12). 적그리스도는 권력에 오르면서, 그 중 세 왕을 복종시킬 것이다(단 7:8, 24).

적그리스도는 이적을 행함으로, 자신의 위대함을 증명할 것이다. "그 죽게 되었던 상처가" 낫게 되는데(계 13:3), 이것의 의미가 무엇인지에 대한 논쟁이 있다. 헬라어로 기록된 이 본문에는, 그 머리가 "상하여 죽게 된 것 같더니 그 죽게 되었던 상처가 나으매"라고 설명되어 있다. 여기서 사용된 "죽임을 당하다"라는 의미의 동사는, 요한계시록 5:6에서 그리스도를 묘사하는 것에도 사용되었다.

요한계시록 13장에 등장하는 이 인물은 죽었다 다시 살아날 것으로 보인다!

그가 보이는 이적들이 너무 놀라워서, 할 수만 있으면 택하신 자들도 미혹할 것이라는 마태복음 24:24의 내용과도 이것은 일치한다. 멸망의 아들은 많은 이적을 행할 것이다(참조. 살후 2:9).

적그리스도가 행한 이적들을 묘사하는 데 사용된 세 단어가, 그리스도께서 행하신 기적들을 설명하는 데 동일하게 사용되었다는 것에 주목할 필요가 있다!(행 2:22)

마지막으로, 이 적그리스도는 이스라엘과 맺은 그의 언약을 7년 언약 기간 중간에 파기할 것이다. 그리고 자신이 하나님이라고 하나님의 성전에서 주장할 것이다(살후 2:4; 단 9:27; 계 13:4-5, 8). 이것은 하나님의 성전이 예루살렘에 다시 세워질 것을 의미한다. 이 성전이 정확히 어디에 그리고 어떻게 세워질 것인지에 대한 많은 추측이 존재한다.

또한, 적그리스도는 하나님을 모독할 것이다. 이것과 관련된 내용은 여러 본문에서 확인할 수 있다(참조. 단 7:20; 살후 2:10; 계 13:5-6). 이 속이는 자는 온 세상이 자신을 경배하게 할 뿐 아니라 자신에게 복종하게 만들 것이다(계 13:7-8; 17:8).

큰 이적을 행하는 한 거짓 선지자가 나타나서, 이 멸망의 아들을 적극적으로 도울 것이다(계 13:12-15). 그 거짓 선지자는 열왕기상 18장에 기록되어 있는 엘리야의 기적을 또한, 모방할 것이다. "바알과 여호와 중에, 누가 참 하나님인가"라는 질문이 열왕기상 18장의 중심 주제다.

그 거짓 선지자는 "엘리야는 누가 참 하나님이신지를 어떻게 증명했는가. 내가 그것과 동일한 이적을 행할 것이다"라고 말할 것이다. 게다가, 그 거짓 선지자는 요한계시록 13장에 등장하는 첫 짐승에게 생명을 부여하여 사람들로 하여금 그를 숭배하도록 강요할 것이다. 사고 파는 행위가 통제될 것인데, 적그리스도의 이름이나 번호를 나타내는 짐승의 표 없이는 어느 누구도 사고 팔지 못하게 될 것이다.

적그리스도가 결국, 세상을 지배할 것(계 13:7)이지만, 몇몇 나라가 그에 대항할 것이다. 에스겔 28장에 기록되어 있는 국가들의 연합—바사와 구스, 붓과 고멜 그리고 도갈마 족속의 연합, 즉 로스와 메섹 그리고 두발 왕이 이끄는 연합—은, 성벽이 없는 이스라엘의 취약한 도시들을 공격할 계획을 세울 것이다.

그러나 하나님이 초자연적 방법으로 이 일에 개입하셔서 그 적들을 물리치실 것이다(겔 38:18-23; 39:2-6). 이런 세력은 "북쪽 끝"에서부터 내려 올 것인데(겔 38:6, 15; 39:2), 그들은 "말년"에(38:8) 그리고 "끝 날"에 (16절) 이 침략을 감행할 것이다. 그 땅이 너무도 황폐하게 되어서, 그 전쟁의 잔해를 장작으로 태우는 데 7년이 걸릴 것이고(39:9), 죽은 자들을 땅에 묻는 데 7개월이 걸릴 것이다(12절). 이스라엘의 대적이 이와 같이 초자연적 방법으로 파멸되는 것은, 이스라엘이 회개하는 하나의 이유가 될 것이다(겔 7, 22장).

예언을 연구하는 대부분의 사람은, 이 전투가 환난 동안이나 그 이후에 일어날 것이라고 생각한다. 그러나 그 전투가 환난 중간에 일어나는 것으로 이해하는 것이 가장 알맞다고 보여진다. 이스라엘이 성벽이 세워지지 않은 도시에서 안전하게 거주한다는 사실은, 그 전투가 이스라엘과 적그리스도 사이에 7년 조약이 맺어진 이후에 일어날 것을 암시한다.

이 강력한 국가적 연합은 결국 패배하게 되는데, 그 결과로 적그리스도는 이스라엘과의 협정을 파기하고 그 땅을 아무런 제약 없이 다스릴 수 있게 된다.

7년 환난 기간 중, 하늘에서는 전쟁이 있을 것이다. 미가엘과 그의 사자들이 사탄과 마귀들을 대항해 싸울 것이다(계 12:7-10 참조. 12:6, 14). 이것은 결국, 사탄의 패배로 끝나게 되는데, 이것 때문에 그는 분노로 가득 차게 될 것이다. 그리고 그 분노를 이스라엘과 이방 민족들에게 쏟아낼 것이다(계 12:3-6, 12, 13-15).[26]

---

[26] 그리스도께서 이 땅에서 사역하실 동안에 사탄이 하늘에서 쫓겨났다고 어떤 이들은 주장한다(참조. 눅 10:17-18). 그러나 누가복음 10장에서 귀신들이 제자들에게 항복하는 사건에서 주님은 사탄이 하늘에서 쫓겨날 미래의 맛보기(foretaste)로 보고 계신다.

이스라엘을 향한 하나님의 약속이 성취되지 못하도록 하기 위해, 그는 이스라엘을 멸망시키고자 할 것이다. 그리고 환난의 끝에는, 아마겟돈 전쟁이 발발할 것이다. 동쪽으로부터 오는 큰 군대가 적그리스도를 대항해 반역을 일으키기 위해 이스라엘을 향해 다가올 것이다. 요한계시록 9:13-16은 엄청난 수의 군대에 대해 언급한다. 그러나 이것은 최후의 전쟁이 아닌, 그것을 위한 준비 과정에 불과하다. 그 엄청난 수의 군대가 서쪽으로 행진하는데, 그 과정에서 유프라테스강이 메마르게 될 것이다.

이 땅에 임하는 여러 심판들 중 여섯 번째 대접은 사탄과 적그리스도 그리고 그의 거짓 선지자들과 관련이 있다. 그들은 초자연적인 방법으로, 전 세계가 이스라엘에 모이게 할 것이다. 동방에서 오는 왕들과 다른 군대들이 멸망의 아들을 대항해 싸우기 위해 연합할 가능성도 있다.

8. 환난의 결말: 그리스도의 재림과 심판

1) 그리스도의 재림

주 예수님은, 그분이 재림하시기 전에 "인자의 징조"가 하늘에서 보여질 것이라고 약속하셨다(마 24:30). 그 징조가 무엇인지에 대해서는, 추측에 맡길 수밖에 없다. 그러나 학자들은, 이것이 (지성소에 임하시는) 하나님의 영광을 가리킨다고 짐작한다. 그래서 그리스도께서 이 땅에 다시 오시는 그 증거는, 그분 자체이시다.

이것은 이스라엘의 회개로 이어질 것이다(슥 12:10 이하; 마 23:39; 24:30). 그리고 그 민족 전체가 그리스도에게로 돌아올 것이다(롬 11:26-27). 그러나 그와 동시에, 땅의 군대들은 힘을 합쳐서 그리스도를 배반할 것이다. 그리고 결국에는 전쟁도 일으킬 것이다(계 19장). 하지만 그 전투는 그리 오래 지속되지 않을 것이다. 왜냐하면, 그리스도께서 "강림하여 나타나심으로" 그 군대의 지도자들과 적그리스도는 종말에 이를 것이기 때문이다(살후 2:8 참조. 계 19:15). 그리고 그 군대는 "말 탄 자의 입으로부터 나오는 검에" 죽게 될 것이다(계 19:21 참조. 19:15).

2) 환난의 끝에 있을 심판들

(1) 적그리스도와 그의 선지자에 대한 심판

요한계시록 13장에는 나오는 두 짐승에 대한 심판이 가장 먼저 행해질 것이다. 그들은 "유황불 붙는 못"에 산 채로 던져질 것이다(계 19:20).

그 유황불은 마귀와 그의 사자들을 위해 예비된 것이다(마 25:41). 하지만 적그리스도와 그의 거짓 선지자가 가장 먼저 그곳에 던져지게 될 것이다.

(2) 사탄에 대한 심판

적그리스도나 거짓 선지자는 유황불에 던져지는 반면, 사탄은 일단 유황불에 들어가지 않는다. 그 대신, 그는 천년 동안 깊은 구덩이에 던져진다. 그 이후, 사탄은 감옥에서 잠깐 풀려나는데, 그는 최종적인 전투에서 결국 패배하게 된다. 그리고 난 뒤에, 사탄 또한, 적그리스도와 거짓 선지자가 있는 그 유황불에 던져질 것이다(계 20:10).

(3) 이스라엘에 대한 심판

많은 사람이 끔찍한 죽음을 당할 것이지만, 환난의 끝에 살아남는 자들이 있을 것이다. 그리고 그들이 천년 왕국에 들어갈 자격을 갖추었는지 여부를 판단하기 위한 심판이 있을 것이다.

이방인에 대한 심판 이전에, 유대인에 대한 심판이 먼저 있을 것이다(롬 2:9). 환난이 끝나는 시점에, 박해 때문에 뿔뿔이 흩어져 있던 유대인들을 하나님이 이스라엘 땅의 경계선 지역으로 불러 모으실 것이다. 그리고 그곳에서 심판을 행하실 것이다(겔 20:33-38).

여기서 주목해야 할, 몇 가지 사실이 있다. 하나님이 "분노를 쏟아" 내심으로 그들을 이스라엘 땅으로 다시 불러 모으는 일이 이루어진다. 여기서 "분노를 쏟아" 내신다는 표현은, 환난을 가리키는 것이 분명하다. 그뿐만 아니라 "막대기 아래로 지나가게 하며"(37절)라는 표현에서 보여지듯이, 이것은 개개인에 대한 심판이 될 것이다.

"언약의 줄"(37절)이라는 표현의 의미에 대해서는, 약간의 논쟁이 있다. 이것은 족장들(아브라함, 이삭 그리고 야곱)과 그들의 후손에게 그 땅을 약속하신 아브라함 언약을 가리키는 것이 분명하다. 끝으로, 그 심판을 통과한 자들이 "그 땅에"서 주님을 섬길 것이다(겔 20:40, 42). 에스겔서 36:22-38은, 이스라엘을 그 땅에 거주하게 하기 위해, 그들을 다시 불러 모아 정결하게 하는 것에 대해 이야기한다.

(4) 이방인에 대한 심판

유대인에 대한 심판과 마찬가지로, 이방인에 대한 심판 또한 환난으로부터 생존한 자들이 그 대상이 된다. 이것은 마태복음 25:31-46에 묘사되어 있다. 흥미로운 것은, 이것이 "양"과 "염소" 그리고 "내 형제"로 구분되는 세 집단과 관련이 있다는 사실이다. 이것은 그 심판의 기준이 된다. 그들의 믿음이 그들의 행위를 통해 보여질 것이 분명하다.

특별히, 그들이 주님의 형제를 어떻게 대하는지를 보면 알 수 있다. 여기서 "형제"는 그리스도를 믿는 믿음 안에 있으면서 그 믿음 때문에 핍박받는 유대인들을 가리킨다. 환난 기간 동안에, 그런 유대인을 돕는 것은 많은 위험을 감수해야 하는 일이 될 것이다. 이것은 제2차 세계 대전의 나치 독일에서 유대인들을 돕는 것과 유사할 것이다. 이스라엘에 대한 심판의 경우처럼, 목자가 양과 염소를 가려내듯, 각 개인에 대한 심판이 있을 것이다. 저주받은 자들은, 영원한 불에 들어갈 것이다(마 25:41, 46).

9. 그리스도의 천년 왕국 통치

끝으로, 그리스도께서 이 땅에 다시 오셔서 그의 대적들을 심판하시고 이 땅을 통치하실 것인데, 그 때문에 성경의 예언이 이루어질 것이다

(사 66:17-24; 슥 14장).

그리스도께서는 천년 동안 이어지는 한 왕국을 세우실 것이다(계 20:1-7). 이 기간 동안, 그는 예루살렘에 있는 그의 보좌에서 그 땅을 다스리실 것이다. 그리고 그동안, 사탄은 결박되어 있을 것이다(계 20:1-3).

그리스도의 통치 아래, 천년 왕국은 의와 화평으로 가득할 것이다. 그러나 이것이 하나님의 계획의 정점은 아니다. 이것은 영원으로 나아가기 위한, 중간 과정에 불과하다. 사탄이 감옥에서 놓여 민족들을 미혹할 것인데, 그 결과로 천년 왕국은 배교와 함께 마무리 된다(계 20:7). 그러나 하늘에서 불이 떨어지는 최종적 심판을 통해, 사탄과 그 군대는 파괴될 것이다(계 21:9). 그리고 나서, 새 하늘과 새 땅이 창조될 것이다(계 21:1-5). 최종적으로, "물이 바다를 덮음 같이 여호와의 영광을 인정하는 것이 세상에 가득"할 것이다(합 2:14).

제8장

역사를 향한 하나님의 계획: 완성

크레이그 D. 블레이징
사우스웨스턴침례신학교 신학 교수

✝ 간략히 말해, 그리스도의 재림과 모든 인간에 대한 최종적인 심판 이후에 완성(consummation)이 이루어질 것이다. 모든 인간에 대한 이 최후의 심판은 각 사람을 천국 혹은 지옥이라는 영원한 상태로 이끌 것이다. 완성에 대한 이 기독교적 세계관은 교부 시대 후기와 중세 그리고 초기 근대 사상을 통과하면서 정립되었다. 그러면서 형성된 것이 세대주의이다.

그렇다고 해서, 완성에 대한 이 견해가 천국 혹은 지옥에 대한 단순한 개념을 가지고 있었다는 것은 아니다. 또한, 천국과 지옥에 대한 이런 묘사에 대해, 모든 신학자가 의견을 같이 했다는 의미도 아니다. 그렇지만, 사후에 천국과 지옥에 영원히 거주한다는, 완성에 대한 이중적인 이 기본 견해에 대해서는 대중적 인식과 정규 신학 모두 이견이 없다.

1. 신약성경과 기독교 사상에서 보여지는 천국

천국에 대한 전통 기독교의 개념은, 성경에 기초를 두고 있다. 신약성경은 그리스도께서 영광 가운데 하늘로 들림받으셨음에 대해 말한다. 그는 현재 우리를 위해, 아버지 집에 거처를 예비하고 계신다. 그리고 그리스도께서 이 땅에 다시 오실 때, 그가 계신 곳에 우리도 거하게 하실 것이다.[1] 그리스도인은 죽으면, 그의 영혼이 하늘로 올라가 그리스도와 함께 있게 된다고, 신약성경은 분명하게 가르친다.

이런 가르침은 하늘이 구원받은 자들의 궁극적 운명이라는 견해를 뒷받침하는 근거로 여겨졌다. 그리스도께서 그와 함께 십자가에 달린 도둑에게 낙원을 약속하신 것과, 바울이 계속되는 환상을 통해 "셋째 하늘"에 있는 낙원을 본 것 그리고 요한이 하늘에서 내려오는 예루살렘을 요한계시록 21: 9-22:5에서 묘사할 때 낙원 이미지를 사용한 것 또한 그 근거가 된다. 더욱이, 사도 바울은 하늘의 예루살렘을 우리의 "어머니"로 묘사하고 (갈 4:26), 우리의 진정한 "시민권"이 그곳에 있다고 설명한다(빌 3:20).

히브리서는 또한, "우리가 여기에는 영구한 도성이 없으므로 장차 올 것을 찾나니"라고 언급하는데(히 13:14), 이 장차 올 도성은 바로 하늘에 있는 도성이다.

기독교 사상에서 천국은 항상 '위에' 위치해 있다. 이것은 땅으로부터 떨어져 있는 것을 의미한다. 이것은 하나님의 보좌가 하늘에 혹은 하늘 위에 있다는 성경의 기록과도 관련이 되어 있다(시편을 참고). 그리스도께서 구름 속으로 올라가신 것 그리고 그가 하늘에서 하나님 우편에 앉으셨다는 연이은 선포 또한 이것과 연관이 있다. 교회의 첫 번째 순교자 스데반은 그가 죽을 때 그의 영혼을 하늘에 계신 예수님께 의탁한다. 그리고 바울은 "셋째 하늘에 이끌려 간" 것에 대해 고린도후서 12:2-3에서 분명하게 이야기한다.

고대 후기와 중세의 우주론은 하늘과 땅을 수직적으로 구분 지었는데, 이것은 선과 가치를 수직적인 등급 체계로 나누는 개념과 잘 어우러진다. 그리스도 그리고 하나님과 함께하기 위해 하늘로 올라가는 것 (혹은 가능한 한 하늘에 최대한 가까이 가는 것) 또한 하늘의 거룩한 영광을 영

---

[1] 역사적으로 기독교 사상에 있어 하늘이 어떤 의미를 가졌는지를 살펴보기 원한다면, 다음을 참고하기 바란다. Jeffrey Burton Russell, *A History of Heaven: The Singing Silence* (Princeton: University Press, 1997); Alister E. McGrath, *A Brief History of Heaven* (Oxford: Blackwell, 2003).

원한 기쁨으로 누리는 것이 복이고 소망이라는 종합적 세계관을 정립하고자 하는 신학의 노력에, 물리학과 윤리학이 동참했다. 반대로 가장 비참한 상태는, 우주의 가장 낮은 위치에 있는 지점이다. 그 가장 낮은 위치는 종종 지구의 중심으로 묘사된다.

하늘의 완성에 대한 이런 기독교적 개념이 거의 통일되고 꽤 강력한 전통을 이루었음에도 불구하고, 성경적인 종말론의 많은 부분은 그것과 그리 분명하게 조화를 이루지 못한다. 구약에 기록되어 있는 내용들은, 종말론이 점진적으로 드러나고 발전했다는 것을 증명한다. 그러나 더 정확히 말하자면, 구약성경이 이야기하는 소망은 하나님으로부터 복을 받아 이 땅에서 풍요롭고 평안하게 오랫동안 혹은 영원히 사는 것과 관련이 있다.

심지어는, 부활을 언급하는 구약성경의 몇몇 구절은, 이런 개념과 잘 맞는 듯 보인다. 그리고 신약성경의 몇몇 본문도, 이것을 뒷받침하는 것 같이 보인다. 더욱이, 그런 소망은 이스라엘 민족 전체에게 주어진 하나님의 약속과도 관련이 있다. 그리고 이것은 이 땅에 있는 여러 민족과 연관되어 있는 것 또한 사실이다.

이스라엘을 향한 하나님의 계획과 교회를 향한 하나님의 목적에 초점을 맞추고 있는 땅-중심적 성경적 종말론을 어떻게 이해할 것인가는 신학이 항상 직면해 온 난제였다. 전통적인 기독교 신학은 구약성경에 기록되어 있는 땅-중심적 종말론을 영적으로, 유비적으로 혹은 모형론적으로 읽었다.

그래서 기독교 전통주의자들은 이런 땅-중심적 종말론이, 교회에게 약속되어 있는 하늘의 소망에 대한 은유(metaphor)라고 보았다. 이런 사고 방식에 따르면, 성경에 기록된 땅은 하늘로 대체되고, 이스라엘은 교회로 대체된다.[2]

---

2   다음의 글에서 논의된 내용을 살펴보기 바란다. Russell, *History of Heaven*, 6-9. A.D. 2세기에 바르 코크바(Bar Kochba) 저항 운동이 로마에 의해 진압되고 나서, 성경의 '땅-중심적' 종말론의 유대적 요소들을 영적으로 해석하는 것이 초기 천년 왕국 사상에서 보여진다. 테르툴리아누스(Tertullian)는 이렇게 말한다. "본문에 기록된 지명

그러나 세대주의가 신학적으로 정립되면서, 청교도와 성공회 그리고 영국의 비국교도(개신교)는 유대인들을 향한 하나님의 계획과 목적을 지난 2세기 동안 신학적으로 다시 고려하게 되었다.³ 로마서 11:26에서 바울이 미래에 온 이스라엘이 구원을 받는 것에 대한 기대를 나타낸 것이, 이것의 자극제가 되었다. 바울 스스로는 이 기대감을, 구약의 약속 그리고 예언과 연결시켰다.

청교도 그리고 성공회 계열의 종말론적 수정주의자들은, 바울의 이 소망을 구약의 종말론이 가지고 있는 땅과 관련된 특징들을 수용할 수 있는 출입구로 보았다. 그것에 대한 즉각적 결과로서, 기독교 사상 안에 천년 왕국에 대한 논의가 다시 복권(부흥)되었다. 이것은 미래에 이 땅에 이루어질 천년 왕국과 관련이 있는데, 그 때 유대인들을 향한 미래적이고 민족적 약속들이 평화 그리고 번성과 함께 실현될 것이다. 이것은 땅의 완성에 대해 기록한 구약 소망의 특징이기도 하다.⁴

을 잘못 이해한 것에서 비롯된, 유대를 회복한다는 희망에 대해서는, 어떻게 본문의 영해적(알레고리적) 해석이 영적으로 그리스도와 교회에, 또 땅의 소유와 향유에 적용되는지에 대해서는 두 말할 필요조차 없다." *Adversus Marcionem* 3.24, trans. Ernest Evans, in *Tertullian Adversus Marcionem* (Oxford: Clarendon, 1972). 알레고리적 혹은 영적 해석은 얼마 지나지 않아 천년 왕국 사상 자체를 배제시켰다. 오리게네스(Origen)의 작품을 보면 이 사실을 확인할 수 있다.

3   청교도가 유대인들의 미래에 대해 관심을 가졌다는 사실을 많은 저작물에서 확인할 수 있다. 다음을 참고할 것. H. Iain Murray, *The Puritan Hope: Revival and the Interpretation of Prophecy* (Edinburgh: Banner of Truth, 1971); Peter Toon, ed., *Puritans, The Millennium and the Future of Israel: Puritan Eschatology 1600 to 1660* (Cambridge: James Clarke, 1970); Crawford Gribben, *The Puritan Millennium: Literature and Theology, 1550–1682*, rev. ed., (Milton Keynes: Paternoster, 2008). 이것은 18세기 후반과 19세기 초반에 발전되었는데, 이것과 관련해서는 다음을 참고할 것. Donald Lewis, *The Origins of Christian Zionism: Lord Shaftsbury and Evangelical Support for a Jewish Homeland* (Cambridge: University Press, 2010).

4   천년 왕국에 대한 논의가 진행되어 온 과정과 그 주제에 대한 학술 문헌을 살펴보기 원한다면, 다음을 참고할 것. *Evangelical Millennialism in the Trans-Atlantic World, 1500–2000*, ed. Crawford Gribben, (London: Palgrave Macmillan, 2011).

2. 이스라엘과 교회의 정체성과 기능에 대한 재평가

'하늘에 관한' 그리고 '땅과 관련된' 이런 종말론적 이해를 어떻게 조화시킬 것인지는 즉각적으로 분명해 보이지는 않았다.

땅에서 이루어지고 정치적으로 구조화된 천년 왕국이라는 개념을, 하늘과 관련해 설명하는 전통적인 기독교 종말론에 단순히 추가해도 되는가?

신학적인 조정이나 변화가 필요하지 않은가?

세대주의자들은 이스라엘과 교회가 갖고 있는 각각의 정체성과 기능에 대한 철저한 재평가가 기독교 신학 안에서 반드시 이루어져야 한다고 믿었다.

세대주의자들은 종말론적으로 이스라엘에게 주어진 긍정적 역할이 교회를 신학적으로 분명히 이해할 수 있는 그리고 그들의 마음속에서 정화할 수 있는, 기회로 보았다. 교회는 예수 그리스도의 죽음과 부활 그리고 승천을 통해 탄생한 역사상 새로운 실재인 것이다.

새로운 개체로서의 교회는, 이스라엘을 향한 하나님의 계획과 목적을 결코 대체하거나 무효화하거나 '영적으로' 성취하지 않았다. 세대주의자들은 교회의 형성과 관련해 신약성경의 언어나 서사 주제가 새롭다는 것을 강조할 수 있었다. 이것은 역사적으로 오순절에 성령 하나님이 오신 것과 그가 새로운 세례를 베푸신 것을 포함한다. 그리고 이것을 통해, 새롭게 부활하셔서 하늘에 오르신 주님과 신자들 사이, 또 신자와 신자들 사이의 관계가 형성된다. 그들은 그리스도의 몸으로서 교회의 다민족적 특징을 강조했다. 또한, 그리스도의 몸인 교회는 성경 역사에 있어 새로운 실재임을 분명히 했다.

세대주의자들은 이런 교회의 새로움을, 하나님의 이전에 계시된 계획에 새로운 의미를 부여하거나 새롭게 해석하는 것이 아니라 새롭게 추가되는 특성으로 보았다. 종말론에 있어서, 이런 해석은 이스라엘과 열방, 땅 그리고 그것을 구성하는 다양한 땅에 관한 언약의 약속과 예언을 온전하고도 긍정적으로 신학적 평가를 하도록 할 것이다. 특별히, 하나님이 이스라엘에게 약속하신 그 땅과 관련된 내용들을, 하늘에서의 성취로 방향을 돌릴 이유가 전혀 없이, 긍정적으로 온전히 이해하게 만들 것이다.

요약하자면, 이것은 천년 왕국 사상에 있어 그 당시까지 발전되어 왔던 것보다 더 견고하고 더 정경과 더 일치하는 "지상적" 종말론을 발전시키도록 할 것이다. 교회에 대해 말하자면, 초기 세대주의자들은 신약성경에 나타난 새로운 종말론적 특징들을 하나님의 계획에 있어 두번째 종말론적 계획이 시작됨을 의미하는 것으로 해석하기 위해, 하늘을 강조하는 전통적 종말론을 수정해서 채택했다.

결과적으로, 종말론적 완성에 대한 세대주의적 관점들은, 이스라엘의 소망들과 교회의 소망들에 신학적으로 온전한 정당화를 부여하기 위한 시도들로 이해되어야 한다. 이런 소망들은 서로 구별되며, 점진적이고, 성경에 역사적으로 계시되어 있고 확언되어 있다.

이 장의 남은 부분에서는, 이스라엘과 교회를 구별하려는 세대주의적 관심이 종말론적 완성에 관한 세대주의적 개념에 끼친 영향을 요약할 것이다.

(1) 개인의 종말론
(2) 지옥의 교리
(3) 구원의 완성에 관한 세대주의적 견해들에 주목하면서 말이다.

3. 개인적 종말론: 죽음과 부활

1) 죽음

'개인적 종말론'은 개인이 죽은 이후에 어떤 일이 일어나는지를 교리적으로 그리고 신앙적 차원에서 다루는 것을 가리키는 전통적 명칭이다. 세대주의자들은 다음 내용에 동의한다. 사후에 몸과 영혼은 분리되고, 그리스도인은 주님과 함께하게 되며, 주님의 임재 안에서 의식을 갖고 있으며 안전하되(눅 23:42; 빌 1:23; 고후 5:8; 계 6:9-11), 그가 휴거 때에 부활을 덧입기 위해 예수와 함께 이끌려 와(살전 4:14-17) 그리스도와 함께 영화롭게 될(골 3:4) 때까지 그리할 것이다. 그러나 불신자가 죽음 뒤에 겪을 경험은, 하데스에서 의식이 있는 상태로 고통을 당하는 것인데, 천년 왕국이 끝나는 시점에 부활해서 최종적 심판을 받을 때까지 그리할 것이다(눅 16:22-26; 벧후 2:9; 계 20:12-15).

세대주의자들은 영혼의 수면(soul sleep)과 관련된 모든 교리로부터 자신들을 구별하기 위한 많은 노력을 기울였다. 그래서 천년 왕국 여명론자들(감수자 주: 안식교의 형성에 영향을 준 윌리엄 밀러의 영향을 간접적으로 받은 찰스 러셀이 쓴 책 *Millenial Dawnists*의 교리를 따르는 사람들 중 일부가 나중에 여호와의 증인이라는 이단을 형성함)을 반대하기 위해 채택한, 1878년 나이아가라 성경 사경회의 교리 선언문 조항 13번은 세대주의자들이 일반적으로 믿는 견해(나중에 달라스신학교의 교리 선언문에 포함됨)를 이렇게 피력한다.

> 주 예수 그리스도를 구원자로 믿는 자들의 영혼은, 죽음 이후에 즉시 그가 임재하시는 곳으로 이동하여, 그분이 이 땅에 다시 오심으로 그들의 몸이 부활할 때까지, 거기서 의식이 있는 가운데 복을 누린다고 우리는 믿는다. 그리스도의 재림 때에, 그들의 영혼과 몸이 다시 연합되면, 그들은 그와 함께 영원한 영광에 참여하게 될 것이다.
>
> 하지만 불신자들의 영혼은 죽음 이후에 의식이 있는 가운데 비참한 고통을 받게 될 것인데, 천년 왕국의 끝에 마지막 백보좌 심판을 받기 전까지 그럴 것이다. 그들의 영혼과 몸이 다시 결합되면, 그들은 유황불에 던져지게 되는데, 그들은 그곳에서 불 타 없어지는 것이 아니라 주님의 임재와 그 능력의 영광에서 떠나 영원히 멸망당하며, 영원히 고통당하는 처벌을 받는다(눅 16:19-26; 23:43; 고후 5:8; 빌 1:23; 살후 1:7-9; 유 6, 7; 계 20:11-15).[5]

---

5 *The 1878 Niagara Creed*, article 13, in Ernest R. Sandeen, *The Roots of Fundamentalism: British and American Millenarianism*, 1800–1930, Appendix A (Chicago: University of Chicago Press, 1970), 276.

존 다비는 영혼의 수면을 '지어낸 이야기'에 지나지 않는다고 보아 거절했다.[6] 루이스 췌이퍼는 "영혼이 잠든다는 내용은 성경 그 어디에서도 찾아볼 수 없다. 인간은 죽은 이후에 의식을 가지고 그 다음 장소로 이동하는데, 믿는 자들은 죽음과 동시에 주님과 함께할 것"이라고 분명하게 언급했다.[7]

교회 시대의 신자들은 하늘로 올라가서 부활이 있을 때까지 그리스도와 함께있다는 사실은 모두가 인정하는 반면에, 그리스도 이전에 있었던 의로운 자들의 죽음에 대해서는 세대주의자들마다 조금씩 의견의 차이를 보인다. 그리스도의 죽음과 부활 그리고 승천을 통해, 예수님 당시에 죽은 의로운 자들의 운명에 변화가 생겼다고 많은 이가 가르쳤다.

이 견해에 따르면, 그리스도의 부활 이전에 죽은 의로운 자들은 하데스(음부)의 상층부에 내려가 있다. 그곳에서 그들은 의식이 있는 상태로 평안 가운데 위로를 받으며, 그들의 부활을 기다리고 있다. 그리고 이것이 주님이 누가복음 6:22-25에서 묘사하신 나사로의 경험과도 일치하는 것으로 보여진다.

그러나 그리스도로 말미암아, 그들의 위치와 경험이 바뀌었다고 믿어졌다. 그리스도께서는 음부의 상층부를 폐쇄하시고, 그 의로운 자들을 하늘로 이동시키셨다(엡 4:8). 다른 세대주의자들은 성경은 이것에 대해 명확하게 제시를 하지 않는다며 이의를 제기했다.

누가복음 16:23에 대한 스코필드 스터디 성경 1917년 판과 1967년 판의 각주 설명을 비교해 보면 이것과 관련해 세대주의 안에 어떤 견해의 차이가 있는지를 알 수 있다.[8] 그 이전의 해석은 여기에 기록된 견해를 지지하는 반면, 후자는 이것에 대해 상세하게 설명하기를 거부한다. 이

---

6 J. N. Darby, *The Collected Works of J. N. Darby*, ed. William Kelly, 34 vols. (repr., Sunbury, PA: Believers Bookshelf, 1971), 31:182, 183.

7 Lewis Sperry Chafer, *Systematic Theology*, 8 vols. (Dallas: Dallas Seminary Press, 1948), 4:414.

8 C. I. Scofield, ed., *The Scofield Study Bible* (New York: Oxford Univ. Press, 1917), 1098-99; C. I. Scofield, ed., *New Scofield Reference Bible* (New York: Oxford Univ. Press, 1967), 1106.

견해를 지지하는 헤르만 호잇트(Herman Hoyt)와 이 견해를 부정하는 찰스 라이리를 비교하면, 이것을 더 명확히 알 수 있다.

라이리는 모든 시대 모든 의로운 자가 죽음 이후 하늘로 간다는 견해를 지지했다.[9] 죽은 자들이 죽음과 부활 사이의 중간 상태에 몸을 입고 있는지 아니면 몸을 입고 있지 않는지와 관련해, 세대주의자들은 서로 이견을 보인다. 호이트와 마찬가지로, 췌이퍼는 중간 상태에 몸을 갖는다고 고린도후서 5:1-5을 근거해 주장한다. 죽은 자들이 몸을 입고 있는 것처럼 묘사한 성경의 많은 표현을 호이트는 언급한다.[10] 그러나 다비는, 죽음과 부활 중간 상태에서는 몸을 입지 않는다고 이해했다.[11] 다른 이

---

9 Herman A. Hoyt, *The End Times* (Chicago: Moody, 1969), 45-46; Charles C. Ryrie, *Basic Theology* (Wheaton: Victor Books, 1986), 519-520. "구약의 성도들은 사망한 직후에 주님이 계신 곳으로 이동했다고 나는 믿는다. … 그리스도께서는 산 위에서 변화된 모습으로 모세 그리고 엘리야와 함께 대화를 나누시는데, 만일 구약의 성도들이 사망한 직후에 주님과 함께 있지 않았다면, 적어도 모세가 그리스도의 죽음과 부활까지 있었을 하데스(음부) 상층부에서 이 대화가 있었다고 이해해야 하는가? 만일 그렇다면 그리스도께서 하데스-낙원에서 변화하셨다는 의미인가? 그러면 엘리야의 모습이 변형되었을 때 하늘로 올라가지 않고 스올이나 하데스로 내려갔다고 이해해야 하는가? 나는 그렇게 생각하지 않는다. 구약의 성도들은 죽음 이후에 즉시 하늘로 이동했고, 그리스도께서 재림하실 때 부활을 통해 새 몸을 입기 위해 기다리고 있다"라고 라이리는 기록한다.
10 Chafer, *Systematic Theology*, 4:414-15; Hoyt, *End Times*, 46-47.
11 "현재의 몸을 입고 있는 상태와 죽음을 통해 이것을 벗어 버린 이후의 상태와는 굉장한 차이가 있을 것이다. 마찬가지로, 후자의 상태와 부활에서 이 몸의 구속이 완성된 상태 사이에도 크나큰 차이가 있을 것이다. 그러나 분명한 것은 우리가 죽음 이후에 짐을 벗고 얼룩진 옷을 벗게 되면, 어떤 장애도 없이 즉각 주님의 임재를 누릴 수 있을 것이다. 그리고 주님의 임재에서 오는 순결한 바람과 따뜻한 온기가, 심란과 혼란에서 자유하게 된 우리의 영혼을 관통할 것이다. 나는 단지 아직 구속되지 않은 몸을 벗은 것이고, 나의 하늘 아버지 앞에서 예수님의 임재 가운데로 들어간 것이다. 그리고 아직 남아 있는 것, 정확히 말해서, 예수 그리스도의 영광스러운 몸과 같이 빚어진 영광스러운 몸을 입기 위해 기다리고 있는 것이다"라고 다비는 기록한다. Darby, "The Doctrine of the Wesleyans on Perfection", in *Collected Works*, 3:173-74. 또한 다음을 보라. vol. 31, "The State of the Soul after Death", 178-186. 거기에서 그는 이렇게 말한다. "중간 상태는 영광에 아직 이르지 못한 상태이다(그 영광을 위해서 우리는 몸을 기다려야 한다. 그것은 영광 중에 일으켜진다. 그분은 우리의 천한 몸을 그분의 영광스러운 몸과 같이 변화시키실 것이다). 하지만 중간 상태에는 악이 존재하지 않기 때문에, 복된 상태인 것은 분명하다. 또한, 그들은 형언할 수 없는 기쁨의 근원이신 그리스도와 함께하는 것이다"(위의 책, 185).

들은 이 주제에 대해 다루지 않는다.

2) 부활

죽은 모든 자가 일어날 것인데, 어떤 이들은 영원한 생명으로, 다른 이들은 영원한 심판에 이를 것이라는 사실에 세대주의자들은 동의한다. 그러나 세대주의자들의 기여는, 의로운 자들의 부활에 어떤 단계들이 있는지를 규명한 것이다.[12] 이것은 휴거 시에 있을 교회의 부활과, 천년 왕국의 시작점에 있을 환난 순교자들의 부활을 구분하는 것과 주로 관련이 있다. 구약 시대에 죽은 의로운 자들이 휴거 시에 일어나는지 아니면 천년 왕국의 시작점에 일어나는지를 놓고 세대주의자들은 이견을 보인다. 또 어떤 이들은 천년 왕국 기간 동안에 죽은 자들이, 천년이 끝나는 시점에 부활할 것이라고 본다.

이 마지막 경우를 제외하고는, 그리스도의 천년 왕국이 나타내는 그 영광에 참여하기 위해 모든 의로운 자는 "죽은 자 가운데서"(빌 3:11) 부활할 것이다. 부활은 소중한 진리이며, 부활을 통해 믿는 자는 영생과 그리스도의 영광의 충만함으로 들어갈 것이다.

4. 지옥에 관한 교리

현재의 창조 상태와 앞으로 있을 완성 간의 중요한 차이점 중 하나는, 미래에는 더 이상 죄와 악이 없다는 것이다. 옛 것에서 새 것으로 변화가 일어나기 위해서는, 반드시 죄가 제거되어야 한다. 물론 그리스도의 죽

---

12 다음을 참고할 것. Lewis Sperry Chafer, *Major Bible Themes*, rev. John F. Walvoord (Grand Rapids: Zondervan, 1974), 340–342; J. Dwight Pentecost, *Things to Come: A Study in Biblical Eschatology* (Grand Rapids: Zondervan, 1958), 411; Ryrie, *Basic Theology*, 518; John F. Walvoord, "End Times", in *Understanding Christian Theology*, ed. Charles R. Swindoll and Roy B. Zuck (Nashville: Thomas Nelson, 2003), 1331–1338.

음과 부활이 구원받은 자들의 삶에 적용될 때, 이 일이 구속받은 자들의 삶에 이루어진다.

  비록 새 창조는 그리스도와 믿음으로 연합될 때 죽을 이 몸에서 시작되지만, 그들이 부활하고 죽지 않는 몸으로 영화롭게 변화될 때 비로소 그것이 완성된다. 이것은 하나님 나라에 들어갈 수 있는 유일한 방법이다. 하나님 나라는 단순히 혈과 육을 근거해 상속받을 수 없고, 개인이 힘을 사용한다고 해서 얻을 수 있는 것도 아니다. 그리스도를 통해 구속받지 않은 모든 존재는, 최종적 심판을 통해 영원한 지옥에 떨어질 것이다.

  지옥이란 구원받지 않는 자들에게 내려지는 최종적이고 영원한 심판이라고 세대주의는 일관성 있게 가르쳐 왔다. 생명책에 기록된 자와 기록되지 못한 자의 최종적인 분리는, 요한계시록 20:11-15에 묘사되어 있는 최후 심판의 때에 이루어질 것이다. 이것보다 앞서 기록된 성경 본문들, 특별히 예수님의 가르침은 이것에 대해 자주 예언했다(예. 마 18:8-9; 25:41-46).

  모든 인류가 부활하는 것과, 최종적 심판이 내려지는 내용이 그곳에 기록되어 있다. 생명책에 이름이 기록되지 못한 자들은 영원한 불못에 던져질 것이다. 새 창조에 그들을 위한 자리는 없다.

  분명, 죽음 이후 최종 심판을 위한 부활 이전의 구속받지 못한 자들의 상태는 하데스 혹은 스올(감수자 주: 둘 다 음부를 의미함)에 거주하는 것이라고 성경에 묘사되어 있다. 하데스 혹은 스올을 언급하는 많은 성경 본문 중, 누가복음 16:19-31은 세대주의를 포함한 기독교 신학을 형성하는 데 있어 결정적 역할을 해 왔다.

  한 사람의 미래 운명은 죽는 순간 이미 고정되며, 구원받지 못한 자들은 하데스(음부)에서 다가올 심판을 기다리며 고통을 겪는다. 하지만 최종적 심판이 있을 때, 모두가 부활하기 때문에, 하데스는 텅 빈 상태가 될 것이다. 그리고 나서, 하데스(음부)와 이전에 그곳에 있던 자들은 모두 불못에 던져질 것이다(계 20:13-14).

지옥에 대한 전형적 세대주의적 견해를, 루이스 췌이퍼는 그의 저서 『조직신학』(Systematic Theology)에서 제시한다. 그는 먼저 지옥이 실제 존재하는 고통의 장소라는 것을 명확하게 한다. 이것을 뒷받침하는 많은 구절이 있다.

성경은 지옥을 게헨나(gehenna, 마 5:22, 29-30; 10:28; 약 3:6), 불못(계 21:8), 무저갱(계 20:1), 풀무 불(마 13:42), 바깥 어두운 데(마 8:12) 그리고 그들의 벌레도 죽지 않는 장소(막 9:44)와 같이 다양한 이름으로 묘사한다. 같은 본문들은 그 장소에서 겪는 고통에 대해 말한다. 그곳은 울며 이를 갈게 되고(마 8:12), 영원히 꺼지지 않는 불이 있으며(마 25:41; 눅 3:17), 밤낮으로 쉼 없이 고통을 겪는(계 14:11) 장소이다.[13]

또한, 성경은 이런 상태가 영원히 지속될 것을 말한다고 췌이퍼는 명시한다. 췌이퍼는 지옥이 '영원하다'는 것을 강조하는데, 구원받은 자들을 위한 생명이 영원한 것과 같다. 그가 이렇게 주장하는 것에 있어, 그 근거가 되는 핵심 본문은 마태복음 25:46이다. 이 구절에서 주님은 심판을 통해, 의로운 자와 불의한 자를 구분해서 서로 전혀 다른 운명에 놓이게 하신다.

> 그들은 영벌에, 의인들은 영생에 들어가리라 하시니라(마 25:46).

요한계시록 14:11과 다니엘 12:2과 같은 다른 본문들은, 그 형벌의 영원한 성격에 대해 이야기한다.[14]

지옥에 대한 이 견해와, 헤르만 호이트가 그의 저서 『종말의 때』(The End Times)에서 제시하는 내용을 비교해 볼 수 있다. 호이트는 그의 논의를 형벌의 장소, 형벌의 기간, 형벌의 성격 그리고 형벌의 강도 이렇게 네 가지로 나눈다. 형벌의 강도라는 이 마지막 주제는, 지옥에서 받는 형벌의 단

---

[13] Chafer, Systematic Theology, 4:427-33; 특히 430.
[14] 위의 책, 431-432.

계들에 대해 다루는데, 이것은 기독교 사상의 전통적인 이해법이다.[15]

윌리엄 크로켓(William Crockett)이 편집한 인기 있는 저서 『지옥에 대한 네 가지 관점』(Four Views on Hell)에서, 존 월부어드는 지옥에 대한 '문자적 견해'를 변호했다. 이 기고문에서 월부어드는 지옥을 주제로 성경을 연구하는데, 예수님의 가르침에 특별히 초점을 맞춘다. 지옥은 문자 그대로 불 속에서 영원한 형벌을 받는 장소라고 그는 결론을 내린다.[16]

5. 구원의 완성

지옥에 대해 세대주의자들이 공유하는 기본적 동의는, 전통적 기독교 신학에서 확립된 속성이다. 그러나 이스라엘과 교회를 위한 서로 다른 신적 목적들을 설명하는, 구원의 완성을 설명하는 것에 있어서는, 세대주의자들이 조금 다른 견해를 보인다. 세대주의자들의 관심은 성경에 나타나 있는 지상적(earthly) 종말론의 진실성과 확실성을 분명하게 하는 것에 있다.

특별히 이것은 이스라엘에게 주어진 약속들과, 그 약속들이 성취되는 계시된 종말론적 질서(순서)와 관련되어 있다. 더욱이 세대주의자들은 새로운 실재인 교회의 완성을 교회의 온전성(integrity)을 긍정하는 방식으로 설명하기 원하되, 이스라엘의 독특한 정체성이 확보되는 '지상적' 종말론을 타협하지 않고 그렇게 하길 원한다.

---

15 Hoyt, *End Times*, 238–240.
16 John F. Walvoord, "The Literal View", in *Four Views on Hell*, ed. William Crockett (Grand Rapids: Zondervan, 1992), 11–31. 월부어드가 다른 견해들에 대해 대응한 내용을 살펴보기 원한다면, 다음을 참고할 것. pp. 77–81; 119–21; 167–170. Walvoord, "End Times", 1346–1349. 지옥의 문자적 속성에 대한 흥미로운 추측을 살펴보기 원한다면, 다음의 글을 참조할 것. Pentecost, *Things to Come*, 559–561. 이것은 다음의 글을 광범위하게 인용한 내용이다. C. T. Schwarze, "The Bible and Science on the Everlasting Fire", *Bibliotheca Sacra* 95 (1938): 105–112. 이 소논문은 별들을 영원한 심판이 있을 불못이라고 제안한다.

세대주의자들은 이런 점을 고려해서 기본적으로 세 가지 방식으로 구원의 완성을 마음속에 그린다. 그것들은, 내가 다른 책에서 전통적 세대주의, 개정 세대주의 그리고 점진적 세대주의로 분류한, 세대주의 사상의 세 가지 형태이다.[17]

6. 고전적 세대주의: 하늘과 땅의 이원론

이스라엘과 교회를 각각 지칭하는 '지상적'과 '천상적'이라는 용어의 사용은 기독교 신학 담론에 있어서 오랜 동안 전통적으로 지속되어 왔다. 그리고 하나님의 계획에 있어 교회가 이스라엘을 대체했으며, 지상적인 것은 영원한 천상적인 것에 대한 일시적인 이미지일 뿐이라는 견해도 또한, 똑같이 전통적으로 존재해 왔다.

그러나 초기 세대주의자들은 땅과 하늘이라는 두 가지 병행적인 구속사적 차원들을 모두 인정했고, 각각은 천년 왕국과 영원한 질서라는 차원으로 완성에 이른다고 주장했다. 몇몇 학자는, 이런 개념에 대한 근거를 종말론적 우주론을 다루는 성경의 언어인 "새 하늘과 새 땅"(계 21:1)이라는 표현에서 찾았다. 교회(그분의 하늘 백성)를 향한 하나님의 목적과 계획은 새롭게 된 하늘에서 완성될 것이다. 반면에 이스라엘(그분의 지상 백성)을 향한 하나님의 계획과 목적은 새롭게 된 땅에서 성취될 것이다.

---

[17] 이런 분류 방법은 내가 이전에 쓴 책에서 제시한 내용이다. 크레이그 블레이징 그리고 대럴 박, 『점진적 세대주의』(*Progressive Dispensationalism*), 33-79. 또한, 이전에 출판한 책에서는 미국의 세대주의를 나이아가라 전천년주의, 스코필드주의, 본질주의적(Essentialist) 세대주의 그리고 점진적 세대주의 이렇게 네 가지로 분류했다. 다음을 참고할 것. Craig A. Blaising, "Dispensationalism: The Search for Definition", in Craig A. Blaising and Darrell L. Bock, eds., *Dispensationalism, Israel and the Church: The Search for Definition* (Grand Rapids: Zondervan, 1992), 13-24. 세대주의를 세 형태로 분류했을 때의 전통적 세대주의는, 네 가지로 분류했을 때의 앞의 두 형태(나이아가라 세대주의와 스코필드주의)에 해당된다. 하지만 그 용어는 형제회(Brethren) 세대주의 사상도 그 안에 포함시키고자 의도되었다. 물론 이 분류들은 체험적 모델이다. 각 저자는 개인의 고유한 뉘앙스들을 갖고 있다. 세대주의 전통의 역사, 특별히 미국 세대주의 전통의 역사에 대한 연구가 더 필요하다.

하나님의 약속의 말씀과 일치되어, 각각의 완성된 상태는 영원하고 영속적일 것이다.[18]

췌이퍼는 이 견해와 관련된 고전적 표명을 했다.

> 이스라엘을 향한 모든 언약과 약속과 공급은 땅과 관련되어 있다. 그래서 땅이 새롭게 될 때, 그들은 그 땅과 함께 하나의 민족으로서 지속된다. 또한, 교회를 향한 모든 언약이나 약속은 천상의 실재에 대한 것으로서, 하늘이 재창조될 때 교회는 하늘의 시민권을 간직한 채 지속할 것이다.[19]

1) 하늘의 완성

앞서 언급한 바와 같이, 교회의 천상적 완성은 기독교 신학에 있어 전통적인 개념이다. 하지만 전통적 신학에서는 하늘만이 구속사 전체의 유일한 완성 대상이었다. 즉, 지상적 성취를 위한 성경의 언어는 재해석되어야 했고 그래서 천상적 성취에 다시 맞춰졌다.

세대주의자들은 하늘의 영역과 땅의 영역이라는 두 영역에서의 완성을 상정함으로써 어떤 해석학적 재조정 없이 전자(하늘의 영역)의 온전성을 보존했다. 또한, 그들은 이것을 통해 하늘에 대한 개념을 분명히 할 수 있었는데, 그렇게 함으로써 교회의 본성과 목적에 관해 동일하게 분명하다고 그들이 믿는 신학과 이것을 연결시키고자 했다.

천상적 완성은 그것의 위치와, 형태 그리고 삶의 질과 관련해 설명될 수 있다. 분명한 것은, 천상적 완성이라는 명칭이 나타내듯이, 그것의 '위치'는 하늘이다. 더 정확히 이야기해서, 그것은 하늘에 있는 도시, 하늘의 예루살렘, 아버지 집에 위치해 있다. 그리고 그리스도께서는 거기

---

18 다음의 글을 참고하기 바란다. Blaising, "Extent and Varieties of Dispensationalism", 23–24; Blaising, "Dispensationalism", 24–25.
19 Chafer, *Systematic Theology*, 4:47.

서 지금도 우리를 위해 거처를 예비하고 계신다(갈 4:26; 빌 3:20; 요 14:2-3; 계 21:9-22:5).

천상적 완성의 그 방식은, 죽은 자들의 부활 또는, 살아 있는 자들이 그 상태에서 바로 부활의 형태로 변형되는 것이다. 그리고 천상적 완성이 이야기하는 '삶의 질'은, 그리스도와의 직접적이고 개인적 관계이다. 그리스도와 직접적이고 개인적 관계성을 갖게 되는 것은, 영원한 생명의 가장 큰 특징 중 하나이다. 이런 점에서, 천국(heaven)은 어떤 장소(place)라기보다 그리스도의 인격적 임재가 있는 곳(person)이라고 정의할 수 있다.[20]

하늘의 백성은 무엇보다도 교회인데, 그들은 지금도 그리스도의 몸이자 그의 신부이다. 교회는 이미 "그리스도 안에" 있다. 교회는 이미 "그와 함께 부활했으며", 교회의 생명은 "그리스도와 함께 하나님 안에 감추어져 있다". 그리스도께서 나타나실 때, 교회는 그와 함께 영광 중에 나타날 것이다.

그러므로, 교회를 위해 예비된 천국은, 개개인이 그리스도와 함께 영광 중에 연합된 하나의 백성으로서 그 정체성과 실재의 완성(절정)이다. 개개인이 영광 중에 그리스도와 함께 연합되는 그 탁월한 질(quality)은 교회를 위한 천국을 정의하는 가장 큰 특성이다.[21] 그러나 여기서의 하늘의 백성이 교회만을 의미하지는 않는다. "하늘의 백성"은 죽음에서 부활하거나 죽을 몸이 변화된 모든 구속받은 자를 포함한다.

---

20 교회 성도들의 영원한 운명은, '어디(place)에 있게 되는가'라기보다는 '어떤 분(Person)과 함께 있게 되는가'에 더 관련이 있다. 물론 장소도 중요하다(요 14:3), 그러나 (신자들이 그분의 임재 속으로 들어가게 되는) 그리스도께서 이 모든 것의 중심에 계신다"라고 펜티코스트는 초기 세대주의자들의 견해를 간명하게 제시한다(*Things to Come*, 562).
21 다비는 교회가 하늘에서 그리스도와 개인적 친밀함을 강하게 경험할 것이라고 본다. 이것에 대한 자세한 내용은, 다음의 논문에서 확인할 수 있다. Gary L. Nebeker, "The Hope of Heavenly Glory in John Nelson Darby", (PhD diss., Dallas Theological Seminary, 1997). 또한, Floyd S. Elmore, "A Critical Examination of the Doctrine of the Two Peoples of God in John Nelson Darby" (ThD diss., Dallas Theological Seminary, 1991). 다비의 견해는 베르나르 드 클레르보(Bernard of Clairvaux)와 후속 저자들에게서 발견되는 신비한 결혼 개념과 비슷하게 보인다.

천상적 완성은 교회의 휴거와 함께 시작된다. 그리스도께서는 교회를 그와 함께 데리고 가시기 위해 내려오셨다. 주님의 신부인 교회는 부활을 통해 그와 영원히 함께하게 될 것이다. 대부분의 세대주의자들은 구약의 성도들 또한, 휴거 때에 부활할 것이라고 주장했다. 그러나 그들은 교회와는 다른 하늘 백성의 그룹으로 구분되었다. 환난 중에 순교한 자들은 천년 왕국이 시작되는 시점에 다른 하늘 백성과 함께하기 위해 부활할 것이다(계 20:4).

그리고 만일 믿는 자들이 천년 왕국 기간 동안에 죽게 된다면, 그들은 하늘의 백성과 하늘의 경험에 참여하기 위해 부활할 것이다(이것은 천년이 끝나는 시점에 이루어질 가능성이 크다). 부활의 삶은 하늘의 삶이다. 그 형태와 위치에 있어 모든 천상 백성이 동일하다. 그러나 부활한 모든 사람이 동일한 삶의 질을 누리는 것은 아니다. 전통적 세대주의자들은 교회가 가장 높은 수준의 천상적 삶을 천국에서 누릴 것이라고 믿었다.

그 이유는 구원받는 다른 백성들과는 달리, 교회는 처음부터 그리스도 안에 그 정체성을 가져왔고 유일하게 그의 신부로서 지명되었기 때문이다. 다른 사람들은 원래 지상적 소망을 가졌지만, 죽음으로 말미암아 그것들을 잃어버렸다. 그러나 그들은 그 후에 교회와 함께 온전하게 될 것이다(히 11:39-40). 그들은 영광을 입고, 하늘의 도성에 살게 될 것이다. 하지만 히브리서 12:22-24에 기록되어 있는 묘사적 목록에 따라, 그들은 교회와 뚜렷이 구분될 것이다.

천상적 완성은 부활 때에 모든 천상 백성을 위해 시작되어, 천년 왕국에서 영원 상태에 이르기까지, 영원히 계속된다. 그들은 천년 왕국 기간뿐만 아니라 영원히 그리스도와 함께 다스리고 통치할 것이다. 그러나 하늘의 백성이 다스리고 통치한다고 해서, 그리스도와의 완전한 연합이 등한시되는 것은 아니다. 함께하는 그 통치를, 하늘의 백성이 연합을 경험하는 그리스도의 인격(위격)의 한 측면으로 이해하는 것이 아마도 최선일 것이다.

2) 땅의 완성

종말론적 이원론의 지상적 차원은 그리스도께서 다시 오심으로 시작된다. 그리스도께서 이 땅에 다시 오실 때 땅에 있는 사람들 중 그의 왕국에 들어가도록 허락된 자들, 그 지상 백성들의 복된 구성과 생생한 활동으로 그 지상적 완성이 이루어진다. 이 일은 마태복음 25:31-46에 기록되어 있는 민족들에 대한 심판을 통해 일어날 것이다.

천년 왕국은 종말론적 왕국의 첫 번째 단계이다. 그리고 이 천년 왕국 기간에, 이스라엘에게 약속된 언약이 성취되기 시작하는 것을 우리는 보게 될 것이다. 약속된 언약이란, 다스리시는 메시아 왕 아래 특정한 땅에서 개인적 및 민족적으로 육적, 영적 복들을 누리며 명백하게 민족으로 존재하게 하겠다는 약속을 말한다.

성경은 이런 모든 복이 영원할 것이라고 선포하기 때문에, 전통적 세대주의자들은 천년 왕국과 영원한 상태라는 완성의 두 단계를 연결할 필요성이 있다고 보았다. 그리고 천년 왕국이 끝나는 시점에, "마치 천상의 시민들의 운명이 새 하늘(들)을 차지하는 것이듯 … 땅의 거주자들로 영원으로 들어가는 것이 지상적 시민들의 운명이다"라고 췌이퍼는 명시한다.[22]

그러나 완성의 이 두 가지 단계는 서로 너무도 밀접하게 관련되어 있어서, 전통적 세대주의자들은 천년 왕국 자체를 하나님 나라의 '마지막 형태'라고 보기도 했다.[23]

그래서 전형적으로 세대주의자들은 '전천년주의'라는 명칭을 지상적 종말론적 프로그램 전체를 언급하는데 사용했다.[24]

---

22 Chafer, *Systematic Theology*, 4:401.
23 위의 책, 4:327.
24 췌이퍼는 종말론에 대한 그의 논의 전체를 '전천년주의'라고 부른다. 췌이퍼는 종말에 대해 설명한 그의 장(chapter) 도입문 끝에 다음과 같이 기록했다. "전천년주의가 가르치는 것이 이어지는 내용[감수자 주: 종말론]의 주제이다." 위의 책, 4:284. 그는 그가 이 글을 작성하기 60년 전에 이미 전천년주의의 현대적 부흥이 일어났다고 언급한다. 뉴욕에서 1878년에 열린 예언 집회가 그 시발점이 되었다고 췌이퍼는 명시한다(다음을 참고할 것. Sandeen, *Roots of Fundamentalism*, 147-161). 19세기 후반과 20세기 초반의 미국의 세대주의자들은 일반적으로 자신들의 견해를 전천년주

그러나 천년 왕국은 완성에 있어 구별되는 단계로 남아 있었는데, 그 이유는 영원한 상태에는 결함이 존재하지 않는 반면에, 천년 왕국 기간에는 "불완전성이 존재"하기 때문이며, 또한 "그리스도께서는 천년 왕국 통치 기간 내내 적들을 잠잠하게 억제하실 것"이라고 췌이퍼는 말한다(참조. 고전 15:24-25).²⁵

사탄이 풀려나고 그가 반역을 선동하면서, 악은 절정에 이르게 될 것이다. 완전한 상태에 이르기 위해서는 그 반역을 진압하고, 사탄을 처벌하는 최종적 심판이 반드시 있어야 한다. 하지만 췌이퍼는 이렇게 언급한다.

> 비록 천국(kingdom of heaven)의 최종 형태인 천년 왕국 기간에 불완전성이 존재하지만, 물이 바다를 덮음같이 의와 평강이 그 땅을 덮을 것이라는 진리를 흐리게 해서는 안된다. 왜냐하면, 그리스도께서 보좌에 앉으시고, 사탄이 결박될 것이기 때문이다.²⁶

천년 왕국 시대의 끝에 이르러서, 그 왕국에 있던 "가라지들"(마 13:30)은 제거될 것이다. 그리고 진정으로 거듭난 자들만이, 영원한 왕국에 거하게 될 것이다(요 3:5).

다른 곳에서, 췌이퍼는 천년 왕국에 대해 다음과 같이 묘사한다.

의로 인식했다. 1930년대에는 세대주의자들과 무천년주의자들 사이에 논쟁이 있었는데, 이 과정에서 다른 형태의 무천년주의와 구분하기 위해 '세대주의'라는 용어가 더 널리 사용되기 시작했다. 여기서 언급하는 무천년주의자들은 30년대에 들어 새롭게 설립된 웨스트민스터신학교(Westminster Seminary)의 존 그레셤 메이천(John Gresham Machen)과 존 머레이(John Murray)를 가리킨다. 이것과 관련해서 다음의 글을 참고하기 바란다. Sandeen, *Roots of Fundamentalism*, 255-260; R. Todd Magnum, *The Dispensational-Covenantal Rift: The Fissuring of American Evangelical Theology from 1936-1944* (Milton Keynes: Paternoster, 2007).

25 Chafer, *Systematic Theology*, 4:327.
26 위의 책.

삶이 평온하고 고요할 것이다(참고. 사 11:6-9; 65:18-25; 렘 31:31-33). 그 왕
은 의로 다스리실 것이다(참조. 사 11:1-5; 시 72:1-19; 마 5:1-7:29). 또한, 피
조 세계는 에덴의 복으로 회복될 것이다(롬 8:18-23).[27] … 그 때는 이스라
엘이 영광을 얻는 때가 될 것이고, 어떤 이방인들 또한, 복을 받을 것이다
(참조. 사 11:10; 마 25:34). 이런 일이 일어날 것인데 그 이유는 성령이 모든
육체에게 부어질 것이기 때문이다.[28]

성령의 일반적 은사는 민족들 간의 차이를 없애기 위한 것이 아니다.
오히려 이것은 그들이 서로 평화롭게 조화를 이룰 수 있도록 돕는다. 전
통적 세대주의자들에게 있어, 이런 구분은 민족적 차이일 뿐만 아니라
계층의 차이이기도 했다. 천년 왕국 시대에 "이방인은 반드시 이스라엘
을 섬겨야 한다"(사 14:1-2; 60:12; 61:5)라고 췌이퍼는 말한다.[29] 그들에게
있어, 이런 계층의 차이는 하늘의 백성들에게도 적용이 되는데, 교회는
다른 계층의 부활 백성들(구약의 성도들 혹은 환난 기간에 순교한 자들)보다
더 높은 위치에 배정받게 된다.

천년 왕국 기간 동안 땅에서의 삶은 평화로울 것인데, 앞으로 도래할
영원한 상태의 새 땅에서는 더 많은 복을 얻게 될 것이다. 완성의 두 가
지 단계 사이에 연속성이 존재하는데, 이것은 이스라엘을 향한 민족적이
고 영토적인 약속이라는 영원한 본질에 의해 보장된다.

> 그곳에는 영원한 새 땅이 반드시 있을 것이다. 왜냐하면, 이스라엘이 그
> 땅을 영원히 소유할 것이라는 약속을 하나님이 그들에게 주셨기 때문이
> 다(신 30:1-10).[30]

---

27 위의 책, 400.
28 위의 책. 미래의 다민족적 왕국의 핵심 관계 구조로서, 그리스도 안에서 또 서로를
    향하여 모든 민족이 하나되는 관계를 드러내는 교회의 특성을 설명하기 위하여, 모
    든 육체에 성령의 부어 주심이라는 주제가 점진적 세대주의 안에서 개진된다. 본 장
    의 나머지 부분의 설명을 참고하라.
29 Chafer, *Systematic Theology*, 4:400.
30 위의 책, 427.

하지만 새 땅에서 얻게 되는 복은 요한계시록 21:4의 약속에서 보여진다. 하나님이 "모든 눈물을 그 눈에서 닦아 주시니 다시는 사망이 없고 애통하는 것이나 곡하는 것이나 아픈 것이 다시 있지 아니하리니 처음 것들이 다 지나갔음이러라."

췌이퍼는 이렇게 설명한다.

> 슬픔과 통곡 그리고 고통은 결코 하늘에 속한 것이 아니다. 그러므로 이 성경 구절은 땅과 새 땅에 대해 언급하고 있다. 같은 문단(3절)을 보면 하나님의 장막이 사람들과 함께하실 것이라고 선포한다. 이것은 하늘에 관한 새로운 내용이 아니다. 왜냐하면, 하나님은 언제나 그의 거처를 하늘에 두어 오셨기 때문이다. 이제는 새 땅도 하늘이 그래 왔던 것같이 그가 영원히 거하시기에 적합한 장소가 될 것이다.[31]

7. 개정 세대주의: 영원한 완성에 대한 차이들

20세기 중반에, 세대주의 저자들은 세대주의적 사상에 몇 가지 주의 깊은 수정 사항들을 제시했다. 구원받는 백성들이 그 정체성에 있어 서로 구별된다는 사실에는 그들도 신학적 선구자들의 주장을 따랐다. 또한, 모든 개정 세대주의자는 전천년주의의 열렬한 지지자들이었다. 그래서 그들은 미래의 천년 왕국을 부정하고 이스라엘을 향한 민족적인 종말론적 약속을 인정하지 않는, 대체신학적인 공격적 무천년주의에 반대했다.

또한, 요한계시록 20장을 근거해서 미래에 있을 천년 왕국은 인정하지만 성경의 다른 곳에 기록되어 있는 지상적 종말론에서 그 약속을 고립시키는 비세대주의적 전천년설에도 반대했다.[32]

---

31 위의 책.
32 세대주의자들과 조지 래드(George E. Ladd) 같은 다른 견해를 가진 전천년주의자들

이런 견해에 반대해, 20세기 후반의 세대주의자들은 천년 왕국이 이스라엘을 향한 하나님의 계획과 약속의 완성이라고 강력하게 주장했다.[33] 많은 이는 '천상적'과 '지상적'에 대한 전통적인 구분법을 따랐다. 이것은 구원받은 자들이 천년 왕국 기간 동안 경험할 완성을 설명하는 데 사용되었다. 하지만 그들은 이 구분이 영원한 상태로까지 분명히 이어지는지의 여부에 대해서는 별로 언급이 없었다. 루이스 췌이퍼는 하늘의 백성과 땅의 백성을 구분하는데, 찰스 라이리는 이 구분이 천년 왕국에서만 적용된다고 엄격하게 제한한다.

라이리는 이렇게 기록한다.

> 세대주의자들이 말하는 지상적 목적은 부활되지 않은 몸으로 지상에 사는 **천년 왕국 동안** 유대인에 의해 성취될 민족적 약속과 관계가 있다.[34]

천상적 목적은 부활하거나 휴거된 교회 구성원들과 구약과 환난 시기 성도들을 위해 천년 왕국의 하늘 도성에서 성취될 것이다. 이것이 바로 바울 서신, 히브리서, 요한계시록 21:9-22:5의 환상에서 묘사된 '하늘의 예루살렘'이다.

간의 차이는, 천년 왕국을 전체 구조와 연결시키는 그 방식에 있다고 찰스 라이리는 주장한다. "세대주의자에게 있어 천년 왕국 교리는, 그의 전체 구조와 많은 본문을 해석하는 데 있어 핵심적 요소가 된다." Charles C. Ryrie, *Dispensationalism* (Chicago: Moody, 2007), 148. 조지 래드가 주장하는 비세대주의적 전천년설에 대해서는 다음의 글을 참고할 것. "Historic Premillennialism", in R. G. Clouse, ed., *The Meaning of the Millennium: Four Views* (Downers Grove, IL: InterVarsity, 1977). 역사적 전천년주의에 대한 논의를 살펴보기 원한다면, 다음의 글을 참고할 것. Craig A. Blaising, "Premillennialism", in *Three Views on the Millennium and Beyond*, ed. Darrell L. Bock (Grand Rapids: Zondervan, 1999). 전통적 세대주의를 비판하는 래드의 주장에 대해서는, 다음의 그의 저서들을 참고할 것. *Crucial Questions about the Kingdom of God* (Grand Rapids: Eerdmans, 1952) and *The Gospel of the Kingdom* (Grand Rapids: Eerdmans, 1959).

33 세대주의가 이런 두 도전에 대해 어떻게 대응했는지는 다음의 저서에서 확인할 수 있다. John F. Walvoord, *The Millennial Kingdom* (Grand Rapids: Zondervan, 1959).

34 찰스 라이리, 『세대주의의 바른 이해』(*Dispensationalism Today*), 171-172.

초기 세대주의자들과 마찬가지로, 이 후대 세대주의자들은 죽음에서의 부활을 곧 하늘의 영원한 생명으로의 이동이라고 설명했다. 이것은 또한, 영광으로의 변화(이동)이기도 했다. 부활한 자들의 천상의 경험은 실로 영광스러운 것이었다. 이것은 땅에서 경험하는 천년 왕국의 삶과도 구별되는데, 몸의 차이나 영광의 정도뿐만 아니라 그리스도와의 관계성에 있어서도 구분된다.

하늘의 백성은 그 왕국의 신하들이 아니라 그리스도와 공동 상속자들이며 공동 통치자들이다. 교회는 그리스도와의 친밀한 관계성에 있어, 다른 영화된 성도들과 구별될 것이다. 교회만이 그 왕국의 '여왕'이 될 것이다.[35] 하늘의 다른 백성들은 단순히 그리스도의 궁전의 일원이 될 것이다.

1) 새 하늘과 새 땅 이해하기

개정 세대주의자들은 천년 왕국의 하늘 도성이 하늘에 위치하는지 혹은 땅에 위치하는지 아니면 그 사이 어딘가에 위치하는지를 놓고 이견을 보였다. 그것이 어디 있든지 간에, 하늘 도성은 교회가 간절히 고대하고 나머지 부활할 자들이 영광스럽게 참여하게 되는 천상적 경험의 중심지가 될 것이다.

반면에, 천년 왕국 기간 동안의 땅은 '지상적' 종말이 완성되는 그 장소가 될 것이다. 그들의 선배들과 유사하게, 개정 세대주의자들은 천년 왕국 기간 동안의 땅은 평화롭고, 풍요로우며, 사회적으로 정의가 실현되는 상태라고 말한다. 개정 세대주의자들이 영적 축복을 부정하는 것은 아니었지만, 그들은 에스겔 40-48장에 묘사되어 있는 종말론적 환상에 근거해, 그 전체를 성전 중심의 종교적 체계로 보았다. 거기서 예언된 희생 제사들은 '그리스도의 죽음을 기념하는 하나의 방법으로서' 이해되

---

35 Hoyt, *End Times*, 232.

었다.[36]

개정 세대주의자들은 기본적으로 천년 왕국에 대한 공통된 견해를 가지고 있다. 그러나 하나님의 이중 목적이 영원한 상태에서 어떻게 완성되는지에 관해서는 서로 다른 의견을 피력한다. 이것은 그들이 요한계시록 21:1을 어떻게 이해하는지와 어느 정도 관련이 있다.

> 또 내가 새 하늘과 새 땅을 보니 처음 하늘과 처음 땅이 없어졌고 바다도 다시 있지 않더라(계 21:1).

옛 창조는 멸절되고 완전히 파괴되고, 새 하늘과 새 땅이 무로부터 새롭게 창조될 것이라고 월부어드는 주장한다.[37] 그는 다양한 글을 남겼지만, 새 땅 자체에 대해서는 많은 분량을 할애하지 않고, 영원한 생명의 중심 장소로서 요한계시록 21:9-22:5에 기록되어 있는 새 예루살렘에 특별히 관심을 두었다. 중요한 것은, 그는 이스라엘이 교회와 함께 '하늘의' 도성에 영원히 있게 된다고 강조한다는 것이다.[38]

라이리는 구원받은 모든 자의 영원한 지위가 '하늘에' 있을 것이라고 명시하는데, 그는 이것을 제외하고는 영원한 상태에 대해 그 어떤 것도

---

[36] 천년 왕국 성전에서 행해질 희생 제사를 포함하여 천년 왕국에 대한 설명은 다음의 저서에서 확인할 수 있다. Walvoord, "End Times", 1359-1361. 다음 글에 요약되어 있는 내용도 살펴볼 것. Ryrie, *Basic Theology*, 510-511. 천년 왕국에서 이루어질 예배에 대한 더 자세한 설명은 다음 저서들에서 확인할 수 있다. Pentecost, *Things to Come*, 512-31; Walvoord, *Millennial Kingdom*, 309-315.

[37] "몇몇 학자는 이것과는 다른 주장을 갖고 있어서, 땅과 하늘이 회복될 것이라고 주장했지만, 성경은 옛 하늘과 옛 땅의 멸절에 대해 분명히 기록하고 있다. 옛 하늘과 옛 땅은 '불에 타 없어지고', '그 안에 있던 것들은 그 열에 녹아 버릴 것'이라고 묘사되어 있다(벧후 3:10, 12). 모든 물질의 원자에는 엄청난 양의 에너지가 잠겨 있는데, 이 에너지를 묶어 놓으신 하나님은 이것을 다시 풀어서 파괴하고 소멸시킬 능력도 갖고 계신다. 이런 상태로부터, 하나님은 영원을 위한 기초가 될 새 하늘과 새 땅을 창조하실 것이다. 새 땅은 옛 땅과 완전히 다를 것이다. 여러 차이 중 하나는, 더 이상 바다가 없다는 사실이다. 과거의 모든 땅 경계선이 사라질 것이다. 그리고 새 땅은 완전히 달라 보일 것이다." John F. Walvoord, *Major Bible Prophecies* (Grand Rapids: Zondervan, 1991), 413-14. See also Walvoord, "End Times", 1363.

[38] Walvoord, "End Times", 1365.

언급하지 않는다.[39] 그의 견해에 따르면, 영원한 상태에서는 구속의 그 어떤 지상적 측면도 없다. 왜냐하면, 영원한 완성은 그 내용과 형태에 있어 철저히 '하늘'과 관련이 있기 때문이다.

결과적으로, 라이리와 월부어드의 저서들은 이스라엘에게 주어진 영토적, 민족적 약속의 최종적 완성으로서의 천년 왕국에 강조점을 두고 있다. 사실, 천년 왕국은 지상적 종말론 전체이다.[40]

2) 월부어드, 펜테코스트 그리고 호이트

월부어드는 현재의 하늘과 땅은 멸절되고, 새 하늘과 새 땅이 무로부터 완전히 새롭게 창조될 것이라고 주장하는데, 드와이트 펜테코스트(Dwight Pentecost)는 이것에 동의한다. 그러나 펜테코스트는 새로운 땅이 지상적 종말론의 영원한 성취를 위한 기능에 있어서 현재의 땅과 매우 유사할 것이라고 본다. 그는 이렇게 기록한다.

> 이스라엘 언약들은 영토, 민족으로서의 지속, 왕국, 한 왕, 영적 복이 영원히 지속될 것임을 그 민족에게 약속한다. 그러므로, 이런 축복이 성취되기 위해서는 영원한 땅이 반드시 있어야 한다. 옛 땅으로부터 옮겨져, 이스라엘은 새 땅으로 들어가 거기서 하나님이 그들에게 약속하신 모든 것을 영원히 누

39　찰스 라이리, 『세대주의의 바른 이해』(Dispensationalism Today), 172-173. 이스라엘을 위한 '미래'와 '하늘의 소망'이 있다고 라이리는 명시한다.

40　"영광스러운 천년 왕국의 통치는 이스라엘 역사에 있어 최고의 성취가 될 것이다. 비록 이스라엘이 하나의 백성으로서 영원까지 이어질 것은 너무도 분명하지만, 천년 왕국은 현재의 땅에서 일어나는 이스라엘 역사의 최종적 사건이 될 것이다." John F. Walvoord, *Israel in Prophecy* (Grand Rapids: Zondervan, 1962), 128. 이것은 민족으로서의 이스라엘이 없어지는 것을 의미하지 않는다. 단순히, 이스라엘의 영토가 이 땅에서 더 이상 존재하지 않는 것을 말한다. "이스라엘의 민족적 정체성이 영원한 상태에서는 없어진다는 주장은 잘못되었다. 민족적 정체성은 자연스럽게 개인의 정체성과도 연관되어 있다. 이스라엘 사람은 영원히 이스라엘 사람으로 남을 것이다"라고 월부어드는 다른 곳에서 언급한다. 이스라엘 사람들은 영원이라는 하늘의 상태에서도 고유한 민족 집단으로 남을 것이라고 월부어드는 주장한다. John F. Walvoord, *The Nations in Prophecy* (Grand Rapids: Zondervan, 1967), 169-170.

릴 것이다.

"보라 하나님의 장막이 사람들과 함께 있으매 하나님이 그들과 함께 계시리니 그들은 하나님의 백성이 되고 하나님은 친히 그들과 함께 계셔서"(계 21:3)라는 말씀은 영원히 참되다. 새 하늘과 새 땅을 창조하는 것은, 하나님의 영원한 왕국을 예비하는 최종적 준비 과정이다. 의가 있는 곳인 새 하늘과 새 땅(벧후 3:13), 하나님의 나라가 이루어질 것이다.[41]

지상적 종말의 완성이 성취되는 새 땅에 대한 이런 개념은, 호이트에 의해 더 강하게 강조되었다. 월부어드는 현재의 하늘과 땅이 다 멸절될 것이라고 요한계시록 21:1을 해석하는데, 호이트는 이것에 동의하지 않는다. 하늘과 땅이 멸절된다고 이해하면, 옛 창조와 새 창조 사이의 연속성을 잃어버리게 된다고 호이트는 지적한다. 구원받은 백성들과 타락한 자들의 그 정체성이 계속해서 지속된다는 이해와도 모순이 생긴다.[42]

호이트는 요한계시록 21:1의 의미를 하늘과 땅의 멸절이 아니라 "변화 혹은 질서의 재구성"으로 이해하는 것이 더 일관성 있는 해석이라고 주장한다.[43] 이것은 더 일반적으로 새 창조에 대한 '갱신적'(renovation) 견해라고 불린다. 이 견해는 바울이 로마서 8:18-23에서 설명하는 피조 세계의 구속 개념과도 일치한다.[44] 호이트는 영원한 상태의 특징이 되

---

[41] Pentecost, *Things to Come*, 561.
[42] "몇몇 해석가는 이 구절(계 20:11; 21:1)이 첫 하늘과 첫 땅의 멸절과 하늘과 땅의 완전한 새 창조로서 설명되어야 한다고 믿는다. … 만일 '첫 하늘과 첫 땅'이 우주를 포함하는 창조 질서 전체를 의미하는 것으로 해석하면, 구원받은 자들이 거할 곳과 구원받지 못한 많은 사람이 있을 장소가 없게 된다. 사실상, 악한 자들 또한 멸절될 것이다. Hoyt, *End Times*, 223-224.
[43] 위의 책, 224.
[44] 진멸과 개조 중 어느 것이 맞는가에 대한 세대주의 논쟁은, 특별히 베드로후서 3:10과 12절을 어떻게 해석할 것인가에 초점이 맞추어져 있다. 그러나 하늘과 땅이 멸절되어야 한다고 주장하는 이들은, 베드로후서 3:10의 majority text 독법(감수자 주: 후대의 다수 사본인데 원문을 밝히는 본문 비평 작업에서 가치를 별로 부여 받지 못함)에 의해 잘못 이해한 것으로 보인다. 흠정역(King James Version)은 '카타카이오'(κατακαίω)라는 헬라어 용어를 '깡그리 불타다(burned up)'라고 번역했지만, 학자들에 의해 받아들여지는 권위 있는 헬라어 비평 본문 독법은 그게 아니라 '유리스코'(εὑρίσκω)의 미래 수동태이다. 알버트 월터스(Albert M. Wolters)는 '유리스

는 다양한 변화를 설명하는 데 몇 장을 할애한다. 이것은 지구가 더 살기 좋고 쾌적한 장소가 되게 하는 지질학적 변화와, 저주가 풀리는 것을 뒤따르는 기능적 변화를 포함한다. 증대된 생식력과 생산성 또한 새 예루살렘에 사는 거주민과 새 땅의 온 지역을 가득 채운 사람들에 이르기까지 구원받은 자들의 다양한 계층을 수반한, 구조적 변화도 포함할 것이다.

호이트에게 있어, 새 예루살렘은 새 땅 위에 세워지는 도시이다. 그래서, 새 예루살렘은 하늘에 대한 상징 혹은 땅과 동떨어진 하늘의 경험이 아니라 새로운 지상적 질서의 일부이다. 그의 견해에 따르면, 요한계시록 21:9부터 22:5에 기록되어 있는 도성 새 예루살렘은 새 창조 전체를 통해 발산되는 영광의 중심 근원이다. 그 도시는 전 세계적 예배의 중심지이고, 성육신하신 하나님 예수 그리스도의 보좌가 있는 곳이다.[45]

8. 점진적 세대주의

기존의 세대주의자들은 이스라엘과 교회를 향한 하나님의 목적이 구분되어 있다고 주장했는데, 점진적 세대주의자들도 이 견해를 따른다. 그러나 천년 왕국과 영원한 상태를 이해하는 것에 있어, 하늘과 땅이라는 두 가지 차원의 종말론적 완성을 상정할 필요는 없다고 보았다.

점진적 세대주의는 성경이 오직 한 가지의 종말론을 이야기한다고 믿는다. 이 종말론에서는, 소위 땅의 종말론(지상적 종말론)이 재규정(re-sig-

---

코'(εὑρίσκω)라는 헬라어가 '개선/정련(refinement)'이라는 의미의 야금술 용어라고 설명한다. 월터스의 이런 설명은 녹이고 태우는 것에 관한 다른 이미지에도 일정한 의미를 부여한다. 여기서의 개념은 멸절이 아니라 개선/정련인 것이다. 관련된 논의를 살펴보기 원한다면, 다음의 소논문을 참고하기 바란다. Al Wolters, "Worldview and Textual Criticism in 2 Peter 3:10", *Westminster Theological Journal* 49 (1987): 405-413. 어휘적 그리고 해석학적 대안들에 대한 요약적 설명을 위해서는, 다음을 참고하기 바란다. Craig Blaising, "The Day of the Lord Will Come: An Exposition of 2 Peter 3:1-18", *Bibliotheca Sacra* 169 (2012): 395-399.

45   Hoyt, *End Times*, 223-226.

nification, 감수자 주: 영해 등으로 재해석하는 것) 없이 긍정되고, 또한, 교회의 새 특성은, 그것이 현재 천상의 그리스도를 향해 초점이 맞춰져 있는 가운데, 별도의 종말론적 프로그램에 기대지 않고서도 조화롭게 맞아 떨어진다. 그 하나의 종말론은, 호이트에게서 발견되는 것과 비슷하게, 새창조 종말론(역주: 창조를 향한 하나님의 목적이 새로운 창조를 통해 이루어진다는 견해, 참고. 계 21:5)으로 가장 잘 묘사될 수 있다. 그렇지만 이것은 그 다양한 속성들을 묶는 통합적 통일성을 조금 더 확고하게 강조한다.[46]

1) 전체론적(통합된) 완성

호이트와 마찬가지로, 점진적 세대주의는 완성(consummation)을 피조 세계의 멸절이나 완전히 다른 천상 실재에 의한 대체로 보지 않고 현 피조 세계의 구속과 갱신으로 본다. 이것은 현재의 창조 질서와 앞으로 이루어질 완성 사이에 존재론적 연속성이 있다는 것을 의미한다.

현재의 창조 질서 안에서 하나님의 계획과 약속들이 계시되어 왔다(그리고 그 안에서 구속사가 전개되어 왔다). 완성(consummation) 안에서 그것이

46　전통적으로는 영원성을 하늘과 관련해서만 이해했는데, 이것에 반대되는 개념으로서 '새 창조'라는 용어가 채택되었다. 내가 영원한 삶에 대한 '새 창조 모델'이라고 묘사한 것과, '영적 비전 모델'이라는 명칭을 준 것 사이의 간략한 대조를 위해서는, Blaising, "Premillennialism", 160-164를 참고하라. 여기서 후자는 영원성을 '하늘에만' 연결시켜 이해했던 전형적 견해를 가리킨다. 하지만 기독교 사상에 있어 하늘(heaven)은 다양한 방식으로 생각되어 왔는데, 이것에 관해서는 다음의 글을 참고하기 바란다. Russell, *A History of Heaven*, and McGrath, *A Brief History of Heaven*. 여기서 우리가 반드시 주목해야 할 것은, 점진적 세대주의자들은 현재의 교회가 하늘의 그리스도와 '하늘의' 도성을 향하여 '천상적' 지향성을 갖고 있음을 인정한다는 점이다. 뿐만 아니라 사실상 신약의 모든 '하늘' 지향적 언어도 인정한다. 그러나 그들은 그 언어를 하늘에서 영원한 완성(절정)이 이루어짐을 의미하는 것으로 해석하지 않는다. 오히려, 이 '하늘' 지향성은 미래에 땅에 오는 실재들, 그리스도 자신과, 그 도성 등을 향하는 것으로 본다. 본 장 앞에서 언급한 히브리서 13:14은 이런 미래적 희망의 근거가 되는 핵심 구절이다. 우리가 시민으로 등록되어 있고 하늘에 있는 이 도성은(히 12:22-24), '미래에는 반드시 이 땅에 임할 것'이다. 이 도성은 새 땅이 임할 때 그 새 땅으로 내려올 것이다. 따라서, 우리는 '장차 올 세상'을 고대하고 있는 것이다(히 2:5).

온전히 성취될 것이다. 그 연속성은 천년 왕국의 질서로 이어질 뿐만 아니라 하나님의 계획과 목적 전체의 참된 완성인 영원한 상태로까지 이어진다.[47]

점진적 세대주의가 이야기하는 전체론적 완성은, 새롭게 된 땅에서 구속받은 백성들이 이루는 전 세계적이고 다민족적 왕국으로 묘사될 수 있다.[48] 그리고 이스라엘과 다양한 이방 민족이 이 다국적 질서를 구성하게 될 것이다. 이스라엘은 이 왕국 질서의 삭감할 수 없고 나눌 수 없는 핵심 요소인데, 이 나라의 민족적 영토적 정체성은 하나님의 약속에 의해 보장된다. 그리고 이방 민족들 또한 이 예언된 양식의 분명한 구성 요소들이다. 그 왕국의 완성이 가지고 있는 이 다민족적 구조는, 성경적 종말에 대한 기대로서 창세기부터 요한계시록까지 일관되게 기록되어 있다.[49]

이 언약은 특정하게 다윗의 혈통과 맺어져 있는데, 이것은 메시아적 예언의 분명한 특징이 되었다. 그것은 예수께서 선포하신 종말론적 왕국에 영혼을 불어넣으며, 그가 교회에게 주신 사명의 기초가 된다.

---

47 연속성이 있으므로, 성경이 영원까지 이어지는 종말론적 축복을 반복적으로 강조한다는 것은 더 이상 설명할 필요가 없다. 영원한 축복에 대한 원래의 언약적 약속들과 신약에서 이야기하는 영생에 대한 소망은 직접 연관되어 있다. "성경적인 종말론은 존재적 갱신이 아닌, 도덕적 갱신을 포함한다. 성경이 말하는 종말론적 소망은 땅으로부터의 해방이 아닌, 죄로부터의 구속을 의미한다. 피조성(creaturehood)은 불가피하게 반드시 물리적 존재와 관련이 있다. 그리고 피조물의 구속은 창조 세계의 구속을 포함한다." David L. Turner, "The New Jerusalem in Revelation 21:1–22:5: Consummation of a Biblical Continuum", *Dispensationalism, Israel and the Church*, ed. *Blaising and Bock* (Grand Rapids: Zondervan, 1992), 271.

48 하나님의 나라와 관련해서 성경에 기록되어 있는 약속과 그 성취를 점진적 세대주의는 어떻게 이해하는가를 살펴보기 위해서는 다음의 저서를 참고하기 바란다. 크레이그 블레이징 그리고 대럴 박, 『점진적 세대주의』(*Progressive Dispensationalism*), 291-381.

49 족장들에게 주어진 약속들에서(예. 창 12:3; 18:18; 22:18; 26:4; 27:29; 28:14), 종말론적 질서에 대한 예언적 환상에서(예. 사 2:2-4; 암 9:12)에서, 그리스도께서 주신 지상 명령에서(마 28:19-20) 그리고 요한이 환상을 통해 본 완성에서(계 21:3; 21:23-22:4) 이방 민족들(열방들)이 언급된다는 사실에 주목할 필요가 있다.

구약성경에 계시되지 않은 것은, 어떻게 이 전 세계적 질서가 지속적이고 평화로운 통일성 안에서 조화를 이룰 것인가 하는 것이었다. 그 계시는 교회가 형성될 때 드러나는데, 그때 구약에서 이스라엘에게 약속된 구원의 복과 성령의 복이 그리스도의 승천 후에 시작된다. 예수님을 믿는 유대인 신자들뿐만 아니라 이방인 신자들까지 포함해서 말이다.[50]

오순절에 처음으로 시작된 교회는(행 2장), 종말론적 왕국의 백성들이 그리스도와 그리고 서로 서로와 연합할 수 있는 핵심적인 관계적 구조를 드러낸다. 그리고 그 구조는 내주하시는 성령 하나님이시다. 내주하시는 성령 하나님은, 예수 그리스도의 십자가와 부활을 통해 오는 구원의 복들을 위해 모든 믿는 자를 예수 그리스도와 직접 연합시키신다. 또한, 성령 하나님은 믿는 자들이 유대인이나 이방인과 상관없이 평화의 끈으로 서로 연합되게 하신다.

그러므로 그 왕국의 질서 전체는, 하나님이 계신 곳에 합당한 거룩한 교제가 된다. 다민족적이고 전 세계적 메시아적 왕국을 안정화시키고, 평화로 이끌며, 영화롭게 하는 것은 바로 이 실재이다. 그리고 성경은 이것이 하나님의 계획의 완성이라고 일관성 있게 계시하고 있다.[51]

2) 유대인 신자들과 이방 신자들이 그 복을 함께 누린다

왕국을 위해 이스라엘에게 약속된 구원과 성령의 복들이 이방인들에게도 주어진다는 사실은 교회라는 실재 안에서 처음으로 계시된 신비였다. 비록 유대인 신자들과 이방인 신자들이 교회의 구성 요소 일부이긴

---

50 다음의 구절을 참고할 것. 행 11:1-18; 15:1-21; 엡 2:11-21. 또한, 크레이그 블레이징 그리고 대럴 박, 『점진적 세대주의』(Progressive Dispensationalism), 262-263을 보라.
51 에베소서 2:19-22. 이스라엘에게 약속된 새 언약의 축복이 이제는 유대인 신자들뿐만 아니라 이방인 신자들에게도 주어졌는데, 이 사실이 그들 모두를 하나되게 한다. 이것과 관련해서는, 다음의 글을 참고할 것. Bruce A. Ware, "The New Covenant and the People(s) of God", in *Dispensationalism, Israel and the Church*, ed. Blaising and Bock (Grand Rapids: Zondervan, 1992), 68-97.

해도, 교회는 이스라엘도 이방 나라도 아니다. 그 이유는, 그들은 예수 안에서 관계적 실재를 공유하기 때문이다. 그리스도께서 하늘로 승천하심에 따라, 교회는 그의 몸으로서 존재하게 되었다.

교회 안에서, 유대인 신자들과 이방인 신자들은 구원과 성령으로 인한 복의 개시된 형태를 누리는데, 그 복들은 미래 왕국에서 온전한 모습으로 드러날 것이다.[52] 그런 점에서 볼 때, 교회는 미래 왕국의 온전한 정치적, 행정적 체계를 선행하는 왕국의 개시된 형태이다.[53]

하나님 나라는 그리스도의 재림을 통해 온전히 세워질 것이다. 교회가 현재 개시된 형태로 경험하고 있는 구원과 성령의 복의 완성과 영화 또한 그리스도의 재림을 기다린다. 마지막 완성에서, 유대인 신자들과 이방인 신자들로 구성되어 있는 이 세대의 교회는 부활하거나 휴거될 것인데, 부활한 구약의 성도들(유대인과 이방인)과 휴거되거나 부활한 천년 왕국 성도들(유대인과 이방인)도 거기에 동참할 것이다.

그래서, 그 모든 자는 마지막 다민족적이고 전 세계적 왕국 질서하의 이스라엘과 이방인 나라들을 구성하는 구속받은 백성들(유대인과 이방인)이 될 것이다. 그 왕국의 모든 백성(유대인과 이방인)은 그리스도와 연합하게 될 것이며, 교회를 구성하고 있는 유대인 신자들과 이방인 신자들이 현재 개시된 형태로서의 누리는 구원과 성화의 복을 온전히 누리게 될 것이다.

그렇기 때문에 하나님 나라의 개시된 형태인 교회는, 구원받은 모든 백성이 그리스도와 그리고 다른 하나님의 백성들과 영적으로 연합하는 것을 통해 성취를 경험한다. 이들은, 미래에 그 인종적, 민족적, 정치적 정체성과 임무들을 가지고 다민족적이고 전 세계적 왕국을 구성하는 그 백성들과 같은 이들이다.[54] 그래서 이스라엘과 교회를 위한 하나님의 목

---

52 교회에 대한 점진적 세대주의자들의 견해를 알기 원한다면, 다음을 참고할 것. Carl B. Hoch, Jr., "The New Man of Ephesians 2", 또한, Robert L. Saucy, "The Church as the Mystery of God", in *Dispensationalism, Israel and the Church*, 98-126과 127-155을 각각 살펴볼 것.

53 다음을 참고할 것. Blaising, "The Kingdom of God in the New Testament", 251-262.

54 위의 책, 54, 262-270.

적들은, 하나의 통일된 종말론적 완성 안에서 각각의 구별된 성취를 이룰 것이다.

3) 계층의 구분 없이

분명한 것은, 교회는 완성된 세계에서 어떤 계층적 계급 시스템 안의 한 구별된 민족 그룹이 결코 아니다. 점진적 세대주의는 구원받은 자들이 계층으로 나뉠 거라고 보지 않는다. 구원받은 자들 안에 개인적, 민족적, 국가적 정체성 특성들이 있겠지만, 계급의 차이는 없다. 개개인은 각자의 사명과 상급의 차이는 있겠지만, 계급에 의해 사회적으로 구분되지는 않는다.

새 창조라는 최종적 질서가 완성되면, 누군가는 그 도시의 중심부에 거주하게 되는 반면, 다른 이들은 그 외의 장소에 머물게 될 수도 있을 것이다. 그러나 이것이 구원 경험의 질적인 차이로 간주되어서는 안 된다.

오히려, 이 세대에서 교회의 목적은 그 정체성을 드러내는 것인데, 임무들은 계급 종속과는 관련이 전혀 없다. 구원받은 모든 자는 그리스도 안에서 직접 그리스도와 또 서로와 연합될 것이다. 그렇기 때문에, 그리스도 안에서 각자의 지위와 각자에게 주어지는 완성된 구원의 질은 모든 사람에게 동일할 것이다.

그리고 이것이, 각각 다른 개인적, 민족적, 국가적 정체성과 왕국을 섬기는 서로 다른 임무를 가지고 있는 다양한 사람을 하나되게 할 것이다. 결과적으로, 교회는 구원받은 자들의 질서 안에서 따로 구별된 그룹으로 존재하지도 않고 존재할 수도 없다.[55]

이전의 일부 세대주의자와 마찬가지로, 점진적 세대주의자들은 천년 왕국을 완성의 첫 단계로 본다. 천년 왕국은 그리스도께서 그의 재림의 때에 땅 위에 세우실 나라이다. 죽어 있던 의인들은 하나님 나라에 참여

---

[55] 궁극적 완성 안에서, 교회는 구별된 집단이 아니고, 교회의 성도들이 다른 세대의 구원받은 자들과 동일한 구원과 성령 안에서 그리스도와 연합하는 것으로 본다는 사실이, 점진적 세대주의와 초기 세대주의 형태들과의 핵심 차이점이다.

하기 위해 부활할 것인데, 어떤 사람들은 환난 전 휴거 때 부활할 것이고(구약 시대의 성도들과 이 세대의 교회), 또 다른 이들은 그리스도의 재림 이후에 부활할 것이다(환난 기간에 순교한 자들). 부활 혹은 휴거(휴거 때에 살아 있는 신자들)를 통해, 하나님 나라의 이 시민들은 그리스도의 영광에 참여하게 될 것인데, 이것은 영원까지 이어질 것이다.

그러나 그리스도께서 재림하실 때 땅에 살고 있는 신자들은, 천년 왕국에 거주하고 그곳에서 번성할 수 있도록 그리스도께서 그들을 초청하실 것이다. 비록 그 왕국에는 영화롭게 된(부활한) 많은 수의 주민이 거주하고 있지만, 결과적으로 하나님 나라는 성경의 예언에 따라 땅 위에 세워지며 그 중 일부는 죽을 몸을 가지고 거하게 될 것이다(사 65:17-25).

천년 왕국 기간은, 이 땅에서 충만하게 생육하고 번성하는 시간이 될 것이다. 열방 나라들은 그리스도의 통치 아래에서, 참된 평화와 공의를 경험하게 될 것이다. 영화롭게 된 자들은 그의 통치에 참여하게 될 것이고, 죽을 몸을 가진 자들은 그분의 축복 아래에서 번창하게 될 것이다.

이스라엘은 언약의 약속에 따라 민족적, 영토적 복을 누리게 될 것이다. 그리고 민족들도 이와 마찬가지로 그들의 땅에서 복을 받을 것이다. 그들은 이스라엘과 함께 지상 천년 왕국을 구성할 것이다. 그리스도가 다스리시는 전 세계적인 왕국의 수도는, 성경의 예언에 따라 회복되고 확장되며 영화롭게 된 예루살렘이 될 것이다(사 60-65장). 이방 민족들은 예루살렘에 접근할 수 있는 권한을 부여받을 것이고, 평화와 의로 세계 질서를 통합시키는 그리스도의 통치와 인도하심이 그곳으로부터 나올 것이다.

이방 민족들은 그들의 칼을 바꾸어 쟁기를 만들고, 그들의 창을 바꾸어 낫을 만들 것이다. 그들은 더 이상 전쟁을 알지 못할 것이다(사 2:2-4; 미 4:1-4). 그렇지만, 천년 왕국 안에 있지만 영화롭게 되지 않은 자들(죽을 몸을 갖고 있는)은 타락(fallness)의 상태에 거할 것이다. 이것은 성경의 몇몇 예언이 강압적인 통치를 투박하게 묘사하는 이유와 계시록 20:7-9에서 반역이 묘사된 이유를 설명해 준다(사 11:4; 슥 14:17-19).

비록 사탄은 천년 동안 옥에 갇혀 있지만, 천년이 끝나는 시점에는 그가 풀려날 것임을 요한계시록 20:7-9은 우리에게 알린다. 그렇게 풀려나게 된 사탄은, 천년 왕국에서 태어난 후대의 많은 사람으로 하여금 반란을 일으키도록 선동할 것이다.

그러나 그 반란은 결국 제압되고, 사탄은 심판을 통해 영원한 형벌에 처하게 될 것이다. 또한, 구원을 얻지 못한 사람들에 대한 마지막 부활과 최종적 심판과 영원한 형벌이 있을 것인데, 이 모든 것은 천년이 끝나는 시점에 이루어질 것이다. 이 모든 것은 죄와 악이 종결되는 기점이 될 것이며, 모든 피조 세계의 갱신(renovation)과 영원한 질서를 위한 완성을 예비할 것이다.[56]

4) 통합적 완성

고전적 세대주의자들과 마찬가지로, 점진적 세대주의자들은 천년 왕국을 이스라엘에게 주어진 민족적, 영토적 약속들 혹은 (그것들이 이뤄지는) '지상적' 종말의 최종적 성취로 보지 않는다. 이것은 몇몇 개정 세대주의자의 견해에 반대되는 내용이다. 다른 많은 세대주의자와 마찬가지로, 점진적 세대주의자들은 언약적 축복들의 "영원한" 성취의 약속이 영원한 상태(영원 세계)에서 이뤄짐을 믿는다.

그러나 고전적 세대주의자들과 달리, 점진적 세대주의자들은 통일된 완성을 기대한다. 이것은 개정 세대주의자들의 견해와 일치하는 내용이다. 점진적 세대주의자들에게 있어 교회는 성경이 예언하고 있는 하나님 나라 질서의 영원한 안전성의 신비를 나타낸다. 그래서 창조와 구속을 통해서 하나님의 계획과 목적을 온전히 드러내는 것은 바로 그 영원한 질서이다. 영원한 질서란 새 창조 전체를 의미한다. 그것을 아래와 같이 묘사

---

56 다음의 글을 참고할 것. Blaising, "The Kingdom of God in the New Testament", 270-276. 천년 왕국에 대한 논의를 살펴보기 원한다면 위의 책에서 "Premillennialism"을 참고할 것.

할 수 있다.

그리스도께서 모든 것을 그의 발 앞에 굴복시키고 죄와 사망을 멸하실 때, 하나님의 종말론적 왕국은 새롭게 된 땅 위에 완전하게 그리고 영원히 이루어질 것이다. 이 왕국은 구속의 목표이자, 하나님의 나라와 관련해서 이전에 있었던 모든 계시의 정점이다. 그것은 성부 하나님, 다윗의 자손이자 메시아로서 이 땅에 오신 성자 하나님 그리고 성령 하나님의 통치이다. 이 통치는 땅과 모든 주민 그리고 하늘과 그 안에 있는 모든 것에 대한 영원한 통치이다. 그리고 이 왕국은 지상적(earthly)이다. 죄 때문에 임한 저주는, 생명의 축복과 땅에서의 번성으로 대체될 것이다. 죽음과 질병 그리고 귀신 숭배는 제거되고, 하나님의 도성이 이 땅에 세워질 것이다.

또한, 이 왕국은 영적(spiritual)인데, 그 이유는 구속이 인간 존재의 개인으로 사회적인 양쪽 측면에 온전히 확장될 것이기 때문이다. 그리고 이것은 영원한 생명과 불멸, 의와 정의로 특징지워질 것이다. 악은 심판받고 제거될 것이다. 은혜와 자비 그리고 긍휼과 죄의 용서가 영원히 함께할 것이다. … 이스라엘과 모든 열방이 이스라엘의 메시아이자 다윗의 자손인 예수님에 의해 세워지고 경영될 것이란 점에서, 이 왕국은 또한, 민족적/국가적(national)이고 정치적(political)이다. 하나님은 나라들(민족들)을 영광과 능력 그리고 위엄으로 다스리실 것이며, 모든 이로부터 영원히 축복과 영광 그리고 찬양을 받으실 것이다.[57]

---

57 Blaising, "The Kingdom of God in the New Testament", 283.

제9장

세대주의와 구속사에 대한 견해들

T. 모리스 퓨
텍사스 새생명교회 담임목사

✝ 성경 이야기를 요약하는 하나의 단어가 있다면 그것은 바로 '구속'이다. 하나님은 그의 구속 계획을 이루시기 위해 인간의 역사를 통해 일하신다. 그리고 이런 내용이 성경에 계시되어 있다. 하나님의 구속 계획은 그의 아들 예수 그리스도의 통치로 절정에 이른다(엡 1:11).

하나님이 구원을 이루시는 이 과정을 구속의 역사(구속사)라고 부른다. 이것은 과거, 현재 그리고 미래를 아우르는 하나님의 전체적 구속 계획이다. 하나님은 "곧 창세 전에"(엡 1:4) 그의 구속 계획을 세우셨고, 현재에도 그것을 이루고 계시며, 미래에 그것을 완성하실 것이다. 하나님은 "그 얻으신 것을 속량하시고 그의 영광을 찬송하게"(엡 1:14) 하기 위해 일하고 계신다고 바울은 말한다.

인간 역사에 일어나는 사건들과 활동들은 하나님의 구속 행위와 결코 단절되어 있지 않다. 오히려, 하나님은 그의 거룩한 계획을 이루시기 위해 인간의 역사 안에서 일하신다. 하나님은 "모든 일을 그의 뜻의 결정대로"(엡 1:11) 일하신다. 인류의 타락 이후, 하나님은 타락한 죄인들을 그분과의 관계로 회복하기 위한 구속 계획을 가동해 오셨다.

하나님은 역사 안에서 구속적으로 행하신다. 역사는 앞으로 흘러가고, 과거의 사건들은 역사의 일부가 된다. 그리고 이런 과정에서 역사를 이해하고자 시도하는 하나의 철학이 등장한다. 이것은 "전 세계적으로 일어나는 과거와 현재의 사건들을 바라보는 방식과 그 사건들이 움직이는 그 미래적 방향을 이해하는 방식을 가리킨다."[1] 하나님의 구속 계획은 성경과 역사를 신학적으로 해석할 수 있는 하나의 체계를 제공한다. 라메쉬 리처드(Ramesh Richard)는 다음과 같이 기록한다.

> 성경은 많은 것을 강조하는데, 어떤 것은 더 중요한 반면 다른 것은 비교적 덜 중요하다. 비록 성경의 목적이 역사 철학을 정립(construct)하는 것에 있지는 않지만, 이것은 역사에 대한 철학을 담고(contain) 있다. 이것은 하나의 신학적 격자(grid)인데, 이것을 통해 우리는 역사에 대해 생각한다. 그것은 역사적 과정을 해석할 수 있는 구조를 제공한다. 그러므로 기독교 역사 철학은 성경에서 도출된다.[2]

그러므로 기독교 신학자는 구속사를 이해하는 데 있어 어떤 해석 체계를 활용할 수 있다는 이점을 가지고 있다. 구속사가 성경 안에서 점진적으로 펼쳐지고, 그 때문에 역사 속에서 하나님의 활동을 볼 수 있는 신학적 관점을 얻을 수 있기 때문이다.

결과적으로 많은 신학적 전통은 역사를 통한 하나님의 구속 사역을 해석할 수 있는 신학적 체계를 세우기 위해 노력해 왔다. 그들은 창세기부터 요한계시록까지 기록되어 있는 성경의 이야기와 날마다 구현되는 역사적 사건들을 비교해서 해석하는 시도를 해 왔다. 신학자들은 역사를 해석하는 책임을 세상의 학문에 떠넘기지 않았다. 오히려, 모든 기독교 신학자는 역사를 이해할 수 있는 최고의 자료인 성경을 자신들이 가지고 있다는 사실에 거의 만장일치로 동의해 왔다. 하나님은 성경을 통해 자신의

---

1 Ramesh Richard, "Premillennialism as a Philosophy of History, Part 1: Non-Christian Interpretations of History", *Bibliotheca Sacra* 138 (1981): 14. Karl Lowith, *Meaning in History* (Chicago: University of Chicago Press, 1949), 1. 카를 뢰비트(Karl Lowith)는 "역사적인 사건들은 어떤 원리에 따라 통합되고 궁극적 의미를 향해 나아가는데, 그 원리와 조화를 이루는 역사 전체에 대한 체계적 해석"이 역사 철학이라고 정의한다.
2 Ramesh Richard, "Premillennialism as a Philosophy of History, Part 2: Elements of a Biblical Philosophy of History", *Bibliotheca Sacra* 138 (1981): 109.

뜻과 사역을 우리에게 나타내신다.

역사적 사건들의 의미에 대한 이런 해석은 신학적 과제이다. 그리고 이것은 문제가 전혀 없는 과제라고 말할 수는 없다.[3]

적절하게 구성되고 성경적 불일치가 가장 적은 그런 해석 체계가 어떤 것인가에 대해 많은 논쟁과 의견의 차이 그리고 구분이 있어 왔다. 결과적으로, 전체 논의에 대한 목회적 관점과 교회론적 적용을 제공하기 위해, 구속사의 범위를 고찰하고 다양한 해석 체계를 고려해 보는 것이 중요하다.

1. 구속사

성경은 구속의 역사를 말하고 있다. 성경은 임의적이고 서로 상관없는 이야기들을 가진 책이 아니라 구속이라는 하나의 단일 주제를 형성하기 위해 서로 연결되어 짜여진 이야기들을 담고 있는 책이다.[4] 이런 구속 서사 안에서, 하나님은 역사 속에 그분의 계획을 주권적으로 실행해 나가신다.[5] 구속사라는 성경적 개념에 대해 리처드 린츠(Richard Lints)는 다음

---

[3] Charles C. Ryrie, *Dispensationalism* (Chicago: Moody, 2007), 20.
[4] 성경을 관통하는 하나의 주제를 발견하기 위한 수많은 논의가 진행되어 왔다. 이것은 특별히, 하나님의 나라와 언약 그리고 그분의 영광과 관련된 핵심 원리를 발견하기 위함이었다.
[5] *The Bible and the Future* (Grand Rapids: Eerdmans, 1979), 25-32에서 안토니 후크마(Anthony A. Hoekema)는 역사에 대한 기독교적 관점을 다음과 같이 요약한다. "(1) 역사는 하나님의 목적이 이루어지는 과정이다. 하나님은 역사를 통해 그의 목적을 나타내신다. 주로, '신성한 역사'(sacred history) 혹은 '거룩한 역사'(holy history)라고 보통 불리는 것에 해당한다. 여기서 '신성한 역사'란 하나님이 예수 그리스도를 통해 그의 백성을 구원하시는 하나님의 구속사를 의미한다. 이런 구원은 구약성경에 기록되어 있는 약속과 예표(types) 그리고 의식(ceremonies)에 뿌리를 두고 있으며, 예수 그리스도의 삶과 죽음 그리고 부활을 통해 성취되며 그리고 미래에 있을 새 하늘과 새 땅을 통해 완성에 이를 것이다. 이런 역사의 과정은 하나님의 속성을 드러낸다.

과 같이 설명한다.

> 성경과 관련된 한 가지 중요한 사실은 성경이, 전개되는 이야기를 가진 본문으로 구성되어 있다는 것이다. 성경은, 특정한 목표들을 성취하기 위해 분명하게 진행되는 하나의 이야기이다. 또한, 구원은 시간이 지나면서 펼쳐지는 하나님의 행위이다.
> 성경 본문에서 전개되는 이 움직임(운동)은 그 목적의 성취에 있어서 대단히 중요하다. 성경은 하나님의 구원에 대한 증언일 뿐만 아니라 그 구속의 효과적인 행위자(도구)라는 것을 기억해야 한다.
> 성경의 계시는 점차 진보하는데, 그 이유는 이것이 구속의 점진적 본성을 반영하기 때문이다. 자신의 백성을 돌보시고 구원하시는 하나님의 '이야기'는, 구별되지만 서로 연결되는 많은 부분을 지닌 채 역사라는 무대 위에서 전개된다.[6]

1) 전개되는 이야기

구속사의 성경 이야기는 "특정한 목표들의 성취를 향해 진행되고 발전되어 가는 이야기"라고 리처드 린츠는 설명한다. 개별적이고 특정한 언약적 에피소드를 포함한, 창조, 타락, 구속 그리고 새 창조의 거대 서사(metanarrative)는 성경 계시의 주제를 구성한다. 이것과 관련해서, 그레엄 골즈워디(Graeme Goldsworthy)는 다음과 같이 이야기한다.

그것은 인류를 향한 하나님의 구속 목적을 드러내고 밝힌다." 후크마는 또한 다음과 같이 주장한다. "(2) 하나님은 역사의 주인이시다. 그리고 그는 모든 것을 다스리신다(시 103:19). 심지어는 모든 이방 나라도 통치하신다(대하 20:6)." 그리고 다음과 같이 주장한다. "(3) 그리스도는 역사의 중심이시다." "(4) 새로운 시대가 이미 도래했다. 모든 인간이 믿음을 통해 축복에 참여하는 것은 아니라고 해서 그 시대가 무효화된 것은 아니다." "(5) 모든 역사는 지금도 새 하늘과 새 땅이라는 목표를 향해 나아가고 있다. … 그러므로 성경은 역사를 하나님이 계획하신 목표를 향해 진행되고 있는 것으로 본다. 역사가 한 목표를 가지고 있다는 사상은, 우리가 앞서 살펴본 바와 같이, 히브리 선지자들의 독특한 기여이다."

[6] Richard Lints, *The Fabric of Theology: A Prolegomenon To Evangelical Theology* (Grand Rapids: Eerdmans, 1993), 262–263.

하나님의 구원 행위들은, 전체 구속 역사를 통해 하나님으로부터 점진적으로 주어지는 새롭고 초자연적 계시를 포함한다.[7]

구속은 성경의 통합적 원리로 여겨진다.[8] 이것은 하나님의 계획의 성취를 하나의 통합된 서사(narrative)로 연결시킨다. 비록 성경의 이야기는 하나님의 약속들, 언약들 그리고 세대들을 포함하지만, 구속사가 그것들을 하나로 연결해 하나의 통일된 이야기를 만든다. 그렇기 때문에, 하나의 신학적 체계 안에서, 통합 원리는 종종 다른 모든 이슈에 대한 해석을 지배하는데, 그것은 전반적인 성경적 구조와 신학적 방향을 제공한다.

하나님은 성경의 구속사를 주권적으로 기록한 신적 저자이시다. 그는 자신의 목적을 따라 행동들을 연출하시고, 그 행위들을 통해 자신이 의도하신 목표와 결론에 이르게 하신다.

> 성경은 '태초에'라는 표현과 함께 시작되고, '계시록'이라고 불리는 책과 함께 마무리된다. 성경은 시간을 통해 영원을 보는 놀라운 관점이다. 성경은 하나님의 마음에서 시작된 신적 계획에 대해 서술하고, 인간이 하나님의 얼굴 앞에 서게 되는 것으로 마무리를 짓는다.
>
> 이것은 시간과 공간 안에서 역사를 통해 펼쳐지게 된다. 어떤 사건들은 하나님에 의해 의도된 반면, 악한 사건들은 하나님이 허용하신 것이다. 하지만 모든 것은 하나님의 뜻의 일부이다. 성경에 기록되어 있는 놀라운 내용들을 보면 하나님의 계획은, 의도되든 허용되든, 시공간 안에서의 사건들을 통해

---

[7] Graeme Goldsworthy, *According to Plan: The Unfolding Revelation of God in the Bible* (Downers Grove, IL: InterVarsity, 1991), 59.
[8] 통합하는 원리란, 그것으로부터 다른 모든 이슈가 조망될 수 있는 원리 범주이다. 많은 사람은 하나님의 나라(kingdom of God)를 성경을 통합하는 주제로 본다(Goldsworthy, *According to Plan*, 11). 반면에 또 다른 이들은 하나님의 영광이 성경을 관통하는 주제라고 주장한다. 라이리는 다음과 같이 주장한다. '성경의 통일된 원리는 하나님의 영광이며 이것은 몇 가지 방식으로 구현되어진다. 즉, 구속의 계획, 이스라엘을 위한 프로그램, 악한 자에 대한 처벌, 천사들을 향한 계획 그리고 자연을 통해 계시되는 하나님의 영광이다"(Ryrie, *Dispensationalism*, 247).

점진적으로 펼쳐지는데, 이 모든 것은 궁극적으로 하나님의 영광이 된다.[9]

하나님은 "하나님을 사랑하는 자 곧 그의 뜻대로 부르심을 입은 자들에게는 모든 것이 합력하여 선을 이루게" 하신다고 사도 바울은 말한다(롬 8:28). 그리고 그는 "모든 일을 그의 뜻의 결정대로"(엡 1:11) 이루신다. 그리고, 하나님은 역사를 통해 그의 약속들을 이루신다.

구속사 안에는, "역사의 주권자이자 온 우주의 창조주이신 하나님에 의해 부여된, 역사에 대한 분명한 의도가 있다. 결과적으로, 역사는 하나님에 의해 설정된 목적 혹은 목표의 실현을 향해 나아간다."[10]

성경은, 등장인물, 줄거리, 극적인 사건 등, 전형적 이야기의 구조를 가지고 있지만, 성경 이야기 안에 짜여진 것은 하나님에 의해 연출된 구속의 주제이다. 이 구속사 안에, 신적 저자는 또한 인간의 창조자, 인간사의 감독(관리자) 그리고 운명의 결정자이시다.

이와 관련해, 브렌트 킨먼(Brent Kinman)은 다음과 같이 설명한다.

---

9 Tommy Nelson, *The Big Picture* (Dallas: Hudson Press, 1999), 17.
10 Brent Kinman, *History, Design and the End of Time: God's Plan for the World* (Nashville: Broadman & Holman, 2000), 2. 역사를 해석하는 데는 두 가지 방식이 존재한다. 안토니 후크마에 따르면, "첫 번째 방식은 고대 그리스인들 가운데 발견된다. 고대 그리스인들은 역사에 대한 '순환적' 관점을 가지고 있었다. 사건들은 모든 것이 반복되는 주기 안에서 일어나기 때문에, 오늘 일어나는 일은 미래에 언젠가 반복될 것이라는 견해다. 이런 견해로 역사를 보면 역사에서 어떤 의미도 발견해 낼 수 없다. … 역사에 대한 고대 그리스의 사상은 기독교적 견해와 결코 양립할 수 없다. 왜냐하면, 기독교는 역사가 하나님의 목적을 성취하면서 그의 목표를 향해 나아가고 있다고 보기 때문이다. 성경을 기록한 저자들에게 있어, 역사는 반복되는 주기의 의미 없는 연속이 아닌, 하나님이 인간과 우주를 향한 그분의 목적들을 실현하시는 하나의 매개체이다. 하나님이 세우신 목표를 향해 역사가 진행되고, 미래는 과거에 주어진 약속들의 성취로 보아야 한다는 사상은, 이스라엘의 선지자들의 고유한 기여이다. … 배척되어야 할, 역사를 해석하는 두번째 방식은, 바로 무신론적 실존주의다. 무신론적 실존주의는 역사가 어떤 의미도 갖고 있지 않다고 주장한다. 역사에는 어떤 중요한 패턴도 존재하지 않고, 목표를 향해 나아가는 어떤 움직임도 없다고 말한다. 역사는 그저 의미 없는 사건들의 연속일 뿐이라고 그들은 이야기한다. … 역사에 대한 실존주의적 견해 또한 기독교적 관점과 결코 양립할 수 없다." (Hoekema, *The Bible and the Future*, 24–25).

만일 우리가 역사를 하나의 캔버스 천으로 생각하고, 구약을 하나님의 일하심을 묘사하는 하나의 풍경으로 여긴다면, 우리는 하나님이 일하시는 방식에 패턴들이 있다는 것을 알게 된다. 그는 창조주이시자, 역사의 주관자이시다. 그는 무언가를 약속하시고, 그것을 실행하신다. 그는 거룩한 계획을 따라 일하시지, 인간의 기대에 따라 일하시지 않는다(예를 들어, 그는 겸손한 자를 택하시고 교만한 자를 버리신다). 그는 역사의 주권자이시고, 또한 그는 역사를 통해 일하신다.[11]

2) 하나님의 그 자신에 대한 과거와 미래의 계시들

이 펼쳐지는 역사 속에서 하나님은 점점 더 자신에 대해 계시하신다. 하나님의 일하심 전체를 이해하기 위해서는, 하나님이 자신을 어떻게 나타내셨는가를 보기 위해 과거를 평가해야 하고, 하나님이 미래에는 인간에게 그분을 어떻게 계시하실지를 고대하기 위해 미래를 평가해야 한다. 계시의 점진성을 인정하지 않는 것은, 우리로 하여금 성경의 내용을 굉장히 잘못 해석하게 만들 것이다.

그러므로 성경 신학자의 임무는 성경 서사에 자기 자신의 구조를 덮어 씌우는 것이 아니라 성경 이야기에 내재하는 구조를 발견하고 드러내는 것이다. 역사는 하나님의 무대인데, 그 안에서 그분은 자신의 백성과 전 세계를 향한 그의 목적들을 이루실 것이라고 약속하셨다.[12]

구속사는 하나님이 정하신 목적지를 향해 진행되고 있다.

> 역사는 목적론적이다. 즉, 역사는 목표 지향적이고 그렇게 설계되었다. 그리고 이것은 목표를 설정하고, 계획을 수립하며, 이 모든 것을 설계한 누군가가 있음을 상정한다.[13]

---

11 Kinman, *History, Design and the End*, 15.
12 마이클 호튼, 『언약신학』(*Introducing Covenant Theology*), 백금산 옮김 (서울: 부흥과개혁사, 2009), 46-47.
13 Kinman, *History, Design and the End*, 10.

하나님은 성경 이야기의 결론을 미리 예정하셨고, 구속사의 결말을 미리 결정해 놓으셨다. 하나님이 각 장의 내용을 고안하셨고, 그의 손으로 기록하셨으며, 주권적으로 행하셨다. 마지막 결과가 그분의 섭리적 계획과 맞게끔 말이다. 바울이 반복해서 고백하는 것처럼, 이것은 "그의 은혜의 영광을 찬송하게" 하기 위함이다(엡 1:6, 12, 14).

구속사는 점진적으로 펼쳐지는 하나의 이야기이다. 이것은 진행되고 있는 하나의 서사로서, 각 장면은 하나님의 계획과 목적을 점진적으로 점점 더 많이 드러낸다. 구속사가 가지고 있는 점진적 속성이란, "기독교는 역사를 통한 하나님의 일하심을 기초로 갖고 있고, 구속받고 새롭게 된 땅에서 하나님과 그 백성의 미래적인 행위들을 그 목표로 갖고 있다"는 것을 의미한다.[14]

3) 이야기의 중심 인물: 예수

하나님의 계획이 역사를 통해 전개됨에 따라, 예수님은 그 이야기의 중심 인물, 즉 구속 서사의 진짜 주인공이 되신다. 그분은 구약 서사의 지칭 대상이시다. 예수님은 엠마오로 가는 길에 그의 제자들에게 "모세와 모든 선지자의 글로 시작하여 모든 성경에 쓴 바 자기에 관한 것을 자세히 설명"하셨다(눅 24:27). 예수 그리스도께서 세상 무대에 나타나셨을 때, "때가 차매 하나님이 그 아들을 보내사 여자에게서 나게 하시고 율법 아래에 나게 하신 것"(갈 4:4)을 우리는 안다.

넬슨은 다음과 같이 요약한다.

> 세상이 창조된 후로 오랜 시간이 흘렀고, 때가 차매 그리스도께서 이 땅에 오셨다. 하나님은 구원자의 오심을 구속사의 정점으로서 계획하셨는데, 이것을 통해 이전에 있던 모든 것은 성취되고, 앞으로 있을 모든 것

---

14 위의 책, 26.

은 목적을 갖게 될 것이다.[15]

예수님은 신약성경 메시지의 주제다. 사도 바울은 다음과 같이 말한다.

> 우리는 십자가에 못 박힌 그리스도를 전하니 (고전 1:23).

구속 이야기에서 그리스도는 하나님이 보내신 구속자이심을 신약성경은 선포한다. 그리스도가 없다면, 구속사도 없다.

> 우리를 위하여 저주를 받은 바 되사 율법의 저주에서 우리를 속량하셨으니 기록된 바 나무에 달린 자마다 저주 아래에 있는 자라 하였음이라 (갈 3:13).

궁극적으로, 구속사 전체는 그리스도의 영광스러운 재림을 통해서 절정에 이르게 된다. 그가 신적 이야기의 결론을 내리시고, 구속 드라마를 완결하신다. 가장 중요한 것은, 예수님이 구속사의 요약이며 절정이라는 사실이다.

바울은 구속사의 개념을 에베소서 1:10에서 다음과 같이 요약한다. 하나님은 "하늘에 있는 것이나 땅에 있는 것이 다 그리스도 안에서 통일되게" 하기 위해 역사를 통해 그의 뜻과 계획을 이루신다. 하나님은 역사를 통해 일하시는데,[16] 이것은 예수 그리스도의 통치 아래 모든 것이 하

---

15 Nelson, *The Big Picture*, 19.
16 헬라어 용어 '오이코노미아'(οικονομία)는 "두 가지의 의미를 갖고 있다. 첫째로, 이것은 가정 혹은 나라를 경영하는 데 사용되며 경영자의 지위나 임무를 뜻한다. 둘째로, 경영 행위, 즉 조절, 질서, 계획, 전략의 의미를 갖는다"(Harold Hoehner, *Ephesians: An Exegetical Commentary* [Grand Rapids, Baker, 2002], 217). 사도 바울 이외에도 누가 또한, 임무 혹은 활동이라는 의미로 이 단어를 사용한다는 것을 해롤드 호너(Harold Hoehner)는 인정한다. 호너는 다음과 같이 주장한다. 이런 맥락에서 "이것은 활동, 경영 혹은 세대라는 이차적인 의미를 갖고 있다." 그러나 이런 맥락은 암시하길, 하나님이 모든 것을 예수 그리스도의 권세 아래 통일시키실 그 세대에, 경영자의 지위도 또한 고려되어야만 한다는 실재를 간과하지 말아야 한다는 것이다. 다시 말해서, 하나님은 모든 것을 경영자이신 그리스도 아래에 두고 계신데, 그분은 하나님이 설정하신 세대와 조화를 이뤄 하나님의 통치하심을 이 땅에 세우실 것이다."

나로 통일되는 질서 체계를 세우기 위함이다.[17]

모든 것과 모든 사람은 왕 중의 왕에게 순복하게 될 것이다. 그리스도께서 이 땅에 다시 오실 때 모든 것이 그의 통치에 순종하도록, 하나님이 무대를 예비하고 계신다. 모든 무릎이 그리스도에게 굴복하고, 모든 입술이 그리스도를 주님이라고 고백하게 될 것이다.

로버트 소시(Robert L. Saucy)는 이것과 관련해 다음과 같이 기록한다.

> 모든 것 곧, 그의 구원 사역은 물론 모든 약속은 궁극적으로 그분 안에서 요약되고 완성된다. 그리스도께서 이 땅에 오심으로, 우리 또한, 역사의 '종말'에 이르게 되었다. 뿐만 아니라 우리는 하늘의 예루살렘에 이르게 됨으로써 천상의 영역에 도달하게 되었다(히 12:22).[18]

구약성경의 예언에 따라 예수님은 왕 중의 왕, 메시아 그리고 기름 부음 받은 자로 세워지실 것이다. 성경은 이 사실에 대해 일관성 있게 증언한다. 예수 그리스도는 역사를 향한 하나님의 구속 계획 그 중심에 계신다. 그리스도께서 이 땅에 다시 오실 때, 그는 다윗의 보좌에 앉는 예루살렘의 왕으로 세워지실 것이다(눅 1:32-33). 그리스도께서는 하나님의 거룩한 질서 체계를 운영하는 왕으로서 세워지실 것이다.

2. 구속사 해석하기

하나님은 역사 안에서 신적 목적을 따라 그의 구원 계획을 실행하신다. 하나님이 세우신 구원 계획은 성경의 본문을 통해 점진적으로 드러나며 전개된다.

---

[17] "하나님은 그의 기쁘신 뜻을 따라, 머리이신 그리스도 아래에서 모든 것이 연합되도록 목적하셨다"라고 호너는 이야기한다(Hoehner, *Ephesians*, 216).

[18] Robert L. Saucy, *The Case for Progressive Dispensationalism* (Grand Rapids: Zondervan, 1993), 32.

라메쉬 리처드는 이것에 대해 다음과 같이 언급한다.

> 성경은 역사적인 사건들을 해석할 수 있는 틀을 제공한다.[19]

1) 하나님의 계획에 대해 말하는 에베소서 1장

하나님의 계획이 드러나는 것을, 바울은 에베소서 1장에서 다음과 같이 묘사한다.

> 그 뜻의 비밀을 우리에게 알리신 것이요 그의 기뻐하심을 따라 그리스도 안에서 때가 찬 경륜을 위하여 예정하신 것이니 하늘에 있는 것이나 땅에 있는 것이 다 그리스도 안에서 통일되게 하려 하심이라 모든 일을 그의 뜻의 결정대로 일하시는 이의 계획을 따라 우리가 예정을 입어 그 안에서 기업이 되었으니 … 약속의 성령으로 인치심을 받았으니 이는 우리 기업의 보증이 되사 그 얻으신 것을 속량하시고 그의 영광을 찬송하게 하려 하심이라(엡 1:9-14).

성경의 이런 본문을 보면 하나님은 영원 전부터 세워진 구원 계획을 가지고 계시는데, 역사를 통해 자신의 뜻을 따라 일하신다. 하나님은 그의 뜻을 따라 자신의 계획을 이루어가실 뿐만 아니라 완벽한 시대(경영)를 바라보는 '시각' 혹은 '관점'을 가지고 행하신다.

2) 구속사를 해석하기 위한 접근 방식

하나님이 그의 구원 계획을 지금도 전개해 가고 계신다는 사실은 너무도 분명하다. 대부분의 신학자와 신학 체계는 이것에 동의한다. 그러나 역사에 걸쳐 진행되는 하나님의 구원 계획을 어떤 해석적 관점에서 이

---

19 Richard, "Premillennialism as Philosophy of History: Part 2", *Bibliotheca Sacra*, 102.

해해야 하는가라는 질문을 놓고 학자들은 서로 이견을 보인다.[20] 다음과 같은 질문들이 그 예시이다.

하나님은 구약성경의 약속들을 구속사적 연속선상에서 어떻게 이루어 가시는가?

하나님의 구원 계획은 종말론적 관점에서 어떤 결론에 이르게 되는가? 이런 질문에 대해 찰스 라이리는 다음과 같이 기록한다.

> 역사적 사건들의 의미를 해석하는 것은 신학이 마땅히 해야 할 일이다. 그러나 이런 과정에서 어려움이 없을 수는 없다. 주요한 문제는, 언약신학과 세대주의 신학 양자가 다 성경 안에 담겨 있는 참된 역사 철학을 대변한다고 주장한다는 점이다.[21]

성경을 하나님의 말씀으로 여기는 학자들은 지난 3, 4백년 동안 성경적이고 구속사적 역사 철학을 정립하기 위한, 몇 가지 고유한 접근 방식을 개발시켜 왔다. 그리고 이런 접근 방식은 구속사를 이해하기 위한 신학 체계로 발전되었다.

세대주의와 언약신학은 하나님의 구속 역사를 해석하는 두 가지 실행 가능한 신학 체계이다. 이에 대해, 소시는 다음과 같이 기록한다.

---

[20] 레날드 샤워즈(Renald E. Showers)는 이렇게 말한다. "역사 철학은 어떤 특성들을 갖고 있다. 첫째, 그것은 역사에 대한 체계적 해석을 제공한다. 다른 말로 해서, 그것은 역사적 사건의 이유를 조직적 방식으로 설명한다. 둘째, 역사 철학은 처음부터 끝까지 역사의 모든 범위를 다룬다. 그것은 과거에 어떤 일들이 왜 생겼는지, 왜 세상은 현재 여기에 있는지 그리고 미래는 어떤 것이고 왜 그런지를 설명한다. 셋째, 역사 철학은 사건들, 구별들, 연속들을 서로 묶고 그 의미를 이해하게 해 주는 어떤 통합하는 원리를 가지고 있다. 넷째, 역사 철학은 역사에 궁극적인 의미를 부여한다. 그것은 역사의 흐름이 궁극적 목표나 목적을 갖고 있음을 보여 준다. 즉, 사건들이 서로 분리되어 있거나 관련이 없는 것이 아니라는 것, 미래 사건들은 지난 모든 사건이 지향하는 커다란 절정이라는 것을 보여 준다." Renald E. Showers, *There Really Is a Difference: A Comparison of Covenant and Dispensational Theology* (Bellmawr, NJ: The Friends of Israel Gospel Ministry, 1990), 2.

[21] Ryrie, *Dispensationalism*, 20–21.

역사에 걸쳐 진행되어 온 세대주의자들과 비세대주의자들 간의 논의 과정에서, 많은 주장이 제기되었다. 이런 견해의 차이는, 어디에 강조점을 두어 성경의 역사를 이해할 것인가라는 질문에서 비롯되었다.[22]

그는 또한, 다음과 같이 이야기한다.

성경 역사를 향한 하나님의 목적과 계획은 무엇인가라는 근본적이고 폭넓은 주제를 놓고 지금도 세대주의자들과 비세대주의자들 간에 많은 논쟁이 있다.[23]

다시 말해, 두 신학적 체계 모두 하나님의 구원 계획의 진행을 이해하고 해석하기 위한 목적에서 비롯되었다. 이와 관련해, 소시는 다음과 같이 설명한다.

세대주의자들과 비세대주의자들 간의 근본적 논점은, 기본적인 해석학적 원리도 아니고 인간 역사의 궁극적 목적에 대한 것도 아니다. 기본적 논점은, 우리가 역사적 계획을 이해하는 방식 그리고 하나님이 자신의 영원한 영광을 일으키게 만드는 그 계획의 목표를 이해하는 것이다. 더 자세하게 이야기하자면, 이것은 창조부터 영원한 상태의 시작까지 이어지는 인간의 역사에 대한 하나님의 목적과 계획에 대한 질문이다. 이 질문은 역사의 기본적 목표와 연관되어 있을 뿐만 아니라 이 기간 동안의 하나님의 일하심에 대한 다양한 측면의 의미와 통합에 대한 것이다.
우리는 하나님이 무엇을 할 의도를 갖고 계시는지 이해해야 할 뿐만 아니라 그가 어떻게 이것을 성취하시는지 또한 이해해야 한다. 아브라함을 부르심, 이스라엘 민족의 선택과 형성, 교회와 민족들에 대한 하나님의 다루심 그리고 다양한 언약적 조치의 모든 것이 통합되어야 하고 이해되어야 하는 역사

---

22 Saucy, *The Case for Progressive Dispensationalism*, 13.
23 위의 책, 19.

적 계획의 국면이다.[24]

한편으로는, 그들의 이름이 암시하듯이, 일반적으로 세대주의자들은 하나님의 구원 계획의 점진적 계시를 통해 생겨나는 인간 역사의 다양한 기간이 가지고 있는 차이들을 강조한다. 하나님이 그의 창조물을 다루시는 방법에 있어서 시대마다 차이가 있다는 것을 그들은 인정한다. 반면에, 일반적으로 비세대주의자들은 성경 역사 안에서 하나님이 하시는 일의 통일성을 강조하는 것에 조금 더 기운다.[25]

이 논의의 목적을 위해서, 하나님의 구속사를 이해하기 위한 두 주된 신학인 언약신학과 세대주의의 접근법을 살펴볼 것이다.[26]

3. 언약신학

언약신학은 성경에 나오는 언약들을 성경의 전체적 흐름을 이해하기 위한, 개념적인 개요와 해석적 체계의 기초로 삼는다.[27] 언약신학자들은

---

24 위의 책, 20-21.
25 위의 책, 13.
26 "언약신학과 세대주의를 교회론과 종말론에 대한 유일한 해결 방안으로 여기는 것과, 세대주의를 비판하는 것이 곧 언약신학을 옹호하는 것이라는 논리와 그 역 논리는" 잘못된 것이라고 스펜서는 주장한다. "이런 오류는 언약신학자들의 글에서 뿐 아니라 세대주의자들의 글에서 어쩌면 더 자주 보여진다. 이런 오류의 결과는, 편협한 시각과, 두 견해 사이의 대조의 중요성을 잘못 이해하는 것이다"(Stephen R. Spencer, "Reformed Theology, Covenant Theology and Dispensationalism", in *Integrity of Heart and Skillfulness of Hands*, ed. Charles H. Dyer and Roy B. Zuck [Grand Rapids: Baker, 1994], 239).
27 호튼은 다음과 같이 요약한다. "언약은 하나의 틀이지, 중심 교리와는 거리가 멀다. 다양한 언약이 어떤 '방(즉, 주제)'에서는 다른 방에서보다 더 잘 보이고 의미가 더 잘 드러난다. 구속 언약은 삼위일체, 중보자로서의 그리스도, 선택(예정)을 논의할 때 잘 드러난다. 창조 언약은 하나님과 세상의 관계(특히, 인간)를 논할 때 조금 더 분명하게 드러난다. 은혜 언약은 구원과 교회라는 주제를 논의할 때 가장 잘 드러난다. 그렇지만, 개혁신학자들은 성경의 풍성함을 설명하려고 할 때마다, 자신들이 다루는 모든 주제에 대해 언제나 **언약적으로** 사고한다." 마이클 호튼, 『언약신학』(*Introducing Covenant Theology*), 백금산 역 (서울: 부흥과개혁사, 2009), 22-23.

이런 신학적 체계가 자연스럽고 일반적 성경 읽기에서 비롯되었다고 주장한다. 언약신학은 "행위 언약과 은혜 언약이라는 두 가지의 언약을 기초로 성경을 해석하는 신학적 체계이다.[28] 몇몇 언약신학자는 성경의 언약을 행위, 구속, 은혜의 언약, 이렇게 세 가지로 구분한다.[29]

마이클 호튼(Michael S. Horton)은 "이런 성경의 언약은 성경의 다양한 가르침을 하나로 묶는다"라고 말한다.[30] 레날드 샤워즈(Renald. E. Showers)에 따르면, "언약신학은 두 가지 혹은 세 가지 언약에 기초해서 성경의 역사 철학을 발전시키고자 시도하는 하나의 신학 체계라고 매우 간단하게 정의될 수 있다. 그것은 두 가지 혹은 세 가지 언약들에 의해 다뤄지는, 전체 성경 그리고 역사를 대변한다."[31]

더욱이, 언약신학은 개혁신학과 깊이 연관되어 있다고 이야기할 수 있다.[32] 필립스(Phillips)는 이렇게 주장한다.

---

[28] "언약신학은 적어도 두 가지 의미로 이해될 수 있다. 먼저, 언약신학에 있어 언약은 중요하고 핵심적 역할을 한다. 그렇기 때문에, 그들에게 있어 언약은 성경과 구속사를 이해하는 데 있어 가장 기초가 된다. 또한, 언약신학에 있어 언약은 신학적 작품들을 쓸 때 사용되는 명백한 구조적 원리다. 이런 두 가지 사용법 모두 적절하지만 이 둘이 균등하지는 않다. 어떤 신학은 두 가지 의미 다에서 언약적일 수 있다. 어떤 신학은 첫 번째 의미에서는 언약적일 수 있지만 두 번째 의미에서는 아니다"라고 스펜서는 이야기한다(Spencer, "Reformed Theology, Covenant Theology, and Dispensationalism", *Integrity of Heart*, 241).

[29] Paul Enns, *The Moody Handbook of Theology* (Chicago: Moody, 1989), 203. 호튼은 "이 주제에 대한 성경적-신학적 발전을 세 가지 대단히 중요한 전통 개혁주의 개념 덕으로 돌린다. 구속의 언약(성부 하나님, 성자 하나님 그리고 성령 하나님이 맺으신 영원한 약속), 창조의 언약(아담을 통해 인류와 맺어진 언약), 은혜의 언약(그리스도 안에서 신자들 그리고 그들의 후손들과 맺어진 언약)." (Horton, *Introducing Covenant Theology*, 77-78).

[30] Horton, *Introducing Covenant Theology*, 11.

[31] Showers, *There Really Is a Difference*, 7. 대부분의 사람은 언약신학이 개혁주의 혹은 칼빈주의에 속한다고 생각한다. 호튼은 다음과 같이 이야기한다. "개혁신학은 언약신학과 동일한 개념이다"(Horton, *Introducing Covenant Theology*, 11).

[32] "만약, 구속의 계획을 이해하는 데 그리고 구약과 신약의 관계를 이해하는 데 언약이 중요한 개념인 신학을 '언약신학'이라고 부른다면, 언약신학은 분명 개혁주의 전통의 중심을 차지해 왔다"라고 스펜서는 분명하게 이야기한다. "Reformed Theology, Covenant Theology and Dispensationalism", 243.

개혁신학자들이 오랫동안 관찰해 왔듯이, 성경은 우리가 '언약신학'이라고 부르는 틀을 제공한다. 하나님이 구속 역사에서 행하시는 것은 그분의 언약들을 통해서이다. 언약신학은 단순히 성경에 대한 개혁적 접근법일 뿐만 아니라 구원을 제시하는 성경의 고유한 방법이다.[33]

호튼에 따르면, "개혁주의 신학은 성경의 다양한 가르침을 성경이라는 올바른 문맥 안에서 성경의 언약과 연관지으려는 시도에서 비롯되었다."[34] 호튼은 다음과 같이 설명한다.

> 개혁주의 신학에 찬성하는 몇몇 동료와 개혁주의 신학에 반대하는 몇몇 비평가는 칼빈주의를 '5대 강령', 더 나아가, 예정론으로 축소시켰지만, 개혁주의 전통의 실제 고백문들, 교리 문답들 그리고 표준적 교리서들 모두는 언약의 하나님에 대한 훨씬 풍부하고 깊고 포괄적인 믿음을 증거한다. '개혁'신학과 '언약'신학은 동의어라고 할 수 있다.[35]

그러나 스펜서는 위의 내용과 관련해 다음과 같이 통찰력 있게 주의를 준다.

> 개혁주의 신학은 언약신학보다 더 큰 개념이다. 누군가가 자신은 언약신학을 따르지 않지만 개혁주의 신학은 따른다고 말할 수 있다.[36]

1) 문맥으로서의 하나님의 언약적 다루심

개혁주의 언약신학에 있어 성경의 언약은, 성경적 믿음과 실행이라는 구조를 하나로 묶는 매트릭스(matrix: 종횡으로 배열하고 그물처럼 연결한 것)가

---

33 Richards Phillips, "Redemptive History", http://www.ligonier.org/earn/articles/redemptive-history.
34 Horton, *Introducing Covenant Theology*, 11.
35 위의 책.
36 Spencer, "Reformed Theology, Covenant Theology, and Dispensationalism", 239.

된다. 역사 속에서 하나님의 언약적 다루심은 성경의 통일성이 인지되는 그 문맥을 제공한다.[37]

호튼은 이것에 관련해 다음과 같이 설명한다.

> 그렇다면 무엇이 이 모든 주제를 결합시킬 수 있겠는가? 모든 주제를 통합하는 것은 중심 교리 그 자체가 아니라 건축상의 구조, 즉 성경적 믿음과 실행의 구조를 결합시키는 대들보와 기둥의 매트릭스이다. 우리가 믿기에, 성경이 스스로 산출하는 그 특정한 건축상 구조는 언약이다. 그것은 단순히 언약의 개념이 아니라 역사 속에서 하나님의 언약적 다루심이 구체적으로 존재한다는 것이다. 그것은 놀라운 다양성 속에서 성경의 통일성을 인식할 수 있도록 문맥을 제공해 준다.[38]

언약신학은 언약이라는 신학적 개념을 기독교 신학의 통일된 원리로 활용한다. 조직신학은 계시의 점진성과 하나님의 구속 계획의 성취를 반드시 설명할 수 있어야 한다. 그리고 조직신학은 하나님의 구원 서사(salvific narrative)를 해석할 수 있는 신학적 체계를 가지고 있어야 한다. 그뿐만 아니라 신학은 계시가 발전됨에 따라 발생하게 되는 역사적 차이점들을 연결해 주는 하나의 통합적 원리를 제시해야 한다. 그래서 과거, 현재 그리고 미래를 위한 답을 제공할 수 있어야 한다. 언약신학자들은 성경의 언약들이 이런 해석학적 목표들을 이룰 수 있는 매개(means)라고 본다.

본질적으로, 다른 모든 언약은 행위 언약 혹은 은혜 언약 둘 중 하나에서 나온다. '영원 전부터 하나님은 세 언약을 기초로 모든 역사를 지배하시기로 결정하셨다' 는 것이 언약신학의 기본적인 전제이다. 언약신학의 표준적 설명을 보면 창조부터 타락, 구속과 완성에 이르기까지, 하나님이 인류를 다루시는 역사를 구속, 행위 그리고 은혜의 언약이라는 세 가

---

[37] 마이클 호튼, 『언약신학』(*Introducing Covenant Theology*), 백금산 역 (서울: 부흥과개혁사, 2009), 21-22.
[38] 마이클 호튼, 『언약신학』, 21-22.

지 매우 중요한 신학적 언약들의 틀 아래에서 본다.

2) 성경의 언약에 대한 요약

다른 두 언약에 선행하는 **구속 언약**은, 선택받은 자들을 선택하고, 대속하며, 구원하여 구원과 영생으로 이끌기로, 삼위일체의 세 위격(성부, 성자, 성령) 사이에 맺어진 언약이다. 성부 하나님과 성자 예수 그리스도께서는 잃어버려진 죄인들의 구속을 위해 '언약을 함께 맺으셨다.' 구속의 언약을 통해, 먼저 하나님과 인간 사이에 협정이 맺어진다. 그리고 그것이 삼위일체 하나님 안에서 영원히 확증된다.

이것과 관련해, 호튼은 다음과 같이 설명한다.

> 성부 하나님은 중재자 성자 하나님 안에서 한 백성을 선택하셔서 성령 하나님을 통해 구원받는 믿음에 이르게 하신다.[39]

이에 대해, 폴 엔스(Paul P. Enns)는 다음과 같이 설명한다.

> 하나님의 영원한 계획 안에서, 성부 하나님은 선택과 예정을 통해 구속을 계획하실 것이고, 성자 하나님은 그의 대속적 죽음을 통해서 구속을 제공하실 것이며, 성령 하나님은 믿는 자들을 거듭나게 하시고 인치심으로 그 계획이 효력이 있도록 하실 것이 결정되었다(엡 1:3-14).[40]

이것을 언약의 더 넓은 관점에서 보면 그런 합의는 그리스도 안에서 선택받은 자들에게 구원을 주기 위한 의도로서 삼위일체 안에서 이루어졌다. 그리고 성자 하나님은 성부 하나님이 그에게 주신 자들, 이 땅에서 선택받은 자들을 위해 자원하여 자신을 대속 제물로 드리셨다. 언약신학

---

39 위의 책, 78.
40 Enns, *The Moody Handbook of Theology*, 508.

자들에 따르면, "구원의 언약은 삼위일체 하나님을 통해 성경에 분명하게 나타나 있다. 성부 하나님은 성자 하나님을 통해 백성을 구원하시고, 부르시며, 의롭게 하시고, 영화롭게 하신다."[41]

창조-행위 언약은 하나님이 인류의 대표 아담과 맺으신 언약이다. 이것에 근거해서 하나님은 아담에게 법에 순종해 영생을 누릴 것을 요구하신다. 그러나 반대로 만일 아담이 불순종하면 그는 영원한 죽음에 놓이게 된다. 하나님은 인간을 창조하시고, 그를 에덴동산에 두셨다. 그리고 나서, 다음과 같은 명령을 주셨다.

> 동산 각종 나무의 열매는 네가 임의로 먹되 선악을 알게 하는 나무의 열매는 먹지 말라 네가 먹는 날에는 반드시 죽으리라 하시니라(창 2:16-17).

우리는 이 명령에 언약적인 언어(이 경우에는 하나님과 아담이라는 두 주체 사이의 합의)가 암시되어 있다는 사실을 알 수 있다. 아담의 의무는 하나님께 완전한 순종이었다고 언약신학자들은 주장한다. 그리고 이것에 대한 하나님의 의무는, 완전한 순종에 대한 보답으로 영생을 선사하는 것이었다. 그러나 아담은 언약(자기가 지켜야 할 부분)을 지키지 못했고, 그 결과 아담과 그의 후손들에게 죽음이라는 형벌이 내려졌다.

은혜 언약은 그리스도를 통해 죄 용서를 받는 자들에게 영원한 생명을 약속한다. 몇몇 언약신학자는 구속 언약과 은혜 언약을 결합한다. 은혜 언약이 정확히 언제 세워지게 되었는지를 그들은 알지 못한다. 어떤 이들은 은혜 언약이, 하나님이 뱀에게, 그분(He)이 그의 머리를 상하게 할 것이고 그 뱀은 남자-자손(Man-Child)의 발꿈치를 상하게 할 것이라고 말한, 창세기 3:15의 구속의 약속과 함께 시작되었다고 주장한다. 또 다른 이들은 하나님이 창세기 12장에서 아브라함과 맺으신 언약과 함께 은혜 언약이 시작되었다고 주장한다.

---

41 Horton, *Introducing Covenant Theology*, 82.

영원한 구원을 보장하는 구원 계획을 확립하기 위해 은혜 언약은 구속의 언약과 연결된다. 인류는 행위(창조) 언약을 지키는 데 있어 실패한다. 그러나 하나님은 구속의 언약 안에서 구원을 제공하시며, 은혜의 언약은 그리스도가 하신 일을 하나님에 의해 선택된 자들의 삶에 적용시킨다.

"하나님은 우리의 구원을 위한 보증으로 그의 아들을 주셨다. 그분의 은혜를 통해, 성령 수여에 의해, 하나님은 인간이 언약 의무들의 요구를 충족시키는 것을 가능하게 하신다"라고 엔스는 주장한다.[42] 예수님은 구속의 언약을 통해 성부 하나님과의 영원한 언약에 들어가신 참 이스라엘이시고, 우리가 은혜 언약을 따라 약속들을 기업으로 받을 수 있도록 하기 위해, 행위의 언약 안에서 하나님의 요구 사항들을 충족시키셨다.[43]

3) 이스라엘과 교회에 대한 약속들의 관계

언약신학자들은 이스라엘을 향한 하나님의 약속들이, 이스라엘과 유기적 연속성 안에 있는 교회를 세우신 메시아 나사렛 예수의 위격과 사역 안에서 성취되었다고 본다. 이스라엘과 교회의 관계성은 언약신학과 세대신학 둘 다에게 상당한 논쟁을 불러일으켰다.[44] 언약신학자들은 역사를 통해 하나님의 구원 계획이 가지고 있는 '통일성'과 '연속성'을 강조한다. 언약신학이 구속사를 이해하는 바에 따르면, 이스라엘과 교회 사이의 궁극적인 구분은 존재하지 않는다.

은혜 언약의 공식 비준(창 12, 15장)으로서의, 하나님이 아브라함에게 하신 약속, 즉 아브라함이 여러 민족의 아버지가 될 것이고, 그의 '자손' 안에서 땅의 모든 민족이 복을 받게 될 것이라는 약속은, 예수 그리스도

---

42 Enns, *The Moody Handbook of Theology*, 509.
43 마이클 호튼, 『언약신학』(*Introducing Covenant Theology*), 144-146.
44 어떤 언약주의 신학자들은 대체신학(replacement theology 혹은 supersessionism)을 주장한다. 대체신학이란 "신약 시대의 교회가 새로운 혹은 참 이스라엘이며, 신약의 교회가 하나님의 백성인 이스라엘 민족을 영원히 대체했다"는 견해를 가리킨다. 다음을 참고하기 바란다. Michael J. Vlach, "Various Forms of Replacement Theology", *Master's Seminary Journal* (2009): 57.

안에서 성취되었다. 은혜 언약 안에서 아브라함에게 약속된 '씨'는 참 이스라엘이신 예수 그리스도이시고, 그리스도와 믿음으로 연합된 모든 자는 그와 함께 언약 약속들의 상속자가 될 것이다(갈 3:16, 29).

개혁-언약주의의 관점에서 볼 때, 예수 그리스도의 복음은 유대인이든 이방인이들 모든 믿는 자를 위해 은혜 언약 약속들을 직접 성취하신다. 이스라엘과 교회는 서로 구분된 두 종류의 백성이 결코 아니다. 오히려, 교회는 하나님이 세우신 참 이스라엘로서, "택하신 족속이요 왕 같은 제사장들이요 거룩한 나라요 그의 소유가 된 백성"이다(벧전 2:9).

언약신학의 관점에서 볼 때, 하나님은 이스라엘과 교회에 대한 각각의 서로 다른 계획과 목적을 갖고 계시지 않으신다. 대신, 하나님은 유대인들과 그리고 각 나라와 족속과 백성과 방언에서 모인 이방인들로 구성된 하나의 구속받은 인류 공동체를 예수 그리스도의 복음 안에서 창조하고 계신다.

코넬리스 베네마(Cornelis P. Venema)는 말한다.

> 예수 그리스도를 믿는 모든 자를 위한 단 하나의 구원 방법만 존재한다. 그와 동시에 (바울은) 이 구원이 유대인을 위한 하나님의 구속 목적을 대체하거나 덮어쓰지 않고 오히려 성취한다고 단언한다. 이스라엘과 교회에 대한 계속되는 논쟁은, 이스라엘과 교회를 구별하지도 않고 이스라엘을 교회로 대체하지도 않는 사도 바울의 균형을 유지할 필요가 있다. [45]

4) 언약신학과 마지막 때

종말론은 마지막 시대, 종말을 연구하는 학문이다. 이것은 앞으로 펼쳐질 미래의 사건들을 해석하고 이해하는 데 목적을 둔다. 구속사를 다루는 그 어떤 시도도, 하나님의 전체적 구원 계획의 마지막 결과로서 성

---

45 Cornelis Venema, "The Church and Israel: The Issue", http://www.ligonier.org/learn/articles/the-church-and-Israel-the-issue.

경적 종말론을 진지하게 고려한다. 하나님은 주권적으로 구속사를 이끌어 가시는데, 하나님이 목표하시는 것이 곧 역사의 최종적 완성이라는 사실을 사도 바울은 우리에게 상기시킨다(엡 1:11).

언약신학자들은 언약들을, 구약성경과 신약성경을 하나님의 구속 계획이라는 일관성 있는 주제를 가지고 하나로 통일시킬 수 있는 구성 원리들이라고 본다. 그러나 언약신학의 종말론은 유연성과 다양성을 갖고 있다. 민족적 국가적 배경에 관계없이 모든 인류에게 구속의 한 가지 길을 제공하는 주된 은혜 언약을 하나님이 갖고 계시기 때문에, 그분의 종말론적 계획은 구속받은 한 인류 공동체에 적용되지, 이스라엘을 위한 구별되고 구분되는 계획이 있고 교회를 위한 다른 게 있는 것이 아니다.[46]

이것을 종말론적 관점에서 보면 언약신학이 천년 왕국을, 이스라엘 민족에게 주어진 약속들을 하나님이 성취하시는 기간으로 보지 않는 것을 의미한다.[47] 성경을 언약적 관점에서 해석하는 학자들은 일반적으로 무천년주의, 후천년주의 혹은 역사적 전천년주의를 따른다.

무천년주의라고 해서, 천년 왕국이 존재하지 않는다고 언약신학자들이 주장하는 것은 아니다. 단지, 무천년주의자들은 천년 왕국을 그리스도의 재림 이후에 오는 문자적 지상 천년 통치로 보지 않는다.

안토니 후크마는 이것과 관련해 다음과 같이 이야기한다.

> 무천년주의라는 말은 그리 좋은 용어가 아니다. 왜냐하면, 이것은 마치 무천년주의자들이 어떤 형태의 천년 왕국도 믿지 않는다거나, 천년 왕국 통치에 대해 기록하고 있는 요한계시록 20장 첫 여섯 구절을 인정하지 않는 듯한 인상을 주기 때문이다. 무천년주의자들이 천년 왕국을 믿

---

46 안토니 A. 후크마에 따르면, "요한계시록 20:1-6의 내용은 땅, 특별히 유대 왕국에 대한 그리스도의 통치와 무관하다"(Anthony A. Hoekema, "Amillennialism", in *The Meaning of the Millennium: Four Views*, ed. Robert G. Clouse [Downers Grove, IL: InterVarsity, 1977], 155).

47 '밀레니엄'(millennium)이라는 용어는 숫자 '천'을 의미하는 라틴어 단어 '밀레'(*mille*)와 해를 세는 단위인 '년'을 의미하는 라틴어 단어 '아누스'(*annus*)에서 유래했다. 이 용어는 '천 년'이라는 기간을 가리킨다.

지 않는다거나, 위의 구절을 인정하지 않는다는 주장은 사실이 아니다. 물론 무천년주의자들은 예수님의 재림 이후에 문자적 의미에서의 천년 지상 통치를 믿지 않는다는 것은 맞지만, 무천년주의라는 용어는 그들의 견해에 대한 정확한 묘사가 아니다.[48]

언약신학의 종말론은, 하나님이 하나의 구속받은 인류 공동체를 다루신다고 보는 것과 또한 요한계시록 20장의 천년 왕국은 그리스도의 재림 때까지 실현되고 있는 과정 중에 있다고 보는 해석 체계를 발전시켜 왔다. 하나님의 나라는 현재 말씀과 성령을 통해 다스리고 있고, 그리스도가 최종적 완성을 이루기 위해 다시 오실 때 시작하실 더 영광스럽고 온전한 미래의 왕국을 향해 나아가고 있다.

'천년' 동안 그리스도와 함께 다스리는 사람들은, 과거에 죽어서 현재 그리스도와 함께 하늘에서 다스리고 있는 그리스도인들이다.[49] 이런 견해는 구속사의 중요한 사건들을 그리스도의 재림 이후에 동시다발적으로 발생하는 일련의 사건으로 본다.[50]

후천년주의는 언약신학자들이 무천년주의 다음으로 가장 많이 따르는 종말론적 견해이다. 후천년주의는 천년 왕국이 지난 '이후에' 그리스도께서 재림하신다고 주장한다.[51]

---

48 Hoekema, "Amillennialism", 155.
49 Hoekema, *The Bible and the Future*, 174.
50 위의 책. 로버트 스트림플은 다음과 같이 요약한다. "구약성경은 미래에 있을 그리스도의 천년 왕국에 대해 가르치지 않는다. 구약의 선지자들은 한결같이 메시아의 '영원한' 왕국과 '영원한' 복에 대해서 이야기한다. … 신약성경은 그리스도의 재림에 대해 이야기할 때 미래의 천년 왕국에 대해 언급하지 않을 뿐 아니라 신약은 그리스도의 재림 이후에 있을 이 땅에서의 천년 왕국 또한 배제시킨다. 왜냐하면, 그리스도의 재림, 신자들의 부활, 불의한 자들의 부활, 모든 자에 대한 심판, 종국, 새 하늘과 새 땅, 하나님의 마지막 왕국의 시작, 구원받은 자들이 복을 받게 되는 영원한 상태, 이 모든 것이 동시대에 일어나며, 구속사의 한 거대하고 극적인 피날레로서 연속적 종말 사건들이 함께 일어날 것을 신약성경이 분명히 밝히기 때문이다"(Robert B. Strimple, "Amillennialism", in *Three Views on the Millennium and Beyond*, ed. Darrell L. Bock [Grand Rapids: Zondervan, 1999], 100).
51 "후천년주의자들은 다음의 세 가지 부분에 있어 무천년주의자들과 의견을 같이 한다. 첫째로, 후천년주의자들은 천년 왕국을 그리스도께서 지상 왕좌로부터 이 땅을

케네스 젠트리(Kenneth L. Gentry Jr.)는 후천년주의를 다음과 같이 정의한다.

> 후천년주의란 성령의 축복을 받은 예수 그리스도의 복음이 현세에서 인류의 절대 다수를 구원으로 이끌 것을 기대하는 것이다. 점증하는 복음 전파의 성공은, 믿음, 의, 평화, 번영 등이 사람들과 국가들의 일들 안에 가득 차게 되는 시기를 역사 속에 만들어 낼 것이다. 이런 상태가 상당히 오랜 기간 지속된 후에, 주님은 가시적이고 육체적으로 큰 영광 가운데 재림하셔서, 모든 인류를 부활시키시고 그들을 심판하심으로써 역사를 종결시키실 것이다.[52]

다시 말해, 하나님은 교회를 통해 일하셔서 세상에 복음을 전파하시고, 결과적으로 사회가 그분의 표준을 따라 작동하도록 사회를 '그리스도화'시키신다.

> 복음이 세상에 전파됨으로 현 시대는 점차적으로 천년 왕국으로 이전될 것이다. 하지만 현재의 삶의 형태는 유지될 것이다. 그리스도께서는 천년 왕국이 끝나는 시점에 이 땅에 다시 오실 것이다.[53]

점점 더 악해지는 세상에 그리스도께서 재림하실 것이라고 보는 전천년주의와 무천년주의의 견해와는 다르게, 후천년주의는 도덕적 진보를 이룬 사회에 그리스도께서 재림하실 것이라고 주장한다.[54]

눈에 보이게 직접 통치하시는 것으로 보지 않는다. 둘째로, 후천년주의자들은 천년 왕국을 문자 그대로의 천년 기간으로 보지 않는다. 셋째로, 그들은 천년 이후에 그리스도께서 재림하실 것이라고 믿는다"라고 스트림플은 언급한다. Strimple, "Amillennialism", 175.

52 케네스 젠트리 주니어 외 2인, 『천년 왕국이란 무엇인가』(*Three Views on the Millennium and Beyond*), 박승민 역 (서울: 부흥과개혁사, 2011), 16.
53 Enns, *The Moody Handbook of Theology*, 385.
54 위의 책, 386.

그리스도께서는 재림하신 이후에 죽은 자들의 부활, 최종적 심판 그리고 영원한 상태라는 종말의 일련의 일들을 최종적으로 이행하실 것이다.

'역사적' 전천년주의는 언약의 연속성을 통해 구속사를 해석하는 자들이 따르는 마지막 종말론적 견해이다.

조지 앨든 래드(George Eldon Ladd)는 이것에 대해 다음과 같이 설명한다.

> 전천년주의는 그리스도께서 재림하신 이후에 천년 동안 이 땅을 다스리실 것이라고 주장한다. 그리고 나서, 하나님의 구속사의 최종적인 완성인 새 하늘과 새 땅이 창조될 것이라고 본다.[55]

그러나 역사적 전천년주의는 이스라엘 민족과 교회의 미래를 분명하게 구분하지 않는다. 교회는 환난을 통과할 것이고, 그 이후에 그리스도께서 이 땅에 다시 오셔서 천년 왕국을 세우실 것이다.[56] 그런데, 그리스도

---

55 George Eldon Ladd, "Historic Premillennialism", in *The Meaning of the Millennium: Four Views*, 17. "역사적 전천년주의가 제시하는 해석학적 체계는 그것을 세대주의적 전천년주의와 구별되게 한다. 역사적 전천년주의에서는 이스라엘과 교회에 대한 구분이 유지되지 않거나, 문자적 해석 방법이 일관성 있게 요구되지 않는다"라고 엔스는 말한다(*The Moody Handbook of Theology*, 386). 역사적 전천년주의는 구약의 예언들이 신약 시대의 교회를 통해 현재 적용되고 성취되고 있다고 주장한다. 래드(Ladd, "Historic Premillennialism", 18-19)는 이렇게 쓴다. "세대주의 신학은 구약의 많은 예언이 천년 왕국과 메시아의 천년 통치에 대해 말한다고 주장한다. 이런 견해는 구약성경의 예언들을 반드시 문자적으로 이해해야 한다는 해석학에 기초한다. … 구약성경에 대한 문자적 해석의 반대는 '영적' 해석학이다. 영적 해석학이란 구약성경의 예언들이 기독교 교회를 통해 성취된다고 보는 견해이다. 그래서 무천년주의자들은 일반적으로 천년 왕국을 '영적으로' 해석한다. 그들에게 있어 천년 왕국은 그리스도의 문자적 지상 통치를 의미하지 않는다. 무천년주의자들에게 있어 천년은 그리스도께서 교회 시대에 교회를 통해 통치하시는 것 혹은 순교자들이 죽음 이후에 중간 상태에서 통치하는 것을 가리킨다.

56 "그리스도의 재림은 두 단계에 걸쳐 일어나는 것이 아니라 단지 한 번 있을 사건이다. 그리스도께서 다시 오실 때, 죽었던 신자들은 부활할 것이고 여전히 살아 있는 신자들은 변화되어 영화롭게 될 것이다. 그리고 나서, 그들은 모두 하늘에 올라가 공중에서 주님을 만나게 될 것이다. 공중에서의 만남 이후, 그리스도께서 이 땅으로 내려오실 때 그들도 함께 동행할 것이다"(Hoekema, *The Bible and the Future*, 181).

의 통치는 미래에 시작되는 게 아니고, 그분은 현재 하늘에서 통치하신다. 그리고 그들의 주장에 따르면 "신약성경은 그리스도의 통치하심을 천년 왕국 기간 동안 민족적 이스라엘에 대한 것으로만 국한시키지 않는다."[57]

하나님 나라는 예수님의 공생애를 통해 나타나게 되었다. 그리스도께서 하늘에 오르시고, 오순절에 '성령의 주어짐'으로, 하나님의 나라는 성령님을 통해 현존하게 되었으며, 이런 상태는 그리스도께서 심판하시기 위해 이 땅에 다시 오심으로 이 시대가 끝날 때까지 계속될 것이다.

천년 왕국 기간 동안, 그리스도께서는 물리적이고 눈에 보이는 방식으로 이 땅을 통치하실 것이며, 그의 구원받은 백성은 그리스도와 함께 다스릴 것이다.

> 구원받은 백성에는 유대인과 이방인이 모두 포함된다. 이방인들이 먼저 구원 공동체에 들어온 이후, 유대인들은 대부분 최근에 회심했다. 그러나 이것이 유대인과 이방인을 분리시키지는 않는다. 왜냐하면, 오직 하나의 하나님 백성만 존재하기 때문이다.[58]

천년 왕국 기간이 종결된 이후에, 사탄은 패배하게 될 것이다. 그리고 나서, 최종적 심판이 내려지고 마침내 최종적 상태가 수립될 것이다.

4. 세대주의

세대주의는 하나님의 구속사를 설명할 수 있는 또 다른 해석 체계이다. 세대주의는 어떤 특정 신학에 대한 설명이나, 교리적 믿음에 대한 요약,

---

[57] 위의 책, 29. 래드에 따르면, "천년 왕국 교리는 구약성경의 예언들이 아닌, 신약에 언급된 내용에만 기초한다. 성경에서 천년 왕국을 직접 언급하는 구절은 요한계시록 20:1-6이 유일하다. … 모든 천년 왕국 교리는, 기본적으로 이 구절에 대한 해석에 기초해야 한다"("Historical Premillenialism", 32).

[58] Hoekema, *The Bible and the Future*, 181.

또는 역사적 신조에 대한 서술이 아닌 성경을 해석하는 하나의 체계이다. 라이리(Charles C. Ryrie)는 세대주의에 대해 다음과 같이 설명한다.

> 그래서 세대주의는, 성경적 구분들의 필요에 대한 답을 주고, 만족스런 역사 철학을 제시하며, 일관성 있게 정상적 해석 원리를 사용하는 데 있어서, 도움을 줄 수 있을 것이라고 주장한다. 이런 것들은 성경을 올바로 해석하는데 있어 기본이 되는 영역들이다. 만일 세대주의가 답을 갖고 있다면 그것은 일관성 있는 성경 해석에 있어 가장 유용한 도구이다.[59]

1) 세대주의 이해하기

로버트 라이트너(Robert Lightner)는 세대주의를, "성경을 문자적으로—일반적 용법을 따라—해석하고, 중요한 성경 언약들—아브라함 언약, 팔레스타인 언약(감수자 주: 모세 언약과 동의어), 다윗 언약, 새 언약—에 주된 강조점을 두며, 성경이 '하나님께 영광'이라는 그분의 주된 목적을 이뤄가는 데 있어서 구분될 만한 신적 운영 방식들을 전개해 나간다고 보는 신학 체계"로 정의한다.[60]

라이트너가 세대주의를 정의한 내용을 보면 세대주의의 몇 가지 중요한 특징을 발견할 수 있다.

첫째, 세대주의는 성경을 해석하기 위한 신학적 체계이다.
둘째, 이것은 성경의 언약을 강조한다.
셋째, 하나님의 계획과 목적을 이루는 데 있어서 각기 구별되는 기간들에 초점을 둔다.

---

[59] 찰스 라이리, 『세대주의의 바른 이해』(*Dispensationalism Today*), 21.
[60] Robert Lightner, "Theonomy and Dispensationalism", *Bibliotheca Sacra* 143 (1986): 33.

세대주의의 또 다른 중요한 특징은, 이스라엘 민족과 연관된 성경의 언약을 성취하는 데 있어서 그리스도의 종말론적 역할을 강조하는 것이라고 허버트 베이트먼(Herbert W. Bateman)은 덧붙인다. 그는 이것과 관련해 다음과 같이 설명한다.

> 세대주의자를 특징짓는 것은, 교회의 독특성에 대한 강조와 미래의 천년왕국 기간이 인간 역사 속에 있을 것이라는 그의 확신이다. 하나님은 그가 이스라엘 민족과 맺으신 아브라함 언약, 다윗 언약 그리고 새 언약을 이 땅에 이루어지는 예수 그리스도의 물리적 지상 통치를 통해 완성하실 것이다.[61]

세대주의는, 하나님의 뜻과 마음의 특정한 계시가 작동하고 사람이 그 특정한 계시에 관련되어 시험을 받는, 서로 구분되는 지정된 기간들이 있다는 관점에서 성경을 해석하는 하나의 성경 해석 체계이다.[62]

세대라는 용어와 개념이 성경에서 비롯되었다는 것은 세대주의자들에게 있어 신뢰성의 측면에서 중요한 근거이다. 세대는 "하나님의 목적의 성취 과정에 있어서의 하나의 구분 가능한 경륜(economy)이다."[63]

영어 용어 '디스펜세이션'(Dispensation)은 헬라어 '오이코노미아'(οικονομια)에서 유래되었는데, 그 헬라어는 '가정 경영'과 '청지기'라는 개념으로 사용된다(눅 16:2-4, 엡 1:10; 3:2, 9).[64]

61　Herbert W. Bateman, "Dispensationalism Yesterday and Today", in *Three Central Issues in Contemporary Dispensationalism*, ed. Herbert Bateman IV (Grand Rapids: Kregel, 1999), 22. "그러나 그 초기 시작부터 세대주의의 독특한 특징들은 명료화, 수정 그리고 변화의 과정을 겪었다"라고 허버트 베이트먼은 덧붙인다.
62　Roy Aldrich, "An Outline Study of Dispensationalism", *Bibliotheca Sacra* 118 (1961): 134.
63　찰스 라이리, 『세대주의의 바른 이해』 (*Dispensationalism Today*), 31.
64　"세대주의는 세상을 하나님이 경영하시는 하나의 가정으로 본다. 그의 가정 안에서 하나님은 그 자신의 뜻을 따라, 시간의 흐름에 따라 계시의 다양한 단계들에서, 일들을 시행하거나 경영하신다. 각 단계 혹은 각 세대는 하나님의 전체 목적을 이뤄감에 있어 구별될 수 있는 다른 경영들(econmies)을 구분해 나타내며, 이 다른 경영들(경륜들)이 세대들(dispensations)을 구성한다. 하나님의 다른 운영 방식(경륜)들을 이해하는 것은 다양한 경륜들 안의 하나님의 계시를 올바르게 해석하는 데 필수적이

베이트먼은 이것을 다음과 같이 요약한다.

> 신학적으로, 이 단어는 다음과 같은 경우에 사용된다.
> (1) 어떻게 하나님이 인간 역사의 여러 단계를 통해 구원-역사를 주권적으로 그리고 점진적으로 계시하시는가에 대해 말할 때(히 1:1-2)
> (2) 하나님이 여러 세대에서 그분의 계획을 경영하실 때 사람들은 어떻게 하나님과 관계를 맺고 행해야 하는가에 대해 말할 때(요 1:17)
> 예를 들어, 신약성경은 이전 세대(엡 3:8-9; 골 1:25-26)와, 현재 세대(엡 3:2-3) 그리고 앞으로 있을 미래 세대(엡 1:9-10)에 대해 분명하게 말한다.[65]

찰스 라이리는 다음과 같이 덧붙여 설명한다.

> 세대는 하나님의 관점에서 볼 때는 경륜(economy)이고, 인간의 관점에서 볼 때는 책임(의무)이며 그리고 점진적 계시와 관련하여 볼 때는 그런 계시 안에 있는 하나의 단계이다.[66]

세대주의자들은 세대주의 신학이라는 성경 해석 체계가 일관성 있고 정상적(normal) 성경 읽기를 가능하게 한다고 주장한다. 신학적 관점에서 보면 세대주의는 하나님이 그의 구속 계획을 성경의 언약을 통해 이뤄가시고, 종말론적으로 그리스도 안에서 성취되는 것으로 본다.

다" (Ryrie, *Dispensationalism*, 34-35).
65 Bateman, *Three Central Issues in Contemporary Dispensationalism*, 47.
66 찰스 라이리, 『세대주의의 바른 이해』 (*Dispensationalism Today*), 35.

2) 세대주의의 특징들

(1) 이스라엘과 교회를 향한 고유한 계획

세대주의 신학에는 적어도 세 가지의 중요한 특징이 존재하는데, 여기에 대해서는 지지자들이 일반적으로 긍정한다.[67]

첫째, 이스라엘을 향한 하나님의 고유한 계획과 교회를 향한 하나님의 고유한 계획은 구분이 된다. 크레이그 블레이징은 이것과 관련해 다음과 같이 기술한다.

> 이스라엘과 교회를 구분하는 것이 세대주의의 핵심적인 요소라는 것에 현대의 많은 세대주의자는 의견의 일치를 보인다.[68]

이것과 관련해, 라이리는 다음과 같이 덧붙인다.

> 이것은 아마도 어떤 사람이 세대주의자인지 여부를 판가름하는 가장 기본이 되는 신학적 시험일 것이며, 의문의 여지없이 가장 실제적이고 결론적 시험이다.[69]

---

67 위의 책, 45이하. 라이리는 이것을 '세대주의의 필수불가결한 요소'로 언급한다. 그러나 내가 여기서 반드시 라이리의 주장을 요약할 필요는 없다. 사실, 블레이징도 말했지만, 라이리가 제기한 세 가지 요소 중, 두 가지는 신학적으로 방어되기 쉽지 않은 듯 하다. 적어도 그가 그것들을 진술한 방식으로라면 말이다. 많은 사람에 따르면, 이스라엘과 교회의 구별이라는 이 특징이 진정 세대주의를 대표하는 듯하다. 이와 관련해서는, 다음의 글을 참고하기 바란다. Craig A. Blaising, "Dispensationalism: The Search for Definition", in *Dispensationalism: Israel and the Church: The Search for Definition* (Grand Rapids: Zondervan, 1992), 23.

68 Craig A. Blaising, "Development of Dispensationalism", *Bibliotheca Sacra* 145 (1988): 273.

69 찰스 라이리, 『세대주의의 바른 이해』(*Dispensationalism Today*), 50.

그러나 이스라엘과 교회가 어느 정도까지 구분되는지에 대해서는 세대주의자들 사이에서도 이견이 존재한다.[70]

블레이징은 다음과 같이 말한다.

> 이스라엘과 교회를 구분하는 것과, 그 구분이 무엇인지 혹은 세대주의 신학을 위해 그 함축된 의미가 무엇인지 설명하는 것은 전혀 별개의 문제이다.[71]

그러나 이스라엘 민족에 대한 하나님의 약속, 계획 그리고 목적은 교회에 대한 것과 분명하게 구분되어야 한다는 것에 거의 모든 세대주의자가 동의한다. 하나님이 이스라엘과 맺으신 무조건적이고 일방적 약속들은 반드시 성취될 것이다. 왜냐하면, 그것들은 그분의 약속에 기초하고 있기 때문이다.[72]

---

[70] 전통적 세대주의자인 스탠리 투생은 "점진적 세대주의가 이스라엘과 교회를 어느 정도 구분하고 있지만, 그 구별이 그다지 날카롭지 않다"라는 견해에 동의한다 (Stanley D. Toussaint, "Israel and the Church of Traditional Dispensationalist", in *Three Central Issues in Contemporary Dispensationalism*, 230).

[71] 다음의 저서에 인용되어 있는 문장이다. Toussaint, "Israel and the Church of Traditional Dispensationalist", 230.

[72] 래니어 번즈(J. Lanier Burns)는 이스라엘과 교회의 관계에 대해서 제기되는 추가적인 질문들을 아주 잘 요약해 놓았다.
"민족들 가운데 하나님의 백성으로서의 이스라엘은 어떻게 독특한가?
이스라엘은 어째서 토라가 육신이 되신 분(감수자 주: 예수 그리스도)을 거절했으며, 이방 민족들은 어떻게 토라(모세오경) 없이도 여호와의 은총을 입을 수 있었는가?
그렇다면, 과연 교회는 '재구성된' 하나님의 백성으로서 이스라엘을 '대체'한 것인가?
이스라엘은 믿음의 백성인 교회와는 구분되는가?
만일 구분된다면, 성경에 등장하는 이 두 집단은 어디까지 또 어느 정도로 서로 구분되는가?
감람나무 비유는 현 시대의 이방인들과 유대인들의 동시적 구원에 대해서 말하고 있는가 아니면 차례로 계속되는 구원에 대해서 말하는가?
왜 신약성경은 함축적인 '이스라엘'과 '교회'의 차이점보다도, '유대인들'과 '이방인들'의 관계성에 대해 더 명백하게 다루는가?
이 주제와 관련해서 다양한 신학적 접근 방식이 있는데, 그 차이점들을 논하는 데 있어서 열쇠 본문 혹은 제한된 수의 핵심 구절들이 있는가?

그리고 심지어 이스라엘이 실패했음에도 불구하고, 하나님과 이스라엘의 관계성에 있어 교회는 이스라엘을 대체하지 않는다. 이스라엘은 교회와는 구분된 미래를 가지고 있다.

> 세대주의자들은 이런 기초 위에, 이스라엘을 위한 문자적 천년 왕국을 지지한다. 그리고 메시아께서 이 땅에 다시 오심으로 이스라엘을 위한 천년 왕국을 세우실 것이라고 고백한다(계 19:11-19).[73]

(2) 성경의 언약과 신적 예언을 강조함

둘째, 세대주의는 하나님의 전체적 계획의 구조에 있어 성경의 언약과 신적 예언을 매우 강조한다.

성경의 언약은 하나님이 세우신 약속과 합의들을 드러낸다. 그리고 신적 예언은 성경 언약의 예견, 성취 그리고 전개되는 측면들을 드러낸다.

> 세대주의는 성경 예언의 역사적 의미가 지구와 지구에 살고 있는 인류를 향한 하나님의 뜻을 이해하는 데에 적절하다는 것을 발견한다. 성경의 예언을 오로지 교회 내 그리스도의 현재적 사역이나 신자들의 개인 구원의 경험에 연결시켜 해석하는 다른 신학적 전통들이 있다. 그러나 이런 예언을 조금 더 문자적으로 해석하는 세대주의자들은 삶의 현세적, 국가적, 정치적 측면을 포함하는, 미래에 있을 하나님의 축복을 항상 기대해

이스라엘과 교회의 관계를 어떻게 볼 것인가를 놓고 복음주의자들 사이에서도 양극화 현상이 있는데, 몇 본문들과 이슈를 포함한 '통합적인 질문'은 명료화 혹은 해결을 가져올 수 있겠는가?
만일 다양한 전통을 배경으로 가지고 있는 학자들이 천년 왕국과 관련된 논의를 제외하고는 종말론에 대해서 의견의 일치를 보인다면, 신학적 토론의 미래는 어떤 것이겠는가?
이런 질문들에 답하기 위해서는, 하나님이 이스라엘에게 주신 고유의 특권과 특혜로 증거된 바 이스라엘의 독특성을 반드시 먼저 논해야 한다(J. Lanier Burns, "Israel and the Church of a Progressive Dispensationalist", in *Three Central Issues in Contemporary Dispensationalism*, 265).
[73] Enns, *The Moody Handbook of Theology*, 523.

왔다. 이런 축복 중 많은 부분은 그리스도의 지상 재림에 의해 시작되는 미래 세대에 속하는 것이다.[74]

세대주의 성경 해석 체계는 성경의 언약과 신적 예언이 갖는 그 관계성을 중요하게 여긴다. 세대주의 안에서 의견이 나뉘는 것은, 주로 성취의 본질에 대한 논의에서 비롯된다.[75] 하지만 성경의 언약과 신적 예언이 하나님의 역사 철학을 바르게 이해할 수 있도록 의미심장하게 결합된다는 사실에는 모두 동의한다. 세대주의자들은 성경의 언약들이 가지고 있는 관계성을 주로 근거해, 구속사 안에서 하나님의 일하심을 추적한다. 또한, 그들은 하나님이 성경의 예언을 앞으로 미래에 이루실 것이라고 믿는다. 성경의 언약들과 "구약의 예언들은 하나님이 약속하신 그대로 성취될 것이다."[76]

(3) 전천년주의적 종말론

셋째, 구속사를 해석하는 것에 있어 세대주의 신학이 가지고 있는 또 다른 핵심적 특징은 바로 전천년주의적 종말론이다.

계시의 진전과 하나님의 구속 역사의 마지막 단계들과 일치를 이루어, 전천년적 종말론은 세대주의의 모든 체계적 부분이 다 함께 작용해 구속사의 결론 즉 그리스도의 천년 지상 통치에 이르도록 한다.

이런 해석학적 체계와, 성경의 언약에 대한 강조 그리고 이스라엘과 교회에 대한 구분을 통해서 전천년주의적 종말론은 세대주의자들을 위한 가장 설득력 있는 결론을 제공한다.[77]

---

74 크레이그 블레이징 그리고 대럴 박, 『점진적 세대주의』 (*Progressive Dispensationalism*), 29.
75 성취의 본질은 구약에 기록되어 있는 약속과 예언 그리고 그것이 신약에서 성취되는 방식 사이의 관계에 초점이 맞추어져 있다. 이것은 전체적이고 완전한 성취인가? 부분적 성취인가? 성취의 시작인가? 문자적 성취와 영적 성취는 어떤 차이점을 가지고 있는가?와 같은 질문들에 성취의 본질은 답하고자 한다.
76 Charles H. Dyer, "Biblical Meaning of 'Fulfillment,'" in *Issues in Dispensationalism*, ed. Wesley R. Willis and John R. Masters (Chicago: Moody, 1994), 71.
77 "전천년주의자이지만 세대주의자는 아닌 사람들이 있다. 언약주의적 전천년주의자는 은혜 언약이라는 개념과 하나님의 구원적 목적을 중심에 둔다. 그들은 천년 왕국

블레이징은 세대주의적 전천년설의 핵심 특징들을 다음과 같이 요약한다.

> 세대주의는 전천년주의의 한 형태이다. 전천년주의는 그리스도가 이 지상에 다시 돌아오실 것이며 1,000년 동안 이 지구를 통치하실 것이라고 믿는다. 대부분의 전천년주의자처럼, 세대주의자들은 성경의 예언이 그리스도께서 전통적으로 대환난이라고 불리우는 고통의 때에 재림하실 것을 가르치고 있다고 해석한다. 그러나 대부분의 세대주의자는 대부분의 전천년주의자와는 다르게 환난 전 휴거로 그리스도께서 교회를 위해 환란 전에 재림하셔서, 그리스도 안에서 죽은 자들을 부활시키고, 살아남은 자들을 영생의 삶으로 변화시키시며 그리고는 그분이 이 지상에서 눈에 보이게 열방을 통치하실 천년 왕국 통치를 위해 다시 오시기 이전에 교회를 그분과 함께 하늘로 옮기신다는 교리를 옹호해 왔다.[78]

가장 중요한 것은, 천년 왕국은(그리고 그 이후에 오는 영원한 상태는) 구속사의 과정을 완성한다는 것이다. 하나님은 예수님과 이스라엘 그리고 인류를 향한 그의 목적과 계획을 이루실 것이다. 그뿐만 아니라 예수님은 영광과 평화의 천년 왕국을 이 땅에 세우실 것이다. 하나님이 구약성경에서 이스라엘 민족에서 약속하신 모든 것이 천년 왕국 시대에 이루어질 것이다. 메시아이신 그리스도께서 이스라엘을 그들의 적으로부터 구원하실 것이고, 의로 땅을 심판하실 것이며, 이스라엘을 영광으로 회복하고, 번영과

이라는 개념을 인정하지만, 구약성경의 예언과는 거의 연결시키지 않는다. 그들의 개념에서의 천년 왕국은, 세대주의자들이 가르치는 것과는 차이가 있다. 그들이 구약에 천년 왕국에 대해 기록되어 있는 약속들을 그다지 대수롭지 않게 여겼기 때문에, 그들이 생각하는 왕국은 유대적 특성을 많은 부분 잃어버렸기 때문이다. 또한, 많은 언약주의적 전천년주의자는 환난 후 휴거설을 주장하는데, 그것은 비세대주의적 접근의 논리적으로 당연히 부수되는 결과인 것 같다. 분명한 것은, 누군가가 전천년주의자라고 해서 반드시 세대주의자가 되는 것은 아니다(그러나 역은 성립한다. 누군가가 세대주의자라면 그는 분명 전천년주의자이다)"라고 라이리는 이야기한다. (Ryrie, *Dispensationalism*, 45–46).

78 크레이그 블레이징 그리고 대럴 박, 『점진적 세대주의』(*Progressive Dispensationalism*), 30.

의와 평화가 다스리는 왕국을 세우실 것이다.

라메쉬 리처드는 역사를 향한 하나님 계획의 성취로서의 이 지상 왕국의 완전성에 대해 설명한다.

> 시간의 마지막 단계이자 하나님의 영광이 계시되는 그 정점으로서의 지상 왕국 설립은 역사의 목적으로 보여진다. 전천년주의 체계는 시간 안에서 종합적으로 통합시키는 원리와 목표를 가지고 있다. 이것은 또한, 신정론, 신성한 역사(Heilsgeschichte)와 유토피아의 요구들을 만족시키며, 결과적으로 하나님의 영광으로 귀결되어진다. 오직 세대주의적 전천년설만이 범위를 정하는 종말(eschaton), 의미를 부여하는 목적(telos) 그리고 정점을 찍는 완성을 이야기한다. 이것은 시간의 시작점(창조)부터 세상의 왕국들이 주님의 왕국이 되는 마지막까지의 모든 역사를 아우른다 (계 11:15).[79]

라메쉬 리처드의 주장과는 반대로, 많은 세대주의자는 천년 왕국 기간 동안의 그리스도의 통치가 영원한 상태로 전환될 것이라고 믿는다. 그리고 구속받은 땅에 대한 그리스도의 통치는 영원히 지속된다.

> 이 여러 왕들의 시대에 하늘의 하나님이 한 나라를 세우시리니 이것은 영원히 망하지도 아니할 것이요 그 국권이 다른 백성에게로 돌아가지도 아니할 것이요 도리어 이 모든 나라를 쳐서 멸망시키고 영원히 설 것이라 (단 2:44).

다니엘은 메시아께서 왕들과 그들의 왕국을 짓밟고, 그의 영원한 나라를 세우실 것이라고 예언한다.

---

[79] Ramesh Richard, "Premillennialism as Philosophy of History, Part 3" *Bibliotheca Sacra* 138 (1981): 211.

5. 요약: 두 신학적 전통

1) 두 가지 실행 가능한 전통

언약주의와 세대주의는 하나님의 구속사를 해석하기 위한 해석 체계를 제공하는 두 가지 실행 가능한 신학적 전통이다.[80] '세대주의'라는 이름이 암시하는 바와 같이, 이것은 인간 역사의 다양한 기간들이 갖고 있는 차이점들을 강조하는 경향이 있다. 그리고 이런 이해는 하나님의 구원 계획이 점진적으로 계시된다는 개념에서 비롯되었다.

성경의 언약은 세대주의 신학에 있어 매우 중요하다. 하지만 세대주의자들은 이런 언약들을, 특별히 이스라엘을 향한 하나님의 다루심과 관련해서 보며, 또한 하나님이 그들과 맺으신 약속들, 궁극적으로 그들에게 주어질 약속들의 관점에서 본다.

하나님이 이스라엘 민족에게 약속하신 이 땅에서의 축복은 결코 박탈되거나 무효화되지 않을 것이다. 이런 땅에서의 복을 받는 것에 있어, 교회는 이스라엘을 대체하지 않을 것이다. 하나님은 이스라엘과 교회를 향한 계획들을 유지하신다. 하나님이 구약성경에서 이스라엘과 맺으신 언약은 무효화되지 않는다. 그러나 이스라엘과 교회 모두에게 주어진 약속들은 예수 그리스도의 위격 안에서 실현되고 경험될 것이다.[81]

---

[80] "구약과 신약 그리고 이스라엘과 교회의 통일성을 강조하는 연속성 신학은 2세기부터 주를 이루어 왔다. 하지만 언약신학은 개신교 종교개혁에서 시작된 개혁신학에서 유래되었다. 구약과 신약의 연속성을 지지하는 또 다른 전통 중에는 루터교의 율법과 은혜에 대한 변증법, 로마가톨릭신학 그리고 동방정교회 등이 있다. 재세례파 신학은 대부분의 침례교 신학과 같이 불연속성을 주장한다(적어도 이것에 있어 그들은 '신자들의 교회' 견해를 지지한다). 몇몇 신학적 전통은 '연속성'과 '불연속성' 중 그 어느 한쪽에 헌신되어 있지는 않다. 성공회(특히, 성공회 계열 가톨릭)는 '언약적 연속성'(예를 들어, 제임스 패커와 청교도 운동 다수, 즉 비국교도주의, 비장로회, 비회중주의가 여기에 해당된다) 혹은 '비연속성'을 (예를 들어, 윌리엄 그리피스 토머스) 주장한다. 또한, 성공회에서 파생된 감리회 전통은 이와 유사하게 가변적 특성을 갖고 있다"고 스펜서는 기록한다(Spencer, "Reformed Theology, Covenant Theology, and Dispensationalism", 253-54).

[81] 점진적 세대주의는 구속사를 해석하는 또 다른 선택지로서 자신을 소개해 왔다. 그

반면, 언약신학은 성경 역사에 있어 하나님의 일하심이 갖는 통일성을 강조하는 경향이 있다.[82] 로버트 소시는 이것과 관련해서 다음과 같이 추가적으로 설명한다.

비세대주의자들은 하나님의 역사적 일하심의 통일성을 세대주의자들보다 더 강조한다. 비록 하나님 어떻게 이 땅의 일을 경영하시는지에 대해서는 차이가 존재하지만, 한 인간이 아이로부터 성인으로 발전해 가는 기본적 단계에 있어서는 차이가 없다.[83]

리고 이것은 어떤 측면에서는, 해석 체계에 있어 연속적 방식과 비연속적 접근 방식 양쪽으로 접근하면서 어느 정도 중재하는 역할을 했다. 소시는 다음과 같이 기록한다. "비세대주의와 전통적 세대주의 사이에서 중재 역할을 하는 신학적 입장이 있는데, 이것은 더 나은 성경 이해를 제공한다. 이런 견해는, 세대주의 체계와 부합되게, 미래 이스라엘 민족에게 중요한 역할을 부여하는 것처럼 보이는 성경의 예언 내용을 자연스럽게 이해하는 방식을 계속 유지한다. 하지만 이것은 또한, 비세대주의자들과 동의하여, 하나님의 계획을 역사 속에 통일되는 것으로 이해하며, 현재의 교회 시대와 메시아 왕국 약속들 사이의 급진적인 비연속성은 부정한다"(Saucy, *The Case for Progressive Dispensationalism*, 27).
점진적 세대주의자들은 교회가 이스라엘을 대체했다거나 혹은 구약의 언약이 교회를 통해 완전히 성취되고 있다고 믿지 않는다. 점진적 세대주의(PD: Progressive Dispensationalism)는 이스라엘과 교회 사이의 분명한 구분, 환난 전 휴거 그리고 이 땅에서 이루어지는 문자적인 천년 왕국을 세우기 위한 그리스도의 재림을 주장한다. 그러나 점진적 세대주의는 다른 세대주의 전통과의 차이점도 가지고 있다. 그중 몇 가지는 다음과 같다. 첫째로, 점진적 세대주의는 해석학적으로 '보완적'(complementary) 해석학이라고 불리는 견해를 지지한다. 이스라엘에 대한 처음의 헌신을 여전히 유지하면서도, 보완적 해석학이라는 견해는, 구약성경을 일반적인 방식으로 읽되, 개념과 주제들이 신약성경과 함께 작동하여, 구약에서 이미 논의된 내용들을 보완(온전하게)하고 설명하며 확장시켜서 이스라엘 민족 외의 다른 대상에게도 적용될 수 있도록 하는 것이다. 둘째로, 성경의 언약과 관련해서, 점진적 세대주의는 언약들이, 그 초기적 측면으로서, 교회를 통해 실현되고 있다고 주장한다. 대럴 박은 다음과 같이 이야기한다. "그런 성취가 교회에서 일어난다고 말한다고 해서, 언약이 본래 그리고 궁극적으로 이스라엘 민족에게 주어졌다는 것을 부정하는 것은 아니다. 다만, 성취의 열쇠이신 그리스도의 사역 때문에 초기 성취가 교회라는 맥락 속에서 가능해졌다는 것을 주목하는 것이다. … 점진적 세대주의는 그리스도 안에서의 이런 연속성을 강조하는데, 이것은 이전에 있었던 다른 형태의 세대주의들과는 다른 부분이다"(Bock, "Covenants in Progressive Dispensationalism", in *Three Central Issues in Contemporary Dispensationalism*, 171–172).

82　Saucy, *The Case for Progressive Dispensationalism*, 13.
83　위의 책, 22.

언약신학자들에게 있어 중요한 것은, "하나님의 백성의 통일성이다. 그래서 언약신학자들은 하나님의 역사적 구속 계획에 있어서, 이스라엘 민족만을 위한 미래적 위치나 목적을 인정하지 않는다."[84]

본질적으로, 언약신학이 이야기하는 연속성은 행위 언약, 구원 언약 그리고 은혜 언약이라는 성경의 세 가지 핵심 언약을 관통한다. 이런 세 종류의 언약은 하나님이 인간을 다루시는 방식을 정의하고, 하나님의 구속사의 핵심적 방향을 제시하기 위해 함께 작동한다. 하나님은 행위 언약을 아담과 맺으셨는데, 이것을 통해 순종에 대해서는 영생을 불순종과 관련해서는 사망을 약속하셨다. 하지만 아담은 실패했다. 그러나 하나님은 인간의 문제를 해결하기 위해 은혜 언약을 주시는데, 하나님의 중재자이신 예수 그리스도로 말미암아 죄를 극복할 수 있다고 하나님은 은혜 언약을 통해 약속하셨다. 또한, 구속 언약의 결과로서, 예수 그리스도께서는 죄의 문제를 해결하기 위한 하나님의 해결책이 되는 것에 동의하셨다.

이에 대해, 소시는 다음과 같이 설명한다.

> 학자들에게 있어서, 하나님의 다양한 세대(경영 방식)는 한 은혜 언약을 이루어가는 과정일 뿐이다.[85]

하나님의 구속사의 발전(진전)은 오직 균등하게 연속적인 것인가 아니면, 역사상 할당된 특정한 기간들에 의해 구별되는가. 이런 성경의 연속성과 불연속성에 대한 논의는 세대주의와 언약신학이 갖고 있는 신학적 입장 차이를 이해할 수 있도록 돕는다.

스티븐 스펜서는 이것과 관련해 다음과 같이 기록한다.

---

84 위의 책, 23. "아마 세대주의에 동의하지 않는 대부분의 복음주의자는 이스라엘의 미래는 단지 그 민족이 교회에 통합되는 것이라는 견해를 가지고 있다"라고 소시는 또한 기록한다(위의 책).
85 위의 책, 22.

세대주의 신학은 불연속성을 강조한다. 하나님이 역사를 운영하시는 방식은 다음 세대로 이동하면서 발전하고 변화된다. 반면 언약신학은 은혜 언약을 강조하면서, 하나님의 계획에는 통일성이 있어야 한다고 강조한다. 세대주의와 언약신학 모두 계시의 '점진성'을 인정한다.

하지만 그들은 종종 상대방이 계시의 '점진성'을 등한시한다고 서로 비판한다. 그러나 이런 비판은 서로의 주장을 잘못 이해한 데서 비롯되었다. 이 둘은 '점진적'이라는 단어를 서로 다른 의미로 사용한다.

언약신학자들에게 있어 '점진적'이라는 용어는, 전체적인 통일성 안에서의 발전을 의미한다. 반면에, 세대주의자들에게 있어 '점진적'이라는 단어는 일반적으로 변화와 전환을 수반한 발전을 의미한다. '점진적'이라는 용어의 서로 다른 의미는, 두 전통의 구별되는 독특한 관점들을 강조한다.[86]

연속성과 불연속성이 서로 어떻게 구분되고, 어느 정도로 구분되는지를 명확히 하는 것은, 세대주의와 언약신학이라는 각각의 신학 체계를 이해하는 데 도움이 될 것이다.

2) 차이점들 가운데 있는 많은 공통점

세대주의와 언약신약이라는 두 신학적 체계는 서로 많은 유사점을 가지고 있다. 이 둘 모두 성경의 권위를 절대적으로 인정하고, 하나님의 구원 계획을 해석하고 정확하게 이해하는 것을 목표로 삼으며, 구약성경에 있어서의 이스라엘의 중요성을 인정하고, 그리스도를 통해 구원이 성취된다는 것을 고백한다. 그러나 연속성과 불연속성에 대해 관점이 다른 만큼이나, 이스라엘과 교회에 대한 하나님의 종말론적 계획과 관련해서

---

[86] Spencer, "Reformed Theology, Covenant Theology, and Dispensationalism", 252. 스펜서는 다음과 같이 덧붙인다. "언약신학의 특징은 신적 언약이라는 개념을 성경을 해석하는 핵심 원리로 사용하는 데 있다. 이것의 특징은 연속성을 강조하는 데 있지 않고, 연속성을 강조하는 데 있어 언약을 사용하는 데 있다. 그것은 연속성 신학들의 속(genus)에 속하는데, 그 속(genus) 안에서도 구별되는 독특한 종(species)이다.

도 그 만큼 다른 부분들이 있다.

하나님의 구원 계획에 있어서 교회가 이스라엘을 대체했기 때문에, 유대인과 이방인은 모든 시대에 있어 하나님의 하나의 백성을 구성한다고 보아야 하는가 아니면 하나님은 이스라엘과 교회를 위한 각각의 고유한 계획을 유지하신다고 보아야 하는가?

세대주의와 언약신학 사이에 몇 가지의 독특하고 중요한 차이점이 있다는 것은 누구도 부인할 수 없다.

'하나님은 자신의 궁극적인 목적을 역사를 통해 어떻게, 언제 그리고 왜 이행하시는가?'

'이스라엘 민족과 교회를 향한 하나님의 계획은 무엇인가?'

그리고 '하나님의 구속사에 있어서 종말론이 가지는 결론의 범위는 어떤 것인가?'

이와 같은 주제들에 있어 그들은 입장을 서로 달리한다. 그러나 세대주의와 언약신학 모두 "현대의 신학적 논의들에 있어 매우 중요한 위치를 차지하고 있으며, 특별히 복음주의 안에서는 우세한 위치를 점하고 있다.[87] 이 둘 모두 하나님의 구속사를 해석하는 데 있어 매우 유력하고 중요한 신학 체계들이기 때문에, 신학자라면 두 신학적 전통에 대한 기본적 이해를 갖고 있어야 하고, 그것들이 신학적 논쟁에 어떤 기여를 했는지를 인지하고 있어야 한다.

6. 목회적 그리고 사역적으로 함축된 의미

나에게 주어진 가장 큰 특권들 중 하나는, 교회와 신학교라는 매우 중요한 두 영적 공간에서 교수와 목사, 신학자와 현장 실무자로서 일하고 사역

---

[87] 위의 책, 238.

할 수 있는 기회를 얻었다는 사실이다. 신학교에서 체득한 이론적이고 신학적인 개념들을 가져다가 지역 교회라는 실제적인 현장에 적용해야만 했다. 신학생들은 이론적이고 천상에 속한 것 같은 내용을 토론할 때, 과연 이런 내용이 사역과 어떤 관련성이 있는가를 질문한다. 실제로 교회 현장에 가보면 이론적인 내용이 신학교에서는 유익하지만 '우리가 실제적으로 매일 경험하는' 것과는 전혀 관련이 없다라는 말을 가장 많이 듣는다.

그렇다면 구속사는 어떤가?
그것은 신학교 교실에서만 의미가 있는 제한되고 동떨어진 주제인가?
아니면 교회를 위해서도 의미가 있는가?

신학이란 하나님은 누구시고, 그분의 성품은 어떠하시며, 하나님의 하시는 일은 어떤 것이고, 우리는 그분에게 어떻게 반응하고 살아야 하는지를 연구하는 학문을 가리킨다.
이에 대해, 리처드 린츠는 다음과 같이 결론짓는다.

> 만일 하나님이 자신을 드러내셨다면 이 계시는 하나님에 대한 우리의 규범적인 생각이 되어야만 한다. 만일 하나님이 역사의 목적에 대해서 어떤 암시를 주셨다면, 그 계시는 이 세상과 그 안에서의 우리의 역할(위치)에 대한 규범적 생각이 되어야 한다.[88]

그러므로 하나님이 어떻게 자신의 구원 계획을 주권적으로 펼쳐나가시는가에 대한 이야기인 구속사(구속의 역사)는 신학교 교실 밖으로까지 뻗어 나간다. 하나님은 그의 거룩한 목적을 이루기 위해, 그의 섭리를 따라 그의 계획을 이 땅에서 실행시키신다. 사도 바울은 "[하나님이] 모든 일을 그의 뜻의 결정대로 일하신다"라고 선포한다(엡 1:11). 하나님의 계획은 이 땅에서 그리고 역사를 통해 운행되기 때문에, 우리는 그의 구속

---

[88] Lints, *The Fabric of Theology*, 8.

사적 결정의 영역 안에서 살아간다. 그렇다면 구속사는 과연 우리의 매일의 삶을 위해 어떤 함축적 의미를 가지며 어떻게 적용될 수 있는가?

1) 하나님을 신뢰하기

하나님을 신뢰하는 것은 구속사의 가장 첫 번째 함축적 의미이다. 하나님은 구속사에 있어 섭리를 따라 자신의 계획을 이루어 가시지, 게으르거나 수동적으로 하지 않으신다. 하나님은 잃어버린 자들에게 구원을, 순종하는 자에게는 복을 약속하셨다. 아이러니하게도, 하나님은 그런 약속이 정확히 언제 이루어지게 되는가에 대해서 항상 명시하지는 않으신다.

하나님은 아브라함에게 말씀하신다.

> 여호와께서 아브람에게 이르시되 너는 너의 고향과 친척과 아버지의 집을 떠나 내가 네게 보여 줄 땅으로 가라(창 12:1).

여기서 의미하는 땅은 약속의 땅이다. 그러므로 구약의 신자이든 신약의 신자이든 신뢰와 믿음이 모든 믿는 자를 위한 지지대가 되어야 한다. 구약성경에 등장하는 각 주요 인물들의 삶은 하나님의 언약적인 약속들에 따라 이뤄졌다. 아브라함과 이삭 그리고 다윗은 하나님이 자신들과 맺으신 약속들이 성취되기를 고대하면서 인생을 살았다. 여기서의 언약은 약속과 동일한 의미를 갖는다.

이것은 모든 시대의 믿는 자에게 있어서도 동일하게 적용된다. 우리는 하나님의 언약적 약속들을 근거해서 그분을 신뢰한다. 그리고 우리는 우리의 믿음에 대한 합당한 보상을 받게 될 것이다.

> 믿음이 없이는 하나님을 기쁘시게 하지 못하나니 하나님께 나아가는 자는 반드시 그가 계신 것과 또한, 그가 자기를 찾는 자들에게 상 주시는 이심을 믿어야 할지니라(히 11:6).

하나님에 대한 진실한 순종과 그의 약속들을 향한 변하지 않는 신뢰는 위대한 성도들을 믿음의 전당으로 이끌었다(히 11장). 많은 이가 하나님의 일하심이 당장 눈에 보이지 않기 때문에 갈등을 겪는다.

이는 우리가 믿음으로 행하고 보는 것으로 행하지 아니함이로다(고후 5:7).

성경의 원리는 믿는 자들의 영적 성숙도를 가늠하는 시금석 역할을 항상 해 왔다. 구속사를 통한 하나님의 일하심은 그의 주권적 사역을 믿고, 확신하며, 신뢰해야 한다는 원리를 우리에게 상기시켜 준다. 이것은 하나님이 그의 사역을 완수하고 자신의 계획을 성취하실 것이라는 사실을 우리에게 상기시킨다.

바울은 이야기한다.

너희를 부르시는 이는 미쁘시니 그가 또한 이루시리라(살전 5:24).

2) 하나님께 소망을 두기

'살아 있는 소망'이란 무엇인가?

신약성경이 말하는 소망은 우리가 일반적으로 생각하는 소망의 개념과는 매우 다르다. 우리는 소망을 일반적으로 미래에 있을 무언가에 대한 강한 열망으로 이해하는데, 이것은 베드로 혹은 다른 신약성경의 저자들이 이야기하는 성경적 개념에서의 소망이 아니다. 베드로가 독자들에게 "예수 그리스도께서 나타나실 때에 너희에게 가져다 주실 은혜를 온전히 바랄지어다"(벧전 1:13)라고 명했을 때, 베드로는 이것이 불확실한 현실임을 의미하지 않는다.

신약성경을 기록한 모든 저자에게 있어서 그리스도가 이 땅에 다시 오심은 완전한 확신으로 말할 수 있는 일이었다. 그렇기 때문에, 사도 베드로가 말한 "온전히 바랄지어다"라는 표현은, 예수 그리스도께서 자신의 백성을 위해 은혜와 함께 다시 오실 것을 확신하면서 간절하고 온전하게 바라라는 의미이다.

베드로전서 외의 또 다른 예는 히브리서 6:11인데, 이 구절은 다음과 같이 선포한다.

> 우리가 간절히 원하는 것은 너희 각 사람이 동일한 부지런함을 나타내어 끝까지 소망의 풍성함에 이르러 (히 6:11).

그러므로 우리는 신약의 관점에서의 소망을, 하나님이 행하시는 선한 일이 미래에 우리를 위해서 우리에게까지 이를 것이라는 온전한 확신과 강력한 신뢰로 정의할 수 있다.

하지만 그리스도인의 소망에는 심지어 무언가 더 특별한 것이 있다.

그것은 바로 사도 베드로가 '살아 있는 소망'이라고 부르는 소망이다. 그렇다면 이것은 무엇을 의미하는가?

'살아 있는 소망'의 반대는 '죽은 소망'인데, 이것은 야고보서 2장에 기록되어 있는, 유사한 표현인 '죽은 믿음'을 떠올리게 한다.

> 행함이 없는 믿음은 죽은 것이니라 (약 2:26).

야고보는 행함이 없는 믿음은 "헛것"이고(약 2:20), 황폐하고 열매가 없으며 결실을 맺지 못하는 믿음이라고 말한다. 그렇다면 '살아 있는 소망'은 비옥하고, 열매가 풍성하며, 결실이 있는 소망임을 유추할 수 있다. 이것이 히브리서 4:12에서 이야기하는 "살아 있고"의 의미이다.

> 하나님의 말씀은 살아 있고 활력이 있어 (히 4:12).

그러므로, 그리스도인의 소망은 우리의 삶을 변화시킬 수 있는 능력을 갖고 계신 하나님에 대한 분명한 확신이다.

예수 그리스도는 하나님의 구속 사역의 주인공이시다. 성부 하나님은 자신의 구원 계획을 실행하고, 시작하며, 완성할 권한을 그의 아들에게 위임하셨다. 이것은 그리스도의 부활을 통해 가능하게 되었다. 예수님은 지금도 살아계신다. 그러므로 그분은 우리의 소망이시다. 구속사를 이루어 가는 것에 있어, 하나님이 구약성경을 통해 맺으신 약속들은 궁극적으로 예수 그리스도를 통해 성취된다. 신자로서의 우리의 소망은 부활하신 메시아이신 예수 그리스도 안에서 이루어진다.

예수님은 살아계시고 온전한 능력을 갖고 계시므로 언약의 축복들을 중재해서 성취하시고, 소망을 활성화하며, 하나님의 계획을 이루실 것을 우리는 전적으로 확신한다.

위르겐 몰트만(Jürgen Moltmann)은 그의 저서『희망의 신학』(*Theology of Hope*[서울: 대한기독교서회, 2017])에서 성경적인 종말론적 견해의 중요성을 회복해야 한다고 말한다. 특별히, 초대 교회에게 있어 예수 그리스도의 죽은 자들로부터의 부활은 그들의 소망의 기초가 되었는데, 그 이유는 그들도 장차 그리스도를 통해 그들의 완성을 이루게 될 것이라는 소망을 품었기 때문이다.

이에 대해, 몰트만은 다음과 같이 기록한다.

> 19세기가 끝나갈 무렵에 요한네스 바이스(Johannes Weiss)와 알베르트 슈바이처(Albert Schweitzer)는 예수와 초대 기독교의 메시지와 실존에 있어 종말론이 가지는 중심적 의미를 발견했는데, 이것은 분명히 현대 개신교 신학에서 가장 의미심장한 사건 중의 하나였다.[89]

몰트만에 따르면, 그리스도인의 소망은 십자가에 달리시고 부활하신 그리스도의 미래를 기대하고 기다리는 믿음의 확신에서 비롯된다. 소망은, 하나님이 진정 약속하셨다고 믿는 그것들을 기대하는 것과 다름 아니다.

---

89 위르겐 몰트만,『희망의 신학』(*Theology of Hope*), 이신건 역 (서울: 대한기독교서회, 2017), 52. 위르겐 몰트만(Jürgen Moltmann)은 1926년 독일 함부르크에서 태어났다. 그는 제2차 세계 대전에 참전했는데, 1945년도에는 벨기에에서 영국 군에 의해 포로로 잡혀 1948년까지 전쟁 포로 생활을 했다. 그는 그의 조국 독일과 그 모든 기관이 몰락하는 것을 목격해야만 했다. 벨기에의 수용소에 있는 기간 동안, 미국 군종 장교로부터 성경책을 받았고 말씀은 그의 삶을 바꾸어 놓았다.

그리스도인의 믿음은 예수 그리스도께서 부활하셨다는 사실로부터 살아 있다. 그리스도의 부활에 근거를 두는 그리스도인의 소망은 하나님의 약속이 예수 그리스도의 전 세계적 미래에 관해서 성취될 것을 기대한다.

3) 하나님의 공의를 의지하기

구속사는 하나님의 의와, 공의 그리고 평화를 우리에게 상기시킨다. 하나님은, 공의와 의를 이 땅에 실현시키겠다는 그의 약속을 궁극적으로 이루실 것이다. 하나님의 의란, 하나님이 언제나 옳은 것을 따라 행동하시고, 하나님이 의의 최종적 기준이 되신다는 것을 의미한다.

> 의와 공의가 주의 보좌의 기초라 인자함과 진실함이 주 앞에 있나이다(시 89:14).

하나님의 성품과 일치되게, 의와 공의가 하나님의 이 땅에 확립될 것이다. 하나님은 그의 법을 따라 행하시고, 의의 신적 기준을 따라 하나님의 왕국을 운영하실 것이다.

세상은 죄와 악 그리고 불의와 부정과 같은 문제들이 다뤄지기를 간절히 바라고 있다. 평화의 왕, 메시아, 하나님의 아들이신 그리스도께서 그의 나라를 세우시고 의와 공의 그리고 평화로 다스리실 것인데, 그때 모든 불의는 궁극적으로 제거될 것이다. 영원한 상태에서는, 죄와 사탄 때문에 왜곡된 모든 것이 회복될 것이다.

또한, 하나님의 약속은 성취될 것이며, 그의 의가 밝히 드러나게 될 것이다. 평화와 공의 그리고 의를 향한 인간의 모든 합당한 갈망은 충족될 것이다. 하나님은 그의 아들에 대해 다음과 같이 말씀하신다.

> 내가 붙드는 나의 종, 내 마음에 기뻐하는 자 곧 내가 택한 사람을 보라 내가 나의 영을 그에게 주었은즉 그가 이방에 정의를 베풀리라 … 그는 진실로 정의를 시행할 것이며 그는 쇠하지 아니하며 낙담하지 아니하고 세상에 정의를 세우기에 이르리니 섬들이 그 교훈을 앙망하리라(사 42:1, 3-4).

똑같이 중요한 것은, 하나님은 그분의 의 안에서 그와 함께 동행하는 자들이 공의라는 하나님의 속성을 대변하고 나타내기를 기대하신다는 것이다. 이런 점에서 볼 때, 공의는 모든 사람에게 차별 없이 하나님의 도덕적 법을 적용하는 것이라고 정의할 수 있다. 하나님은 이스라엘이 그분의 공의의 성품을 나타내 보이기를 기대하셨다.

> 공의와 정의를 행하는 것은 제사 드리는 것보다 여호와께서 기쁘게 여기시느니라 (잠 21:3).
> 선행을 배우며 정의를 구하며 학대 받는 자를 도와 주며 고아를 위하여 신원하며 과부를 위하여 변호하라 하셨느니라(사 1:17).

또한, 하나님의 공의의 성품은 미래에 있을 그리스도의 통치하심을 통해 나타나고 실행될 것이다. 공의와 의는 그리스도인들의 삶에서도 보여져야 한다. 블레이징과 박은 이것과 관련해 다음과 같이 설명한다.

> 교회는 종말론적 왕국의 현현이다. 왜냐하면 교회는 왕의 권세로 행하시는 메시아 때문에 서로 관계를 맺은 사람들의 모임이기 때문이며 이 공동체는 성령을 통해 이제 막 시작된 평화, 의, 공의라는 축복으로 묶어져 있기 때문이다.[90]

우리 사회는 공정과 차별 그리고 착취라는 문제들로 갈등하고 있는데, 교회는 메시아 왕국에서의 궁극적 실현에 대한 기대와 표현으로서 하나님의 성품인 공의와 공정을 이 땅에서 나타내야 하는 신성한 책임을 가지고 있다.

---

[90] 크레이그 블레이징 그리고 대럴 박, 『점진적 세대주의』(*Progressive Dispensationalism*), 388.

제10장

세대주의와 그 세계적 영향력

오스카 A. 캄포스
중앙아메리카신학교 선교학 교수

세대주의는 '복음주의'로 알려진 더 큰 범주의 운동과 함께 일어나 그 안에서 영향력 있고 다채로운 전통으로서 성장하고 발전해 왔다. 특정한 해석 방식에 기초를 두고 있는 세대주의 신학은 복음 전도나 선교는 물론 영적 삶도 강조한다. 그리고 세대주의는 결국 대중적 운동으로서 자리매김하게 된다.

19세기 말, 전 성공회 목사인 존 넬슨 다비와 영국의 플리머스 형제회(Brethren)에서 비롯된 세대주의 전통은 전 세계적으로 영향을 미쳐 왔다. 다비와 그 당시의 다른 형제회 교사들은 특별히 영적이고 개인적인 회심과 (국가 교회가 아니라) 그리스도의 몸이라는 교회론에 대해 가르치고 설교했다. 또한, 그들은 성경의 예언을 강조했다. 이런 형제회 교사들은 스페인, 프랑스, 네덜란드, 이탈리아, 독일 그리고 스위스와 같은 유럽 국가들과 미국, 캐나다 그리고 뉴질랜드를 여행하며 교회와 사경회에서 설교하고 가르쳤다.

대체로, 이것은 보수 기독교에 영향을 준 부흥 운동에 속했다. 형제회 모임들은 또한 여러 장소에서 생겨났다. 존 다비의 가르침과 그의 수많은 저작물은 서구 사회에, 특별히 영미권 지역에 널리 퍼져 나갔다.[1] 다

---

[1] Larry V. Crutchfield, *The Origins of Dispensationalism: The Darby Factor* (Lanham, MD:

비와 형제회의 가르침은 세대주의적이고, 미래적 전천년주의적이며, 보수적(근본주의적)이라고 분명히 인식되었다.

동시에, 20세기가 가까와짐에 따라, 서구 사회가 현대화의 후속 효과로 '탈 기독교 시대'로 진입하게 되면서, 기독교는 일반적으로 쇠퇴기에 접어들게 되었다. 그러나 북미의 보수 개신교는 대체적으로 근본주의자들과 세대주의적 전천년주의자들의 가르침을 적극 수용하게 되었다. 그 결과, 보수 개신교가 후에 복음주의라고 알려진 운동으로 갱신됨에 따라 기독교의 정체성과 선교의 본질도 재정의되었다. 분명한 것은, 복음주의가 영적, 사회적, 교회론적 이해와 관련해서 새로운 시대를 열었다는 것이다. 그리고 세대주의적 전천년주의는 이런 역사적 전환의 한 부분이었다.

1. 세대주의와 믿음 선교 운동

미국(과 영국)의 복음주의는 국내와 해외에서 급속도의 성장과 변혁을 경험하게 되었고, 이런 과정을 통해 전 세계적 운동으로 발전하게 된다. 복음주의가 부상하고 전 세계적으로 영향을 주게 된 것은, 전천년주의와 근본주의 그리고 '믿음 선교 운동'(faith mission movement)과 같은 몇 가지 역사적 요인에 기인한다.

믿음 선교 운동은 20세기에 걸쳐 복음주의가 세상에 전파되기 위한 주요한 통로가 되었다. 복음주의 선교 운동은 본래 북미에서 발생한 현상으로서 19세기 말과 20세기 초에 등장하여, 지금까지도 기능하고 있으며,[2] 세계의 다른 지역에서 재생산되었는데, 특별히 현재 대다수의 세계 선교 운동에서 그러하다.[3]

University Press of America, 1992), 6-13.
2   J. Herbert Kane, *Understanding Christian Missions*, 3rd ed. (Grand Rapids: Baker, 1982), 160.
3   Steve(Heung Chan) Kim, "A Newer Missions Paradigm and the Growth of Missions from the Majority World", in *Missions from the Majority World*, ed. Enoch Wan and Michael

이미 언급한 바와 같이, 전천년주의 신학과 (특별히 세대주의적 전천년주의) 근본주의는 믿음 선교 운동 확산에 영향을 준 두 가지 요소로서 인식된다. 북미의 세대주의적 복음주의 정체성과 선교학적 접근 방식을 형성하는 데 기여했던 이런 두 가지 요소는 이제 1세기 넘게 선교를 통해 세계로 퍼져 나가게 되었다.

비록 무엇이 믿음 선교 운동을 일으킨 핵심 요소인가에 대해서는 논쟁이 있어 왔지만, 전천년주의가 새로운 선교 운동을 일으키는 기폭제가 되었다는 것은 분명해 보인다.[4] 그것은 재발견된 신학적 확신이었다. 새로운 세대의 선교사들과 기부자들은 주님이 다시 오시기 전에 구원의 복음을 속히 전해야 한다는 긴급성을 확신하고 있었다. 그 결과, 그들은 "부족한 교단적 선교 구조들을 가득 채우고 그 이상으로 넘쳐 나게 되었다."[5]

데이나 로버트(Dana L. Robert)는 이 신학적 요소를 '선교 부흥'으로 묘사한다. 그녀는 다음과 같이 설명한다.

> 1880년대의 일반적 그리스도인들은 해외 선교의 시대가 국내의 종교적 지형에 돌이킬 수 없는 변화를 가져올 것이라는 사실을 거의 알지 못했다. 20세기 초반에 이르기까지, 미국의 선교는 개발 도상국에만 영향을 끼친 것이 아니라 기라성 같은 수많은 분리주의 복음주의 선교 운동에도 영향을 미쳤다. 그리고 '믿음 선교'라고도 불리는 이것은 선교 부흥이라는 자극적 열정으로부터 발생했다.[6]

Pocock, *Evangelical Missionary Society Series* No. 17 (Pasadena, CA: William Carey Library, 2009): 1-34.

4 어네스트 샌딘(Ernest R. Sendeen)은 전천년주의가 근본주의에 생명을 부여하는 데 있어 19세기 후반에 중요한 역할을 했다는(역은 성립하지 않음), 자료 연구가 잘 뒷받침된 학설을 제기한다. 다음을 참고할 것. Ernest R. Sandeen, *The Roots of Fundamentalism: British and American Millenarianism 1800-1930* (Chicago: University of Chicago Press, 1970).

5 Edwin L. Frizen, Jr., *75 Years of IFMA, 1917-1992: The Nondenominational Missions Movement* (Pasadena, CA: William Carey Library, 1992), 69.

6 Dana L. Robert, "'The Crisis of Missions': Premillennial Mission Theory and the Origins of Independent Evangelical Missions", in *Earthen Vessels: American Evangelicals and Foreign Missions, 1880-1980*, ed. Joel A. Carpenter and Wilbert R. Shenk (Grand Rapids:

믿음 선교 운동의 연대기적 순서를 선호하는 로버트는 다음과 같이 강조해서 설명한다.

> 20세기에 있었던 자유주의자들과 복음주의자들 간의 신학적 논쟁을 1890년대에 시작된 믿음 선교의 기원과 연관 지어 거꾸로 읽기 쉽다. 그러나 19세기 후반의 복음주의자들은 기존의 교단들 안에 있었던 자유주의에 대한 저항으로서, 믿음 선교 운동에 참여하지는 않았다.[7]

또한, '전천년주의적 선교 이론'은, 후에 믿음 선교의 조상들이 된 피어슨(A. T. Pierson), 고든(A. J. Gordon) 그리고 심슨(A. B. Simpson)과 같은 각 교단의 지도자들에 의해 처음 채택되었다고 그녀는 주장했다.[8] 각 교단에 소속된 선교 구조(감수자 주: 선교 위원회 등)들은, 전천년주의에 동기를 부여 받아 급격하게 부상한 새로운 선교 세력의 거대한 반응을 전달하지 못했다.

로버트는 심지어 선교의 위기가 나이아가라 성경 학회에서 조지 뮬러와 존 넬슨 다비와 같은 '영국 선교사들'이 가르친 전천년설과 관련이 있다고까지 말한다.[9] 그래서 믿음 선교 운동과 세대주의적 전천년주의

Eerdmans, 1990), 29. '분리주의적 성격을 가진 복음주의적 선교 운동들'이라는 표현은 이런 선교 단체가 독립적 성향을 가지고 있었음을 의미한다. 교단을 기반으로 하는 일반적 선교 단체들과는 '분리되어' 혹은 '따로' 활동했다.

7 믿음 선교는 자유주의와 복음주의 간의 논쟁에서가 아니라 전천년주의에서 비롯되었다고 로버트는 샌딘의 이론과 같은 선상에서 주장한다. Robert, "The Crisis of Missions", 30. '실천적 종말론'의 개념과 관련해서는 다음을 참고할 것. Klaus Fiedler, *The Story of Faith Missions* (Oxford: Regnum Books International, 1994), 272-281.

8 심슨(Simpson)과 기독교선교연합회(Christian and Missionary Union), 제임스 홀 브룩스(James Hall Brooks)와 복음선교연합회(Gospel Missionary Union), 스코필드(C. I. Scofield)와 중앙아메리카선교회(Central American Mission), 폴 플레밍(Paul Fleming)과 부족선교회(New Tribes Mission)와 같은 선교 단체들에 전천년주의가 영향을 미쳤다는 사실을 피들러(F. E. Fiedler) 또한 인정한다.

9 Robert, "The Crisis of Missions", 31-34. 조엘 카펜터(Joel A. Carpenter)는 같은 책에서 로버트의 견해를 '전천년주의적 원-근본주의'라고 부르기를 선호한다. 조엘 카펜터는 로버트의 이론을 일정 부분 이어가지만, 동시에 그는, 나중에 근본주의 안에서 선교에 관련된 논쟁이 있었는데, 그것이 '근본주의-현대주의 논쟁 중 가장 폭발력 있는 이슈

사이에 훨씬 더 큰 연관성이 있다고 그녀는 주장한다.

2. 세대주의와 전천년주의

뒤로 한걸음 물러서면, 현대의 전천년주의의 역사는 19세기 초 영국과 미국에서 있었던 천년 왕국주의자들의 부흥 운동 가운데 시작되었다.[10] 그리스도께서 이 땅에서 다스리시는 천년 왕국을 문자적으로가 아닌 영적으로 해석하는 무천년주의적 신학적 입장이 지난 몇 세기 동안 주를 이루었지만, 그 후에 문자 그대로의 그리스도의 지상 천년 왕국에 대한 가르침이 다시 등장하게 되었다.

그리고 이것은 천주교와 초기 개혁교회 전통 사이에서 대중적 인기를 얻게 되었다. 초기 운동의 강조점은, 현재 일어나는 역사적 사건들, 세상과 종교계의 리더들을 성경의 예언과 연관시켜서 그리스도께서 재림하시는 날을 예측하고자 시도했던, '년-하루 이론'이라고도 불리웠던, '역사적 전천년주의'에 있었다.[11]

알려진 바와 같이, 이런 예측들은 신빙성을 떨어뜨렸고 천년 왕국설의 후퇴로 귀결되었는데, 그 이유는 이런 예측들이 매우 많이 공론화되고 출판되었던 바 결국 전천년주의 입장을 가진 사람들에게 당혹감을 안겨

들' 중 하나였다고 설명한다. Joel A. Carpenter, "Propagating the Faith Once Delivered: The Fundamentalist Missionary Enterprise, 1920-1945", in *Earthen Vessels*, 92-93.

10 18세기와 19세기의 미국 개신교에서 대중적으로 받아들여진 또 다른 신학적 입장은 후천년주의다. 후천년주의는 세상이 점점 더 기독교화되면서 하나님의 나라가 조금씩 세워진다는 가르침이다. 이것에 대한 서로 다른 신학적 입장들을 종합적으로 연구하기 원한다면, 다음의 글을 참고하기 바란다. *The Meaning of the Millennium: Four Views*, ed. Robert G. Clouse (Downers Grove, IL: InterVarsity, 1977); Millard J. Erickson, *Contemporary Options in Eschatology: A Study of the Millennium* (Grand Rapids: Baker, 1987); Stanley J. Grenz, *The Millennial Maze* (Downers Grove, IL: InterVarsity, 1992).

11 Sandeen, *The Roots of Fundamentalism*, 8-18; Fiedler, *The Story of Faith Missions*, 272-281.

주는 결과가 도출되었기 때문이다.¹²

나중에 19세기 후반에, '미래적인' 형태의 전천년주의가 다시 등장했다. 미래주의적 전천년주의는 그리스도의 재림이 언제든 있을 수 있다고 기대하고, 인간의 능력으로는 현대의 역사적 사건들과 현세의 권력자들에 대한 해석을 기반으로 재림을 포함한 중요 사건들의 정확한 날짜를 계산할 수 없다고 믿었다는 점에서, '역사적' 전천년주의와는 달랐다.¹³

세대주의의 여러 교리들 중에서도, '휴거'와 '세대들'이라는 개념들은 미래주의적 전천년주의에 의해 소개되고 빠르게 전파되었다. '세대주의적이고 미래주의적 전천년주의'는 존 넬슨 다비의 가르침과¹⁴ 나이아가라 성경 사경회를 통해 성장하게 되었다.¹⁵ 사이러스 스코필드(Cyrus I. Scofield)는 이런 가르침을 집대성해서 '스코필드 관주 성경'이라는 책으로 엮었는데, 이것은 '세대주의'라는 이름 안에서 이 가르침들을 대중들에게 보급시켰고 세대주의를 각인시켰다.¹⁶

---

12 Sandeen, *The Roots of Fundamentalism*, 42–58.
13 위의 책. 또한, 다음의 글을 참고할 것. Fiedler, *The Story of Faith Missions*, 276.
14 Mark A. Noll, *A History of Christianity in the United States and Canada* (Grand Rapids: Eerdmans, 1992), 376. 다비에 대해 더 자세히 살펴보기 원한다면, 다음의 글을 참고할 것. Crutchfield, *The Origins of Dispensationalism: The Darby Factor*.
15 나중에는 어떤 미래적 전천년주의자들이 세대주의의 어떤 가르침, 특히 교회의 환난 전 휴거 입장에 반대했고, 따라서 세대주의로부터 거리를 두게 되었는데, 그들의 신학적 입장은 '역사적' 전천년주의로 불리게 되었다. 조지 래드(George Eldon Ladd)가 대표적인 역사적 전천년주의자이다. 이것과 관련해서는, 다음의 글을 참고하기 바란다. Timothy P. Weber, "Dispensational and Historic Premillennialism as Popular Millennialist Movements", in *A Case for Historic Premillennialism*, ed. Craig L. Blomberg and Sung Wook Chung (Grand Rapids: Baker, 2009), 13–14.
16 *Scofield Reference Bible* (Oxford: Oxford University Press, 1909). 1909년판 스코필드 주석 성경의 서문을 보면 자신의 저술이 그가 지난 30년 동안 성경 연구회와 사경회를 통해 성경을 연구해 온 결과라고 이야기한다. 이 서문은 이후에 출판된 그의 관주 성경 개정판에도 실려 있다. Craig A. Blaising, "Dispensationalism: The Search for Definition", in *Dispensationalism, Israel and the Church: The Search for Definition*, ed. Craig A. Blaising and Darrell L. Bock (Grand Rapids: Zondervan, 1992), 19–21.

3. 세대주의와 그 세계적 영향력

세대주의 역사의 적절성은 역사적으로 영국과 북미의 복음주의와 믿음 선교 운동에 끼친 세대주의의 폭넓은 영향과 관련이 있는데, 특히 세대주의가 세계 곳곳에 퍼져 나감으로써 더욱 그렇다. 세대주의의 영향력은 특정한 지역 교회, 교단, 기독교 교육 기관 그리고 선교 단체라는 범주를 넘어 확장되었다.

왜냐하면, 세대주의는 전천년설에 근거해 그리스도의 임박한 재림(전천년주의) 이전에 잃어버린 영혼들에게 복음을 전해야 한다고 가르쳤기 때문이다. 그리고 선교 현장에서 주로 믿음 선교 운동에 참여하는 새로운 세대의 선교사들에 의해 널리 읽혀진 '스코필드 관주 성경'도 세대주의 확장의 다른 한 가지 원인이었다. 신 세대의 선교사들이 사역지에서 성경을 연구하고 가르치는 데 있어, 스코필드 관주 성경은 그들의 '지침서'가 되었다. 그래서 선교사들은 신학 도서관이 없는 세계 어느 선교지를 가더라도 신학 자료를 접할 수 있게 되었다.[17]

1) 세대주의적 전천년주의과 근본주의

세대주의적 전천년주의 또한 근본주의와 관련이 있다는 사실에는 의심의 여지가 없다. 그 당시에(19세기 말과 20세기 초) 근본주의는 인본주의적 교육과 사회가 받아들인 자유주의 신학과 현대 문화에 대해 반대하는 입장의 보수적인 개신교를 일컫는 일반적이고 단순한 명칭으로 사용되었다. 사경회 운동은 전천년주의와 근본주의 모두에게 있어 공통적 기반

---

17 "The Crisis of Missions", 44에서 로버트는 스코필드 관주 성경을 "신학 도서관을 이용할 수 없는 선교사들에게 추천할 한 권"이라고 소개한다. 마크 놀(Mark A. Noll)은 스코필드 관주 성경이 선교사들을 위해 작성되었다는 로버트의 주장에 동의한다. "스코필드 관주 성경은 선교사들이 자유롭게 가지고 다니며 참고할 수 있는 목적으로 작성되었다." Noll, *A History of Christianity in the United States and Canada*, 378. 또한, 다음의 글을 참고할 것. Andrew F. Walls, "The American Dimension in the History of the Missionary Movement", in *Earthen Vessels*, 17.

이 되었는데, 왜냐하면 전천년주의와 성경 사경회 운동은 보수적인 개신교인들에게 어필했기 때문이다.[18]

로버트는 이런 과정을 묘사하면서, 근본주의와 관련된 교단들의 몇몇 지도자가 처음에 전천년주의적 선교 방식의 영향을 받았음을 명시한다. 그녀는 이것과 관련해서, 다음과 같이 설명한다.

> 죠지 뮬러(George Muller)는 성경에 대한 전천년주의적 해석으로 피어슨을 확신시켰다. 여기서 전천년주의적 해석이란, 예수께서 다시 오셔서 천년 왕국을 시작하시기까지, 세상의 상태는 점점 악화될 것이라는 견해이다. 19세기 후반의 전천년주의는 인간의 노력으로 하나님의 나라를 이룰 수 없다고 보았는데, 피어슨은 이 견해가 더 성경적이고 현실과도 더 일치한다고 보았다. 왜냐하면, 그가 디트로이트 도심에서 사역을 하면서 이런 현실을 경험했기 때문이다.
> 전천년주의자가 된 이후에, 피어슨은 나이아가라 성경 사경회와 정기적 교회 지도자 모임에 참여하기 시작했다. 이 모임의 대부분은, 성경에 대한 전천년주의적 해석에 설득된 장로교와 침례교 사역자들이었다. 나이아가라 성경 사경회의 많은 참가자는 전천년주의적 해석법을 확신하게 되었다. 조지 뮬러와 존 넬슨 다비와 같은 영국의 '선교사들'은 1870년대부터 1880년대까지 미국 전역을 여행했는데, 그 과정에서 사경회에 참여한 많은 참가자를 가르쳐서 전천년주의적 해석을 받아들이게 했다.
> 그리고 나이아가라 성경 사경회의 참가자들은 도시의 저명한 목회자나 복음주의자가 되고자 했다. 이것의 대표적인 예로 시카고의 드와이트 L. 무디(Dwight L. Moody), 보스턴의 A. J. 고든(A. J. Gordon), 세인트 루이스의 제임스 H. 브룩스(James H. Brookes) 등이 있다. 그들은 복음 전도에 대한 헌신이 도시의 사회적 문제의 해결책이라고 믿었고, 이것에 헌신했다. 오늘날 학자들은 나이아가라 성경 사경회를 근본주의 성경 해석의 주요한 배태 공간

---

18 Sandeen, *The Roots of Fundamentalism*, 132-161. 또한, 다음의 글을 참고할 것. Timothy P. Weber, *Living in the Shadow of the Second Coming: American Premillennialism, 1875-1982* (Chicago: University of Chicago Press, 1983).

(breeding ground)으로 여긴다.[19]

미국의 근본주의는 그 자체가 더 큰 문화적 현상이기도 하지만, 그것은 또한 세대주의적 전천년주의와 함께 전 세계에 선교적으로 큰 영향을 미쳤다.[20] 믿음 선교 운동은 전천년주의의 열정과, 서로 다른 교단들 안팎에서 현대주의에 반대하는 근본주의자들의 신학적 열정과 문화를 둘 다 반영했다.[21] 이런 요소의 조합은, 다른 방식으로 선교에 대한 재정적이고 조직적인 노력으로 이어졌다. 기존 교단들은, 전천년설에 동기를 부여받아 늘어나는 선교사들을 재정적으로 지원할 자금이 부족했다. 그뿐만 아니라 기존 교단들은 현대주의의 영향을 받게 되었다. 이것과 관련해서, 에드윈 프리젠 2세(Edwin L. Frizen, Jr.)는 다음과 같이 설명한다.

---

19 Robert, "The Crisis of Missions", 34-35.
20 미국의 복음주의 내의 근본주의는 영국의 복음주의와 밀접하게 연관되어 있다. 다음을 참고할 것. Ian S. Rennie, "Fundamentalism and the Varieties of North Atlantic Evangelicalism", in *Evangelicalism: Comparative Studies of Popular Protestantism in North America, the British Isles, and Beyond, 1700- 1990*, ed. Mark A. Noll, David W. Bebbington, and George A. Rawlyk (Oxford: Oxford University Press, 1994), 333-350. 이 글은 영국과 미국의 복음주의를 통해 보여진 근본주의가 또한 오순절주의에도 나타난다는 견해를 제기한다.
21 예로서 다음을 참고하기 바란다. Chester Earl Tulga, *The Foreign Missions Controversy in the Northern Baptist Convention*, 1919- 1949 (Chicago: Conservative Baptist Fellowship, 1950), 9. 1919년 덴버에서 열린 총회(convention) 중 북침례회(Northern Baptist Convention) 안에서 논란이 있었음을 툴가(Chester Earl Tulga)는 언급한다. 이 논란을 계기로, 1920년에 북침례회 근본주의자 친교회(The Fundamentalist Fellowship of the Northern Baptist Convention)가 결성되었다. 그리고 이것은 나중에 북침례교 보수침례친교회(Conservative Baptist Fellowship of the Northern Baptist Convention)로 불리게 된다. 이것에 대해 툴가는 다음과 같이 설명한다. "현대주의자들은 대부분의 대학과 신학교를 사로잡았고, 그들에게 지대한 영향력을 행사했다. 사회 개혁과 세계 질서 재건에 대한 새로운 관심이 '복음'이라는 용어를 갖다 쓰곤 했다. 정통 기독교 교단에서 운영하는 선교 단체들에 대해 적대적인 태도를 보였던 현대주의자들이, 이제 해외 선교 사업에 열심을 보이게 되었다. 과거의 복음주의자들은 지상 사명을 문자적으로 해석한 반면, 현대주의자들은 지상 사명을 사회 변혁의 의미로 해석했다. 자유주의 신학을 가르치는 학교들로부터 새로운 선교 후보생들이 배출되었고, 역사에 대한 진화론적 관점을 견지하는 철학은 사람들로 하여금 개별적 복음 메시지보다 인간적인 노력에 기대게 만들었다. 비록 과거에는 현대주의가 선교에 적대적인 태도를 보였지만, 이제는 선교하는 현대주의가 되었다."

자유주의적인 신학적, 사회적 입장을 가진 사람들이 특정 교단 선교 위원회의 지도층을 차지하게 되면서, 더 많은 사역자와 지지자가 초교파적인 선교 단체로 이동했다. 이것은 자신들이 파송하고 후원하는 선교사들이, 성경의 권위를 확고하게 인정하고 복음주의적 열정을 가지고 있는 선교 단체를 통해 파송되어야 한다는, 개개인의 그리스도인과 각 교회들의 확신과 결정에 기초를 두고 있다.[22]

2) 초교파적 해외선교협회(IFMA)

'믿음 선교 운동'이라는 이름은, 어떤 특정한 교단에 소속되지 않고, 초교파적이며, 독립적 형태의 선교 활동이라는 조직 특성에 따라 이름지어졌다.[23] 구체적으로 말해서, '믿음 선교'라는 이름은 기존 교단의 기금이나 교단의 선교위원회들로부터 자유로운 그들의 독립성 때문에 주어졌던 것이다.

프리젠은 이렇게 이야기한다.

> 주님이 그의 종들에게 어떤 사역을 하라고 인도하셨을 때 그 사역에 필요한 재정을 그분이 제공하실 것이라는 믿음에 기초해서, 교단에 소속되지 않는 선교 단체들이 설립되었다.[24]

중앙아메리카선교회(the Central American Mission)를 포함하는, 믿음 선교 단체들의 몇몇 대표는 1917년에 소위 '믿음 선교'의 대의를 강화하기 위한 목적으로 북미초교파해외선교협회(the Interdenominational Foreign Mission

---

22 Frizen, *75 Years of IFMA*, 69-70.
23 위의 책, 15. 믿음 선교 운동은 19세기 말 이전에 이미 보편화되었던, 교단에 속하지 않은 복음주의적 단체들의 광범위한 네트워크의 한 부분이었다고 프리젠은 주장한다. 또한, 그는 믿음 선교회의 기원을 성경 사경회 운동과도 연결시킨다. 51-82쪽을 보라.
24 위의 책, 70.

Association of North America)를 설립했다.²⁵ 이것에 소속된 모든 구성원은 "역사적으로 기독교 신앙의 기본적 교리들로서 인정되어 온 내용들을 따른다는 의미로서의 보수적 입장을" 지지해야 했다.²⁶ 그러나 근본주의가 전천년주의에만 한정되지 않으며, 또한 전천년주의도 세대주의에 국한되지 않는다는 것을 간과해서는 안 된다. 마찬가지로, 믿음 선교 운동도 세대주의적 전천년주의 진영에서만 있었던 것은 아니다.

하지만, 세대주의적 전천년주의와 근본주의가 역사적으로 믿음 선교 운동과 관련이 있다는 사실 또한 놓쳐서는 안된다.

4. 세대주의와 현재의 전 세계적 복음주의

믿음 선교 운동을 통해 복음이라는 구원의 기쁜 소식이 세상에 전해지게 되었고, 세대주의적 복음주의는 이런 과정을 통해 성장하게 되었다. 세대주의적 복음주의는 "현재 전 세계적 영향력을 끼치고 있다."²⁷ 비록

---

25 J. Herbert Kane, *Faith Mighty Faith: A Handbook of the Interdenominational Foreign Mission Association* (New York: Interdenominational Foreign Mission Association, 1956), 8. 1956년에는 서른 여섯개의 선교 단체들이 IFMA에 가입되어 있었다. 그리고 그 중 열두 단체가 남아메리카에서 활동하고 있었다. 위의 책, 169-171. 1992년도에는 일흔 두개의 선교 단체들이 가입되어 있었고, 그 중 스무 개의 단체들이 남아메리카에서 활동하고 있었다. Frizen, *75 Years of IFMA*, 444-446. 또한, 다음의 글을 참고하기 바란다. *Mission Handbook: North American Protestant Ministries Overseas*, ed. Samuel Wilson and John Siewert, 13th ed. (Monrovia, CA: Missions Advanced Research and Communication Center, 1986), 37.

26 Kane, *Faith Mighty Faith*, 10. 참조. Frizen, *75 Years of IFMA*, 19. IFMA 구성원들이 가지고 있던 신학적 입장에 대해 프리젠은 이 글에서 언급한다. "특정한 교단에 소속되어 있지 않은 선교 단체들도 보수 복음주의 기독교의 기본적인 역사적 기본 교리들을 고수했다. 그리고 이런 신학적 입장은 일반적으로 교리 선언문에 자세히 기록되어 있다. 교단에 소속되어 있지 않은 선교 단체들은, 성경의 무오성을 분명하게 주장했기 때문에, 오늘날 팽배한 혼합주의와 신보편 구제설의 심각한 위험에 빠지지 않았다."

27 Catherine Wessinger, "Millennialism in Cross-Cultural Perspective", in *The Oxford Handbook of Millennialism*, ed. Catherine Wessinger (Oxford: Oxford University Press, 2011), 16.

선교와 관련된 문헌들은 일반적으로 복음주의 신학 안의 차이점과 배경에 대해 이 장에서 다루는 만큼 자세히 설명하지는 않지만(이런 내용들은 선교 운동에 암시되거나 포함되어 있다), 세대주의적 복음주의의 성장과 영향은 현재 아프리카와 아시아, 남태평양과 유럽 그리고 라틴 아메리카에까지 이른다.[28] 세대주의적 전천년주의가 대중적이고 인기 있는 전 세계적인 부흥 운동임을 기억하는 것이 중요하다.[29]

이 시대의 또 다른 특징은, 지난 몇 세기 동안 소위 해외 선교지, 특히 제3세계가 세계 다른 지역에 선교하는 전 세계적 선교 세력이 되어 왔다는 점이다. 다시 말하지만, 복음주의는 기독교에서 가장 빠르게 성장하고 있는 전통이다.[30]

5. 사례 연구: 라틴 아메리카에서의 성장

라틴 아메리카에서의 복음주의의 엄청난 성장은 복음주의의 전 세계적 성장을 아주 잘 보여 주는데, 특별히, 그것은 세대주의적 복음주의의 영향력을 드러낸다.[31] 세대주의와 근본주의는 라틴 아메리카에 있는 대

---

28 다음의 글을 참고할 것. Sang-Bok David Kim, "Changes and Trends in World Christianity", in Transformation: *An International Journal of Holistic Mission Studies* 30, no. 4 (2013): 257–66.

29 Mal Couch, "Foreword", in *Dictionary of Premillennial Theology*, ed. Mal Couch (Grand Rapids: Kregel Publications, 1996).

30 참조. Ralph Winter and David A. Fraser, "World Mission Survey", in *Perspectives on the World Christian Movement, A Reader*, ed. Ralph Winter and Steven C. Hawthorne, rev. ed. (Pasadena, CA: William Carey Library, 1992): 193–212. 또한, 다음 글을 참고하기 바란다. William A. Dyrness, *Emerging Voices in Global Christian Theology* (Eugene, OR: Wipf & Stock, 1994); Peter Falk, *The Growth of the Church in Africa* (Bukuru, Nigeria: ALTS, 1997); and *Missions from the Majority World*, ed. Enoch Wan and Michael Pocock, (2009). 복음주의의 세계 선교에 대한 매우 많은 자료가 나와 있다. 그러나 위에서 언급한 바와 같이, 대부분의 경우 복음주의의 신학적 차이와 그 배경에 대해서는 다루지 않았다.

31 Emilio Antonio Núñez and William David Taylor, *Crisis and Hope in Latin America: An Evangelical Perspective*, rev. ed. (Pasadena, CA: William Carey Library, 1996), 160–163,

부분의 복음주의 단체의 선교학적 관행들의 핵심적 토대가 된다. 또한, 이것은 북미의 믿음 선교 운동과 연관되어 있다. 더욱이, 라틴 아메리카와 전 세계에 미친 세대주의적 전천년주의의 영향력은 실로 압도적이어서, 대중적으로 빠르게 성장하고 있는 라틴 아메리카의 오순절 혹은 은사주의 운동 또한 현지에서는 세대주의와 동일시되고 있다.[32]

1) 오순절주의의 영향

연구 자료에 따르면, 라틴 아메리카에 있는 복음주의자들 중 70%가 오순절주의 혹은 은사주의자이다. 이렇게 오순절주의가 복음주의 다수를 대변하기 때문에, 전통적 형태의 세대주의적 복음주의의 다른 대륙에서와 마찬가지로 라틴 아메리카에서의 인기와 영향력을 부인할 수 없다. 이런 내용은 문서화되었는데, 이것은 데이비드 스톨(David Stoll)과 데이비드 마틴(David Martin)의 잘 알려진 연구를 통해 1990년대에 국제적 관심을 받게 되었다.[33]

인류학자 데이비드 스톨은 다음과 같이 결론을 짓는다.

459-461. 라틴 아메리카에서의 교회의 성장과 비율에 대해서는, 다음의 글을 참고하기 바란다. Patrick Johnstone, *Operation World: The Day-by-Day Guide to Praying for the World*, 5th ed. (Grand Rapids: Zondervan, 1993), 62-67. 참조. Guillermo Cook, "Introduction: The Changing Face of the Church in Latin America", in *New Face of the Church in Latin America*, ed. Guillermo Cook, American Society of Missiology Series, ed. James A. Scherer and others, vol. 18 (Maryknoll, NY: Orbis Books, 1994).

32　Allan Anderson, *An Introduction to Pentecostalism: Global Charismatic Christianity* (Cambridge: Cambridge University Press, 2004).

33　David Stoll, *Is Latin America Turning Protestant? The Politics of Evangelical Growth* (Berkeley: University of California Press, 1990); 그리고 David Martin, *Tongues of Fire: The Explosion of Protestantism in Latin America* (Cambridge, MA: Basil Blackwell, 1990). 또한, 다음을 참고할 것. Anne Motley Hallum, *Beyond Missionaries: Toward an Understanding of the Protestant Movement in Central America* (Lanham, MD: Rowman & Littlefield Publishers, 1996).

> 세대주의자들은 새롭게 일어난 신앙 운동을 승인하지는 않았다. … 하지만, 많은 오순절주의자는 어쨌든 세대주의를 받아들였고, 그것을 재구성해서 그들 나름대로의 더 열정적 형태의 근본주의를 직조해 냈다.[34]

사회학자인 데이비드 마틴 또한 라틴 아메리카에서의 오순절주의의 성장에 대해 이렇게 기록했다.

> 이제는 숫자적 힘의 균형이 과거의 교단들에서 보수적 복음주의자들로, 무엇보다도 오순절주의자들에게로, 분명하게 이동했다. 과거의 교단들은 신학적으로는 상당히 보수적이었는데, 스타일에 있어서는 꽤 차분했다. 그에 반해, 새롭게 설립된 교단들은 오히려 더 보수적이고, 대개 은사주의적 특징을 가지고 있다.[35]

북미라는 토양에 뿌리를 두고 있기 때문에, 오순절주의는 세대주의 신학을 받아들였다. 예를 들어, 믿음 선교 운동의 일환인 크리스천선교동맹(Christian and Missionary Alliance)을 설립한 장로교 계열의 전천년주의자 앨버트 심슨(Albert Benjamin Simpson)은 오순절 운동, 특히 라틴 아메리카와 전 세계적 주류 복음주의 교단인 기독교하나님의성회(Assemblies of God)와 관련을 맺게 된다.[36]

이와 관련해, 더글라스 오스(Douglas A. Oss)는 다음과 같이 확증한다.

> 역사적으로 오순절주의자들은 자신들을 세대주의자로 여겨 왔다. 그 이유는 초창기에 있었던 오순절주의자들이 세대주의와 미국 근본주의에

34　Stoll, *Is Latin America Turning Protestant*, 48-49.
35　Martin, *Tongues of Fire*, 52.
36　Robert, "The Crisis of Missions", 44. 다음의 글을 참고하기 바란다. Gary B. McGee, *This Gospel Shall Be Preached: A History and Theology of Assemblies of God Foreign Missions to 1959* (Springfield, MO: Gospel Publishing House, 1986), 57-67. 참조. J. Kwabena Asamoah-Gyady, *African Charismatics: Current Developments within Independent Indigenous Pentecostalism in Ghana* (Leiden, The Netherlands: Brill, 2005).

상당한 영향을 받았기 때문이다. 하나님의 성회 계열의 공식적인 출판사들은 '스코필드 관주 성경'을 지지했고, 미국 하나님의성회의 대표적 정기 간행물인 「오순절 복음」(Pentecostal Evangel)은 오순절주의가 세대주의적 신학 입장을 가지고 있음을 자주 분명히 했다.[37] 사실, 하나님의성회 신앙 선언문은 심지어 오늘날까지도 철저히 세대주의적이다.[38]

마이크 베르크(Mike Berg)와 폴 프레티즈(Paul Pretiz)는 라틴 아메리카에 등장한 몇몇 믿음 선교 운동의 성격을 규정했다. 그들은 이런 선교 단체들과 그들의 신학을 복음주의의 성장과 연결시킨다.

많은 사람은 더 이상 주류 교단의 신학과 그들의 선교 활동을 신뢰하지 않게 되었다. 그래서 더 보수적인 수많은 그리스도인은 그들의 선교 활동을 위해, 국제 CAM(세대주의에 입각해 『스코필드 관주 성경』을 편집한 스코필드에 의해 설립된 Central American Mission이 전신임) 그리고 TEAM(The Evangelical Alliance Mission)과 같은 선교 단체들을 설립했다. 그리고 국제 CAM이 1891년에 처음으로 파송한 부부는 중앙 아메리카로 가게 되었다.

실패와 후퇴가 있었음에도 믿음 선교 운동의 물결은 라틴 아메리카 구석구석에 미쳤다. 한 선교 사역 단체는 라디오를 통한 선교 사역을 전문적으로 했다. 세계라디오선교협회(World Radio Missionary Fellowship)는 선교를 위한 첫 번째 라디오 방송국인 HCJB를 에콰도르의 키토에 설립했다. 그 당시의 에콰도르에는 라디오 수신기를 갖고 있는 사람이 손에 꼽을 정도였다. 또 다른 예는, 이후에 라틴아메리카선교회(Latin America Mission)로 불린 라틴아메리카

37　Douglas A. Oss, "The Hermeneutics of Dispensationalism within the Pentecostal Tradition" (paper presented at the Dispensational Study Group of the Evangelical Theological Society, November 21, 1991), 2. 오스는 오순절주의 전통의 관점에서 이야기하고 있다. 그는 현재 미주리주 스프링필드에 위치해 있는 하나님의성회신학교(Assemblies of God Theological Seminary)에 재직하고 있다.

38　참조. Anderson, *An Introduction to Pentecostalism*, 231–233. 그리고 The General Council of The Assemblies of God, "Statement of Fundamental Truths". 이것과 관련된 내용은 다음의 링크에서 확인할 수 있다. http://agchurches.org/Sitefiles/Default/RSS/AG.org%20TOP/Beliefs/SFT_2011.pdf.

복음화운동(Latin American Evangelization Campaign)이다. 라틴아메리카복음화운동은 도시 전체를 대상으로 한 연합 복음 전도 운동을 통해 1921년에 시작됐고, 위클리프성경번역선교회(Wycliffe Bible Translations)와 NTM 부족선교회(New Tribes Mission)는 정글과 산 속에서 살고 있는 원주민들에게 접근했다.[39]

믿음 선교 운동의 힘이 되었던 특징들을 앞서 언급했는데, 이것은 훗날 일반적 의미에서의 복음주의, 특별히 세대주의적 복음주의의 정체성을 확립하는 몇 가지 특징들로 전환된다. 스코필드와 췌이퍼, 펜터코스트, 월부어드 그리고 라이리와 같은 잘 알려진 대부분의 세대주의자의 책들이 다른 언어들은 물론 스페인어로 번역되었다는 사실이 이것을 뒷받침한다. 라틴 아메리카의 세대주의적 믿음 선교 운동과 관련된 교회와 교육 기관에서, 이들의 책이 인기 있으며, 교재로도 널리 사용되고 있다.[40]

2) 라틴 아메리카의 복음주의가 가지고 있는 특징들

라틴 아메리카 선교학자 올란도 코스타스(Orlando Costas)는 라틴 아메리카의 복음주의가 가지고 있는 세 가지 특징을 묘사한다. 그는 이것을 "남미 복음주의의 앵글로색슨 선조/파트너(북미의 보수적인 복음주의)"와 연결 짓는다.[41]

---

[39] Clayton L. Berg, Jr. and Paul E. Pretiz, *The Gospel People of Latin America* (Monrovia, CA: MARC, World Vision International and Latin America Mission, 1992), 47. 앞서 언급한 바와 같이, 앨버트 심슨(A. B. Simpson)과 크리스천선교동맹(Christian and Missionary Alliance) 그리고 제임스 브룩스와 복음선교연합회는 남아메리카에서도 활동했다.

[40] 스코필드가 작성한 글의 두번째 페이지를 보면 "스페인어를 사용하는 남미 국가들에 계시는 선교사님들 그리고 목사님들의 요청으로" 이런 책들을 스페인어로 출간하게 되었다고 스코필드는 언급한다. Cyrus I. Scofield, *Hojas de Estudio Bíblico de Scofield* (Los Angeles: Casa Bíblica de Los Angeles, 1915). 이 사실은, 세대주의자들의 책이 번역되면서 어떤 영향을 미쳤는지를 단편적으로 보여 준다.

[41] Orlando E. Costas, *Theology of the Crossroads in Contemporary Latin America: Missiology in Mainline Protestantism, 1969-1974* (Amsterdam: Editions Rodopi N.V., 1976), 40.

(1) 믿음과 실천의 모든 문제에 있어서의 성경의 권위
(2) 그리스도를 주님으로 그리고 구원자로서 믿고 그리스도인이 세상 사람으로부터 구별되게 하는 고유한 경험인 회심
(3) 기독교 신앙의 사명의 근간인 복음 전도 사명과 이에 대한 강조[42]

이런 특징들은 복음주의가 무엇인지를 정의하고, 복음주의와 선교의 정수를 보여 준다. 그리스도인의 실천과 믿음은 함께 어우러진다. 똑같은 복음주의적 특징들이 오순절주의와 라틴 아메리카에 있는 대부분의 주류 교단을 특징짓는다는 것에 올란도 코스타스 또한 동의했다.

그는 다음과 같이 강조한다.

> 이것은 왜 '복음주의'라는 용어가 라틴 아메리카에서는 개인이 어떤 교단에 소속되었는지에 상관없이 모든 그리스도인을 가리키는 데 사용되는가를 설명해 준다.[43]

리드(William R. Read)와 몬테로소(Monterroso) 그리고 존슨(Johnson) 또한 이런 평가에 동의했다(비록 그들은 코스타스와 다른 견해를 가지고 있었지만 말이다). 복음 전도 사명에 대한 복음주의의 헌신을 강조하면서 말이다.

그들은 다음과 같이 기록한다.

> 특정 교단에 소속되어 있는 선교 단체는 보통 고유한 신학적 입장을 표방하는데, 이것은 라틴 아메리카에 있는 교회들에는 거의 적용되지 않는 이야기이다. 라틴 아메리카에 있는 복음주의자들은 신학적 주제들과 관련해서 일반적으로 공통된 의견을 가지고 있다. 그러나 선교사들에게는, 그들이 북미 교단에 소속되었는지 유럽 교단에 소속되었는지가 매우 중요한데(감수자 주: 신학적 차이를 중시한다는 의미), 여전히 선교 단체에 의존하고 있는 라틴 아메리카의 교회들은

---

[42] 위의 책, 40-41.
[43] 위의 책, 48.

불가피하게 그런 교단적 영향을 받는다.⁴⁴

비록 라틴 아메리카의 복음주의자들이 공통된 특징들을 가지고 있다고 할지라도, 각 교단이 신학적으로 강조하는 내용은 서로 다르기 때문에 어느 정도의 견해적 차이는 존재한다. 오순절주의는 '은사적 경험'을 강조하는 반면, 주류 교회들은 그들의 신학적이고 역사적인 전통과 에큐머니즘(ecumenism, 세계교회주의)을 강조한다는 차이점을 갖고 있다.⁴⁵

그러나 베르크와 프레티즈가 설명하듯이 북미에 있던 모 교단들은 점점 '자유주의 신학'을 따른 반면, 역사적 교회들 혹은 주류 교단들을 포함한 라틴 아메리카의 복음주의는 '복음주의적' 전통을 이어 갔다.⁴⁶

오순절 운동 계열이 아닌 몇몇 새로운 교단과 오순절-은사주의 운동에 속하는 상당히 많은 수의 조직 혹은 교단이 이것에 해당된다. 그리고 이런 교단은 라틴 아메리카에 있는 복음주의 인구의 가장 큰 부분을 차지한다.⁴⁷ 라틴 아메리카 복음주의의 역사는 현재 100년이 조금 넘었다. 하지만 우리가 앞서 살펴본 바와 같이, 20세기 후반에 들어서 눈에 띄는 성장을 보이기 시작했다. 복음주의가 라틴 아메리카에서 급격한 성장세를 보이면

---

44 William R. Read, Victor M. Monterroso, and Harmon A. Johnson, *Latin American Church Growth* (Grand Rapids: Eerdmans, 1969), 349. 이 책의 저자들은 그들의 평가를 다음과 같이 이어 갔다. "의심의 여지없이, 남아메리카의 문화의 현실을 반영하고 해외의 신학적 논쟁들을 회피하는 라틴 아메리카 신학적 합의가 출현할 것이다. 심지어 그들은 '개신교'라는 표현 대신 '복음주의'라는 용어를 사용하는데, 이것은 외부자들이 그들의 교회에 대해 어떻게 느끼는지에 상관없이 그들만의 언어로 그들만의 노선을 만들어 가고자 한다는 것을 암시한다. 유럽과 북미의 교회들은 기독교의 세속화에 신학적 강조점을 두는 반면에, 남아메리카의 교회들에서는 이것에 대한 반향이 거의 없다. 왜냐하면, 남미의 교회들은 복음 전파/선교의 사명을 수행하느라, 이런 신학적 논쟁들에 대해 미처 관심을 두지 못한다.

45 Costas, *Theology of the Crossroads*, 47.
46 Berg and Pretiz, *The Gospel People*, 46.
47 위의 책, 71, 117. 오순절주의가 남아메리카에서 성장한 과정에 대해서는 다음을 참고하기 바란다. Gary B. McGee, *This Gospel Shall Be Preached*; Charles Troutman, *Everything You Want to Know about the Mission Field, but Are Afraid You Won't Learn until You Get There* (Downers Grove, IL: InterVarsity, 1976), 84; Christian Lalive d'Epinay, "The Pentecostal 'Conquest' of Chile", in *The Religious Situation: 1969*, ed. Donald R. Cutler (Boston: Beacon Press, 1969), 179-194.

서, 기존에 지배적이었던 가톨릭교회와 일반 대중의 주의를 끌었다.

6. 세대주의와 지상 사명

라틴 아메리카와 전 세계에 있는 세대주의적 복음주의 계열의 교회가 갖고 있는 사명은 마태복음 28:19-20에 묘사되어 있는 지상 명령(the Great Commission)을 성취하는 것으로서 이해되어 왔다.[48] 그리고 그들은 우리 주님의 명령에 순종하여, 복음을 땅 끝까지 전파해 왔다. 그러나 지상 명령을, '미래주의적'(임박한) 전천년주의적 그리스도의 재림 개념에 연관시키는 것은, 복음 전도를 특정한 형태로 불붙인다. 이런 접근법은 특별히 긴박성과 '신속한 복음화'를 강조한다. 왜냐하면, 그들은 "초대 교회와 마찬가지로 그리스도의 재림이 임박했다고 믿었기 때문이다."[49] 세대주의적 전천년주의는 이런 방식으로 세계 선교의 발전에 영향을 미쳤다. 그리고 이것은 세대주의적 복음주의가 오늘날 전 세계적으로 성장한 것을 통해 보여진다.

세대주의적 복음주의는 복음 전파를 향한 그들의 열정을 세상으로 가져갔다. 그들의 복음 전도는 요한복음 3:3-8에 "거듭남"이라고 언급되어 있는, 개인적 경험으로서의 영적 변화에 초점을 두었는데, 이것은 복음으로 인한 변화라는 중요한 영적 본질을 강조한다.[50] 이것은 단순히 종교적 행위나 기독교 문화 윤리를 추구하는 것을 말하는 것이 아니다. 대신에 이것은 메시아이자 구원자, 하나님의 아들이시자 성경이 말하는 참되고 유일한 하나님이신 예수님과의 인격적 관계를 강조한다.

---

48 참조. Lewis Sperry Chafer, *Major Bible Themes* (Chicago: Moody, 1944). 그리고 Charles C. Ryrie, *A Survey of Bible Doctrine* (Chicago: Moody, 1972).
49 Robert, "The Crisis of Missions", 45.
50 Orlando Costas, "Conversion As a Complex Experience: A Hispanic Case Study", in *Latin American Pastoral Issues* 16 (January 1989): 8-32. 참조. Lewis Sperry Chafer, *He That Is Spiritual* (n.p.: Our Hope Publisher, 1918), 20.

노먼 크라우스(Norman Kraus)는 영국과 미국의 플리머스 형제회 운동과 세대주의적 복음주의가 복음 전도 사명에 대한 가르침에 미친 영향을 역사적 관점에서 설명하면서 다음과 같이 말한다.

> 교회의 가장 중요한 사명은 하나님의 말씀을 입으로 선포하는 복음 전도라고 그들은 주장했다.[51]

복음주의적 선교학은 일반적으로 선교라는 중점 분야만을 넓혀 온 반면에, 세대주의적 전천년주의는 구속사적 신학과 어려운 곳에 다양한 도움을 제공하는 교회적 차원에서의 봉사 활동을 또한 늘려 왔다.

잃어버린 바 되고 도움이 필요한 자들이 구원자 예수를 만나 변화되어 영원한 생명을 얻게 하기 위해, 복음이 선포되고 삶에서 실천되고 있다. 그리고 궁극적으로, 이것은 하나님의 영광을 위한 것이다.

---

[51] C. Norman Kraus, "Introduction: Evangelism, Missions, and Church Growth", in *Missions, Evangelism, and Church Growth*, ed. C. Norman Kraus (Scottdale, PA: Herald Press, 1980), 20.